胡铭　汪世荣　主编

"枫桥经验"史料整理与研究　第二卷

枫桥经验
文化源流及浙东基层
社会治理史料与研究

张师伟　编著

商务印书馆
The Commercial Press

浙江省文化研究工程指导委员会

主 任

王 浩

副主任

彭佳学　邱启文　刘 非　赵 承
胡 伟　张振丰　任少波

成 员

高浩杰　朱卫江　梁 群　来颖杰　陈柳裕
杜旭亮　陈春雷　尹学群　吴伟斌　陈广胜
王四清　郭华巍　盛世豪　程为民　余旭红
蔡袁强　蒋云良　陈 浩　陈 伟　施惠芳
朱重烈　高 屹　何中伟　沈铭权　吴舜泽

浙江文化研究工程成果文库总序

有人将文化比作一条来自老祖宗而又流向未来的河,这是说文化的传统,通过纵向传承和横向传递,生生不息地影响和引领着人们的生存与发展;有人说文化是人类的思想、智慧、信仰、情感和生活的载体、方式和方法,这是将文化作为人们代代相传的生活方式的整体。我们说,文化为群体生活提供规范、方式与环境,文化通过传承为社会进步发挥基础作用,文化会促进或制约经济乃至整个社会的发展。文化的力量,已经深深熔铸在民族的生命力、创造力和凝聚力之中。

在人类文化演化的进程中,各种文化都在其内部生成众多的元素、层次与类型,由此决定了文化的多样性与复杂性。

中国文化的博大精深,来源于其内部生成的多姿多彩;中国文化的历久弥新,取决于其变迁过程中各种元素、层次、类型在内容和结构上通过碰撞、解构、融合而产生的革故鼎新的强大动力。

中国土地广袤、疆域辽阔,不同区域间因自然环境、经济环境、社会环境等诸多方面的差异,建构了不同的区域文化。区域文化如同百川归海,共同汇聚成中国文化的大传统,这种大传统如同春风化雨,渗透于各种区域文化之中。在这个过程中,区域文化如同清溪山泉潺潺不息,在中国文化的共同价值取向下,以自己的独特个性支撑着、引领着本地经济社会的发展。

从区域文化入手,对一地文化的历史与现状展开全面、系统、扎实、有序的研究,一方面可以藉此梳理和弘扬当地的历史传统和文化资源,繁荣和丰富当代的先进文化建设活动,规划和指导未来的文化发展蓝图,增强文化软实力,为全面建设小康社会、加快推进社会主义现代化提供思想保证、精神动力、智力支持和舆论力量;另一方面,这也是深入了解中国文化、研究中国文化、发展中国文化、创新中国文化的重要途径之一。如今,区域文化研究日益受到各地重视,成为我国文化研究走向深入的一个重要标志。我们今天实施浙江文化研究工程,其目的和意义也在于此。

千百年来,浙江人民积淀和传承了一个底蕴深厚的文化传统。这种文化传统的独特性,正在于它令人惊叹的富于创造力的智慧和力量。

浙江文化中富于创造力的基因,早早地出现在其历史的源头。在浙江新石器时代最为著名的跨湖桥、河姆渡、马家浜和良渚的考古文化中,浙江先民们都以不同凡响的作为,在中华民族的文明之源留下了创造和进步的印记。

浙江人民在与时俱进的历史轨迹上一路走来,秉承富于创造力的文化传统,这深深地融汇在一代代浙江人民的血液中,体现在浙江人民的行为上,也在浙江历史上众多杰出人物身上得到充分展示。从大禹的因势利导、敬业治水,到勾践的卧薪尝胆、励精图治;从钱氏的保境安民、纳土归宋,到胡则的为官一任、造福一方;从岳飞、于谦的精忠报国、清白一生,到方孝孺、张苍水的刚正不阿、以身殉国;从沈括的博学多识、精研深究,到竺可桢的科学救国、求是一生;无论是陈亮、叶适的经世致用,还是黄宗羲的工商皆本;无论是王充、王阳明的批判、自觉,还是龚自珍、蔡元培的开明、开放,等等,都展示了浙江深厚的文化底蕴,凝聚了浙江人民求真务实的创造精神。

代代相传的文化创造的作为和精神,从观念、态度、行为方式和价值取向上,孕育、形成和发展了渊源有自的浙江地域文化传统和与时俱进的浙江文化精神,她滋育着浙江的生命力、催生着浙江的凝聚力、激发着浙江的创造力、培植着浙江的竞争力,激励着浙江人民永不自满、永不停息,在各个不同的历史时期不断地超越自我、创业奋进。

悠久深厚、意韵丰富的浙江文化传统,是历史赐予我们的宝贵财富,也是我们开拓未来的丰富资源和不竭动力。党的十六大以来推进浙江新发展的实践,使我们越来越深刻地认识到,与国家实施改革开放大政方针相伴随的浙江经济社会持续快速健康发展的深层原因,就在于浙江深厚的文化底蕴和文化传统与当今时代精神的有机结合,就在于发展先进生产力与发展先进文化的有机结合。今后一个时期浙江能否在全面建设小康社会、加快社会主义现代化建设进程中继续走在前列,很大程度上取决于我们对文化力量的深刻认识、对发展先进文化的高度自觉和对加快建设文化大省的工作力度。我们应该看到,文化的力量最终可以转化为物质的力量,文化的软实力最终可以转化为经济的硬实力。文化要素是综合竞争力的核心要素,文化资源是经济社会发展的重要资源,文化素质是领导者和劳动者的首要素质。因此,研究浙江文化的历史与现状,增强文化软实力,为浙江的现代化建设服务,是浙江人民的共同事业,也是浙江各级党委、政府的重要使命和责任。

2005年7月召开的中共浙江省委十一届八次全会,作出《关于加快建设文化大省的决定》,提出要从增强先进文化凝聚力、解放和发展生产力、增强社会公共服务能力入手,大力实施文明素质工程、文化精品工程、文化研究工程、文化保护工程、文化产业促进工程、文化阵地工程、文化传播工程、文化人才工程等"八项工程",实施科教兴国和人才强国战略,加快建设教育、科技、卫生、体育等"四个强省"。作为文化建设"八项工程"之一的文化研究工程,其任务就是系统研究浙江文化的历史成就和当代发展,深入挖掘浙江文化底蕴、研究浙江现象、总结浙江经验、指导浙江未来的发展。

浙江文化研究工程将重点研究"今、古、人、文"四个方面,即围绕浙江当代发展问题研究、浙江历史文化专题研究、浙江名人研究、浙江历史文献整理四大板块,开展系统研究,出版系列丛书。在研究内容上,深入挖掘浙江文化底蕴,系统梳理和分析浙江历史文化的内部结构、变化规律和地域特色,坚持和发展浙江精神;研究浙江文化与其他地域文化的异同,厘清浙江文化在中国文化中的地位和相互影响的关系;围绕浙江生动的当代实践,深入解读浙江现象,总结浙江经验,指导浙江发展。在研究力量上,通过课题组织、出版资助、重点研究基地建设、加强省内外大院名校合作、整合各地各部门力量等途径,形成上下联动、学界互动的整体合力。在成果运用上,注重研究成果的学术价值和应用价值,充分发挥其认识世界、传承文明、创新理论、咨政育人、服务社会的重要作用。

我们希望通过实施浙江文化研究工程,努力用浙江历史教育浙江人民、用浙江文化熏陶浙江人民、用浙江精神鼓舞浙江人民、用浙江经验引领浙江人民,进一步激发浙江人民的无穷智慧和伟大创造能力,推动浙江实现又快又好发展。

今天,我们踏着来自历史的河流,受着一方百姓的期许,理应负起使命,至诚奉献,让我们的文化绵延不绝,让我们的创造生生不息。

2006 年 5 月 30 日于杭州

目 录

导　论　中国基层社会治理"枫桥经验"的传统文化渊源
　　　　梳理　/　001

第一章　中国古代基层社会治理思想　/　022
　　1.1　先秦至隋唐：基层社会治理思想的文化源流　/　023
　　1.2　两宋时期重要理论家的基层社会治理思想　/　041
　　1.3　明代重要理论家的基层社会治理思想　/　064
　　1.4　清代重要理论家的基层社会治理思想　/　094
　　1.5　浙东古代重要理论家的基层社会治理思想　/　117

第二章　中国古代基层社会治理制度　/　159
　　2.1　中国古代重要家训家范选辑　/　160
　　2.2　唐宋以来重要家法族规辑录　/　199
　　2.3　宋明时期重要乡约文本辑录　/　214
　　2.4　地方碑刻中的基层社会治理　/　223

第三章　浙东地区古代基层社会治理制度　/ **231**

3.1　古代浙东地方重要家训家范选辑　/ 232
3.2　古代浙东地方重要家法族规选辑　/ 265
3.3　浙东地区方志碑刻中的基层社会治理　/ 287

第四章　近代以来浙东地区基层社会治理制度　/ **293**

4.1　近代以来浙东地区重要家训家规选辑　/ 294
4.2　近代以来浙东地方社会组织自治章程选辑　/ 300
4.3　浙东地方的红色文化传统与基层社会治理　/ 319

第五章　中国古代治理文化精粹及其传承创新　/ **332**

5.1　中国传统政治话语中的国家起源及其政治伦理　/ 333
5.2　礼、法、俗的规范融通与伦理善性——中国古代制度文明的基本特点论略　/ 343
5.3　中国传统贤能政治的民本价值——兼论黄宗羲的君主论　/ 369
5.4　中国传统行善治理想及其在现代的影响——以黄宗羲的善治理论为例　/ 387

参考文献　/ **409**
编写说明　/ **417**

导　论
中国基层社会治理"枫桥经验"的传统文化渊源梳理

中国传统时代的基层治理积累了丰富的经验,形成了特定的地方基层社会治理传统。尽管由于领土广阔,地方社会基层治理传统存在着地域性差异,但在全国的层面上也具有普遍的共性,多元与一统辩证地结合在了一起。[1]一方面,全国范围内不同地域社会基层治理传统的共同点对地方治理具有根本性影响。它不仅决定了不同地方社会基层治理传统之间的共同精神特质与内在魂魄,儒家思想在地方社会基层治理方面的普遍影响力即为明证,"自汉以来,儒家思想支配中国历史数千余年,其间固有盛衰",但"终皆未能有逃于儒";[2]而且在根本上决定了地方社会基层治理的发展态势及演进趋势,中国传统时代地方社会基层治理体系的普遍儒家化,也因此具有了必然性。另一方面,不同地域范围内的地方社会基层治理传统又独具个性。这些个性既是中国传统时代地方社会基层治理发展创新的主要表现,没有不同地域范围内个性化的社会基层治理传统在具体层面上的发展创新,各个地域之间不同地方社会基层治理的共同层面就无从实现其历史的发展;也是中国传统地方社会基层治理传统发展的主要方式,即通过某个地方基层治理传统的个性化创新、

---

[1]　张师伟:《中国传统政治思想:多元与一统共存》,《中国社会科学报》2014年7月25日,第B4版。
[2]　陈顾远:《中国法制史》,商务印书馆民国二十三年(1934)版,第54—55页。

发展,诞生了具有广泛推广价值的新内容,从而创造性地推动了地方社会基层治理共同层面上的新发展。"枫桥经验"的诞生就是基于这样的个性化的地方社会基层治理传统,它既包含着地方社会基层治理之间的共同层面内容,又包含着浙东地方社会基层治理的特有内容。发展至今天,全国范围内"在社会基层坚持和发展'新时代枫桥经验'",成为"完善社会治理体系"的重要举措。[1]

中国社会基层治理"枫桥经验"的传统文化渊源梳理,在一定程度上,就是要在共同性与特殊性相结合的指导原则下,梳理浙东地方社会基层治理传统的文化基础与文化积淀,其工作内容主要有:第一,追本溯源,从地方的传世文献中搜寻浙东地方社会基层治理传统的文化基础与文化积淀。浙东地方具有深厚的文化积淀,很早就形成了地方文化的自觉,并由此将自己的地域文化安放在了中华共同文化的框架之中。其中浙东文化以中华共同文化为框架进行浙东早期历史的叙事,在内容上将其追溯到传说中的三代。三代以来的上古史叙事在浙东地域文化的自觉建构过程中具有重要的影响,古越国的初始封君溯源于夏朝之说的盛行即为明显例证。[2]第二,梳理脉络,依据地方传世文献,梳理浙东地方社会基层治理传统文化的主要理论要素与整体性学术结构。浙东地区在学术上具有丰厚的积累,且对地方社会基层治理有重要影响,"枫桥经验"的文化源流梳理,不能不呈现先秦诸子,特别是秦汉以来全国范围内主流社会意识在浙东地区的传播、发展,展现自儒家经学获得官学地位之后浙东文化发展各阶段在地方基层治理方面的主要理论成果,重点展示宋以来浙东学派的有关理论观点与其解决问题的具体主张。第三,呈现亮点,展示特色,聚焦于"枫桥经验"产生的局部地域,深入细致地挖掘"枫桥经验"产生的

---

[1] 习近平:《高举中国特色社会主义伟大旗帜 为全面建设社会主义现代化国家而团结奋斗——在中国共产党第二十次全国代表大会上的报告》,人民出版社2022年版,第54页。

[2] 孟文镛:《越国史稿》,中国社会科学出版社2010年版,第145—146页。

直接传统文化根基,展现"枫桥经验"产生的传统优秀文化现代化转换与创新性发展的文化过程。一方面,挖掘诸暨的枫桥及其周边地区的地方文化资源,在理论资料上具有重要的价值;另一方面,关注马克思主义传入中国及其在浙东地区传播的相关史料,考察其在"枫桥经验"产生过程中的重要影响,同样意义非凡。浙东传统优秀文化的现代转换与马克思主义中国化、时代化为"枫桥经验"的产生提供了一个文化榫接点,并最终推动了"枫桥经验"的现实生成。

0.1 追本溯源:中国传统优秀治理文化形成的地方史视角

中国在数千年的发展历程中积累了丰富的治理经验,形成了别具一格的治理传统与相应的治理文化,并由此绵延不绝地传承着自己的文明,创造了治理形态上相对于其他文明的长时期领先性,其中精华迄今仍有重要借鉴意义。[1]中国虽然在从传统发展到现代的过程中因各种内外原因而落伍,且依靠了外来因素的影响与作用才走上现代化的道路,但其长期积累的文化财富与历史经验等仍然在现代化进程中发挥着重要的作用,既支撑着现代治理的中国方式,也展示着现代治理的中国智慧。中国广阔大地上的社会治理很大程度上都经历了现代化的普遍洗礼,其中所包含的传统优秀文化也经历了现代化的创造性转化,获得了创新性发展;与此同时,现代化的治理内容及模式等也经历了一个与中国实践相结合、与中国优秀传统相结合的中国化过程。两个方面的内容转化过程在中国现代化的实践中实现了辩证统一,相互联系,相互促进,协同发力,共同推动了中国治理的现实发展。值得注意的是中国治理

---

[1] 张晋藩:《中国古代国家治理的重心——"民惟邦本,本固邦宁"》,《国家行政学院学报》2017年第4期。

的现实发展具有一定的地域不平衡性,这既是因为不同地域范围内的文化具有不同的地域个性,又是因为中国广阔领土范围内接受外来影响的广度、深度等差异巨大。[1]一般来说,地域个性明显且受外来文化影响较深的地域文化在中国现代化治理的创造与发展中贡献较大,影响较大。中国传统优秀文化在现代的创造性转化与创新性发展,只能是具体而不能是抽象的发生,而这种具体的发生又不能脱离具体地方的实践,不能不首先与具有地域个性的文化相结合,而后才能通过地域个性文化与超越地域个性的共同文化相结合。中国传统优秀文化在现代的创造性转化与创新性发展,既然在内容变化路径上是从具体地域文化到抽象共同文化,那么结合地域文化在某个领域的突出发展成就,从地方史的角度来梳理中国传统优秀文化,就成了一个既有理论意义又有现实价值的重要工作。

浙东地区在历史上不仅形成了地域个性鲜明的地方文化,产生了诸多具有全国性乃至世界性影响的重要理论家,更在地方治理领域走在全国前列,创造了一系列具有典范意义的地方治理经验,其中"枫桥经验"的地位与影响尤为突出,在全国范围内普遍具有示范性。[2]从地方史视角来分析中国传统优秀治理文化的形成,落实到"枫桥经验"研究层面,就是要追溯浙东地域范围内中国优秀治理文化的地方化形成。追溯其源流,首先是为了更好地呈现、理解、揭示与解释"枫桥经验"之所以能够产生的地方治理文化传统,搜寻其中的文化魂魄,把握其文化根系,从而更加准确深刻地认识"枫桥经验"的文化内涵与文化本质。既要深入理解其中所包含的传统优秀治理文化的普遍性,更要明确即便是中国传统优秀治理文化中的普遍性内容也都经历了创造性转化与创新性发展,从而真正在文化内涵的本质性把握上表现出自觉的历史意

---

[1] 张师伟:《政治发展不平衡不充分论析》,《广西师范大学学报》(哲学社会科学版)2019年第5期。
[2] 习近平:《高举中国特色社会主义伟大旗帜 为全面建设社会主义现代化国家而团结奋斗——在中国共产党第二十次全国代表大会上的报告》,人民出版社2022年版,第54页。

识。不能以今为古,在理解优秀传统文化上表现得主观投射过度;[1]也不能以古为今,照抄照搬,走上复古的经学老路。[2]其次,追溯其源流还是为了在实践中自觉传承好、发展好"枫桥经验"。尤其是在"枫桥经验"的推广中,国内其他地域不仅要在具体经验内容上学习"枫桥经验",更要自觉在文化根脉上打通与"枫桥经验"的联系。既要自觉打通与"枫桥经验"所蕴含和传承的民族共同的传统优秀治理文化的根脉联系,增强民族文化自信,提高民族文化自觉;又要打通与"枫桥经验"所蕴含和传承的浙东地域文化间的根脉联系,自觉传承与发展其中所包含的具有普遍意义与价值的内容;还要从"枫桥经验"中发现中国传统优秀文化在现代进行创造性转化和创新性发展的普遍规律,并在传承和发展"枫桥经验"的过程中自觉进行本地传统优秀治理文化在现代的创造性转化和创新性发展。

浙东地方具有悠久的文化传统。其渊源可以上溯至新石器时代的河姆渡文化,在中国的早期国家阶段也有相应的传说内容。虞舜及夏禹在浙东地区的政治历史叙事中占有重要的地位,余姚之姚据传即为虞舜之姚;传说中,先秦时期的越国与中原的夏也有着政治上的密切联系,据称其王室即出自夏代的王,会稽山也据传是夏禹大会诸侯之地,更有学者认为中原的夏之建立也与古越人北上有密切关系。中国在上古时期的聚落情况,不论是种族的地域分布,还是各自的迁徙往返,抑或政治体系的建立与传承,都有相当长一段时间的朦胧期,缺乏可靠的文献依据,从而在自古以来的古史叙事中留下了一段空白。虽然中国的传世文献在资料上包含了人类早期从人工取火以来的诸多内容,也部分地反映了人类进化在母系氏族公社时期的情况,但就总体而言,并不能提供一个源头清晰的古史叙事。古史叙事只能从传说中的某个英雄人物

---

[1] 葛荃:《立场、方法与禁忌:中国政治思想与文化研究断想》,《政治思想史》2016 年第 3 期。
[2] 姚中秋:《重建中国政治思想史范式》,《学术月刊》2013 年第 7 期。

开始。[1] 炎帝和黄帝被看作中华民族的始祖,在一定意义上也可以看作中国传统时期古史叙事内容的起点。以炎帝和黄帝为记忆起点,中国传统时代不同地域的人们,通过共同的古史世代叙事,构建起对一个共同体的政治认同,不同地域的人们由此拥有了共同的早期政治叙事。浙东地区真实的古史发展序列及其具体情形早已湮没在历史的风尘中,现在呈现于人们面前的古史叙事很大程度上已经受到中原地区古史叙事内容的根本性影响。即浙东地区的情况反映在传世文献中的时候,不论是地方古史的实践,还是地方古史的叙事,都已经受到了中原地区的政治及文化影响,并且出现了一定程度上的中原地区化的文化自觉和历史主动。这就意味着追溯浙东地区优秀传统治理文化的源头,很大程度上并不是在追溯浙东地区真正的古史源头,而只能说是在追溯浙东地区已经明显受到中原地区政治及文化影响的古史叙事的内容源头。它在一定程度上就是地方化了的中华民族共同的古史叙事体系。这个地方化了的具体的中国上古史叙事体系,实际上是"枫桥经验"诞生的文化源头,其内容更多地体现了全国范围内主流古史叙事传统,地方上原有的完整的古史叙事系统则在历史演进中逐渐湮没。

中国上古史叙事体系在一定意义上就是古人对自己文明传统的系统理解和自觉把握。从传说时代开始,大量的古史内容经过长时期内的多次整理,在传世文献中逐渐形成了一个占主导地位的古史叙事体系;而主流古史叙事体系的大范围传播则在拓展共同体地域范围的同时,也将广阔领土范围内的地方古史叙事纳入其体系,内化为中国社会主流的上古帝王世系传承。浙东地方古史叙事体系被纳入上古帝王世系传承的过程早已湮没在历史的烟尘之中,相对独立的古史叙事体系已经无从细考,如越国世系记载中断,缺漏"二十

---

1 张师伟、薄萧:《从传说到历史:中国上古国家诞生进程中政治伦理观念的阶段性发展》,《岭南学刊》2023 年第 4 期。

余世"[1]。传世文献中浙东地区最早的古史叙事,显然已经受到周人所传承的古史叙事内容的影响,《左传》《国语》等文献中关于越国的历史叙述与言论记载,在目前看来即是关于浙东地区历史的最早叙事。其中,保留较多上古历史叙事内容的《左传》在浙东古史叙事上,就是将浙东纳入夏的古史叙事体系,既将越国的世系源头追溯到夏所封之无余,又记述越国的王室获得了夏王室的姒姓。尽管缺乏充足的证据支撑"姒姓说",但"姒姓说"的出现确可作为越国被纳入夏商周古史叙事体系的一个标志。由此开始,越国的历史发展真正受到中原主流文化的影响,其治国实践及乡官言论也为中原主流治理文化所左右。从《左传》《国语》《史记》等所载关于越国治理的诸多事迹与言论中能够清楚地看出,夏商周所传承的古史内容及古代先王治国的主张等,对越国的治理产生了重要的影响。范蠡与文种在越国的治理实践即主要体现了中原主流文化所传承的治理理念。两人均为楚国人,文化上却早已融入中原主流,于治国理政上尤为如此。[2]当然,越国的治理传统仍保留着部分本地的内容,夏商周所传承的古史内容及古代先王治国的主张等,也不可能在实践中完全重塑越国的国家治理。但重要的是,作为一种获得了理论自觉的治国理念,夏商周所传承的古史内容及古代先王治国的主张等提供了一种体现特定治理文化内容的历史主动,以上古先王为榜样,进行自觉的国家治理,并由此开启了中国共同治理传统在浙东的地方化端倪,为"枫桥经验"在浙东地区的诞生提供了最初的治理文化基础。

浙东现有的原始文化遗存固然展示了中华民族起源中多元的一面,但在传世文献中却并没有明显的表现。如史料中虽然将于越所建立的越国的立国起点上溯到了传说中的夏代,但在其叙事世系中却难以掩盖千余年的断裂。

---

[1] 孟文镛:《越国史稿》,中国社会科学出版社2010年版,第147页。
[2] 孟文镛:《越国史稿》,中国社会科学出版社2010年版,第632—651页。

这个千余年的世系断裂在一定程度上反映了浙东史前文化的内容并没有出现在该地区的古史叙事中。该地区古史叙事的内容在很大程度上来自有可靠世系记载的时期。尽管越国曾经称霸,但其所传承的越地文化终究还是被楚国及秦国所推广的主流文化湮没,越国故地及旧人也迎来了承载中原主流文化的外来移民,并在移民的影响下逐渐融入了主流文化,从而成为汉帝国不可分割的重要组成部分。[1]从此时开始,秦汉时期主流的社会组织形式及意识形态内容就确立了在浙东地区的持久优势,并在其理论发展的脉络中展示了全国范围内的共同趋势,即先后经历了秦汉经学、魏晋玄学、宋明理学等发展阶段,展现出儒家化不断加深的态势,自觉地在社会组织、治理传统及思想文化上进行儒家化成为浙东地方文化发展的主流。与此同时,中国在秦汉、魏晋、隋唐及宋明时期的文化结构中又包含着道教、佛教的内容,三教并存和三教融合的趋势在浙东地区也有相应的表现。道教、佛教的某些内容在社会基层治理层面也有一定的体现,只不过其作用及影响不如儒家那么明显和强烈而已。两汉以来儒家文化对地方文化的渗透、濡染和改造,一方面使儒家的知识体系、价值传统及思维方式逐渐为地方文化所接受,地方文化由此出现了明显的儒家化;另一方面,地方文化原有的文化要素等也会反作用于儒家文化,从而提供了某种地方化的亚文化传统,并经长期影响形成了儒家文化中的地方化色彩。浙东学术在很大程度上就是儒家文化地方化和地方文化儒家化双向互动的一个结果。

0.2　梳理脉络:浙东地方社会基层治理的文化基础与积淀

中国传统文化在历史进程中展现出来的儒家化内容,并不是先秦时期那

---

[1] 王志邦:《浙江通史》(秦汉六朝卷),浙江人民出版社2005年版,第51—59页。

样比较纯粹的儒学,而是在汉代经历了体系化加工且吸纳了诸子百家之学的经学化了的儒家意识形态。西汉初年,全国范围内的理论整合还在进行之中,直到武帝独尊儒术之后,吸纳、消化诸子学说从而形成的儒家天人合一理论体系及相应学术体系才初步建立起来,并形成了注重家学渊源的儒家经学。[1] 浙东地方在武帝时期还经历了人口迁徙等变化,儒家经学此时在浙东尚没有明确的传承谱系,但相应的理论知识可能有一定的传播,只是在文献方面还没有直接的证据。会稽地方在文化史上真正显露出可靠端倪的时间还是在东汉初年。彼时从会稽地区走出了一位与儒家经学家不一样的儒家化学者王充,虽然王充的理论主张及话语体系与儒家经学"天人感应""天人合一"等正相反,无法被纳入经学传承的脉络,但是其所主张的"疾虚妄"却有着后世浙东学术的"求实"特点,是浙江精神的"源头活水"。[2] 不过,浙东地方的理论及学术在东汉时期的发展还是受到了来自北方的影响,虽然还理不出浙东儒家经学传承谱系的来源端绪,但其源自中原地区却是毋庸置疑的。伴随着北方经学传承在浙东的展开,浙东地区出现了儒家化了的地方望族及学术思想体系,这些儒家化望族绝大多数是来自北方的移民。史书里记载的会稽望族的源头大多可以追溯到北方。余姚虞氏家族由东郡迁徙而来,在东汉末已经是会稽地区的望族之一,在经学史上占有重要地位。[3] 西晋末年,永嘉南渡后,北方士大夫群体大规模南下,其中不少儒家士人进入会稽地区,魏晋时期的玄学也于此时传到了浙东,并逐渐影响浙东地区原有的经学传承内容,两汉章句之学转生出东晋南朝的义理之学,而后又转生出兼重儒学与文学的门阀世家大族,儒家的名教礼法融入了世家大族的组织体系与治理过程,浙东地方基层社会的治理体系及过程在此时有了明显的儒家化特质。

---

[1] 张师伟:《董仲舒政治哲学述论——汉儒对道、墨、法、阴阳等思想的批判与继承》,载刘进田主编:《西北人文科学评论》,陕西人民出版社2014年版第7卷。
[2] 张宏敏:《王充思想与浙江精神》,《观察与思考》2019年第11期。
[3] 赵霞、张宏璞:《魏晋时期以经学传家的余姚虞翻家族》,《兰台世界》2012年第6期。

隋朝于公元589年统一了中国，南北双方得以在理论体系及学术思想上进行融合性的接触，儒释道三教并存的理论与学术趋势得以延续，直到北宋中期出现三教融合之后的新儒学。虽然新儒学在形成与发展的过程中出现了地域色彩较浓的学派，但各个学派又都具有跨越地方性的普遍性内容。可以说，新儒学在宋代的发展，既是地方性学派递变的结果，也是全国性理论发展和学术积累的产物。不论是北宋时期的周敦颐、邵雍、张载、程颢、程颐等，还是南宋时期的朱熹、陆九渊、吕祖谦、张栻等，皆是如此。北宋亡于金后，北方的儒学理论再次汇集于南方，浙东地区在传承新儒学的过程中也创造出了自己的学派，即浙东学派。[1] 浙东地区工商业经济发达，教育普及率较高，理论传承与学术探讨比较活跃，既是新儒学主流思想传播的热点地区，也是新儒学中的新学派诞生的主要地区，即在朱熹学术广为传播的同时，也产生了地域性和普遍性兼具的新儒学流派。浙东学派下辖金华学派、永嘉学派及永康学派等分支，三者在具体主张上各有不同，但又有着共同的思想特点。大概来说，浙东学派与一般抽象推崇儒家价值与义理的学派不同，主张崇实黜虚，既注重不脱离实际的事情、功利来崇尚义理，又主张崇尚儒家之义理必须要落实于实际的事情与功利，强调情与理合、事功与义理统一，于个人如此，于国家也是如此。[2] 另外，浙东学派在追求义理的方式上也颇为注重发挥个体的主动性，凸显义理不是远在天边，从而也并非高不可攀，并不需要移人以就义理，而是强调义理即在人，人于其自身即可获明义理。既是如此，不仅人之衣食住行、举手投足、视听言动等皆须合乎义理，而且社会组织网络与社会关系等也当合乎义理。

值得注意的是，尽管浙东学术在南宋时期获得了自觉的形态，也有较为旺盛的生命力，但就宋学的主流发展趋势而言，程朱理学无疑具有压倒性的优

1　柳明晔：《南宋的"浙东学派"》，《杭州师范学院学报》1992年第1期。
2　方如金、赵瑶丹：《论南宋浙东事功学派的富民强国思想》，《文史哲》2005年第6期。

势,纵然是在浙东地区,朱熹理学的传播势头及学术影响力也是无与伦比的。不论是功利主义的浙东学派,还是陆氏心学,浙东儒学都还不具备朱熹理学那般在内容体系及理论逻辑上的明显优势。朱熹理学在本体论意义上对天理的探讨,兼顾了物理和伦理,既是深刻、系统、完善的,也具有理论上的基础性地位。浙东学派中的功利主义儒学尽管注重客观性的物理与事理,并试图弥合义理与物理、事理的裂隙,但在哲理的层面上仍然存在着伦理与物理、事理的紧张或冲突,即在天理与人欲的区别上有较大的模糊性。[1] 南宋结束以后,儒学转入会通朱陆的路径。浙东学术会通朱陆的结果,就是产生了以王守仁的心学为主的儒学理论体系和学术成果。明代中后期,阳明心学的诞生具有重要的理论创新性,王守仁将自程颢处初现端倪的"心学"提升到了一个新的境界。尽管阳明心学的重心在人之伦理的普遍自觉与执着坚守,但在本体论上并没有悬置有关问题,而是吸纳了朱熹理学的本体论内容,强调了天理客观存在且无所不在的意思。天地万物各有其体现天理的方式,物理、事理及伦理都体现着天理,具有基于天理的共同性及相通性,但是人觉知天理的方式却依赖其心中的伦理自觉。王守仁心学的方法论远比其本体论更受关注,也具有更大的理论及学术影响。也恰是因为其方法论,王学在分化之中既出现了以人欲为天理的激进偏执,也出现了只重视开悟的禅化偏执。[2] 浙东学术传统中的王学基调在实践中再次出现了调和朱熹理学与陆王心学的趋向,出现了以黄宗羲为代表的王学矫正派。

黄宗羲作为明末清初浙东学术的主要代表者,其学术成果、理论建树都处于全国一流行列,生前即已具有重要的理论影响。他在哲学层面以王守仁心学为根底,吸纳了朱熹理学的本体论,在本体论、伦理学及方法论等方面自成一体,卓然成家,既矫正了王守仁心学在后续发展中表现出来的空疏、狂狷或

---

[1] 方同义:《陈亮义利观辨析——简论陈亮与朱熹道德价值观的分歧》,《中国哲学史》1993年第1期。
[2] 李泽厚:《中国古代思想史论》,人民出版社1985年版,第243—252页。

禅化弊端，使其在伦理学、价值论、方法论上更接近儒学之正统，也弥补了朱熹理学在伦理学及方法论上的一些缺陷。在一定程度上，黄宗羲既是浙东学术以往哲学成就的总结者和其后哲学新学术传统的开创者，也是全国范围内儒家哲学在明清之际的一个重要总结者，他使中国传统儒家哲学达到了一个前所未有的高度。黄宗羲的学术创造及理论成果，一方面继承了浙东学术以往的学风和特点，比如求实而不抽象地论述天理，注重"存天理灭人欲"的伦理学要求和方法论抓手。所谓伦理学要求就是做圣人，所谓方法论抓手就是存良知的工夫，天理之本体即在人的工夫中，所谓"工夫所至，即其本体"，[1]就是这个意思。另一方面，黄宗羲也十分注重天理在物及事上的表现，既强调天理普遍存在于宇宙万物中，宇宙万物各得其中即是其天理的体现；也强调人用以呈现和践行其理的方式主要是时时处处自觉地在意识层面"存天理灭人欲"，务求完全实现"天理之在我者"，行为上谨遵圣贤之礼，心理上尽存成人成己、爱人爱己之仁。另外，黄宗羲还普遍寻求天理在政治、经济、教育、自然等层面的具体表现：在政治层面讨论了君、臣、相、法、封建等要素，提出了如何治国、理政及养民、教民等政治理想；在经济层面提出了"本末"范畴及"工商皆本"的命题；在教育层面提出了广兴儒学教育及教人做圣贤的主张；在自然层面对自然物体现其天理的物之理也有切实的追问和收获。其学问之博大精深令人叹为观止。黄宗羲还延续了浙东学术经世济用的实学特点，注重发展工商业，使工商业之实利和儒家之义理相融合，义理不排斥实利，实利要合乎义理；并在一定程度上拓展了浙东学术经世济用的范围，既在浙东学术体系内开创了史学经世的传统，也将中国传统史学的经世济用功能发展到了一个新阶段。他的学术思想史及政治史研究在经世济用方面具有重要的理论价值和示范效用。

---

[1] 黄宗羲：《明儒学案·自序》，载沈善洪主编，吴光执行主编：《黄宗羲全集》（第七册），浙江古籍出版社2005年版，第3页。

浙东学术在中国传统学术体系中占有重要地位，特别是自宋以来，新儒学在浙东地区获得了极大的发展，取得了辉煌的成就，出现了在中国传统思想文化史上具有集大成性质的学者及学说。当然，浙东学术发展中涌现出来的卓越理论大家本身也并非孤立地存在着，他们的出现既建立在浙东地区儒学发展大众化了的基础上，又是促进大众化儒学进一步理论化的重要推手。浙东一系列儒学大家及名著的背后，是儒家学术极为完善的普及系统，浙东地区的士农工商皆可接受儒家学术思想的影响。这一方面取决于浙东地区自宋以来即具有的浓郁的儒家文化氛围。经济条件较好的浙东地区，在官方的文化教育机构之外，出现了众多藏书家及藏书楼，这在很大程度上有益于儒家学说的深入研究和广泛传播。[1] 另一方面，浙东地区的教育组织体系也十分健全。除了地方官兴办的县学、府学等之外，民间还广泛兴办了社学、义学、私塾及书院等。因此，浙东学术所传承和弘扬的儒家学说得以在社会各个层面广泛传播，儒家的价值观及人生观能够以浙东学术注重落实于人生之行的风格浸润于人们的日常生活，具有浙东地方色彩的儒家化人格及相应思维方式被培育并落实到人们日常的举手投足、视听言动及待人接物上，使其以德立身、以理处事。明清时期，浙东地区经济发达，社会结构稳定，社会组织体系儒家化，浙东学术在阳明学及朱子学的共同影响下日益趋近于实学，道德诉求归于践行儒家价值的立德之行，认知诉求则归于对事物之理的遵循及守护。浙东学术的实，既表现在儒学与士农工商的结合上，人们各以儒家伦理为支撑，扮演相应的社会角色，立德于行，履行各自的社会职责；又表现在社会组织体系的建构和治理实践上，不同的社会组织及其运行皆遵循着儒家伦理的原则，特别是基层家族组织尤为自觉，大量的族谱及家训等无不渗透着儒家伦理精神，也无一不传承着儒家的伦理文化，培育着忠实践行儒家伦理的社会个体。

---

[1] 顾志兴、吴昊：《试论浙东学术与浙东藏书关系》，《浙江学刊》2012年第3期。

0.3 传承创新:"枫桥经验"诞生中传统与现代的文化衔接

浙东学派及作为其广泛社会基础的儒家伦理普遍自觉,在实践中形成了一个注重德治及自治的基层治理传统,但在缺少民主思想的整体条件下,该基层治理体系只能是一个服务于传统社会安人安己的养民和教民体系。它一方面使民养生送死无憾,使其能够养父母、畜妻子,另一方面则是让民存天理之公而灭人欲之私。[1]在这个意义上,中国传统优秀文化固然是当代"枫桥经验"产生的必要条件,但仅有中国传统优秀文化还不足以促成"枫桥经验"的形成,即"枫桥经验"的形成在内容上还需要借助于外来的人类优秀文化,从中吸纳民主思想和科学精神的精华。科学与民主孕育并形成于西方现代国家,为现代性社会所必需,却又恰恰是中国传统之所无,中国近现代遭遇的诸多政治、文化危机皆根源于此。[2]"枫桥经验"诞生于中国共产党领导下的基层社会治理实践,在一定程度上,可以说是中国共产党领导下所形成的"红色文化传统"与浙东地方实践、地方文化相结合的产物。中国共产党领导的"红色文化传统",则是马克思主义传入中国并中国化了的文化产物,其中既有马克思主义经典作家批判继承并创新性发展外来优秀文化而形成的理论成果,又有中国共产党在马克思主义指导下推动中国传统优秀文化创造性转化的成果,还有中国共产党对外来优秀文化进行中国化理论加工的成果。

中国传统文化在整体上有自己的体系和发展逻辑,各个地方的地域性文化在特质、功能与发展轨迹上基本没有出现面向现代的转变趋势,尚且迟滞徘

---

[1] 张师伟:《民本的极限:黄宗羲政治思想新论》,中国人民大学出版社 2004 年版,第 320—324 页。
[2] 张师伟、曹姣:《文化不适应视域下晚清中国的国家文化安全问题》,《学术界》2023 年第 4 期。

徊在传统的延长线上。[1]但世界整体已经形成了一股全球化的浪潮,不同国家必将被全球化浪潮裹挟而彻底改变自身的发展态势,不论是主动适应的国家,还是被动回应的国家,都不能改变必将面向现代化且自身也会现代化的演变趋势。中国虽然在传统时代积累了丰厚的文化资源,但也不得不融入全球化的浪潮,不论是社会体系,还是文化逻辑,都不能继续以往的惯性,而必然会被外来的事物所影响,并在外来事物的影响下发生根本性的变革。实际上,中西方之间直接的物质及文化交流在十七世纪就已经开始,双方的文化精英也都进行了一定程度的文化传播与文化吸纳工作,中国的儒学在西方及西方的宗教、科学在中国,都有相当的影响。中国传统士大夫在明清之际就曾着手探讨儒学和西方科学之间的相同及相通之处,中国清代的一些学术显然受到西学的影响,但范围和深度都还相当有限。鸦片战争以后,中国先进分子寻求救国救民道路的起点就是探索儒学与西学的结合点,不论是以儒家价值理想揣度华盛顿的徐继畲,还是"师夷之长技以制夷"的魏源,实际上都已经走在了追求民主与科学的道路上,前者较为侧重天下为公的民主,后者侧重"夷之长技"的科学。随着中国在晚清愈发陷入半殖民地半封建的泥潭,西方的民主与科学逐渐在中国的文化中成为主流。新文化运动后,中国拟成为西方那样民主与科学皆昌盛之国的愿望空前强烈,但是巴黎和会却给当时的中国兜头浇了一盆冷水:此路不通。

中国学西方之路走不通,固然有列强不允许的一面,也存在着文化方面的障碍,即中国传统优秀文化与西学长期接触并接受其濡染却没有产生文化上的成熟产品。这既表现在民主与科学作为新学与作为旧学的儒学之间存在着尖锐的冲突,也表现为作为现代事物的民主与科学在当时的中国还存在诸多被误读的内容。民主与科学的精神埋没在了民主与科学的效用之下,移植西

---

[1] 张师伟:《中国传统政治哲学的逻辑进程》,《政治学研究》2013年第4期。

方的民主并没有成功地改造中国旧政治,效仿西方的科学则陷入了能否用来解决人生观问题的泥淖。中国近现代的先进分子在旧学方面有着较高的素质与修养,他们中的绝大多数都饱受儒学的熏陶,而熏陶他们的儒学却在他们接受西学的过程中既发生了西学影响下的改变,也在影响着他们对西学的理解,中学与西学在他们身上显示出了一种相互影响、相互濡染的态势。[1]西学如果没有中学,就不能落足和生根于中国本土,从而也就不能中国化,并被用来认识和解决中国的问题;中学如果没有西学,就不能面向世界,不能吸纳民主与科学的精粹,从而就不能真正现代化,并成为现代文化的重要组成部分。中国传统文化与西学在近代的接触拉大了二者间的距离,加重了彼此的对立,在文化体系的再生上没有产生出能够促进社会现代转型的概念体系与理论逻辑。在新文化运动过程中,中国的先进分子注意到了世界上的社会主义运动及共产主义思潮,特别是俄国十月革命后建立的新国家,给中国正在寻求新路的先进分子提供了一种有严谨理论体系证成的政治理想和政治道路。马克思主义在中国的广泛传播及随后的中国化发展,在很大程度上证明了其与儒家思想在哲理上存在着较多的共同点,在价值上存在着较为明显的相互接近的倾向。马克思主义的传入及其中国化,一方面是中国传统哲理体系为其提供了理论榫接点和重要支持,另一方面中国传统的哲理体系、价值理想及制度遗产也在马克思主义的指导下发生了面向现代的重大转变。[2]民主与科学在新民主主义的框架之下,既能扎根于传统依然深厚的中国大地,为广大民众所接受,也具有面向现代的价值倾向,代表了未来的趋势。

马克思主义的中国化在理论上逐渐形成了一个完整而有特色的知识体系,提供了认识中国和改造中国的世界观、价值观、历史观及方法论,开启了中

---

[1] 张师伟:《汇通与杂糅:中国现代自由主义的"亦中亦西"理论特质》,《新视野》2020年第4期。
[2] 张师伟:《中国现代先进知识分子的马克思主义化与中国共产党的成立》,《学术界》2020年第4期。

国式现代化的道路。[1]从基层社会治理角度来看,中国共产党既对科学与民主的现代精神进行了马克思主义立场与方法下的系统解读,从而在基层社会治理层面既贯彻了人民民主理念,在治理思想、制度设计及实践运行上落实了以人民为中心的原则;又贯彻了现代治理的法治理念,制定了一系列的法律法规等,保障人民的权利;还强调了德治的重要性,普遍地对党员干部及群众进行教育,提高其品德修养,践行群众路线,培养广大群众的德行。中国共产党在革命、建设及改革的过程中,在基层社会治理层面获得了相当的成功,也取得了丰富的经验,特别是在普遍性的治理原则及工作方法上,更是取得了具有深远历史影响与实践价值的成果。中国共产党在基层社会治理层面上既坚持了马克思主义理论的以人民为中心,强调人民至上;又凸显了中国传统优秀文化中的以人为本,基层社会治理要实现的普遍价值是人的普遍价值,而不仅仅是财富分配和矛盾解决;更将马克思主义的群众路线与中国传统优秀文化中的"以理服人"结合了起来,以群众路线为方法,进行法理、情理及物理的解读与沟通,达到通理和谐的目的,充分呈现人民内部矛盾的非敌对性及人民根本利益的一致性。"枫桥经验"的诞生,在根本上就是因为在基层社会治理的实践中贯彻了马克思主义的世界观、价值观、历史观及方法论,从而将以人民为中心的思想、以人为本的理念及群众路线这一工作方法运用在了当时社会矛盾的处理中,将中国共产党领导下的基层群众自我教育、自我管理和自我服务等推进到了一个新的阶段,产生了一个具有普遍示范效应的经验模板。"枫桥经验"形成的沃土同样支持着其后来与时俱进的一系列发展,虽然新的社会问题不断产生,技术条件也变得越发先进,但从其核心内容来看,"枫桥经验"产生和发展的文化条件在根本上并未发生大的变化,支持其发展的文化内容在来源上主要还是两个大的方面:其一是马克思主义中国化与时俱进的理论成果

---

[1] 贾向云:《中国共产党对中国式现代化道路的百年探索和理论贡献》,《党史文苑》2023年第5期。

总是提供着结构性及方向性的引领作用;其二就是中国优秀传统文化,特别是浙东传统学术的现代转换,对其具体的制度范式与机制程序等有着直接的智力支持。

0.4 编辑思路:本卷文献史料的范围、类型及主要内容

中国在数千年的发展中形成了一个广土众民的共同体,共同的传统文化普遍地浸润着各个地区的人民群众,并支撑着各地人民之间的共性,虽然各个地区在文化上不无自己的个性,但其个性无疑是建立在各地之间的共性的基础上的。"枫桥经验"虽然诞生于浙东地区,具有较为明显的地域文化色彩,但浙东地域文化也只是中国传统共同文化的地域版,其内容无非中国传统文化共同性内容的地域特殊性表达。因此,作为"枫桥经验"文化源流的内容也就分成了两个层面:第一个层面是中国优秀传统文化中跨越地方差异的共同性内容,即中国优秀传统文化中的普遍内容;第二个层面是中国优秀传统文化在浙东具体呈现出来的个性化内容,即中国优秀传统文化中的地域内容。本卷史料辑录在地域范围上也相应地分成了两个基本类型:第一个类型的内容来自中国传统时代中普遍流传的基本典籍,它们在漫长的历史时期广泛传播于包含浙东在内的广大地域,属于人们普遍阅读过的经典,此类型的辑录需要在全国范围内的著作群中搜寻,在内容上也不完全限于基层社会治理,而是涉及治国理政的各个层面;第二个类型的内容则来自浙东地区产生的地方性著作,它们的形成体现了浙东地域的文化创造性与地域个性,且在内容上与地方实践具有更为密切的联系,此类型的辑录则仅在浙东范围内的著作群中搜寻,其中许多内容体现了地域治理的独特性。

中国优秀传统文化中的治理思想具有悠久的历史及自身的谱系,这在文

献资料的辑录范围上表现为两个主要的方面。从文献资料的历史渊源及发展沿革来看,本卷拟搜录的文献资料必定要追踪到文字记载的历史源头上,即要尽可能搜录从上古时期流传下来的文献资料。所收录的文献类型也应广泛,既要搜录儒家经学类材料,其中包含着不少政治家及思想家关于治理的思想主张;又要搜录正史及地方志等史籍类材料,其中包含着不少政治家关于治理的言论与举措;还要搜集记言记事等方面的文艺类材料,其中包含着与著名政治家密切相关的较为细腻的治理叙事及言论等。

本卷史料辑录还应包含内容较为丰富的浙东地方社会基层治理实践的文献资料。"枫桥经验"诞生于浙东大地,诞生于二十世纪中外文化交流、交往及融合的过程中,既具有现代化的特质与内容,也体现着地方传统文化在当代的传承与发展。它在很大程度上不能不是浙东地方文化在现代化内容影响下进行创造性转化与创新性发展的成果。浙东的地方社会治理具有悠久的传统及独到的特色,形成了一系列特征鲜明的制度体系,取得了高质量的治理成效,创造了颇有地方色彩的治理传统及治理文化。浙东地方社会治理在历史上形成和实践过的制度体系,是"枫桥经验"得以诞生的重要资源。梳理与研究这些地方基层社会治理制度资源,对于深入理解和进一步发展"枫桥经验"具有重要的理论意义和实践价值。本卷辑录的有关地方基层社会治理制度资源的文献,重点集中在宋以来,特别是南宋以来的文献记载上,但也兼顾北宋以前的地方治理实践相关资料。浙东地方基层治理的制度资源在文献内容上主要呈现为各个历史阶段,特别是南宋以来的典型案例,其文献材料来源有地方志、文集、族谱、家训及碑刻等。

本卷史料辑录的学术目的,是搜集和整理与"枫桥经验"得以产生的文化渊源与理论资源相关的历史资料。这些历史资料的时空范围颇为广大,数千年历史中不同时期、不同地域的政治家、理论家所提供的关于地方基层社会治理的思想材料及相应的规范形式多样、内容丰富、影响深远。本卷所辑录的内容显然不能囊括全部的篇幅,而只能辑录其中内容上相对重要、完整,并呈现出社会治理体系的发展脉络和逻辑层次的部分。因此,本卷所辑录的史料主要包含以下几个方面:

第一,中国传统文化基本典籍中包含的国家治理及社会治理思想。它们具有广泛的影响力,形成了"枫桥经验"诞生的民族文化基础。中国优秀传统文化的主要载体就是传世较久和传播较广的基本典籍,浙东区域作为文化发达的地方,传统文化基本典籍对于这一地区具有广泛深远的影响,这是毋庸置疑的,连带着这些基本文化典籍所包含的国家治理及社会治理思想对地方基层也有着明显的影响。中国传统文化的基本典籍,以儒学五经、先秦诸子及秦汉以来重要理论家的作品为代表,提供了关于国家治理及社会治理的基本理论主张,集中表达了国家治理及社会治理的基本原则、主要设想、价值信念与理想预期。

第二,浙东地方性学术名家及其治理经验所包含的修齐治平思想。它们具体地呈现了"枫桥经验"发源地的治理文化内容,与"枫桥经验"的诞生有着直接的文化渊源。这一部分的内容选择主要集中在宋以来的浙东学派及地方治理的成功经验上,它主要呈现为三个方面:1. 宋以来浙东学派中的代表性学者关于国家治理及社会治理的理论主张,这些主张在地方基层社会治理中产生了观念引领及理论指导作用。特别是其中的学术名家,既有理论探索上的高水平成果,又具有很高的地方声誉,在地方基层社会治理中所产生的影响持久且广泛,不可小觑。2. 明清以来浙东府县镇村地方志等详尽辑录的基层社会治理案例,其中许多既是成功的基层社会治理经验,也具有鲜明的地方特色,在地方治理体系中实现了较好的传承,并产生了较大的影响。3. 族谱及碑刻等文献中保存的浙东地方基层治理思想,其中,族谱保留了传统时代地方家族齐家、治家的丰富理论资料,以及一般性基层社会治理理念、原则及规范等,而碑刻则保留了基层社会治理中特定主题的相关材料。

第三,中国传统时代非常注重地方基层社会的治理规范供给,这些规范尽管在不同的时期有所不同,但各个时期的治理规范体系还是具有明显的一致性及前后继承性,特别是地方史料中反映出来的基层社会治理规范更是具有较强的生命力。本卷非常关注秦以来浙东地区基层社会治理规范体系的更迭与传承,特别注重辑录北宋以来浙东地方基层社会治理的规范体系。浙东地方基层社会治理的优秀传统,尤其是治理规范中的优良资源,就包含在其中。呈现这一部分内容,既有利于理解"枫桥经验"发生的传统治理资源基础,也有利于在"枫桥经验"的继续发展中正确对待传统优秀治理资源。此外,"枫桥经验"毕竟诞生在诸暨的枫桥区(今为枫桥镇),因此本卷还高度关注诸暨及其枫桥区所传承的基层社会治理的观念与规范,其中既有传统时代儒家色彩较重的内容,也有近现代以来现代性的红色的内容。

本卷史料辑录的目的之一,是试图通过史料的辑录工作,呈现"枫桥经验"诞生的文化源流及其制度传统。既要突出明了其渊源,又要着重呈现其内容的整体性,并展示其内在的逻辑性,从而有利于人们进一步了解"枫桥经验"诞生的文化基础。目的之二,则是给相关的研究者提供深入研究该问题的史料基础,并扩展研究者搜寻相关史料的线索,从而为探讨"枫桥经验"如何创造性转化和创新性发展优秀传统治理文化等,提供一些有益的帮助。

第一章
中国古代基层社会治理思想

提要：中国有着悠久的历史、广阔的地域,数千年来,尽管各地都保留着各自浓郁的地方特色,但长期的大一统还是在根本上使这个多民族国家形成了深厚的共同性。各个地域社会间的共同性文化要素塑造了一个拥有共同文化心理结构的共同体,它既是一个文化共同体,也是一个政治共同体。"枫桥经验"虽然产生于浙东绍兴诸暨,但若追本溯源则不难发现它源头上的主流性共同文化内容。本章第一节侧重于对"枫桥经验"进行文化源流梳理,溯及较为古老且后世传播较为广泛的先秦典籍,也选录了部分秦汉以后影响深远的重要典籍。第二节至第四节侧重于对"枫桥经验"进行基层社会治理思想方面的源流梳理。宋代以前,在这一方面并没有留下专题性较强的思想史料,除正史中留有一些较为零散的片断之外,几乎很难搜集到相对丰富的相关史料。这个情况从北宋开始有了根本的变化,北宋以后的士大夫群体留下了不少以儒学为理论依据来重新建构和治理基层社会的观点、主张及零散言论,并将儒家理念普遍贯彻和落实于各地的基层社会治理实践中,形成了儒家化的地方基层社会治理范式。

1.1 先秦至隋唐：基层社会治理思想的文化源流

先秦所包含的历史时期比较漫长，从中国大地上出现人类开始，一直到秦王朝建立为止。彼时中国大地上小邦密布，领土范围有限，治理的层级较少，绝大多数时候实行着贵族制的治理方式。其基层社会治理在一定程度上就是邦国治理，国家治理和基层治理在这个时期的绝大多数时间内都还没有实质的区分。上古传世文献及先秦诸子中的国家治理思想实际上都是直接落在基层社会治理层面上的，其所论述的治理理念具有相当的普遍性，并对后世产生了广泛深远的影响。中国的国家形态及基层社会样态都保持着家国同构、君父一体的特质，都贯彻着修身、齐家、治国、平天下的内在逻辑理路。先秦因历史时期漫长且思想上百花齐放、百家争鸣，留下了丰富厚重的思想材料，内容复杂，体系繁多，流派多样，观点各异。这里仅辑录部分对后世产生了深远影响的思想史料，尤其是秦汉以后广为流传且在浙东地区产生了较多影响的治理思想史料。

秦汉时期是中国统一多民族国家发展的重要阶段，政治上的统一加速了文化上的交流，并促进了不同地区的深度融合。在大一统中央集权政治体制之下，各个地域范围内的文化都受到了君主政治体制所推崇的主流文化的影响与改造，其中儒家文化在影响和改造地域性文化方面的作用尤其显著。秦汉时期施行的文教政策、移民政策等无疑促成了儒学经学化之后的广泛传播，浙东地区也在这个时期受到了儒家经学的强势影响。先秦时期在中原地区发展起来且被秦汉中央政府高度意识形态化了的儒家经学，一方面伴随着移民进入浙东，扎根当地，发展起当地的儒家经学教育及相应的组织网络；另一方面，西汉以儒家经学为支撑建立起来的以孝治天下及征辟察举等理念与制度也在一定程度上改变了地域社会的文化氛围,形成了崇圣、尊儒、贵经的地方社会特质。总之,浙东社会在很大程度上由此开启了其儒家化的进程,基层社会治理思想也接受了儒家经学意识形态的决定性影响,并逐渐孕育出了一定的地域特质,进而涌现出有一定学术影响力的地方性思想家。

中国在汉代经历了长期的政治统一,在官僚制度、政府政策及政治动荡的影响下,推动了全国范围内的儒家化改造,不仅儒家化的宗族组织出现在各个地方,还普遍形成了尊儒崇经的地方时尚。尽管汉末以来,儒家经学理论受到崇尚法术的政治家及理论家的批评,儒道结合的玄学也对正统儒学产生了一定的冲击,但尊儒崇经仍然在地方社会中具有重要的作用。实际上,魏晋南北朝时期的儒学虽然经常面临玄学、道教及佛学等的挑战,但在世俗社会生活中的地位及作用并没有受到大的影响。汉代以来的纲常名教在地方基层社会的权威巩固、秩序维护及价值规训方面发挥着不可替代的作用。在儒家化的宗族组织逐渐成为地方社会构成的基本单位以后,儒学所阐述的纲常名教也成为地方社会治理的基本遵循。不同地域范围内的思想家或政治家,在建构和维系地方社会秩序、进行地方基层社会治理的时候,都比较推崇儒家化宗族组织及相应的基层社会治理方式,东晋南朝的门阀世族及北魏的三长制、宗主督护制等皆是如此,建立在门第基础上的九品中正制也成为这个阶段的主要选官制度。浙东地方在学术偏好上并没有偏离魏晋南北朝的主流,在延续两汉经学的基础上,也产生了一些与玄学相呼应的作品。

隋唐五代时期,儒家思想在国家治理及社会治理中恢复了主导性。一方面,儒家思想受到了统治阶层的高度重视,官方整理和颁布了权威性的儒家文献《五经正义》等,甚至帝王如唐玄宗还亲自注解了《孝经》;另一方面,统治阶层也高度重视以儒家的精神来塑造优良统治者的形象,在治理思想方面出现了具有典范意义的作品,如《贞观政要》《帝范》《臣轨》等。在统治者的重视和带动下,儒学在民间的影响力也得到了迅速恢复和提升,出现了主张以儒家理念治国的一系列代表性人物,如王通、韩愈、柳宗元、白居易、李翱等。虽然残唐五代的政治动荡扫荡了门阀政治残余,门阀贵族以儒学为依托的旧有社会治理体系不复存在,但中晚唐以后的儒学复兴,为宋代新型社会治理体系的宗族再造等提供了重要前提。

限于篇幅,本节在对"枫桥经验"基层社会治理的文化渊源进行梳理时,秉持了从简原则。一方面是因为隋唐以前的治理思想直接论述基层社会治理的内容较少,绝大多数都是讨论具有普遍意义的治理话题的;另一方面,这个阶段所论述的治理思想大多属于具有普遍性的内容,特别是流传较广且影响较大的著作,既在这个阶段对相应的基层社会治理有着直接的影响,也对宋以后基层社会治理思想有着普遍、深入、持久的影响。

1.1.1 尚书[1]

提要:《尚书》,又名《书》《书经》,是一部上古历史档案和部分追述古代事迹著作的汇编。《尚书》分为《虞书》《夏书》《商书》《周书》,有典、谟、训、诰、誓、命六种文体。其中,典记载帝王政绩与典章制度,谟即臣子就国家大事向帝王献出的谋划,训是臣子对帝王的劝谏,诰是帝王晓谕天下的话,誓是帝王颁布的有关军事方面的号令,命是帝王颁布的命令。《尚书》自西汉以来即为儒家五经之一,其内容在秦汉以来的各个地方都有广泛深远的影响,浙东地区也不例外。

---

[1] 《十三经注疏》整理委员会整理,李学勤主编:《十三经注疏·尚书正义》,北京大学出版社1999年版。

1.1.1.1　康诰

成王既伐管叔、蔡叔,以殷余民封康叔,作《康诰》《酒诰》《梓材》。

惟三月哉生魄,周公初基,作新大邑于东国洛,四方民大和会。……

王曰:"呜呼!封,汝念哉!今民将在祇遹乃文考,绍闻衣德言。往敷求于殷先哲王,用保乂民。汝丕远惟商耇成人,宅心知训。别求闻由古先哲王,用康保民。弘于天,若德裕乃身,不废在王命。"

王曰:"呜呼!小子封,恫瘝乃身,敬哉!天畏棐忱,民情大可见,小人难保。往尽乃心,无康好逸豫,乃其乂民。我闻曰:'怨不在大,亦不在小,惠不惠,懋不懋。'已!汝惟小子,乃服惟弘王,应保殷民,亦惟助王宅天命,作新民。"……

王曰:"呜呼!封,敬哉!无作怨,勿用非谋非彝。蔽时忱,丕则敏德,用康乃心,顾乃德,远乃猷,裕乃以民宁,不汝瑕殄。"

王曰:"呜呼!肆汝小子封,惟命不于常,汝念哉!无我殄。享,明乃服命,高乃听,用康乂民。"

王若曰:"往哉!封,勿替敬典,听朕告汝,乃以殷民世享。"

1.1.1.2　召诰

呜呼!天亦哀于四方民,其眷命用懋。王其疾敬德……

王敬作所不可不敬德。"我不可不监于有夏,亦不可不监于有殷。我不敢知曰,有夏服天命,惟有历年。我不敢知曰,不其延,惟不敬厥德,乃早坠厥命。我不敢知曰,有殷受天命,惟有历年。我不敢知曰,不其延,惟不敬厥德,乃早坠厥命。今王嗣受厥命,我亦惟兹二国命,嗣若功。王乃初服。呜呼!若生子,罔不在厥初生,自贻哲命。今天其命哲,命吉凶,命历年。知今我初服,宅新邑,肆惟王其疾敬德。王其德之用,祈天永命。其惟王勿以小民淫用非彝,亦敢殄戮用乂民，若有功，其惟王位在德元。小民乃惟刑用于天下，越王显。上下勤恤，其曰：我受天命，丕若有夏历年，式勿替有殷历年。欲王以小民受天永命。"拜手稽首曰："予小臣，敢以王之雠民百君子，越友民，保受王威命明德。王末有成命，王亦显。我非敢勤，惟恭奉币，用供王能祈天永命。"

1.1.1.3　无逸

周公曰："呜呼！继自今嗣王，则其无淫于观、于逸、于游、于田，以万民惟正之供。无皇曰：'今日耽乐。'乃非民攸训，非天攸若，时人丕则有愆。无若殷王受之迷乱，酗于酒德哉！"

周公曰："呜呼！我闻曰，古之人，犹胥训告，胥保惠，胥教诲，民无或胥诪张为幻。此厥不听，人乃训之，乃变乱先王之正刑，至于小大。民否则厥心违怨，否则厥口诅祝。"

1.1.1.4　泰誓

惟十有一年，武王伐殷。一月戊午，师渡孟津，作《泰誓》三篇。

泰誓上第一

惟十有三年春，大会于孟津。王曰："嗟！我友邦冢君，越我御事庶士，明听誓。惟天地万物父母，惟人万物之灵。亶聪明，作元后，元后作民父母。今商王受，弗敬上天，降灾下民。沉湎冒色，敢行暴虐，罪人以族，官人以世，惟宫室、台榭、陂池、侈服，以残害于尔万姓。焚炙忠良，刳剔孕妇。皇天震怒，命我文考，肃将天威，大勋未集。肆予小子发，以尔友邦冢君，观政于商。惟受罔有悛心，乃夷居弗事上帝神祇，遗厥先宗庙弗祀。牺牲粢盛，既于凶盗。乃曰：'吾有民有命。'罔惩其侮。天佑下民，作之君，作之师，惟其克相上帝，宠绥四方。有罪无罪，予曷敢有越厥志？"

"同力度德，同德度义。受有臣亿万，惟亿万心。予有臣三千，惟一心。商罪贯盈,天命诛之。予弗顺天,厥罪惟钧。予小子夙夜祇惧,受命文考,类于上帝,宜于冢土,以尔有众,厎天之罚。天矜于民,民之所欲,天必从之。尔尚弼予一人,永清四海。时哉弗可失!"

泰誓中第二

惟戊午,王次于河朔。群后以师毕会,王乃徇师而誓。曰:"呜呼!西土有众,咸听朕言。我闻吉人为善,惟日不足。凶人为不善,亦惟日不足。今商王受,力行无度,播弃犁老,昵比罪人。淫酗肆虐……"

"惟天惠民,惟辟奉天。有夏桀,弗克若天,流毒下国。天乃佑命成汤,降黜夏命。惟受罪浮于桀。剥丧元良,贼虐谏辅。谓己有天命,谓敬不足行,谓祭无益,谓暴无伤。厥监惟不远,在彼夏王。天其以予乂民,朕梦协朕卜,袭于休祥,戎商必克。受有亿兆夷人,离心离德。予有乱臣十人,同心同德。虽有周亲,不如仁人。"

"天视自我民视,天听自我民听。百姓有过,在予一人。今朕必往,我武惟扬,侵于之疆,取彼凶残,我伐用张,于汤有光。勖哉,夫子!罔或无畏,宁执非敌。百姓懔懔,若崩厥角。呜呼!乃一德一心,立定厥功,惟克永世。"

泰誓下第三

时厥明,王乃大巡六师,明誓众士。王曰:"呜呼!我西土君子,天有显道,厥类惟彰。今商王受,狎侮五常,荒怠弗敬。自绝于天,结怨于民。斫朝涉之胫,剖贤人之心,作威杀戮,毒痡四海。崇信奸回,放黜师保,屏弃典刑,囚奴正士,郊社不修,宗庙不享,作奇技淫巧以悦妇人。上帝弗顺,祝降时丧。尔其孜孜,奉予一人,恭行天罚。"

"古人有言曰:'抚我则后,虐我则仇。'独夫受,洪惟作威,乃汝世仇。树德务滋,除恶务本,肆予小子,诞以尔众士殄歼乃仇。尔众士其尚迪果毅,以登乃辟。功多有厚赏,不迪有显戮。呜呼!惟我文考,若日月之照临,光于四方,显于西土。惟我有周,诞受多方。予克受,非予武,惟朕文考无罪。受克予,非朕文考有罪,惟予小子无良。"

1.1.2 论语[1]

提要:《论语》是儒家的经典著作之一,由孔子的弟子及其再传弟子编撰于战国初期。《论语》在汉代曾有三种不同的版本流传,即《古论语》《齐论语》和《鲁论语》。《古论语》共有二十一篇,《齐论语》有二十二篇,《鲁论语》为鲁国学者所传,有二十篇。西汉末年,张禹以《鲁论语》为根据,参考《齐论语》与《古论语》进行考证修订,编定《张侯论》,官府将其列为官学。东汉时期,郑玄又以《张侯论》为本,参考《古论语》和《齐论语》再加以改订,即成为今本《论语》。

1.1.2.1 学而

有子曰:"其为人也孝弟,而好犯上者,鲜矣;不好犯上,而好作乱者,未之有也。君子务本,本立而道生。孝弟也者,其为仁之本与!"

子曰:"道千乘之国,敬事而信,节用而爱人,使民以时。"

子曰:"弟子,入则孝,出则悌,谨而信,泛爱众,而亲仁。行有余力,则以学文。"

子夏曰:"贤贤易色;事父母,能竭其力;事君,能致其身;与朋友交,言而有信。虽曰未学,吾必谓之学矣。"

曾子曰:"慎终,追远,民德归厚矣。"

有子曰:"礼之用,和为贵。先王之道,斯为美;小大由之。有所不行,知和

---

[1] 杨伯峻译注:《论语译注》,中华书局2017年版。

而和,不以礼节之,亦不可行也。"

1.1.2.2 为政

子曰:"为政以德,譬如北辰居其所而众星共之。"

子曰:"道之以政,齐之以刑,民免而无耻;道之以德,齐之以礼,有耻且格。"

哀公问曰:"何为则民服?"孔子对曰:"举直错诸枉,则民服;举枉错诸直,则民不服。"

季康子问:"使民敬、忠以劝,如之何?"子曰:"临之以庄,则敬;孝慈,则忠;举善而教不能,则劝。"

或谓孔子曰:"子奚不为政?"子曰:"《书》云:'孝乎惟孝,友于兄弟,施于有政。'是亦为政,奚其为为政?"

1.1.2.3 雍也

子谓子夏曰:"女为君子儒!无为小人儒!"

子曰:"质胜文则野,文胜质则史。文质彬彬,然后君子。"

子曰:"知之者不如好之者,好之者不如乐之者。"

子曰:"君子博学于文,约之以礼,亦可以弗畔矣夫!"

子贡曰:"如有博施于民而能济众,何如?可谓仁乎?"子曰:"何事于仁!必也圣乎!尧舜其犹病诸!夫仁者,己欲立而立人,己欲达而达人。能近取譬,可谓仁之方也已。"

1.1.2.4 泰伯

子曰:"恭而无礼则劳,慎而无礼则葸,勇而无礼则乱,直而无礼则绞。君子笃于亲,则民兴于仁;故旧不遗,则民不偷。"

子曰:"民可使由之,不可使知之。"

子曰:"好勇疾贫,乱也。人而不仁,疾之已甚,乱也。"

子曰:"笃信好学,守死善道。危邦不入,乱邦不居。天下有道则见,无道则隐。邦有道,贫且贱焉,耻也;邦无道,富且贵焉,耻也。"

子曰:"不在其位,不谋其政。"

1.1.2.5 颜渊

颜渊问仁。子曰:"克己复礼为仁。一日克己复礼,天下归仁焉。为仁由己,而由人乎哉?"颜渊曰:"请问其目。"子曰:"非礼勿视,非礼勿听,非礼勿言,非礼勿动。"颜渊曰:"回虽不敏,请事斯语矣。"

仲弓问仁。子曰:"出门如见大宾,使民如承大祭。己所不欲,勿施于人。在邦无怨,在家无怨。"仲弓曰:"雍虽不敏,请事斯语矣。"

子贡问政。子曰:"足食,足兵,民信之矣。"子贡曰:"必不得已而去,于斯三者何先?"曰:"去兵。"子贡曰:"必不得已而去,于斯二者何先?"曰:"去食。自古皆有死,民无信不立。"

齐景公问政于孔子。孔子对曰:"君君,臣臣,父父,子子。"公曰:"善哉!信如君不君,臣不臣,父不父,子不子,虽有粟,吾得而食诸?"

子曰:"听讼,吾犹人也。必也使无讼乎!"

子曰:"君子成人之美,不成人之恶。小人反是。"

季康子问政于孔子曰:"如杀无道,以就有道,何如?"孔子对曰:"子为政,焉用杀?子欲善而民善矣。君子之德风,小人之德草。草上之风,必偃。"

1.1.2.6 子路

子路曰:"卫君待子而为政,子将奚先?"子曰:"必也正名乎!"子路曰:"有是哉,子之迂也!奚其正?"子曰:"野哉,由也!君子于其所不知,盖阙如也。

名不正,则言不顺;言不顺,则事不成;事不成,则礼乐不兴;礼乐不兴,则刑罚不中;刑罚不中,则民无所错手足。故君子名之必可言也,言之必可行也。君子于其言,无所苟而已矣。"

子曰:"其身正,不令而行;其身不正,虽令不从。"

子适卫,冉有仆。子曰:"庶矣哉!"冉有曰:"既庶矣,又何加焉?"曰:"富之。"曰:"既富矣,又何加焉?"曰:"教之。"

子曰:"苟正其身矣,于从政乎何有?不能正其身,如正人何?"

叶公问政。子曰:"近者悦,远者来。"

子夏为莒父宰,问政。子曰:"无欲速,无见小利。欲速,则不达;见小利,则大事不成。"

叶公语孔子曰:"吾党有直躬者,其父攘羊,而子证之。"孔子曰:"吾党之直者异于是:父为子隐,子为父隐。——直在其中矣。"

樊迟问仁。子曰:"居处恭,执事敬,与人忠。虽之夷狄,不可弃也。"

子贡问曰:"何如斯可谓之士矣?"子曰:"行己有耻,使于四方,不辱君命,可谓士矣。"曰:"敢问其次。"曰:"宗族称孝焉,乡党称弟焉。"曰:"敢问其次。"曰:"言必信,行必果,硁硁然小人哉!——抑亦可以为次矣。"曰:"今之从政者何如?"子曰:"噫!斗筲之人,何足算也!"

子曰:"君子和而不同,小人同而不和。"

1.1.3 孝经[1]

提要:《孝经》是儒家十三经之一,全书共分十八章,是孔子门下"七十子之徒之遗言",约成书于秦汉之际。《孝经》以孝为中心,为历代儒家

---

[1] 李隆基注、邢昺疏:《孝经注疏》,金良年整理,上海古籍出版社2009年版。

所尊崇,比较集中地阐述了儒家孝道和孝治思想,主张把"孝"贯彻于人的一切行为,强调孝"始于事亲,中于事君,终于立身",构建起"孝"在社会治理中的重要作用。

1.1.3.1 开宗明义

仲尼居,曾子侍。子曰:先王有至德要道,以顺天下,民用和睦,上下无怨。汝知之乎?曾子避席曰:参不敏,何足以知之?子曰:夫孝,德之本也,教之所由生也。复坐,吾语汝。身体发肤,受之父母,不敢毁伤,孝之始也;立身行道,扬名于后世,以显父母,孝之终也。夫孝,始于事亲,中于事君,终于立身。《大雅》云:"无念尔祖,聿修厥德。"

1.1.3.2 天子

子曰:爱亲者不敢恶于人,敬亲者不敢慢于人。爱敬尽于事亲,而德教加于百姓,刑于四海,盖天子之孝也。《甫刑》云:"一人有庆,兆民赖之。"

1.1.3.3 诸侯

在上不骄,高而不危;制节谨度,满而不溢。高而不危,所以长守贵也;满而不溢,所以长守富也。富贵不离其身,然后能保其社稷而和其民人,盖诸侯之孝也。《诗》云:"战战兢兢,如临深渊,如履薄冰。"

1.1.3.4 卿大夫

非先王之法服不敢服,非先王之法言不敢道,非先王之德行不敢行。是故非法不言,非道不行。口无择言,身无择行,言满天下无口过,行满天下无怨恶。三者备矣,然后能守其宗庙,盖卿大夫之孝也。《诗》云:"夙夜匪懈,以事一人。"

1.1.3.5 士

资于事父以事母而爱同,资于事父以事君而敬同,故母取其爱而君取其敬,兼之者父也。故以孝事君则忠,以敬事长则顺。忠顺不失,以事其上,然后能保其禄位而守其祭祀,盖士之孝也。《诗》云:"夙兴夜寐,无忝尔所生。"

1.1.3.6 庶人

用天之道,分地之利,谨身节用以养父母,此庶人之孝也。故自天子至于庶人,孝无终始,而患不及者,未之有也。

1.1.3.7 圣治

曾子曰:敢问圣人之德,无以加于孝乎?子曰:天地之性人为贵。人之行莫大于孝,孝莫大于严父,严父莫大于配天,则周公其人也。昔者周公郊祀后稷以配天,宗祀文王于明堂以配上帝,是以四海之内各以其职来[助]祭,夫圣人之德又何以加于孝乎?故亲生之膝下,以养父母日严。圣人因严以教敬,因亲以教爱。圣人之教不肃而成,其政不严而治,其所因者本也。父子之道,天性也,君臣之义也。父母生之,续莫大焉;君亲临之,厚莫重焉。故不爱其亲而爱他人者,谓之悖德;不敬其亲而敬他人者,谓之悖礼。以顺则逆,民无则焉,不在于善而皆在于凶德,虽得之,君子不贵也。君子则不然,言思可道,行思可乐,德义可尊,作事可法,容止可观,进退可度。以临其民,是以其民畏而爱之,则而象之。故能成其德教而行其政令。《诗》云:"淑人君子,其仪不忒。"

1.1.4 周易注[1]

提要：《周易注》为三国时期王弼所撰，东晋韩康伯补注，是儒家五经之一《周易》的重要注释。王弼（226—249），字辅嗣，山阳郡（今河南焦作）人。魏晋玄学中贵无学派的重要代表。王弼治学重视《老子》，并以此注解《周易》之《经》与《传》，即六十四卦的卦、爻、辞与《文言》《彖辞》《象辞》等部分，凸显了贵无派以玄学之理统领易理的理论特点。东晋时期，韩康伯补注《系辞》《说卦》《序卦》《杂卦》。唐代贞观年间，孔颖达编修《五经正义》时将王注与韩注合并刊行。此后，《周易注》作为官方定本长期流传于世，产生了重要的理论影响。

1.1.4.1 上经·乾

天也者，形之名也；健也者，用形者也。夫形也者，物之累也。有天之形，而能永保无亏，为物之首，统之者岂非至健哉！大明乎终始之道，故六位不失其时而成。升降无常，随时而用。处则乘潜龙，出则乘飞龙，故曰"时乘六龙"也。乘变化而御大器。静专动直，不失大和，岂非正性命之情者邪？不和而刚暴。万国所以宁，各以有君也。

1.1.4.2 上经·讼

凡不和而讼，无施而可，涉难特甚焉。唯有信而见塞惧者，乃可以得吉也。犹复不可终，中乃吉也。不闭其源，使讼不至，虽每不枉，而讼至终竟，此亦凶

---

[1] 王弼：《王弼集校释》，楼宇烈校释，中华书局1980年版。

矣。故虽复有信而见塞惧,犹不可以为终也。故曰"讼,有孚,窒惕,中吉,终凶"也。无善听者,虽有其实,何由得明,而令有信塞惧者得其中吉?必有善听之主焉,其在二乎?以刚而来,正夫群小,断不失中,应斯任也。……无讼在于谋始,谋始在于作制。契之不明,讼之所以生也。物有其分,职不相[滥],争何由兴?讼之所以起,契之过也。故有德司契而不责于人。……处得尊位,为讼之主。用其中正,以断枉直。中则不过,正则不邪,刚无所溺,公无所偏,故"讼,元吉"。

1.1.4.3 上经·观

王道之可观者,莫盛乎宗庙。宗庙之可观者,莫盛于盥也。至荐,简略不足复观,故观盥而不观荐也。……不见圣人使百姓,而百姓自服也。……居于尊位,为观之主,宣弘大化,光于四表,观之极者也。上之化下,犹风之靡草,故观民之俗,以察己[道]。百姓有罪,在[予]一人。君子风著,己乃无咎。上为化主,将欲自观,乃观民也。观我生,自观其道[者]也;观其生,为民所观者也。不在于位,最处上极,高尚其志,为天下所观者也。处天下所观之地,可不慎乎?故君子德见,乃得无咎。

1.1.4.4 下经·恒

刚尊柔卑,得其序也。长阳长阴,能相成也。动无违也。不孤媲也。皆可久之道。道得所久,则常通无咎,而利正也。得其所久,故不已也。得其常道,故终则复始,往无穷[极]。言各得其所恒,故皆能长久。天地万物之情,见于所恒也。……夫静为躁君,安为动主。故安者,上之所处也;静者,可久之道也。处卦之上,居动之极,以此为恒,无施而得也。

1.1.4.5 下经·家人

凡教在初,而法在始。家渎而后严之,志变而后治之,则悔矣。处家人之初,为家人之始,故宜必以闲有家,然后悔亡也。……以阳处阳,刚严者也。处下体之极,为一家之长者也。行与其慢,宁过乎恭;家与其渎,宁过乎严,是以家人虽嗃嗃,悔厉,犹得其道。妇子嘻嘻,乃失其节也。……履正而应,处尊体巽,王至斯道以有其家者也。居于尊位,而明于家道,则下莫不化矣。父父、子子、兄兄、弟弟、夫夫、妇妇,六亲和睦,交相爱乐,而家道正。正家而天下定矣。……凡物以猛为本者,则患在寡恩;以爱为本者,则患在寡威。故家人之道,尚威严也。家道可终,唯信与威,身得威敬,人亦如之。反之于身,则知施于人也。

1.1.4.6 下经·夬

居健之初,为决之始,宜审其策以行其事。壮其前趾,往而不胜,宜其咎也。不胜之理,在往前也。居健履中,以斯决事,能审己度而不疑者也。故虽有惕惧号呼,莫夜有戎,不忧不惑,故勿恤也。……夫刚长则君子道兴,阴盛则小人道长。然则,处阴长而助阳则善,处刚长而助柔则凶矣。……夬之为义,以刚决柔,以君子除小人者也。而五处尊位,最比小人,躬自决者也。以至尊而敌至贱,虽其克胜,未足多也。处中而行,足以免咎而已,未足光也。

1.1.5 贞观政要[1]

提要:《贞观政要》是唐代史学家吴兢编著的一部反映唐太宗君臣治

---

[1] 吴兢:《贞观政要集校》,谢保成集校,中华书局2003年版。

国理念的政论性史书。吴兢(670—749),汴州浚仪(今河南开封)人。唐朝著名史学家。曾任史馆修撰、右拾遗、起居郎、谏议大夫、太子左庶子等职。《贞观政要》全书十卷四十篇,分类辑录了唐太宗在其在位的二十三年间,与魏征、房玄龄、杜如晦等大臣讨论治国理政的重要言论,以及当时的一些政治、经济重大措施。它既是对唐太宗贞观之治的历史记录,又蕴含着丰富的治国安民的政治观点与善政经验,是一部具有重要历史价值和现实意义的著作。

1.1.5.1 政体

贞观二年,太宗问黄门侍郎王珪曰:"近代君臣理国,多劣于前古,何也?"对曰:"古之帝王为政,皆志尚清静,以百姓之心为心。近代则唯损百姓以适其欲,所任用大臣,复非经术之士。汉家宰相,无不精通一经,朝廷若有疑事,皆引经决定,由是人识礼教,理致太平。近代重武轻儒,或参以法律,儒行既亏,淳风大坏。"太宗深然其言。自此百官中有学业优长,兼识政体者,多进其阶品,累加迁擢焉。

贞观五年,太宗谓侍臣曰:"治国与养病无异也。病人觉愈,弥须将护,若有触犯,必至殒命。治国亦然,天下稍安,尤须兢慎,若便骄逸,必至丧败。今天下安危,系之于朕。故日慎一日,虽休勿休。然耳目股肱,寄于卿辈,既义均一体,宜协力同心,事有不安,可极言无隐。傥君臣相疑,不能备尽肝膈,实为治国之大害也。"

贞观六年,太宗谓侍臣曰:"看古之帝王,有兴有衰,犹朝之有暮,皆为蔽其耳目,不知时政得失。忠正者不言,邪谄者日进,既不见过,所以至于灭亡。朕既在九重,不能尽见天下事,故布之卿等,以为朕之耳目。莫以天下无事,四海安宁,便不存意。可爱非君,可畏非民。天子者,有道则人推而为主,无道则人弃而不用,诚可畏也。"魏征对曰:"自古失国之主,皆为居安忘危,处理忘乱,所以不能长久。今陛下富有天下,内外清晏,能留心治道,常临深履薄,国家历数,自然灵长。臣又闻古语云:'君,舟也;人,水也。水能载舟,亦能覆舟。'陛下以为可畏,诚如圣旨。"

1.1.5.2 论择官

贞观元年,太宗谓房玄龄等曰:"致理之本,惟在于审。量才授职,务省官员。故《书》称:'任官惟贤才。'又云:'官不必备,惟其人。'若得其善者,虽少亦足矣。其不善者,纵多亦奚为?古人亦以官不得其才,比于画地作饼,不可食也。《诗》曰:'谋夫孔多,是用不就。'又孔子曰:'官事不摄,焉得俭?'且'千羊之皮,不如一狐之腋。'此皆载在经典,不能具道。当须更并省官员,使得各当所任,则无为而理矣。……"

贞观六年,太宗谓魏征曰:"古人云,王者须为官择人,不可造次即用。朕今行一事,则为天下所观;出一言,则为天下所听。用得好人,为善者皆劝;误用恶人,不善者竞进。赏当其劳,无功者自退;罚当其罪,为恶者戒惧。故知赏罚不可轻行,用人弥须慎择。"

贞观十一年,侍御史马周上疏曰:"理天下者,以人为本。欲令百姓安乐,惟在刺史、县令。县令既众,不可皆贤,若每州得良刺史,则合境苏息。天下刺史悉称圣意,则陛下可端拱岩廊之上,百姓不虑不安。自古郡守、县令,皆妙选贤德,欲有迁擢为宰相,必先试以临人,或从二千石入为丞相及司徒、太尉者。朝廷必不可独重内官,外刺史、县令,遂轻其选。所以百姓未安,殆由于此。"

贞观十四年,特进魏征上疏曰:"臣闻知臣莫若君,知子莫若父。父不能知其子,则无以睦一家;君不能知其臣,则无以齐万国。万国咸宁,一人有庆,必借忠良作弼,俊乂在官,则庶绩其凝,无为而化矣。……"

1.1.5.3 规谏太子

贞观十三年,太子右庶子张玄素以承乾颇以游畋废学,上书谏曰:"臣闻皇天无亲,惟德是辅,苟违天道,人神同弃。然古三驱之礼,非欲教杀,将为百姓除害,故汤罗一面,天下归仁。今苑内娱猎,虽名异游畋,若行之无恒,终亏雅度。且傅说曰:'学不师古,匪说攸闻。'然则弘道在于学古,学古必资师训。既奉恩诏,令孔颖达侍讲,望数存顾问,以补万一。仍博选有名行学士,兼朝夕侍奉。览圣人之遗教,察既往之行事,日知其所不足,月无忘其所能。此则尽善尽美,夏启、周诵,焉足言哉!夫为人上者,未有不求其善,但以性不胜情,耽惑成乱。耽惑既甚,忠言遂塞,所以臣下苟顺,君道渐亏。古人有言:'勿以小恶而不去,小善而不为。'故知祸福之来,皆起于渐。殿下地居储两,当须广树嘉猷。既有好畋之淫,何以主斯匕鬯?慎终如始,犹惧渐衰,始尚不慎,终将安保!"

1.1.5.4 论仁义

贞观元年,太宗曰:"朕看古来帝王,以仁义为治者,国祚延长,任法御人者,虽救弊一时,败亡亦促。……今欲专以仁义、诚信为治,望革近代之浇薄也。"

贞观二年,太宗谓侍臣曰:"朕谓乱离之后,风俗难移。比观百姓渐知廉耻,官人奉法,盗贼日稀,故知人无常俗,但政有治乱耳。是以为国之道,必须抚之以仁义,示之以威信。因人之心,去其苛刻,不作异端,自然安静。公等宜共行斯事也!"

贞观四年……太宗曰:"饬兵备寇虽是要事,然朕唯欲卿等存心理道,务尽忠贞,使百姓安乐,便是朕之甲仗。……"

贞观十三年,太宗谓侍臣曰:"林深则鸟栖,水广则鱼游,仁义积则物自归之。人皆知畏避灾害,不知行仁义则灾害不生。夫仁义之道,当思之在心,常令相继,若斯须懈怠,去之已远。犹如饮食资身,恒令腹饱,乃可存其性命。"王珪顿首曰:"陛下能知此言,天下幸甚!"

1.2 两宋时期重要理论家的基层社会治理思想

唐宋之际,中国社会发展出现了历史性重大转折,有的学者称之为"唐宋变革"。虽然唐宋之际并没有发生社会形态的根本性质变,但阶段性的变化还是比较明显的。唐以前,统治集团大多沾染有贵族制的因子,门阀与等级的观念颇有社会影响力,有时候甚至连皇室也不得不顾及门阀,但唐末五代却对贵族制的因素进行了彻底的荡涤。一方面,唐后期的长期动荡裹挟着基层社会大量人力进行了长时间的战争,基层社会的组织网络及秩序被深度颠覆,地方治理体系也由此而不能再依靠地方上的大族;另一方面,战争中统治者不断更迭,相应的政治伦理被深度破坏,不论是名义上的皇帝,还是割据称雄的军阀、被裹挟到战争体制中的士兵,都把政治看作博取利益的工具,各自以实力谋求自己的私利,而伦理禁忌被公然抛到了脑后。中国传统阶段的国家治理及社会治理在唐宋之际也经历了重大变革,由于唐末五代长期战乱打乱了原先的治理体系,宋代立国之后就参照唐末五代的政治制度,重塑了国家治理体系;而士大夫则自民间发起了重塑社会治理体系的运动,并提出了相应的基层社会治理主张。元朝继宋朝而起,延续了辽、金及夏的社会治理儒家化趋势,涌现了少数有一定影响的民族思想家。

1.2.1 范仲淹全集[1]

提要：范仲淹(989—1052)，字希文，祖籍邠州(今陕西彬州)，后移居苏州吴县(今属江苏苏州)。北宋时期杰出的政治家、文学家。曾任秘阁校理、苏州知州、枢密副使、参知政事等职，因谥号"文正"，世称"范文正公"。范仲淹倡导"先天下之忧而忧，后天下之乐而乐"，曾创办范氏义庄，对后世的基层社会治理有很深影响。其著作被辑为《范文正公文集》，《范仲淹全集》即据此编成，内容包括《范文正公文集》二十卷、《别集》四卷、《奏议》二卷、《尺牍》二卷、《补编》一卷及《续补》二卷。

1.2.1.1 明堂赋

臣闻明堂者，天子布政之宫也。在国之阳，于巳之方。广大乎天地之象，高明乎日月之章。崇百王之大观，揭三宫之中央。昭壮丽于神州，宣英茂于皇猷。颁金玉之宏度，集人神之丕休。故可祀先王以配上帝，坐天子而朝诸侯者也。

…………

故曰：揖让而治天下者，明堂之谓也。

…………

故夫明堂之设也，天子居之，日慎日思。思之何也？万微存乎消息。慎之何也？兆灵系之安危。繇是惟克念以作圣，思尧舜之齐名。惧巍巍之弗逮，乃孜孜于鸡鸣。唯至平之休代，思阜财于吾民。惧四维之有艰，尚疮痍而百辛。

---

[1] 范仲淹：《范仲淹全集》，李勇先、王蓉贵校点，四川大学出版社2007年版。

故圣人之宝俭,弗下剥而上侈。思寡费而薄索,民庶几于格耻。惟下武之太宁,亦省躬于干戈。取诸豫于四方,慨风云以长歌。惟知人其古难,思济济乎贤者。盖举一于皋陶,乃连茹于天下。惟好生之至德,思与物而为春。惧幽陋之靡及,常咨命于仁人。惟及人之一德,始若晦而弥彰。故三五之君子,腾茂实而无疆。惟皇极之大范,思天下而与平。惧万物之或差,持我心于诚衡。然后见天下齐于无体,和于无声。厖眉而寿,吾何仁之有;含哺而嬉,吾何力之为。但渊渊绵绵,无反无偏。浸淳泽以咸若,乐鸿化于自然。此明堂之道也,盖无得而称焉。

1.2.1.2　帝王好尚论

《老子》曰:"我无为而民自化,我好静而民自正,我无欲而民自富,我无事而民自朴。"此则述古之风,以警多事之时也。三代以还,异于太古。王天下者,身先教化,使民从善,故《礼》曰:人君谨其所好恶。君好之,则民从之。孔子曰:"上好礼,则民莫敢不恭;上好义,则民莫敢不服;上好信,则民莫敢不用情。"由此言之,圣帝明王岂得无好?在其正而已。尧设敢谏鼓,建进善旌;舜好问而成至化;禹拜昌言而立大功;汤五聘伊尹;文王躬迎吕望;周公握发吐哺,以待白屋之士;郑武公好贤,而《诗·雅》歌之;燕昭王筑台募士,而智者归之。斯圣贤好尚如是之急也。桀纣好利欲,不好谏诤,而天下亡;秦好兵刑,不好仁义,而天下归汉;隋炀帝好逸豫,不好恭俭,而天下归唐。使桀纣好谏诤,秦好仁义,隋炀帝好恭俭,岂有丧乱之祸哉!

1.2.1.3　南京府学生朱从道名述

然则道者何?率性之谓也。从者何?由道之谓也。臣则由乎忠,子则由乎孝,行己由乎礼,制事由乎义,保民由乎信,待物由乎仁,此道之端也。子将从之乎,然后可以言国,可以言家,可以言民,可以言物,岂不大哉!若乃诚而明之，中而和之，揖让乎圣贤，蟠极乎天地，此道之致也。必大成于心，而后可言焉。朱生其拜公之命，勉之哉！抑文与学者，道之器也。以君子乘之，则积而不败；不以君子乘之，则满而致覆。朱生其拜公之命，慎之哉！

1.2.1.4 邠州建学记

国家之患，莫大于乏人。人曷尝而乏哉？天地灵粹，赋于万物，非昔醇而今漓。吾观物有秀于类者，曾不减于古，岂人之秀而贤者，独下于古欤！诚教有所未格，器有所未就而然耶！庠序可不兴乎！庠序者，俊乂所由出焉。三王有天下各数百年，并用此道以长养人材。材不乏而天下治，天下治而王室安，斯明著之效矣。

庆历甲申岁，予参贰国政，亲奉圣谟，诏天下建郡县之学，俾岁贡群士，一由此出。明年春，予得请为豳城守。署事之三日，谒夫子庙。通守太常王博士稷告予曰："奉诏建学，其材出于诸生备矣。今夫子庙隘甚，群士无所安。"因议改卜于府之东南隅。地为高明，遂以建学，并其庙迁焉。以兵马监押刘保、节度推官杨承用共掌役事，博士朝夕视之。明年夏，厥功告毕。增其庙度，重师礼也；广其学宫，优生员也。谈经于堂，藏书于库。长廊四回，室从而周。总一百四十楹。广厦高轩，处之显明。士人洋洋，其来如归，且曰："吾党居后稷、公刘之区，被二帝三王之风，其吾君之大赐，吾道之盛节欤！敢不拳拳服膺，以树其德业哉！"

予既改南阳郡，博士移书请为之记。予尝观《易》之大象，在《小畜》曰："君子以懿文德。"谓其道未通，则畜乎文德，俟时而行也。在《兑》曰："君子以朋友讲习。"谓相说之道，必利乎正，莫大于讲习也。诸生其能知吾君建学，圣人大《易》之旨，则庶几乎。故书之。

1.2.2　张载集[1]

提要：《张载集》是北宋思想家张载的相关著作及其思想学说的汇集。张载（1020—1077），字子厚，京兆长安（今陕西西安）人。祖居大梁（今河南开封），后侨居凤翔郿县（今陕西眉县）横渠镇南的大振谷。张载是北宋时期关中学者的宗师，其学被称为"关学"，其人因在横渠镇讲学而被后人称为"横渠先生"。著有《正蒙》《横渠易说》《经学理窟》及《张子语录》等，后人把这些辑成《张子全书》。《张载集》据《张子全书》编辑而成，其中，《经学理窟》在内容上反映了张载的社会政治思想，文中不谈理学而讲《周礼》，蕴含着丰富的社会治理和改良思想。

1.2.2.1　张子语录·语录中

温、良、恭、俭、让何以尽夫子之德？人只为少他名道德之字，不推广，见得小。温、良、恭、俭、让，圣人惟恐不能尽此五德。如"夫子之道忠恕而已"，圣人惟忧不能尽忠恕，圣人岂敢自谓尽忠恕也！"所求乎君子之道四"，是实未能。道何尝有尽？圣人人也，人则有限，是诚不能尽道也。圣人之心则直欲尽道，事则安能得尽！如博施济众，尧舜实病诸。尧舜之心，其施直欲至于无穷，方为博施，言朔南暨，声教西被于流沙，是犹有限，此外更有去处，亦未可以言众。然安得若是！修己以安百姓，是亦尧舜实病之，欲得人人如己，然安得如此！

"礼不下庶人，刑不上大夫。"于礼，庶人之礼至略，直是不责之，难责也，

---

[1] 张载：《张载集》，章锡琛点校，中华书局1978年版。

盖财不足用，智不能及。若学者则不在此限，为己之所得所行，己之所识也。某以为先进之说，只是行己之志，不愿乎其外，诚尽而止。若孔子必要行大夫之祭，当其退时直是不可为也，故须为野人，无奈何又不可不为，故以礼乐为急。"刑不上大夫"，虽在礼有之，然而是刑不上大夫，官有士师而已。

"毋意"，毋常心也，无常心，无所倚也，倚者，有所偏而系着处也，率性之谓道则无意也。性何尝有意？无意乃天下之良心也，圣人则直是无意求斯良心也。颜子之心直欲求为圣人。学者亦须无心，故孔子教人绝四，自始学至成圣皆须无此，非是圣人独无此四者，故言"毋"，禁止之辞也。

"林放问礼之本"，礼之本，所以制奢也。凡礼皆所以[制]奢，独丧则情异，故特举之。丧只为人易忘，所以勉人之难，孔子犹曰"丧事不敢不勉"。

1.2.2.2 张子语录·语录下

礼文参校，是非去取，不待已自了当。盖礼者理也，须是学穷理，礼则所以行其义，知理则能制礼，然则礼出于理之后。今在上者未能穷，则在后者乌能尽！今礼文残缺，须是先求得礼之意然后观礼，合此理者即是圣人之制，不合者即是诸儒添入，可以去取。今学者所以宜先观礼者类聚一处，他日得理，以意参校。

"时雨化之者"，如春诵夏弦亦是时，反而教之亦是时，当其可之谓。言及而言亦是时，言及而言，非谓答问也，亦有不待问而告之，当其可告而告之也，如天之雨，岂待望而后雨？但时可雨而雨。

"私淑艾者"，自修使人观己以化也。如颜子大率私艾也，"以能问于不能，以多问于寡，有若无，实若虚"，但修此以教人。颜子尝以己德未成而不用，隐而未见，行而未成故也。至于圣人神道设教，正己而物正，皆是私淑艾，作于此，化于彼，如祭祀之类。

……教者但只看蒙者时之所及则导之，是以亨行时中也，此时也，正所谓

"如时雨化之"。若既引之中道而不使之通,教者之过也;当时而引之使不失其正,此教者之功也。"蒙以养正,圣功也",是养其蒙以正,圣人之功也。

孟子言水之有本无本者,以况学者有所止也。大学之道在止于至善,此是有本也。思天下之善无不自此始,然后定止,于此发源立本。

明庶物,察人伦,庶物,庶事也,明庶物须要旁用;人伦,道之大原也。明察之言不甚异,明庶物,察人伦,皆穷理也。既知明理,但知顺理而行而未尝以为有意仁义,仁义之名,但人名其行耳,如天春夏秋冬何尝有此名,亦人名之尔。

1.2.2.3 经学理窟·周礼

治天下不由井地,终无由得平。周道止是均平。

…………

井田至易行,但朝廷出一令,可以不笞一人而定。盖人无敢据土者,又须使民悦从,其多有田者,使不失其为富。借如大臣有据土千顷者,不过封与五十里之国,则已过其所有;其他随土多少与一官,使有租税人不失故物。治天下之术,必自此始。今以天下之土棋画分布,人受一方,养民之本也。后世不制其产,止使其力,又反以天子之贵专利,公自公,民自民,不相为计。"百姓足,君孰与不足!百姓不足,君孰与足!"其术自城起,首立四隅;一方正矣,又增一表,又治一方,如是,百里之地不日可定,何必毁民庐舍坟墓,但见表足矣。方既正,表自无用,待军赋与治沟洫者之田各有处所不可易,旁加损井地是也。百里之国,为方十里者百,十里为成,成出革车一乘,是百乘也。然开方计之,百里之国,南北东西各三万步,一夫之田为方步者万。今聚南北一步之博而会东西三万步之长,则为方步者三万也,是三夫之田也;三三如九,则百里之地得九万夫也。革车一乘,甲士三人,步卒七十二人,以乘计之,凡用七万五千人,今有九万夫,故百里之国亦可言[千]乘也,以地计之,足容车千乘。然取之不如是之尽,其取之亦什一之法也,其间有山陵林麓不在数。

……

井田亦无他术，但先以天下之地棋布画定，使人受一方，则自是均。……井田卒归于封建乃定。封建必有大功德者然后可以封建，当未封建前，天下井邑当如何为治？必立田大夫治之。今既未可议封建，只使守令终身，亦可为也。所以必要封建者，天下之事，分得简则治之精，不简则不精，故圣人必以天下分之于人，则事无不治者。圣人立法，必计后世子孙，使周公当轴，虽揽天下之政，治之必精，后世安得如此！且为天下者，奚为纷纷必亲天下之事？

1.2.2.4 经学理窟·宗法

管摄天下人心，收宗族，厚风俗，使人不忘本，须是明谱系世族与立宗子法。宗法不立，则人不知统系来处。古人亦鲜有不知来处者，宗子法废，后世尚谱牒，犹有遗风。谱牒又废，人家不知来处，无百年之家，骨肉无统，虽至亲，恩亦薄。

宗子之法不立，则朝廷无世臣。且如公卿一日崛起于贫贱之中以至公相，宗法不立，既死遂族散，其家不传。宗法若立，则人人各知来处，朝廷大有所益。或问："朝廷何所益？"公卿各保其家，忠义岂有不立？忠义既立，朝廷之本岂有不固？今骤得富贵者，止能为三四十年之计，造宅一区及其所有，既死则众子分裂，未几荡尽，则家遂不存，如此则家且不能保，又安能保国家！

……

"天子建国，诸侯建宗"，亦天理也。譬之于木，其上下挺立者本也，若是旁枝大段茂盛，则本自是须低摧；又譬之于河，其正流者河身，若是泾流泛滥，则自然后河身转而随泾流也。宗之相承固理也，及旁支昌大，则须是却为宗主。至如伯邑考又不闻有罪，只为武王之圣，顾伯邑考不足以承太王之绪，故须立武王。所以然者，与其使祖先享卿大夫之祭，不若享人君之礼。至如人有数子，长者至微贱不立，其间一子仕宦，则更不问长少，须是士人承祭祀。

古所谓"支子不祭"也者,惟使宗子立庙主之而已。支子虽不得祭,至于斋戒致其诚意,则与祭者不异;与则以身执事,不可与则以物助之,但不别立庙,为位行事而已。后世如欲立宗子,当从此义,虽不与祭,情亦可安。

1.2.2.5　经学理窟·礼乐

礼所以持性,盖本出于性,持性,反本也。凡未成性,须礼以持之,能守礼已不畔道矣。

礼即天地之德也,如颜子者,方勉勉于非礼勿言,非礼勿动。勉勉者,勉勉以成性也。

礼非止著见于外,亦有无体之礼。盖礼之原在心,礼者圣人之成法也,除了礼天下更无道矣。欲养民当自井田始,治民则教化刑罚俱不出于礼外。五常出于凡人之常情,五典人日日为,但不知耳。

……天之生物便有尊卑大小之象,人顺之而已,此所以为礼也。

1.2.3　二程集[1]

提要:《二程集》是北宋思想家程颢、程颐的相关著作及其思想学说的汇集。程颢(1032—1085),字伯淳,号明道,世称"明道先生",河南府洛阳(今河南洛阳)人。北宋理学家、教育家,理学奠基者。提出"天者理也"和"只心便是天,尽之便知性"等命题。程颐(1033—1107),字正叔,世称"伊川先生",程颢之胞弟。北宋理学家、教育家,理学奠基者。程颐与其兄程颢共创"洛学",他们的思想对后世产生了至关重要的影响。因此,世人将兄弟二人并称为"二程"。明代后期,程颐与程颢的著作被合

---

[1] 程颐、程颢:《二程集》,王孝鱼点校,中华书局1981年版。

编为《二程全书》。中华书局点校本《二程集》收有《河南程氏遗书》《河南程氏外书》《河南程氏文集》《周易程氏传》《河南程氏经说》及《河南程氏粹言》等六种。

1.2.3.1　论王霸札子

臣伏谓：得天理之正，极人伦之至者，尧、舜之道也；用其私心，依仁义之偏者，霸者之事也。王道如砥，本乎人情，出乎礼义，若履大路而行，无复回曲。霸者崎岖反侧于曲径之中，而卒不可与入尧、舜之道。故诚心而王则王矣，假之而霸则霸矣，二者其道不同，在审其初而已。《易》所谓"差若毫厘缪以千里"者，其初不可不审也。故治天下者，必先立其志，正志先立，则邪说不能移，异端不能惑，故力进于道而莫之御也。苟以霸者之心而求王道之成，是炫石以为玉也。故仲尼之徒无道桓、文之事，而曾西耻比管仲者，义所不由也，况下于霸者哉？

陛下躬尧、舜之资，处尧、舜之位，必以尧、舜之心自任，然后为能充其道。汉、唐之君，有可称者，论其人则非先王之学，考其时则皆驳杂之政，乃以一曲之见，幸致小康，其创法垂统，非可继于后世者，皆不足为也。然欲行仁政而不素讲其具，使其道大明而后行，则或出或入，终莫有所至也。

夫事有大小，有先后。察其小，忽其大，先其所后，后其所先，皆不可以适治。且志不可慢，时不可失。惟陛下稽先圣之言，察人事之理，知尧、舜之道备于己，反身而诚之，推之以及四海，择同心一德之臣，与之共成天下之务，《书》所谓"尹躬暨汤，咸有一德"，又曰"一哉王心"，言致一而后可以有为也。古者三公不必备，惟其人，诚以谓不得其人而居之，则不若阙之之愈也。盖小人之事，君子所不能同；岂圣贤之事，而庸人可参之哉？欲为圣贤之事，而使庸人参之，则其命乱矣。既任君子之谋，而又入小人之议，则聪明不专而志意惑矣。

今将救千古深锢之弊,为生民长久之计,非夫极听览之明,尽正邪之辨,致一而不二,其能胜之乎?

或谓:人君举动,不可不慎,易于更张,则为害大矣。臣独以为不然。所谓更张者,顾理所当耳。其动皆稽古质义而行,则为慎莫大焉,岂若因循苟简,卒致败乱者哉?自古以来,何尝有师圣人之言,法先王之治,将大有为而返成祸患者乎?愿陛下奋天锡之勇智,体乾刚而独断,霈然不疑,则万世幸甚!

1.2.3.2 上殿札子

臣伏谓:君道之大,在乎稽古正学,明善恶之归,辨忠邪之分,晓然趋道之正;故在乎君志先定,君志定而天下之治成矣。所谓定志者,一心诚意,择善而固执之也。夫义理不先尽,则多听而易惑;志意不先定,则守善而或移。惟在以圣人之训为必当从,先王之治为必可法,不为后世驳杂之政所牵制,不为流俗因循之论所迁惑,自知极于明,信道极于笃,任贤勿贰,去邪勿疑,必期致世如三代之隆而后已也。

然天下之事,患常生于忽微,而志亦戒乎渐习。是故古之人君,虽出入从容闲燕,必有诵训箴谏之臣,左右前后无非正人,所以成其德业。伏愿陛下:礼命老成贤儒,不必劳以职事,俾日亲便座,讲论道义,以辅养圣德;又择天下贤俊,使得陪侍法从,朝夕延见,开陈善道,讲磨治体,以广闻听。如是,则圣智益明,王猷允塞矣。

今四海靡靡,日入偷薄,末俗哓哓,无复廉耻,盖亦朝廷尊德乐道之风未孚,而笃诚忠厚之教尚郁也。惟陛下稽圣人之训,法先王之治,一心诚意,体乾刚健而力行之,则天下幸甚!

1.2.3.3 论十事札子

臣窃谓:圣人创法,皆本诸人情,极乎物理,虽二帝、三王不无随时因革,踵事增损之制；然至乎为治之大原，牧民之要道，则前圣后圣，岂不同条而共贯哉？盖无古今，无治乱，如生民之理有穷，则圣王之法可改。后世能尽其道则大治，或用其偏则小康，此历代彰灼著明之效也。苟或徒知泥古，而不能施之于今，姑欲循名而遂废其实，此则陋儒之见，何足以论治道哉！

然傥谓今人之情皆已异于古，先王之迹不可复于今，趣便目前，不务高远，则亦恐非大有为之论，而未足以济当今之极弊也。谓如衣服饮食宫室器用之类，苟便于今而有法度者，岂亦遽当改革哉？惟其天理之不可易，人所赖以生，非有古今之异，圣人之所必为者，固可概举。然行之有先后，用之有缓速，若夫裁成运动，周旋曲当，则在朝廷讲求设施如何耳。

古者自天子达于庶人，必须师友以成就其德业，故舜、禹、文、武之圣，亦皆有所从学。今师傅之职不修，友臣之义未著，所以尊德乐善之风未成于天下，此非有古今之异者也。

王者必奉天建官，故天地四时之职，历二帝、三王未之或改，所以百度修而万化理也。至唐，犹仅存其略。当其治时，尚得纲纪小正。今官秩淆乱，职业废弛，太平之治所以未至，此亦非有古今之异也。

天生蒸民，立之君使司牧之，必制其恒产，使之厚生，则经界不可不正，井地不可不均，此为治之大本也。唐尚能有口分授田之制，今则荡然无法，富者跨州县而莫之止，贫者流离饿殍而莫之恤。幸民虽多，而衣食不足者，盖无纪极。生齿日益繁，而不为之制，则衣食日蹙，转死日多，此乃治乱之机也，岂可不渐图其制之之道哉？此亦非有古今之异者也。

古者政教始乎乡里，其法起于比闾族党、州乡酂遂，以相联属统治，故民相安而亲睦，刑法鲜犯，廉耻易格，此亦人情之所自然，行之则效，亦非有古今之异者也。

庠序之教，先王所以明人伦，化成天下；今师学废而道德不一，乡射亡而礼义不兴，贡士不本于乡里而行实不修，秀民不养于学校而人材多废，此较然之事,亦非有古今之异者也。

古者府史胥徒受禄公上,而兵农未始判也。今骄兵耗匮,国力亦已极矣。臣谓禁卫之外,不渐归之于农,则将贻深虑;府史胥徒之役,毒遍天下,不更其制,则未免大患;此亦至明之理,非有古今之异者也。

古者民必有九年之食,无三年之食者,以为国非其国。臣观天下耕之者少,食之者众,地力不尽,人功不勤,虽富室强宗,鲜有余积,况其贫弱者乎?或一州一县有年岁之凶,即盗贼纵横,饥羸满路。如不幸有方三二千里之灾,或连年之歉,则未知朝廷以何道处之,则其患不可胜言矣。岂可曰昔何久不至是,因以幸为可恃也哉?固宜渐从古制,均田务农,公私交为储粟之法,以为之备。此亦无古今之异者也。

古者四民各有常职,而农者十居八九,故衣食易给,而民无所苦困。今京师浮民,数逾百万,游手不可赀度;观其穷蹙辛苦,孤贫疾病,变诈巧伪,以自求生,而常不足以生。日益岁滋,久将若何!事已穷极,非圣人能变而通之,则无以免患。岂可谓无可奈何而已哉?此在酌古变今,均多恤寡,渐为之业,以救之耳。此亦非有古今之异者也。

圣人奉天理物之道,在乎六府;六府之任,治于五官;山虞泽衡,各有常禁,故万物阜丰,而财用不乏。今五官不修,六府不治,用之无节,取之不时。岂惟物失其性,材木所资,天下皆已童赭,斧斤焚荡,尚且侵寻不禁,而川泽渔猎之繁,暴殄天物,亦已耗竭,则将若之何!此乃穷弊之极矣。惟修虞衡之职,使将养之,则有变通长久之势,此亦非有古今之异者也。

古者冠婚丧祭,车服器用,等差分别,莫敢逾僭,故财用易给,而民有恒心。今礼制未修,奢靡相尚,卿大夫之家莫能中礼,而商贩之类或逾王公,礼制不足以检饬人情,名数不足以旌别贵贱,既无定分,则奸诈攘夺,人人求厌其欲而后已,岂有止息者哉?此争乱之道也。则先王之法,岂得不讲求而损益之哉?此亦非有古今之异者也。

此十者特其端绪耳,臣特论其大端,以为三代之法有必可施行之验。如其纲条度数、施为注措之道,则审行之,必也稽之经训而合,施之人情而宜,此晓然之定理,岂徒若迂疏无用之说哉?惟圣明裁择!

1.2.3.4　晋城县令题名记

古者诸侯之国,各有史记,故其善恶皆见于后世。自秦罢侯置守令,则史亦从而废矣。其后自非杰然有功德者,或记之循吏,与夫凶忍残杀之极者,以酷见传,其余则泯然无闻矣。如汉、唐之有天下,皆数百年,其间郡县之政,可书者宜亦多矣,然其见书者,率才数十人。使贤者之政不幸而无传,其不肖者复幸而得盖其恶,斯与古史之意异矣。

夫图治于长久者,虽圣知为之,且不能仓卒苟简而就,盖必本之人情而为之法度,然后可使去恶而从善。则其纪纲条教,必审定而后下;其民之服循渐渍,亦必待久乃淳固而不变。今之为吏三岁,而代者固已迟之矣。使皆知礼义者,能自始至,即皇皇然图所施设,亦教令未熟,民情未孚,而更书已至矣。傥后之人所志不同,复有甚者,欲新己之政,则尽其法而去之,其迹固无余矣。而况因循不职者乎?噫!以易息之政,而复无以托其传,则宜其去皆未几,而善恶无闻焉。

故欲闻古史之善而不可得,则因谓今有题前政之名氏以为记者,尚为近古。而斯邑无之,乃考之案牒,访之吏民,才得自李君而降二十一人,第其岁月先后而记之,俾民观其名而不忘其政,后之人得从而质其是非以为师戒云耳。来者请嗣书其次。

1.2.3.5　礼序

礼经三百,威仪三千,皆出于性,非伪貌饰情也。鄙夫野人卒然加敬,逡巡逊却而不敢受;三尺童子拱而趋市,暴夫悍卒莫敢狎焉。彼非素有于教与邀誉于人而然也,盖其所有于性,物感而出者如此。故天尊地卑,礼固立矣;类聚群分,礼固行矣。

人者,位乎天地之间,立乎万物之上;天地与吾同体,万物与吾同气,尊卑分类,不设而彰。圣人循此,制为冠、昏、丧、祭、朝、聘、射、飨之礼,以行君臣、父子、兄弟、夫妇、朋友之义。其形而下者,具于饮食器服之用;其形而上者,极于无声无臭之微;众人勉之,贤人行之,圣人由之。故所以行其身与其家与其国与其天下,礼治则治,礼乱则乱,礼存则存,礼亡则亡。上自古始,下逮五季,质文不同,罔不由是。然而世有损益,惟周为备。是以夫子尝曰:"郁郁乎文哉!吾从周。"逮其弊也,忠义之薄,情文之繁,林放有礼本之问,而孔子欲先进之从,盖所以矫正反弊也。然岂礼之过哉?为礼者之过也。

秦氏焚灭典籍,三代礼文大坏。汉兴购书,《礼记》四十九篇杂出诸儒传记,不能悉得圣人之旨。考其文义,时有抵牾。然而其文繁,其义博。学者观之,如适大通之肆,珠珍器帛随其所取;如游阿房之宫,千门万户随其所入;博而约之,亦可以弗畔。盖其说也,粗在应对进退之间,而精在道德性命之要;始于童幼之习,而终于圣人之归。惟达于道者,然后能知其言;能知其言,然后能得于礼。然则礼之所以为礼,其则不远矣。昔者颜子之所从事,不出乎视听言动之间,而《乡党》之记孔子,多在于动容周旋之际,此学者所当致疑以思,致思以达也。

1.2.4 朱熹集[1]

提要:《朱熹集》是南宋思想家朱熹的相关著作及其思想学说的汇集。朱熹(1130—1200),字元晦,一字仲晦,号晦庵,又号紫阳,世称"晦

---

[1] 朱熹:《朱熹集》,郭齐、尹波点校,四川教育出版社1996年版。

庵先生""朱文公"。徽州婺源(今江西婺源)人。南宋理学家、思想家、政治家、教育家、诗人,历仕高宗、孝宗、光宗、宁宗四朝。朱熹著述甚多,后人辑有《朱子大全》《朱子集语象》等。《朱熹集》以《朱子大全》为基础,收录了朱熹的诗赋、奏札、书信、杂著、题跋等,是研究朱熹思想及其学术的主要材料。朱熹继承并发展了二程的理学学说体系,开创了理学新阶段。世人将其称为"程朱理学"。程朱理学在元代被确立为官方正统学术,此后对中国社会乃至整个儒家文化圈都产生了极其深远的影响。

1.2.4.1 增损吕氏乡约

凡乡之约四,一曰德业相劝,二曰过失相规,三曰礼俗相交,四曰患难相恤。众推有齿德者一人为都约正,有学行者二人副之。约中月轮一人为直月,(都副正不与)置三籍,凡愿入约者书于一籍,德业可劝者书于一籍,过失可规者书于一籍,直月掌之。月终则以告于约正而授于其次。

德业相劝

德谓见善必行,闻过必改,能治其身,能治其家,能事父兄,能教子弟,能御童仆,能肃政教,能事长上,能睦亲故,能择交游,能守廉介,能广施惠,能受寄托,能救患难,能导人为善,能规人过失,能为人谋事,能为众集事,能解斗争,能决是非,能兴利除害,能居官举职。

业谓居家则事父兄,教子弟,待妻妾,在外则事长上,接朋友,教后生,御童仆。至于读书治田,营家济物,畏法令,谨租赋,好礼、乐、射、御、书、数之类,皆可为之。非此之类皆为无益。

右件德业,同约之人各自进修,互相劝勉。会集之日,相与推举其能者书于籍,以警励其不能者。

过失相规

过失谓犯义之过六,犯约之过四,不修之过五。

犯义之过一曰酗博斗讼,(酗谓纵酒喧竞,博谓赌博财物,斗谓斗殴骂詈,讼谓告人罪恶,意在害人,诬赖争诉,得已不已者。若事干负累及为人侵损而诉之者非。)二曰行止逾违,(逾礼违法众恶皆是。)三曰行不恭逊,(侮慢齿德者,持人短长者,恃强凌人者,知过不改,闻谏愈甚者。)四曰言不忠信,(或为人谋事,陷人于恶;或与人要约,退即背之;或妄说事端,荧惑众听者。)五曰造言诬毁,(诬人过恶,以无为有,以小为大,面是背非,或作嘲咏匿名文书及发扬人之私隐,无状可求,及喜谈人之旧过者。)六曰营私太甚。(与人交易,伤于掊克者;专务进取,不恤余事者;无故而好干求假贷者;受人寄托而有所欺者。)

犯约之过一曰德业不相劝,二曰过失不相规,三曰礼俗不相成,四曰患难不相恤。

不修之过一曰交非其人,(所交不限士庶,但凶恶及游惰无行,众所不齿者而已。朝夕与之游处,则为交非其人。若不得已而暂往还者非。)二曰游戏怠惰,(游谓无故出入及谒见人止务闲适者;戏谓戏笑无度及意在侵侮,或驰马击鞠而不赌财物者;怠惰谓不修事业及家事不治,门庭不洁者。)三曰动作无仪,(谓进退太疏野及不恭者,不当言而言及当言而不言者,衣冠太华饰及全不完整者,不衣冠而入街市者。)四曰临事不恪,(主事废忘,期会后时,临事怠慢者。)五曰用度不节。(谓不计有无,过为侈费者;不能安贫,非道营求者。)

礼俗相交

礼俗之交一曰尊幼辈行,二曰造请拜揖,三曰请召送迎,四曰庆吊赠遗。

尊幼辈行凡五等,〇曰尊者,(谓长于己三十岁以上,在父行者。)曰长者,(谓长于己十岁以上,在兄行者。)曰敌者,(谓年上下不满十岁者,长者为稍长,少者为稍少。)曰少者,(谓少于己十岁以下者。)曰幼者。(谓少于己二十岁以下者。)

造请拜揖凡三条,〇曰:凡少者幼者于尊者长者,岁首、冬至、四孟月朔辞见贺谢,皆为礼见。(皆具门状,用幞头、公服、腰带、靴笏。无官具名纸,用幞头、襕衫、腰带、系鞋。唯四孟通用帽子、皂衫、腰带。○凡当行礼而有恙故,皆先使人白之,或遇雨雪,则尊长先使人谕止来者。)此外候问起居、质疑白事及赴请召,皆为燕见。(深衣、凉衫皆可,尊长令免即去之。)尊者受谒不报,(岁首、冬至具己名榜子,令子弟报之,如其服。)长者岁首、冬至具榜子报之,如其服。余令子弟以己名榜子代行。凡敌者,岁首、冬至辞见贺谢相往还。(门状名纸同上,唯止服帽子。)凡尊者、长者无事而至少者、幼者之家,唯所服。(深衣、凉衫、道服、背子可也。敌者燕见亦然。)○曰:凡见尊者、长者,门外下马,俟于外次,乃通名。(凡往见人,入门必问主人食否,有他客否,有他干否。度无所妨,乃命展刺,有妨则少俟,或且退。后皆放此。)主人使将命者先出迎客,客趋入。至庑间,主人出,降阶。客趋进,主人揖之升堂。礼见四拜而后坐,燕见不拜。(旅见则旅拜,少者幼者自为一列。幼者拜则跪而扶之,少者拜则跪扶而答其半。若尊者长者齿德殊绝,则少者幼者坚请纳拜。尊者许,则立而受之。长者许,则跪而扶之。拜讫,则揖而退,主人命之坐,则致谢讫,揖而坐。)退,(凡相见,主人语终不更端,则告退。或主人有倦色,或方干事而有所俟者,皆告退可也。后皆放此。)则主人送于庑下。若命之上马,则三辞,许则揖而退,出大门乃上马。不许则从其命。凡见敌者,门外下马,使人通名,俟于庑下或厅侧。礼见则再拜,(稍少者先拜,旅见则特拜。)退则主人请就阶上马。(徒行则主人送于门外。)凡见少者以下,则先遣人通名,主人具衣冠以俟。客入门下马,则趋出,迎揖升堂。来报礼则再拜谢,(客止之则止)退则就阶上马。(客徒行则迎于大门之外,送亦如之。仍随其行数步,揖之则止,望其行远乃入。)○曰:凡遇尊长于道,皆徒行,则趋进,揖。尊长与之言则对,否则立于道侧以俟。尊长已过,乃揖而行。或皆乘马,于尊者则回避之,于长者则立马道侧揖之,俟过,乃揖而行。若己徒行而尊长乘马,则回避之。(凡徒行遇所识乘马皆放此。)若己乘马而尊长徒行,望见则下马前揖,己避亦然。过既远,乃上马。若尊长令上马,则固辞。遇敌者,皆乘马则分道相揖而过。彼徒行而不及避,则下马揖之,过则上马。遇少者以下,皆乘马,彼不及避,则揖之而过。彼徒行不及避,则下马揖之。(于幼者则不必下可也。)

请召迎送凡四条,○曰:凡请尊长饮食,亲往投书。(礼薄则不必书,专召他客则不可兼召尊长。)既来赴,明日亲往谢之。召敌者以书简,明日交使相谢。召少者用客目,明日客亲往谢。○曰:凡聚会,皆乡人,则坐以齿。(非士类则不)若有亲,则别叙。若有他客,有爵者则坐以爵。(不相妨者犹以齿。)若有异爵者,虽乡人亦不以齿。(异爵谓命士大夫以上,今升朝官是。)若特请召或迎劳出钱,皆以专召者为上客。如婚礼,则姻家为上客,皆不以齿爵为序。○曰:凡燕集,初坐,别设卓子于两楹间,置大杯于其上。主人降席,立于卓东,西向。上客亦降席,立于卓西,东向。主人取杯亲洗,上客辞。主人置杯卓子上,亲执酒斟之,以器授执事者,遂执杯以献上客。上客受之,复置卓子上。主人西向再拜,上客东向再拜。兴,取酒东向跪祭,遂饮。以杯授赞者,遂拜,主人答拜。(若少者以下为客,饮毕而拜,则主人跪受如常。)上客酢主人如前仪,主人乃献众宾如前仪,唯献酒不拜。(若众宾中有齿爵者,则特献如上客之仪,不酢。)若婚会,姻家为上客,则虽少亦答其拜。○曰:凡有远出远归者,则送迎之。少者幼者不过五里,敌者不过三里,各期会于一处,拜揖如礼。有饮食则就饮食之。少者以下俟其既归,又至其家省之。

庆吊赠遗凡四条,○曰:凡同约有吉事则庆之,(冠子、生子、预荐、登第、进官之属,皆可贺。婚礼虽曰不贺,然礼有曰贺娶妻者。盖但以物助其宾客之费而已。)有凶事则吊之,(丧、葬、水、火之类。)每家只家长一人与同约者俱往,其书问亦如之。若家长有故或与所庆吊者不相接,则其次者当之。○曰:凡庆礼如常仪,有赠物。(用币帛、酒食、果实之属,众议量力定数,多不过三五千,少至一二百。如情分厚薄不同,则从其厚薄。)或其家力有不足,则同约为之借助器用及为营干。凡吊礼,闻其初丧,(闻丧同)未易服,则率同约者深衣而往,哭吊之。(凡吊尊者,则为首者致辞而旅拜。敌以下则不拜。主人拜则答之,少者以下则扶之。不识生者则不吊,不识死者则不哭。)且助其凡百经营之事。主人既成服,则相率素幞头、素襕衫、素带,(皆以白生纱绢为之。)具酒果食物而往奠之。(死者是敌以上,则拜而奠,以下则奠而不拜,主人不易服,则亦不易服。主人不哭,则亦不哭。情重,则虽主人不变不哭亦变而哭之。赗礼用钱帛,众议其数如庆礼。)及葬,又相率致赗。俟发引,则素服而送之。(赗如赗礼,或以酒食犒其役夫及为之干事。)及卒哭,及小祥及大祥,皆常服吊之。〇曰:凡丧家不可具酒食衣服以待吊客,吊客亦不可受。〇曰:凡闻所知之丧,或远不能往,则遣使致奠,就外次衣吊服,再拜,哭而送之。(唯至亲笃友为然)过期年则不哭,情重则哭其墓。

右礼俗相交之事,直月主之。有期日者为之期日,当纠集者督其违慢。凡不如约者,以告于约正而诘之,且书于籍。

患难相恤

患难之事七,一曰水火,(小则遣人救之,甚则亲往,多率人救且吊之。)二曰盗贼,(近者同力追捕,有力者为告之官司,其家贫则为之助出募赏。)三曰疾病,(小则遣人问之,甚则为访医药,贫则助其养疾之费。)四曰死丧,(阙人则助其干办,乏财则赗赠借贷。)五曰孤弱,(孤遗无依者,若能自赡,则为之区处,稽其出内。或闻于官司,或择近亲与邻里可托者主之,无令人欺罔。可教者或择人教之,及为求婚姻。贫者协力济之,无令失所。若有侵欺之者,众人力为之辨理。若稍长而放逸不检,亦防察约束之,无令陷于不义。)六曰诬枉,(有为人诬枉过恶,不能自伸者,势可以闻于官府,则为言之。有方略可以救解,则为解之。或其家因而失所者,众共以财济之。)七曰贫乏。(有安贫守分而生计大不足者,众以财济之,或为之假贷置产,以岁月偿之。)

右患难相恤之事。凡有当救恤者,其家告于约正,急则同约之近者为之告约正,命直月遍告之,且为之纠集而程督之。凡同约者,财物、器用、车马、人仆皆有无相假,若不急之用及有所妨者,则不必借。可借而不借及逾期不还及损坏借物者,论如犯约之过,书于籍。邻里或有缓急,虽非同约,而先闻知者亦当救助。或不能救助,则为之告于同约而谋之有能如此者,则亦书其善于籍告乡人。

以上乡约四条,本出蓝田吕氏,今取其他书及附己意稍增损之,以通于今……

1.2.4.2 晓谕兄弟争财产事

照对《礼经》,凡为人子,不蓄私财,而律文亦有别籍异财之禁。盖父母在上,人子一身尚非自己所能专有,岂敢私蓄财货,擅据田园,以为己物? 此乃天性人心自然之理,先王制礼,后王立法,所以顺之而不敢违也。当职昨来到任之初,询访民俗,考按图经,曾以司马大夫、司马中郎、熊县令、洪义门孝行义居事迹劝谕士民,务修孝弟忠信之行,入事父兄,出事长上,敦厚亲族,和睦乡邻,有无相通,患难相恤,庶几有以仰副圣天子敦厚风俗之意。今已累月,而诚意不孚,未有显效。比阅词诉,有建昌县刘琮兄弟、都昌县陈由仁兄弟,并系母亲在堂,擅将家产私下指拨分并,互相推托,不纳赋税,争论到官,殊骇闻听。除已行下建昌县及索到陈由仁等指拨关约,尽行毁抹,当厅说谕,令刘琮、陈由仁与其兄弟依旧同居共财,上奉母亲,下率弟侄,协力家务,公共出纳,输送官物外,窃虑管属更有似此弃违礼法、伤害风教之人,而长吏不能以时教训纠禁,上负承流宣化之责,内自循省,不胜恐惧。今检坐条法指挥下项,须至晓谕者。

准律(云云)。

右除已出榜市曹并星子县门、都昌、建昌县市张挂,晓示人户知委。如有祖父母、父母在堂,子孙擅行违法分割田产析居,别籍异财之人,仰遵依前项条法指挥,日下具状,将所立关约赴官陈首,毁抹改正,侍奉父母,协和兄弟,同管家务,公共出纳,输送官物,不得拖欠。如不遵今来约束,却致违犯到官之人,必定送狱,依法断罪(云云)。淳熙六年八月日榜。

1.2.4.3 劝农文（知南康军日）

窃惟民生之本在食，足食之本在农，此自然之理也。若夫农之为务，用力勤、趋事速者所得多，不用力、不及时者所得少，此亦自然之理也。本军田地硗埆，土肉厚处不及三五寸，设使人户及时用力，以治农事，犹恐所收不及他处。而土风习俗大率懒惰，耕犁种莳既不及时，耘耨培粪又不尽力，陂塘灌溉之利废而不修，桑柘麻苎之功忽而不务，此所以营生足食之计大抵疏略，是以田畴愈见瘦瘠，收拾转见稀少。加以官物重大，别无资助之术，一有水旱，必至流移，下失祖考传付之业，上亏国家经常之赋。使民至此，则长民之吏、劝农之官亦安得不任其责哉！当职久在田园，习知农事，到官日久，目睹斯弊。恨以符印有守，不得朝夕出入阡陌，与诸父兄率其子弟，从事于耘锄耒耜之间，使其妇子含哺鼓腹，无复饥冻流移之患，庶几有以上副圣天子爱养元元、夙夜焦劳恻怛之意。昨去冬尝印榜劝谕管内人户，其于农亩桑蚕之业，孝弟忠信之方，详备悉至，谅已闻知。然近以春初出按外郊，道傍之田犹有未破土者。是父兄子弟犹未体当职之意而不能勤力以趋时也。念以教训未明，未忍遽行笞责。今以中春举行旧典，奉宣圣天子德意，仍以旧榜并星子知县王文林种桑等法再行印给。凡我父兄及汝子弟其敬听之哉！试以其说随事推行于朝夕之间，必有功效。当职自今以往，更当时出郊野，巡行察视。有不如教，罚亦必行。先此劝谕，各宜知悉。

1.2.4.4 揭示古灵先生劝谕文

古灵先生陈公劝谕：为吾民者，父义，（能正其家）兄友，（能养其弟）弟敬，（能敬其兄）子孝，（能事父母）夫妇有恩，（贫穷相守为恩。若弃妻不养，夫丧改嫁，皆是无恩也。）男女有别，（男有妇，女有夫，分别不乱。）子弟有学，（能知礼义廉耻）乡闾有礼，（岁时寒暄，皆以恩意，往来燕饮，序老少坐立拜起。）贫穷患难，亲戚相救,(借贷财谷)昏姻死丧,邻保相助,无堕农桑,无作盗贼,无学赌博,无好争讼,无以恶凌善,无以富吞贫,行者逊路,(少避长,贱避贵,轻避重,去避来。)耕者逊畔,(地有畔,不相争夺。)班白者不负戴于道路,(子弟负重执役,不令老者担擎。)则为礼义之俗矣。

以上同保之人今仰互相劝戒,孝顺父母,恭敬长上,和睦宗姻,周恤邻里,各依本分,各修本业,莫作奸盗,莫纵饮博,莫相斗打,莫相论诉,莫相侵夺,莫相瞒昧,爱身忍事,畏惧王法。保内如有孝子顺孙、义夫节妇,事迹显著,即仰具申,当依条旌赏。其不率教者,亦仰申举,依法究治。自余禁约事件,仍已别作施行。各宜遵守,毋至违犯。

1.2.4.5 劝谕榜

今具节次施行劝谕事目如后:

一、劝谕保伍互相劝戒事件:仰同保人互相劝戒,孝顺父母,恭敬长上,和睦宗姻,周恤邻里,各依本分,各修本业,莫作奸盗,莫纵饮博,莫相斗打,莫相论诉,孝子顺孙、义夫节妇事迹显著,即仰具申,当依条格旌赏。其不率教者,亦仰申举,依法究治。

一、禁约保伍互相纠察事件:常切停水防火,常切觉察盗贼,常切禁止斗争。不得贩卖私盐,不得宰杀耕牛,不得赌博财物,不得传习魔教。保内之人互相觉察,知而不纠,并行坐罪。

一、劝谕士民,当知此身本出于父母,而兄弟同出于父母,是以父母兄弟天性之恩至深至重。而人之所以爱亲敬长者,皆生于本心之自然,不是强为,无有穷尽。今乃有人不孝不弟,于父母则辄违教命,敢阙供承;于兄弟则轻肆忿争,忍相拒绝,逆天悖理,良可叹伤。宜亟自新,毋速大戾。

一、劝谕士民,当知夫妇婚姻,人伦之首,媒妁聘问,礼律甚严。而此邦之俗有所谓管顾者,则本非妻妾,而公然同室。有所谓逃叛者,则不待媒娉,而潜相奔诱。犯礼违法,莫甚于斯。宜亟自新,毋陷刑辟。

一、劝谕士民,乡党族姻,所宜亲睦。或有小忿,宜各深思,更且委曲调和,未可容易论诉。盖得理亦须伤财废业,况无理不免坐罪遭刑,终必有凶,切当痛戒。

一、劝谕官户,既称仕宦之家,即与凡民有异。尤当安分循理,务在克己利人。又况乡邻无非亲旧,岂可恃强凌弱,以富吞贫?盛衰循环,所宜深念。

一、劝谕遭丧之家,及时安葬,不得停丧在家及殡寄寺院。其有日前停寄棺柩灰函,并限一月安葬。切不须斋僧供佛,广设威仪,但只随家丰俭,早令亡人入土。如违,依条科杖一百。官员不得注官,士人不得应举。乡里亲知来相吊送,但可协力资助,不当责其供备饮食。

一、劝谕男女,不得以修道为名,私创庵宇。若有如此之人,各仰及时婚嫁。

一、约束寺院,民间不得以礼佛传经为名,聚集男女,昼夜混杂。

一、约束城市乡村,不得以禳灾祈福为名,敛掠钱物,装弄傀儡。

前件劝谕,只愿民间各识道理,自做好人。自知不犯,有司刑宪无缘相及。切须遵守,用保平和。如不听从,尚敢干犯,国有明法,吏不敢私。宜各深思,无贻后悔。

1.3 明代重要理论家的基层社会治理思想

明代继承了元代基层社会治理的遗产,并鉴于元代的治理教训,高度重视基层社会治理,系统建构了里社体制,在基层社会治理方面留下了较为丰富的资料。这些资料一方面反映了统治阶层的基层社会治理思想,比如明太祖关于如何治民、怎样教民等的治理理念就很具有典型意义;另一方面也体现了士大夫阶层中出现的完善基层社会治理的重要构想,如方孝孺、吕坤及刘宗周等在宗族治理及乡约、保甲等的建构上做出的重要设计。

1.3.1 御制大诰[1]

提要:《御制大诰》是明太祖朱元璋于洪武十八年(1385)至二十年(1387)间亲自编纂并刊布的四部法律典籍之合称。朱元璋(1328—1398),本名重八,又名兴宗,后改名元璋,字国瑞,濠州钟离(今安徽凤阳)人。明朝开国皇帝,年号洪武。朱元璋在政治上十分注意结好民心,爱惜民力,以猛治官,勤政务实,奠定了明朝政治制度的基本格局,确立了明代的治理风格。《御制大诰》共四编,分别为《大诰》《大诰续编》《大诰三编》和《大诰武臣》,其主要内容是朱元璋亲手判决的案例、发布的峻令及对官民的训诫,集中展现了朱元璋"重典治事"的法律主张,反映了其"明刑弼教""礼法并用"的社会治理理念。

1.3.1.1 大诰·民不知报

民有不知其报,而恬然享福,绝无感激之心。因不知其报,不知其感激,一日天灾人祸并至,茫然无知其由,忧愁满室,抱怨横嗟,孰不知不知其报而若是耶! 且以社稷言之,古先哲王立坛以祀之,严恭祗奉,未敢有怠。何也? 盖社,五土之神;稷,五谷之神。五土发生五谷,为民立命,天子不能遍祭于天下,则诸有司立坛所在而祭之。又立大社大稷于雉阙之右,与庙相对,亲之也。所以春祭于社,祈嘉谷之生成;秋之祀,是报成也。凡良民造理者,居一方一隅,食

---

[1] 钱伯城、魏同贤、马樟根主编:《全明文》(第一册),上海古籍出版社1992年版。

土之利,不拘多少,其心日欲报之。其诚何施？以其社稷立命之恩大,比犹父母,虽报无极。良民有此念者,家道不兴鲜矣。方今九州之民,有田连数万亩者,有千亩之下至于百十亩者,甘于利其利,而不知其报者多矣,然而未尝不为富破其家资,以保其富。呜呼！至此之际,怒贯神人,天灾人祸由是,所以破家资。不过贿赂有司,君差不当,小民靠损。所以不知其报在此也。若欲展诚以报社稷,为君之民,君一有令,其趋事赴功,一应差税,无不应当。若此之诚,食地之利,立命之恩,斯报矣。咸云君养民,果将何以育之？君之服食,皆民所供,衣食既系民供,果何养民哉？然君之养民,五教五刑焉。去五教五刑而民生者,未之有也。所以五教育民之安,曰父子有亲,君臣有义,夫妇有别,长幼有序,朋友有信。五教既兴,无有不安者也。民有不循斯教者,父子不亲,君臣不义,夫妇无别,长幼不序,朋友不信,强必凌弱,众必暴寡,鳏寡孤独,笃废残疾,何有之有焉。既不能有,其有命何存焉。凡有此者,五刑以加焉。五刑既示,奸顽敛迹,鳏寡孤独,笃废残疾,力弱富豪,安其安,有其有,无有敢犯者,养民之道斯矣。今之顽民,罔知立命之由,妄破家资,买嘱官吏,故犯宪章。身亡家破,由人神之监见也。百祥百殃,信矣哉。

1.3.1.2 大诰·社学

好事难成,且如社学之设,本以导民为善,乐天之乐。奈何府州县官不才,酷吏害民无厌。社学一设,官吏以为营生。有愿读书者,无钱不许入学。有三丁、四丁不愿读书者,受财卖放,纵其愚顽,不令读书。有父子二人,或农或商,本无读书之暇,却乃逼令入学。有钱者又纵之,无钱者虽不暇读书,亦不肯放,将此凑生员之数,欺诳朝廷。呜呼难哉！天灾人祸,若不灾于此官此吏,载在祀典之神无凭可敬。似此善道难为,惟天可监,智人详之。朕恐逼坏良民不暇读书之家,一时住罢。复有不知民艰,茫然无知官吏害民者,数言社学可兴。吁！古云为君难,诚如是。为臣不易,果然哉！间有忠良,同凶顽之徒联衔,曰被所污,终不能清,不易哉甚矣。呜呼！惟天可监。凶顽之徒,何父母所生,造恶以陷人,终化不醒,神明监焉。祸有日矣,迟疾焉。

1.3.1.3 大诰·乡饮酒礼

乡饮酒礼,朕本不才,不过申明古先哲王教令而已。所以乡饮酒礼,叙长幼,论贤良,别奸顽,异罪人。其坐席间,年高有德者居于上,高年淳笃者并之,以次序齿而列。其有曾违条犯法之人,列于外坐,同类者成席,不许干于善良之席。主者若不分别,致使贵贱混淆,察知或坐中人发觉,主者罪以违制。奸顽不由其主,紊乱正席,全家移出化外,的不虚示。呜呼！斯礼始古先哲王之制,妥良民于宇内,亘古至今。兴者乡里安,邻里和,长幼序,无穷之乐,又何言哉！吾今特申明之,从者昌,否者亡。

1.3.1.4 大诰续编·申明五常

今再诰一出,臣民之家,务要父子有亲;率土之民,要知君臣之义,务要夫妇有别;邻里亲戚,必然长幼有序,朋友有信。众尊有德,不拘年之壮幼,不序长幼之分。此古人之大礼也。此诰也,朕本非能,不过申明先王之旧章,而民从之,家和户宁,吉哉！倘有不如朕言者,父子不亲,罔知君臣之义,夫妇无别,卑凌尊,朋友失信。乡里高年并年壮豪杰者,会议而戒训之。凡此三而至五,加至七次,不循教者,高年英豪壮者拿赴有司,如律治之。有司不受状者,具在律条。慎之哉,而民从之。

1.3.2 实政录[1]

提要:《实政录》是吕坤历任山东、山西、陕西各官时所作之各类公

---

[1] 吕坤：《吕坤全集》,王国轩、王秀梅整理,中华书局2008年版。

牍、文稿的合集。吕坤(1536—1618),字叔简,一字心吾、新吾,自号抱独居士,归德府宁陵(今属河南商丘)人。明代文学家、思想家。主要作品有《实政录》《呻吟语》《夜气铭》《招良心诗》《去伪斋集》等十余种,内容涉及政治、经济、刑法、军事、水利、教育、音韵、医学等各个方面。《实政录》共七卷,凡七十一篇。全书分明职、民务、乡甲约、风宪约、狱政等五部分,各部分前有总论,下分各篇为详述,内容丰富,事涉广泛,其中各类状式对研究明代州县法制具体状况尤具重要价值。

1.3.2.1 查理乡甲

劝善惩恶,莫如乡约;缉奸弭盗,莫如保甲。此二帝三王之遗制,虽圣人复起,轨众齐物,舍是无术矣。但实行则事理民安,虚行则事烦民扰,不行则事废民恣。成法具在,而鼓舞提撕,则在留心职业者加之意耳。嗟夫!奈何?

一、科目取士,爵禄荣人,授之官职,矢志洁身者几人?实心任事者几人?今一州一县,设约正副不减三二百人,欲其人人有士君子之行,分毫无私,个个奉掌印官之法,怨仇不顾,是庶民贤于缙绅矣,有是理乎?而今正副讲史俱是光棍,地方任其举报。善良而谨畏者避迹潜藏,浮夸而纵恣者投足争进。所谓百家情愿保结,有司亲与过堂者,曾一行之否乎?不过手本开名,该房造册而已。如此苟简,教化安行?

一、约正副虽经众保,难得其人。掌印官或得之查簿之中,或得之公正报举,或得之本约告发,或得之自己体访,不时更换。其更换者,亦从阖约保举。但武断乡曲、势横州里之人,乡约不敢不保者,间一有之,不可不加察也。

一、《乡甲约》一书,有本约全不理会者,有理会而不知者。槪州县约正副讲史,选定之日,掌印官先到明伦堂,设圣谕牌,拜毕,择通学年长老成善为讲说者三四十人,先半月前各给《乡甲约》一册,令之览诵,至日次第令各生讲读。善讲者,分外加赏;不善讲者,再令习学。如此三四日,三四十人俱已精熟,然后发之各约,分定每生教习几约。一约只住二日,将约中事体尽令正副讲史、甲长人人明白,个个通晓,然后再更一约。如此教习,两月之后,掌印官分日贴示,某约正副讲史限某日,某约正副讲史限某日。辰时到县,大率一日不过十约,仍在明伦堂上,县官考验生熟。果能精通此约者,教习生员与正副讲史同赏。不能通晓者,原教习生员纪过一次,仍令再与讲说,务精通而后已。约正副讲史但有一个识字通文之人,能守规矩,倡率鼓舞,其约自行。

一、约中有善,便肯纪录,至于行凶赌博,惯刁巨猾,一乡畏惧者,无人敢举。不知乡约之设原为恶人,大恶之人百无一二,使大恶纵横,而纪小恶以塞责,何贵于行乡约哉?掌印官先察公道确实之人必不作奸坏法者,托为耳目,令之采访大善、大恶几人,详知其事,刻记于心。至查簿之日,果本约实登,即将四邻及正副讲史各加重赏。如果大恶不登,即唤本约正副讲史、甲长、四邻审问,某人某日为某恶,如何不纪?正副讲史曰甲长不报,又问甲长。甲长曰四邻不举,又问四邻如何不举。如果恶是实而四邻不举者,一同责治,一体枷号。四邻举而甲长不报者,甲长同罪。甲长报而正副讲史不书者,四人同罪。如此三行,人人警惕。约中畏法而不畏恶人,则恶人亦仇法而不仇举报矣。夫我无可惮之严明,责成之实意,彼乡约一会良民,何苦与恶人结怨以贻终身之祸哉?昏惰者试一思之。

一、约行一年之后,掌印官单骑减驺,或因公出之便,即赴某约观其礼节,问以事宜,即与劝说一番,作其踊跃之气,振其厌怠之心。使百姓知我所重在此,而彼亦加之意耳。若委佐领教官查点乡约,崇虚文以扰贫民,费送迎而起科派,近日有司往往为此。噫!实行乡约者岂作此粉饰套子哉?可叹!可叹!

一、保甲与乡约是一条鞭,十甲甲长依然不动,只多添了一个甲正副,其操练之法详于城守。

一、法度严明,即不择约正、保正,而约保正自不敢为恶。只一宽松,全不照管,而约保正借法以作奸,虽有贤者亦不能自保,胥化而为恶矣。故鼓舞振作之法,弹压操纵之权,全在有司。

一、巡捕官无故下乡,多带虎役,搜寻事端,滥费酒席,虽云查点乡夫,其实得财便去,大为地方之害。以后保甲之法,掌印官既肯严行,地方自然宁静。万一贼盗生发,巡捕官带领人役火赴擒拿。平居无事,决不可容令出门。

一、地方保伍朔望来县投递执结,有司试一思之,此何为者?地方苟不安宁,何妨日报?地方果无盗贼,安用虚文?徒令此辈指以纸张盘费打点科索甲中小民耳。结状即行裁革,再不许递。

一、一保之中,良善居其十九,盗贼百无二三。甲长盘诘出入,觉察踪迹,正此二三之徒耳。若不分奸良,一概骚扰,良善何安?其盘诘之法,详见《襄垣约》,今不尽载。

一、五里之外,声问不通。凡一庄,须置铳三杆,但有盗劫,即放炮,以便救护。其六里以外,不来报不与闻者,不可一概株连,滥坐不救之罪。

一、护送鞘扛,伺候灯火,保副挨甲序拨,不许偏累,周而复始。此外不许仍用地方保长名色责令乡约甲夫夯牌迎送,违者,掌印官以昏庸论。

一、乞丐壮丁,游食僧道,邪教传头,烧炼方士,流来水户,在于地方为害惑民者,甲长举报保正,即时赶逐。不服者与容留之人,一并送官究治。

1.3.2.2 乡甲劝语

说与山西百姓,乡甲之行有十利而无一害,一则些小事情,本约和处,记于和簿,省得衙门告状,受怕耽惊,打点使用,吃打问罪,坐仓讨保,破了家业,误了营生。二则挨查外来生人,细密严谨,四方盗贼无处容身,百姓们无鸡犬之惊,睡好自在觉。三则使本排人丁及住房住院之都,都有稽查盘问,使他不得出外为非,免得他犯了重罪,连累我有窝主之忧。四则差粮赤历一出,本约本甲,互相劝说,催逼早完,可省里长老人十排的工食钱、使唤钱、脚儿钱、告助钱,散人事讨粮食吃酒吃饭。五则一约之内人丁地土,贫富增消,差粮多少,人所共知,只消本约誓神公定,掌印官斟酌,可以审户则,编均徭,派赤历,省得书手千奸百弊,擦富升贫,诡地瞒粮,贻害概县。六则一约之人朝暮相劝,彼此相规,大家晓些道理,守些法度,都成好人,说好话,干好事,生为有德之民,死为无罪之鬼,阎王见了也是敬重。七则一约之人既是年年相与,自然情义浃洽,有无相助,患难相救,疾病相扶持,有事相商量,嫌隙相解释,异姓结为骨肉,仇雠化为腹心。八则行好之民,官府以情相体,不忍轻加刑罚,父母赤子,上下有恩。九则积攒些粮食财帛,到那灾荒之年,官仓那救得许多,你将这钱粮分了,救你一家姓命,免得饿死道傍,逃走在外。十则往年凶恶之人,欺你良善,光棍之徒,帮你痴愚,各顾各人,快手指贼,打吓诬执平人,你也百口难辩,谁管你死活? 乡约一行,恶人没处存身,善人得以自保,纵有诬执之人,大家连名辩证。凡我百姓,务要十分力行,千年共守,是你百姓子子孙孙之福。只是约正不才,受贿徇情,大家禀官更换,休以我在而应虚文,休以我去而成衰废,休以二小人赌气儿坏了大家的规矩。

1.3.2.3 兴复社学

为兴复社学以端蒙养事。照得王道莫急于教民,而养正莫先于童子。今学校之无政久矣,官师不可复望,惟是社学一事,尚有可为,有司倘知加意世教,其庶几乎!因述其要略如左:

一、自教化陵夷之后,举世不知读书为何事。二千余年迷误至今,师弟相督,父子相传,不过取科甲求富贵而已。今选社师,务取年四十以上,良心未丧,志向颇端之士,不拘已未入学者二十余人,掌印官群之文庙,饩以日食,先教以讲解小学、《孝经》及字学反切,一年之后,如果见识近正,音韵不差,文理粗通,讲解亦是者,掌印官下学考试,择其堪以教人,查有社学,挨次拨发。

一、社学,四关立四处,大集镇二百家以上者立一处,甲长各查本甲中子弟,年八岁以上、十六以下共若干人,报于约正。除能自备束脩外,如果家道贫难,约正开名报官,官为设处,大段社师以每岁粟二十石为厚供,少亦不减十二石,多寡之数,以学问与功效为差。

一、子弟读书,大则名就功成,小则识字明理,世间第一好事。有等昏愚父母,有子不教读书,邪心野性,竟成恶人。做盗贼,犯刑宪,皆由于此。几曾见明理识字之人,肯为盗贼者乎?掌印官晓谕百姓,今后子弟,可读书之年,即送社学读书,纵使穷忙,也须十月以后在学,三月以后回家。如此三年,果其材无可望省,令归业。

一、学中以长幼为先,序就齿数,除系相亲自有称呼外,其余少称长者兄,长呼少者名,行则右行,坐则下坐,长者立则立,长者散则散。一禁成群戏耍,二禁彼此相骂,三禁毁人笔墨书籍,四禁搬唆倾害,五禁有恃陵人。此处人五禁,犯者比读书加倍重责。

一、学者立身,行检为重,一戒说谎,二戒口馋,三戒村语淫言,四戒爱人财物,五戒讲人长短,六戒看人妇女,七戒交结邪人,八戒衣服华美,九戒捏写是非,十戒性暴气高。犯者比读书加倍重责。

一、童子每日早起,向父母前一揖,问曰今夜安否。早饭、午饭回家见父母,揖问曰,父母饮食多少。晚上看父母卧处,待父母睡毕而后退。父母怒骂,跪而低头,不许劲声强辨。父母勤劳,即来代作。父母久立,忙取坐物。父母呼人,高声代唤。父母疾病,煎尝汤药。此虽人子末节,少年先须日习。至于一家尊长,俱要恭敬。家中凡事忍默,如有违犯,父兄即告先生加倍重责。

一、行步要安详稳重,不许跳跃奔趋。说话要从容高朗,不要含糊促迫。作揖要舒徐深圆,不可浅邃。侍立要端庄严静,不可跛敧。起拜要身手相随,不可失节。衣履要留心爱惜,不可邋遢。瞻视要静正安闲,不可流乱。抄手要著衣齐心,不可怠惰。在坐要端严持重,不可箕岸。有违犯者罚跪,再三犯者重责。

一、每讲书就教童子向自家身上体贴，这句话与你相干不相干，这章书你能学不能学，仍将可法可戒故事说与两条，令之省惕，他日违犯即以所讲之书责之，庶几有益身心。

一、每日遇童子倦怠懒散之时，歌诗一章，择古今极浅、极切、极痛快、极感发、极关系者集为一书，令之歌咏，与之讲说，责之体认。古诗如：《陟岵》《蓼莪》《凯风》（以上父母。）《棠棣》《小宛杕杜》（以上兄弟。）《江汉》《出东门》（以上男女。）《鸡鸣》《雄雉》（以上夫妇。）《燕燕》（嫡妾。）《伐木》（朋友。）《芄兰》（童子。）《葛藟》（民穷。）《相鼠》（教礼。）《伐檀》（训义。）《采苓》《青蝇》（戒谗。）《蟋蟀》《瓠叶》（示俭。）《采蘋》（重祀。）《白驹》（悦贤。）至于汉、魏以来乐府古诗，近世教民俗语，凡切于纲常伦理道义身心者，日诵一章。其新声艳语，但有习学者，访知重责。

一、初入社学，八岁以下者先读《三字经》，以习见闻。《百家姓》，以便日用。《千字文》亦有义理，有司先将此书令善书人写姜字体刊布社学，师弟令之习学。盖姜字虽吃力，而点画分毫不苟，作字之时，能令此心不放，此心不粗。佻达纵横者厌之，以为欠苍劲，欠自然，而不知有益于性灵也。

一、教童子先学爽洁，砚无积垢，笔无宿墨。蘸墨只著水皮，干笔先要水润。书须离身三寸，休令拳揉。手须日洗两番，休污书籍。案上书休乱堆斜放，书中句休乱点胡批。学堂日日扫除，桌凳时时擦抹。

一、念书初要数字，次要联句，次要一句紧一句，眼瞳定则字不差，心不走则书易入，句渐紧则书易熟，遍数多则久不忘。

一、看书不可就讲，先令童子将注贴经，贴过一番，令之回讲，然后一一细说巧比，再看复回，不知再讲，庶几有得。

一、作文出极明浅易于发挥题目，作不得题细讲一遍，仍作此题，一题三作，其思必尽，其理自通，胜于日易一题也。

一、记文须选前辈老程文极简、极浅、极切、极清者，每体读两篇，作文之日模做,读过文法者出题,庶易引触。

一、读书以勤为先,童子不分远近,俱令平明到学,背书完,读新书,吃饭后略令出门松散一二刻,然后看书作文写仿,毕,仍读书。午饭后再令出门松散一二刻,仍读书。日落后,分班对立,出对一个,破题一个,即与讲改,然后放学。盖少年脾弱,饭后不可遽用心力,恐食不消化也。

一、有司政暇之时,掣签下某社学,某社学至,则验其课程,果童生文理通,说书明,写字佳,歌诗善者,为第一等。除童生量给笔墨外,其师赏大纸一百叶。中等者,平常相待,仍行帖以示激励。下等社师,怠惰废业,文理欠通,管教不严者,革去馆谷,将童生并于一等社学。在乡窎远,童生不便并学者,另选社学。

一、社学不许率领童子迎送官府。本院出巡,每见数岁童子,便加一冠。乳臭方新,须当严教,而社师以供给无人,遂成懒散。有司如此苟且,只应虚文,粉饰观视,父母之教子弟岂为上司哉?以后社县师生除有司出巡偶试外,仍春秋二季将师生召集到县,管以常食,给之草卷,考试一番,以行去留,以示振作。州县官仍将社学若干处,社师某,童生某某,民间束脩岁若干,官补束脩岁若干,应动何项钱粮,先造一册送院,仍将二考等第赏罚,每季开花名手本报夺。其士夫富家设馆聘师所教子弟,不许一概泛考混开,以装体面。违者提吏重究,官另议。

一、社学非为教举业,全为正童习。若条款中德行未习而文艺是谆谆,社师虽有文学,亦行革斥。

一、近日社学不以童蒙为重,虽设有社学社田,专听无行衣巾生员乞请,以为糊口之资,不拘童子有无,不问曾否教训,遂令居官舍而冒官谷,掌印官如醉梦人,全不照管。凡社学废而不修,与夫有社学而拥虚器者,有司以不职参罢。

1.3.2.4 恶风十戒

为特禁恶风以安良善事。照得为恶条款已载乡约恶行之中,但恐有司以为乡甲之事,不复留心;乡甲以为横暴之民,不敢犯手。是民间阴受其害,官府莫知其恶也。为此特将民间患苦之人,另摘严禁之内,有司不时访拿重治,庶于良善得安。若曰此乡约事也,官以为轻,乡约敢以为重哉?官不察奸,乡约敢与人为仇哉?故虽责备乡约而又申重有司云。

一、孤儿所遗产业,或自己管理,或尊长寄收,虽有重大紧急事情,受寄之人不许分毫典卖。但有典卖者,即将犯人十倍重处,仍于本犯名下勒限严追,虽鬻妻变产,亦令赔完。中人一例重究,其奸富恃财知情擅买者,除重究外,产给原主,价不退还。

一、寡妇守志,果系家道殷实有继嗣者,照律全承本业。无继嗣而有养子者,照例量给产业三分之一,余令同门均分。无养子而有女者,亦量给三分之一,以供礼节之用。子女俱无者,量留土地二顷,以为衣食之资,仍听其拣择庄宅各一处,一切差粮俱令分业之人代纳。地不及一顷者,尽令寡妇领业,差粮自纳,不许伯叔兄弟人等侵占分毫。果守志终身者,原产听其变卖度日,亲戚往来任其与借,不许宗人拦阻。违者禀官。除本妇听母家唆调改嫁他人者,所遗财产听同产告争外,其余但有指奸指盗、逼嫁逼分、强侵强卖者,许本妇指实诉官,将本犯尽法重究,仍枷号游迎。盗买寡妇田宅者,亦同重究,业给原主,价追入官。

一、孤子少年承受先业,无耻棍徒三五成群,或诱帮嫖衒,或驾使揭银,或唆调告状,将田宅事产荡然一空,此良民之大害。城镇市乡村但有此等奸民,许被害及乡约保甲人等绑缚到院,以凭尽法重治。

一、凶暴游民结党饮血,或假称欠债,或捏骗赌博,祭棍操刀,或夜劫财物,或昼抢平人。一人有仇,则聚众同报;一人告状,则彼此扛帮。又结交衙门皂快,扶同诈财,互相容隐。除宗室行各管理府分铃束罪,重者自有国法,奏请施行。其郡府不能管理者,一并参究外,其余棍党,告示一出,限五日,不即解散者,本院访拿,尽行重治。各重性命身家,其勿悔。

一、朝廷自有法律,一省多少衙门,果负冤屈,大则进本,小则告状,何气不出?何冤不伸?有等愚民,受气不过,服毒跳崖、自缢自刎。尸亲视死者为奇货,或抬尸上门,或锥棒札打,或弃毁器物,或混检家财。不知自杀人命,只该杖罪,追棺木银三两。告状牵连数月,所追不胜盘费。将一个死身子换了别人一顿杖条,有何便宜?以后自死人命,有司衙门休与准理,同居父母伯叔兄弟妻子见死不救者,仍以重利轻伦,不孝不义,重责枷号。其尸亲指倚人命,伤人抢财,依律以凶徒聚众,定问徒罪充军。愚民大家思想,自死有何益哉?

一、刁民心怀奸伪,志在得财,家中但无营生,就要搜寻告状。或教唆别人,或投充劲证,或捏写无影虚词,或隐匿年月名姓,或以活人作死,或刨人墓检尸,或混告二三十人,或牵连无干妇女,或一状未问,一状又投,或上司衙门连递数纸,以致批问纷纷,提人乱乱。有分毫小事而经年不结者,有东审西解往返千余里者。饥寒疾病老弱之人连累常死,庄农买卖佣工之家尽误生活。及至事完之日,不过笞杖,罪名多半全无指实。如此奸诈之徒,扰乱民生,死有余罪,往往反坐,通不知惩。以后问刑衙门遵照本院在按察司时所发无耻刁民簿一扇,除告状依本院发去新式,及所告得实者,不分曾告几次,原为辩冤诉屈,免其登记外,其余但系半虚者,即登此簿。簿登三次,及状一状十人者,即将本犯扭解本院,以凭尽法重治。所告多人,除紧关证佐外,其无干牵告之人,所费盘缠即于本犯名下讨,一日追银二分,给牵告人收领,仍以无耻刁民某人,写大字竖牌一面,钉于本告门左,申明亭纪恶,朔望念堂,良民不与为礼。教唆主谋之人,依律定拟重罪。

一、造言之人,无端捏事,见影生风,或平起满街议论,或写贴匿名文书,或擅编歌谣剧戏,或讲说闺门是非,除致出人命者,即与抵命外,乡约人等但有指实者,即便绑缚到官,有司尽法重治,遍于城市乡村游迎,仍写奸诈贼民某人大字竖牌一面,钉于本犯门左,申明亭纪恶,朔望念堂,良民不与为礼。

一、男婚女嫁,本为长子生孙,岂以贪财求富?女子出门,须要费用,女家争财,虽非礼义,然《大明会典》尚有多不过十两之说,索求赔送,何处明文?近日恶婆贪婿,行礼下财,一切都从鄙吝。过门之后,从来定礼节礼衣物,既向新妇找寻,嫁妆不厚不多,又将新妇作践。女一过门,岁月追节,日时供馈,稍不遂意,或不许往来,或时常打骂,有致令病死者,有致令自尽者。不思人家养女一场,千辛万苦,替我家生子做活,又著人家赔钱受气,此是良心灭绝之人,廉耻尽丧之物。所以江南溺女,只缘此事伤心。以后女家赔送供给,厚薄有无,各从所便。但有因勒财物致伤人命者,公婆枷拶,遍乡村城市游迎,本夫尽法重究。仍将女家赔送衣装首饰,节年供给诸物,尽数还主,虽变卖家产,亦不准饶。

一、勾引人家妇女,强占在家,因而拐带财物,及外包娼女,内殴妻室,荡费妻物,因而致命者,尽法重治,枷号游迎,钉牌纪恶。至于兄收弟妻,弟收兄妻,法当两绞,而乡村愚人乃以就和名色,公然嫁娶,甚至父母主婚,亲朋相贺,大可痛恨。自今以始,但有旧日不知而犯法者,告示一出,即日离异改正。如瞒昧因循者,讦告到官,定问死罪不恕。

一、赌博乃败家之缘由,做贼之根本。开场者譬如窝主,束手分财;赌博者譬如盗贼,伙瞒痴幼。此徒若不严缉重究,地方岂得安宁?各州县卫所官,于所属城市乡村印贴告示,但有拿获真正赌博者,即于各犯名下追银十两充赏。

1.3.3 大学衍义补[1]

提要：《大学衍义补》为明代思想家丘濬所著。丘濬(1421—1495)，字仲深，琼州府琼山(今属海南海口)人。明代中期著名的思想家、政治家、文学家。历仕景泰、天顺、成化、弘治四朝，死后被追赠为太傅，谥号"文庄"。丘濬好学，尤注意经世致用之学，举凡六经诸史、古今诗文，以至医卜老释之说，无不深究。《大学衍义补》是丘濬治国思想的集大成者，是一部论述政术的重要著作。全书共有一百六十卷，丘濬广采经、史、子、集诸书中的治平事迹，引申推衍，编为十二目。

1.3.3.1 明礼乐·家乡之礼上之上

臣按：礼曰，人有礼则安，无礼则危。是则礼之在天下，非徒有是仪章度数以为观美而已也。风俗之隆污，世道之理乱，人家之成败，皆系于是礼焉。礼无乎而不在？要必人人行是礼，家家行是礼，积家以为郡国，积郡国以为天下，无一处而无是礼，无一事而不由是礼，是则所谓三代比屋可封之俗矣。

又曰：三代之际，《礼经》备矣，然其存于今者，宫庐器服之制，出入起居之节，皆已不宜于世。世之君子虽或酌以古今之变，更为一时之法，然亦或详或略，无所折衷，至或遗其本而务其末，缓于实而急于用。自有志好礼之士犹或不能举其要，而困于贫窭者，尤患其终不能有以及于礼也。是以尝独究观古今之籍，因其大体之不可变者，而少加损益于其间，以为一家之书。大抵谨名分，崇爱敬以为本。至其施行之际，则又略浮文，趋本实，以窃自附于孔子"从先

---

[1] 丘浚(即丘濬)：《大学衍义补》，林冠群、周济夫校点，京华出版社1999年版。

进"之遗意,庶几古人所以修身齐家之道,慎终追远之心,犹可以复见。而于国家所以崇化道民之意,亦或有小补云。

············

臣按:《易》曰,有天地然后有万物,有万物然后有男女,有男女然后有夫妇。盖太极动而生阳,静而生阴。阴阳之气凝而成人。乾道成男,坤道成女,男阳而女阴,男阳而配合女之阴则为夫妇。由是而生父子,由是而成君臣,由是而叙为尊卑、上下、亲疏之分。此礼义所由以错也。是以人君为治,必以正家为本,而家之所以正者,统系明内外辨,秩然有其礼也。礼始于谨夫妇。夫妇之谨,在于正男女之位而分别之。人君既正身修德以闲其有家,又必命官惇典庸礼以敷德教于天下,使天下之人晓然知大防之所在。男尽男之礼,女尽女之礼。各夫其夫,各妇其妇,以是成孝敬,厚人伦,美教化,移风俗,则治平之基于是乎立矣。三代之盛,率循是道。汉唐以来,治杂于霸,甚而以夷狄自处,而不知其非。宋世虽称尚文,然藩服郡邑皆置营妓,而名为士大夫者,亦蓄歌姬,时或出以娱宾。而人家所谓养娘者,又皆立契典雇。至于胡元入中国,五者之伦斁尽,而男女一伦尤甚。我朝承其后,痛加禁革,立为官吏宿娼之律,士夫一有犯焉,终身不齿。宋朝视我有愧多矣。昔汉承秦人苛刻之后,一切反其所为,然路温舒犹谓秦有十失。其一尚存。今元之弊政污习,固已泛扫无余矣,然不免有一之尚存者,男女之无别也。今燕赵齐晋之域,古所谓中州也,自古圣帝明王,大贤君子,过化存神之地,礼义廉耻所自出也,而今闾阎之下,贫下之家,内外尚无限隔,乃至男女同坑而寝,夫妇以名相呼,翁妇嫂叔之不相回避,继父继母之子女相为昏配,诸如此类者,尚或有之。乞敕令有司痛加禁约,一洗戎夷之余秽,以昭盛代之文明,毋使片黳寸颣以为大朝之玷。

1.3.3.2 明礼乐·家乡之礼中

臣按:大宗则一。大宗宗其继别子者,是也。是为大宗。小宗则四。有继祢之小宗,则同父兄弟宗之。有继祖之小宗,则同堂兄弟宗之。有继曾祖之小宗,则再从兄弟宗之。有继高祖之小宗,则三从兄弟宗之。至于四从,则亲属尽绝。所谓五世则迁者也。是谓小宗。礼经别子法,是乃三代封建诸侯之制,而为诸侯庶子设也,与今人家不相合。今以人家始迁,及初有封爵,仕宦起家者,为始祖,以准古之别子。又以其继世之长子准古之继别者,世世相继,以为大宗,统族人,主始祖立春之祭及墓祭。其余以次递分为继高祖,继曾祖,继祖,继祢小宗。

臣按:欲行宗子之法,必自世胄始。今世文臣无世袭法,惟勋戚及武臣,世世相承,以有爵禄。此法断然可行。若夫见任文臣及仕宦人家子孙,与夫乡里称为大族巨姓,自谓为士大夫者,朝廷宜立定制,俾其家各为谱系。孰为始迁于此者,孰为始有封爵者,推其正嫡一人以为大宗。又就其中分别某与某同高祖,推其一人最长者为继高祖小宗。某与某同曾祖,推其一人为继曾祖小宗。某与某同祖,某与某同祢,各推最长者一人以为小宗。其分析疏远者,虽不能合于一处,然其所以聚会于一处,缀列于谱牒者,则粲然而明白也。……

臣按:黄润玉谓大宗绝立后,小宗绝不立后为今制,然观宋儒陈淳谓古人继嗣,大宗无子,则以族人之子续之,而不及小宗。则是我朝亲藩初封,未有继别之子,而国绝则不为立继,盖古礼也。亲藩且然,况庶民乎。然则今庶民无子者,往往援律令以争承继非欤?谨按圣祖得国之初,著《大明令》与天下约法有云:"凡无子,许令同宗昭穆相当之侄承继。先尽同父周亲,次及大功、小功、缌麻,如无,方许择立远房及同姓为嗣。若立嗣之后,却生亲子,其家产并许与元立均分,并不许乞养异姓为嗣,以乱宗族。立同姓者,亦不得尊卑失序,以乱宗族。"其后天下既定,又命官定律,有立嫡子违法条云,若养同宗之人为子,所养父母无子而舍弃者,杖一百,发付所养父母收管。若有亲生子及本生父母无子,欲还者听。若立嗣,虽系同宗,而尊卑失序者,其子归宗,改立应继之人。其遗弃小儿,年三岁以下,虽异姓仍听收养,即从其姓。切详律令之文,所谓立嗣之后,却生亲子,并所养父母无子而舍去,及若有亲生子等辞,皆谓其人生前立嗣也。无有死后追立之文。圣祖之意,盖以兴灭继绝,必前代帝王功臣贤人之后,不可绝其嗣,使其不血食也。先王制礼,不下庶人。庶人之家,若其生前自立继嗣,及将昭穆相应之人,自幼鞠养,从其自便。然又恐其前既立继,而后又有子,或所养之人而中道背弃,及有尊卑失序者,故立为律令,以禁戒之也。……请自今以后,其人若系前代名人之后,或在今朝曾有大名显宦者,以宗法为主,先求继祢小宗,次继祖之宗,次继曾祖之宗,又次继高祖之宗。此四宗者俱无人,然后及疏房远族及同姓之人。若其人生前或养同宗之子,虽其世系比诸近派稍远,然昭穆若不失序,亦不必更求之他。所以然者,以其于所养之人,有鞠育之恩,气虽不纯,而心已相乎故也。……

1.3.3.3 崇教化·一道德以同俗

臣按:天地之生人也,虽同一其天,而各异其地。惟其地之异,是以所习者不能无异焉。此其所以有异俗也。圣人居天子之位,宅中以图治,必反其习之异以归之同焉。则国不异政,家不殊俗矣。何也?盖蚩蚩之民所生于地者,其气虽异,而所禀于天者,其理则同。彼以其气之偏,而异其趣向,吾则本天地之正气,人心之正道抑其偏而返之正,合其异而归之同。使天下之人同其趣向,而无彼疆此界之殊。是岂别为一种巧妙之法,出于其性分之外哉?无非因其固有之理使复其初而已。是故天生人而与之以性,人所共由者,谓之道。人所同得者谓之德。各由其所由,自以为宜;各得其所得,自以为是。而不知其所由者,非所当由;其所得者,非所当得。人人各是其所是,而不知其为非。此天下之俗所以纷纷不同也。圣人在上,则设为学校,建立师儒,本义理以为教条,著经书以为教法。必则古昔,必称先王,必明圣人之道,谆谆然,而播告之修;切切然,而申明其义。使天下之人咸知道出于天,而行于人;德本于道,而得于己。同一降衷之理,同一秉彝之天,敢有非吾之道而道其所道,非吾之德而德其所德,则政令之所以禁,刑罚之所必加也。如此,则营东邨西,越南冀北,地不同而皆同其天,人虽异而不异其行。风俗岂有异同者哉?吾见人人同其所行,家家同其所习,处处同其所尚矣。风俗岂有不同者哉?然则风俗所以同者,夫岂无其故哉?上文有曰,修六礼以节民性;明七教以兴民德;齐八政以防淫。六礼:冠、婚、丧、祭、乡、相见。七教:父子、兄弟、夫妇、君臣、长幼、朋友、宾客。八政:饮食、衣服、事为、异别、度、量、数、制。吾修吾之礼,则凡吾人自幼而长,自老而死,皆有所据依,以慎终追远,会合交接。而彼祷禳追荐,髡首绝类者,自不为矣。吾明吾之教,则凡吾人由亲而疏,由内而外,皆有所联比,以尊尊亲亲,长长幼幼,而彼假合私昵,反伦悖道者,自不行矣。礼修而教明,则道德一矣。然其散见于人为者,一有过焉,则有以悖礼而伤教,而道德不能保其久而不变矣。故又有八政以齐之焉。是故异服异言者有禁,奇技淫巧者有诛。百工技艺,皆有常业,而不敢习为异端。日用器械,皆有定制,而不敢作为邪异。尺度权量,长短大小必同,物数布幅,多寡广狭必定。如是,则若远若近,曰大曰小,皆不敢立异改常。均齐方正,咸惟道德之归。此天下风俗所以常同也欤。

　　臣按:风俗之所以不同者,以道德之不一也。道德之所以不一者,以异端道其所道,德其所德故也。战国之时,异端之大者,在杨、墨。秦汉以来,异端之大者,在佛、老。必欲天下之风俗皆同,而道德无不一,非绝去异端之教不可也。然在孟子,则辟杨墨,在韩、欧、程、朱,则辟佛老。然而终莫如之何者,非独不能人其人,火其书,庐其居也。非谓尝去矣,而复大集。攻之暂破而愈坚,扑之未灭而愈炽也。盖彼之所以盛行者,非彼立法之善也,亦非为彼之人之能也,彼窥吾之所有者而盗之。吾失之而彼得之。吾非独不知彼窃盗吾之所有,往往讦其所短而较以是非,谓彼之所为者,近是于吾而非。噫,抑孰知彼之所以为我害者,即我之所固有者哉?夫揽取人之物而窃用之,宜其近是而非也。彼之群居而聚食,窃吾学校养士之礼也。彼之诵经而说法,窃吾弦诵教士之礼也。彼之祈禳,窃吾祭荐之礼也。彼之追荐,窃吾殡虞之礼也。吾用其真者,则彼赝者自不售矣。昔晏子之于权臣僭窃曰,"惟礼可以已之"。臣于异端亦云。夫礼之在天下,不可一日无者,礼行则道德一矣。道德一,则风俗同矣。盖道德其理也。而礼则其理之有节文,而见于事,而可行者也。是故吾有学校以养士,非学校不得以聚徒;吾有经术以教人,非经术不得以驾说;有礼以祭神,非其鬼则不许祭;有具以送终,非得为则不许用。如是,则彼之教吾之人,非独不敢为,且不暇为,而亦不屑为矣。道德其有不一,风俗其有不同也哉?

臣按:为治之道二:政与教而已。政有纪纲,教有枢要。为政而振其纪纲,为教而撮其枢要,治道张矣。夫以四海之大,兆民至众,人各一心,心各一见,人人有意欲行其私,苟非上之人撮其枢要,总摄而整齐之,使一其归,人人必济其所欲,物物必遂其所私,事事必行其所见,天下何由而统于一也?圣人有见于此,所以有一道德之说焉。然道德之体,一而已矣,而其为用则不一焉。人各其心,心各其见,自皆以为道德也。然皆似是而非。是故以非为是者,滔滔皆是也。习申、韩者,以申、韩为道德;习杨、墨者,以杨、墨为道德;习苏、张者,以苏、张为道德;习佛、老者,以佛、老为道德。纷纷籍籍,各以其所道德者以为道德。其与学孔孟者之于孔孟之道德,若无以异也。彼各是其是,而非人之非,非上之人示之以真是,而明其所以为非,彼安肯非己之所是,而是人之所非哉?武帝即位之初,首举贤良方正,即得董仲舒之真儒者。仲舒首以是为言,而丞相卫绾又以为奏,于是罢黜百家,而世之学者因是而知尊孔氏之道。自后建太学,立博士,明经术,使儒者之道大明于天下,一洗秦人之陋。至今儒道盛行,经术大明,皆武帝振作之功,卫绾奏请之绩,仲舒发扬之力也。呜呼,其有功于世道,亦岂细哉。

1.3.3.4 崇教化·躬孝弟以敦化

臣按:先儒有言,孝弟之道,达之天下而谓之立者,尽吾爱亲之道于此,使天下之爱其亲者,莫不视我以为法。尽吾敬长之道于此,使天下之敬其长者,莫不视我以为准。此即所谓建中建极也。爱敬之道既立于此,则爱敬之化必形于彼。始而一家,次而一国,终而四海之大,莫不各有亲也,各有长也,亦莫不有爱敬之心也。观感兴起,孝弟之心油然而生,则各亲其亲,各长其长,而天下平矣。臣惟天生人君,而付之以肇修人纪之任,必使三纲六纪,皆尽其道,然后不负上天之所命。然其所以肇修之端,则在乎爱敬焉。爱敬既立,则由家而国,而天下。天下之人无不爱其亲,敬其长,人人亲亲而长长,家家能爱而能敬,天下之人皆由吾君一人植立以感化之也。

臣按:人君之爱其亲,敬其长,尽吾为人子,为人少之礼耳,而非欲人之贵有亲,贵用命而为之也。然而天下之人,见吾爱吾之亲,敬吾之长,则曰:"以万乘之尊,四海之富,犹且尽为人子之礼,以爱其亲,尽为人少之礼,以敬其长,况吾侪小人哉。"于是咸知以爱亲为事而敬其贵。于是由己父之亲而推之,凡一家之亲,不敢以不爱焉。咸知以敬长为事而用其命,于是由己兄之命而推之,凡在上之命无不顺焉。是则人君之爱、敬行之于一家,自然有以错之于天下之大。此无他,以心感心,天下无异心,因化致化,天下无异化故也。

…………

臣按:朱熹尝言,《大学》先说上行下效,则絜矩处是就政事上说。若但兴起其善心,不使得遂,其心虽能兴起,亦徒然耳。如政烦赋重,不得养其父母,畜其妻子,安得遂其善心?须是推己之心以及于彼,使彼仰足以事,俯足以育,方能使人兴起者,圣人之化也。然有以化之,而所以推己处之者,可无其则乎?所谓则者,矩也。矩者,所以为方之器也。先儒谓,匠欲为方,必先度之以矩。欲平天下者,以何物为矩而度之邪?亦惟此心而已。我心所欲,即人心所欲。我欲老吾老,长吾长,而人亦欲老其老,长其长。吾即推吾之所以欲老老长长之心,而度天下之人心,知其心所欲老老长长,而无异于我也。以我之心度彼之心,吾之老者,吾老之,使之得以安其老;吾之长者,吾长之,使之得以遂其长。吾既得以遂吾老之、长之之心,而彼之有老有长者,亦得以遂其老之长之之愿,而为其老者、长者,又皆安其老,遂其长,无一人之不得其所,无一家之不如其意,无有废而不举之处,无有偏而不均之患。人人皆然,家家皆然,推之于国而国亦然;推之于天下,而天下亦莫不然。古之所谓明明德于天下者,其端实在于此。盖德者,人之所得乎天,而虚灵不昧,以具众理,而应万事者也。心德之全在于仁,而行仁之本,先乎孝弟。亲亲而仁民,仁民而爱物。行之之端,于是乎启;处之之则,于是乎周。治国平天下之要道,孰有加于此哉?

1.3.4　治乡三约[1]

提要:《治乡三约》是明末清初思想家陆世仪所撰的一部政书。陆世仪(1611—1672),字道威,号刚斋,晚又号桴亭,世称"桴亭先生",南直隶太仓(今属江苏苏州)人。明末清初著名理学家、文学家。陆世仪入清后屡被地方官荐举为官,力辞不赴,一心著述。其治学尤注重实用,天文地理、礼乐农桑、井田学校、封建郡县、河渠贡赋、战阵刑法、祭祀丧纪等都有论著。《治乡三约》,一卷,作于明末,以论述教约以训乡民、恤约以惠乡民、保约以卫乡民为宗旨,系统地总结了乡约推进过程中,协同处理诸要素之关系的办法,是传统乡约理论体系化的成果。

1.3.4.1　自序

天下不可不以三代之治治也,不特天下为然,即郡邑且然矣。以三代之治治天下,其要在于封建。以三代之治治一邑,其要在于画乡。乡者王化之所由

---

[1] 杨一凡、刘笃才编:《中国古代民间规约》(第一册),社会科学文献出版社2017年版。

基也,有民人焉,有社稷焉。故孔子曰:"吾观于乡而知王道之易易。"欲治一邑,亦治一乡而已矣。夫治民犹治兵然,什什伍伍分节而制之,总纲而挈之。以天下之大而一人自治而有余,分数明也。古者成周之治,体国经野,设官分职,既已尽天下而封建之矣。而畿内之制则又详于都鄙之法,所谓王化起于乡也,是又率畿内之地而封建之也。今者三代之制虽不可复,然古有比闾族党,今有厢坊里甲,其名异,其实同。而古今不相及者,何也? 自用用人之法殊,繁简疏密之制异也。夫今之耆正里排、地方保甲,即周之乡大夫、州长、闾胥、党正之类,然古者职以上士或任大夫皆为官役民,而今之耆正里排、地方保甲则皆佥点富民,及无赖之徒为之。任其事者不谓之职而谓之役,又何怪乎长民者之政令繁多日不暇给哉! 故夫欲复三代之隆,非明于自用用人之术、繁简疏密之制,不可以垂拱而治,则请得言由今之道而可以臻古之治者,其法有四:曰乡约也,社学也,保甲也,社仓也。四者之名人莫不知,四者之事人莫不行,而卒无致三代之治者,用人无法而四者之义不明也。夫何以谓之社学、保甲、社仓也? 孔子之所谓"足食足兵民信",孟子之所谓"出入相友、守望相助、疾病相扶持"也。夫何以谓之乡约也? 约一乡之众而相与共趋于社学,共趋于保甲,共趋于社仓也。四者之中,乡约为纲而虚;社学、保甲、社仓为目而实。今之行四法者,虚者实之,实者虚之;纲者目之,目者纲之。此其所以孳孳矻矻而终不能坐底三代之治也。是居敬行简之道未得也。居敬行简之道得,则又当致精于用人。仲弓为季氏宰,孔子教以举贤才;子游为武城宰,以得人为问。得人之为用不浅矣,得人之为治不难矣。愚故仿周礼之意为治乡三约,而又拳拳于为上者之得其人而任之也。

崇祯庚辰孟秋,陆世仪桴亭氏识。

1.3.4.2 治乡三约

治乡之法,每乡约正一人。

《周礼》国中称乡遂,野外称都鄙。今制:城中为坊铺,城外称都图,即《周礼》遗意也。然可通谓之乡。乡无长不可治,今拟每乡立约正一人,城以坊铺,乡以都图为分域。以本乡中廉平公正宿儒耆老为之,凭一乡之公举。凡举约正,不可概凭里甲开报,须细心采访。每乡多举三四人,精加选择,誓于神,诏于众,隆其礼貌,优其廪给,委之心膂而用之。宁择而后用,毋用而后择。

约正之职

掌治乡之三约:一曰教约以训乡民,一曰恤约以惠乡民,一曰保约以卫乡民。

教约即社学之意,恤约即社仓之意,保约即保甲之意,以其总统于乡约,故谓之约。训之、惠之,又从而卫之,教养之义尽,兵食之备修矣。

以一乡之籍周知一乡之事。

教长有户口秀民之籍,恤长有常平役米之籍,保长有役民之籍。以教长之籍知教事,以恤长之籍知恤事,以保长之籍知保事。

岁时月吉率其属而治会。

会,乡约之会也。岁时正月及春秋二社为大会,约正率三长听讲约于官府。其余月朔,约正自率其属,于本乡宽大处所为之。

教民读法饮射。

读法即讲饮射,谓行乡射礼,而以酒饮之也。按讲约从来止讲太祖圣谕六言,习久生玩,宜将《大诰》、律令及孝顺事实,与浅近格言等书,令社师逐次讲衍,庶耳目常易乐于听闻,触处警心,回邪不作。其习射,则视土地之宜。北方弓矢易办,南方卑湿,筋角易弛又价高,难概以强人。其有绅衿子弟能制弓矢者听自为社,其余乡勇役民令习弓弩亦可,然其价值亦须于恤长公费中给之。

考其德行而劝之,纠其过恶而诫之。德行如孝友睦姻任恤之类。反是为过恶。劝诫,谓有小善小过则于会中对众而称奖训诫之也,其有大善大过则闻于官府或于大会时行赏罚。

凡公事，官府下于约正，约正会三长而议行之。公事谓钱粮户役地方公事。凡民事亦上于约正而行官府，民事亦公事也。

民有质讼，大事决于官府，小事则官府下于约正，约正与教长平之。民间之讼，官府理之则愈棼，平之则竟息者也。尝见民间有一小讼，经历十数衙门而所断仍枉，两造倾家。又是朝廷所设问刑衙门，较别衙门为多，而天下未尝无冤民。且朝廷所设之官，无非日逐为民间理讼事，而军国大事则多付之不问，此皆相逐以利耳，非真为天下理冤抑也。且我朝开国之初，每州县设立申明亭，坐老人于中，断乡曲之事，其法甚佳。盖真见终讼无益而欲使民无讼耳。处以约正，亦老人之意也。与教长共平之者，终欲教诲之不底于法也。

凡乡之土田出入，谨其推收，掌其税事。

土田有买卖则有推收，有推收则有税事，此一定之法也。今民间岁一推收，每至秋冬过户太迟，催办不便，则民病。或作假契，或贿吏书，彼此扶同，希漏国税，则官病。今法：凡买卖田产者，彼此俱要书该约正长名氏，取其花押，无者不准买卖。其中金即分其半，以为约正长养廉之资。既立契后，即行推收过户，使民间无产去粮存之弊；既推收后即完官税，使国家无漏税之虞，诚两便之法也。

凡乡之民事年终一上于官府。

民事谓图籍之类。三约之籍，三长任其劳，约正主其册，存其副，而上其正于官府，所以赞治也。官府受而藏之，以周知各乡之事。

天子岂能周知天下之事，赖天下之有民牧。民牧岂能周知各乡之事，赖各乡之有乡正。此有国家者，所贵乎相助为理也。

凡三长之能否，皆书之，岁终则庀其职事以赞于官府。凡民之善否，三长书之；三长之能否，约正书之。职详职要各有其司也，谓之曰赞。其三长之黜陟又非约正所得专矣。

约副三人，一曰教长，以任教约；一曰恤长，以任恤约；一曰保长，以任保约。教长以知书义者为之;恤长以富厚公廉者为之;保长以有智力者为之。皆听约正及一乡之人公举。

教长之职

掌一乡之教事:教孝、教友、教睦、教姻、教任、教恤。

主户口秀民之籍。

主谓主其造册登记之事也。籍成,则进于约正,约正受而藏之。职藏者不得记注,职记注者不得藏。令民十家为联,联有首;十联为社,社有师。此即周礼比闾族党之制也。联首以诚实者为之,社师以学究知书者为之,皆听约正同教长编举。其编联之法,官以册式下于约正,约正下于教长,教长下于社师。联首乃率编户之民就社师而实书其户口之数,以进于教长,教长进于约正,约正同教长核实而藏之,上其副于官府,官府据之以为定籍。按户口之数,最不可不实,此王政之本、致治之源也。施政教、兴礼乐、治赋役、听讼狱、简师徒、行赈贷,万事皆根本于此,与今保甲之法略同。但保甲主于诘奸,民望而畏之,则多方规避漏脱。今立联社之法,主于行教化,天下而可有一人自外于教化者乎? 故户口之籍,最要详细确实,其有脱漏作奸者,本户及联首社师同罪,甚者罪教长并及约正。有国者,能于此细心致力,则治民之道思过半矣。虽然,有虑焉。使长民者而得其人,则此法行,如明道之治扶沟,无一民一物不入其照鉴者也。不然,吕惠卿之手实法亦去此不远矣,长民者念诸。

使之相爱相和亲,有罪奇邪则相及。

此即周礼之文,相爱相和亲孝友睦姻任恤之事也。相及即连坐之意,然法有当连坐不当连坐者,如盗贼奸恶知情不举之类,此当连坐者也。其余隐微之罪,作者自应独承,若概连坐,则同秦法。以教法颁四境之社师,而俾教其童蒙,此即社学之法也。所以端其蒙养,使之习与性成,而后无不可教之民。人人亲其亲,长其长,而天下平也。按社学,旧有定制,不过使之歌诗习礼,以和平其心知血气而已。今则多教之作文,诱之考试,徒长奔竞,益坏风俗。愚谓文胜之时,教童子者当教以朴,使人心留一分淳古,则世道受一分便益。宜令童子凡读书写字,但从所便,各自择师外,惟于每月朔望,赴本社社师处,择宽大处所,歌诗习礼,拜先圣先贤。其有声容端好威仪闲习者,注善;有举止疏忽跳踉不驯者,注过。习礼既毕,教长即以孝友睦姻任恤之道,约举故事,随宜讲导。遇讲约大会,则社师各举其善者,进之于会所,官府试其善否而记注之。盖歌诗习礼,虽若迂阔,然童子无事,无善过可改,一试之声容,则其人材之能否,心气之平躁,可以立见。勿谓古人礼乐为糟粕,亦后人未识其精意耳。

凡乡之冠昏饮酒祭祀丧纪,教其礼事,掌其禁戒,此皆齐之以礼之事也。冠昏丧祭有《文公家礼》诸书,斟酌而行之可耳。

及期将试则书其秀而升之于官。

凡户口术业前册明载,则凡民之秀,为上者已知之矣,此复录而进之,便于览也。其教长所书名字有不合于前册者,则罪之。按此则试中无重名、诡名、冒籍混荐诸弊。

凡乡之地域,广轮及沟涂封洫皆图之。

此即周礼遂人以土地之图经田野造县鄙形体势之法也,准之于今,则为地图与鱼鳞图册。向以属之画工及耆正里区,今既有约正三长,则此为正长之任矣。必属之教长者,以教长知书而能文墨也。按地图险易,所以慎固封守。鱼鳞图册所以分田制赋,皆为国要事。而今之长民者,率视为缓局,即有知其为要,而行之无法,督之太骤,地图则疏脱不准,图册则作奸滋弊。宜用张子厚经界法,每三百步立一标竿,纵横四方成一井字。如今地图之画方,计里以绳约之,图其四至,散之则各成方形,合之则横斜曲直,不失尺寸,不特地形有准,而每方之中步口一定,则田亩之数有不待丈量而分毫难遁者,此真至简至妙之良法也。细琐不能尽述,详具于《思辨录》中。

凡质讼,联首社师辨其诚伪而司其责。

凡小民质讼,必命书某乡某社某联第几户某人,仍告于联首、社师及四邻。

必实有不平,始令之讼。如虚伪,则联社俱有罚。其证佐,非必不可少者毋得越四邻。按此则讼中无春状诬告硬证欺隐诸弊矣。孔子曰:"听讼吾犹人也,必也使无讼乎!"苟行此法,则无情者不得尽其辞,岂非无讼之要术乎?

岁时月吉,则佐约正读法于会,振铎以令之,扬其夏楚而威之。

铎以警众,夏楚杖属所以挞犯法之民,此即铎老之遗意也。

辨其美恶而登之籍。

讲约既毕,约正进父老而问之,参稽众说,以定美恶劝罚。教长承命而书之,以授于约正。凡劝罚,量以银米布帛之类,听约正临事酌量之可也。

恤长之职

凡周贫乏、恤死丧皆是。

主常平义仓粟米出入之籍。

常平、义仓各为一籍。籍成,进于约正,与教长同。令民岁为常平。岁者,每岁一为之也。按从来积储之法,惟常平、社仓、和籴、青苗四者而已。四者之中莫善于常平,莫不善于青苗。然愚以为使君子为之,则青苗亦善;小人为之,则常平亦敝。盖官民之间不可为市,自古而已然。倡之以义,使其自为,则或有成功。督之以法,强其从我,则奸弊百出。偶思得一常平,权法其意,则常平其迹似社仓,倡之于公,而无收放出入官民互市之嫌,寄之于高大寺院,可省建仓之经费。恤长司其事,领于约正,地方官长亲至寺中,作兴开导,或量助俸银以为之倡。恤长设立簿籍,劝募本乡绅衿富户商家,出米多少,一惟其愿。其米俟秋收米价平时听人先后进仓。进仓时即面同书之于籍,其下注明当时米价若干,盖早晚之间价色有不齐也。俟明岁五六月间,青黄不接,米价或长,则恤长闻于官府,请官府及本乡中好义乐善诸人,齐集寺中设法赈粜。其法视时价不宜太减,太减则奸民乘之而射利矣。若得利多而众心勤于行善,则当以米本再籴,再粜,亦一妙事,不必太减价也。粜毕后合算米价,共得多少,还其原本,再俟秋收,另行劝募。愿出者仍如前,不愿出者听之。盖人户力量每年不同,不可强以一概之法。惟借此以定恤长之高下,则恤长自有多方劝募之法也。又粜后或有余利,听当时官府及约正主裁,内以三分之一为恤长养廉之费,其余入义仓为地方公用。

置义仓以供公事。

常平减价而粜者也,义仓所以储常平之余及一乡之羡者也。供公事,谓如修筑疏浚及役民役米之类是也。从来义仓之制,不过如常平而已。常平有本有羡,岁一敛散,虽遇凶岁不能全蠲,虽有公事不敢取用,是常平仅可为平粜之用,卒然有事,地方仍无余粟也。因思古人有子母仓之法。母仓积粟,以余粟入子仓。母仓本米常存,子仓则视丰凶为敛散。今仿其意,以常平为母,以义仓为子。凡常平有余息入子仓。其外或一乡之中有得罪而愿出粟以赎者,有愿助为公田以济物者,亦设一处公所,公同收储,监以恤长,领于约正,俟有公用,则闻于官府酌而用之。

凡有鳏寡孤独则闻于官府而养之。

国家向设养济院,专为此四者,今恤孤粮是也。此项粮米向为大户吏书侵没,即略有给发,又大半蠹于强乞。官府能清厘而整顿之,则文王之政举矣,不必烦恤长也。但本乡之中有此等人,官府不知,须恤长开报,约正核实,闻于官府,然后可以入院。

岁荒则设粥赈济。

此不常有之事,偶一有之,则恤长之职也。设粥赈济向苦无管领之人,每县止设一二处,则弊多而法坏矣。今既每乡有恤长,则一乡止食一乡之人,清楚易办。其有流民就食者,则官府另为设法,或分食于各乡,是亦至便也。设粥规条,向多成法,兹不具载。

夏秋籴贵则以余米给役民之食。

余米即义仓中所储也,给役民法见保长条下。

岁时月吉则佐约正读法于会,会其出入之数,验其贫寡而登之籍。

出入,常平义仓之出入也,贫寡役民及鳏独之类,会谓总结一月之事也。

保长之职

掌一乡之保事,凡水火盗贼之属。

主役民之籍。

役民谓一乡之贫而可役者。籍成,则进于约正,与恤长同。按此即保甲之意也。但保甲之法有令各户通出壮丁者,或朋出一丁,不便有三:民不习兵,易生惊扰,一;强弱不等,二;多则无法,无法则乱,三。且一谓之壮丁,则人人畏而规避。夫国家自有战兵,亦无取乎壮丁之名也。故莫若籍一乡之贫而可役者,谓之役民。凡菜佣及担夫仆役之类皆是。定为什伍,统于保长,则心志定,强弱均,而教习节制之法亦易施而不乱,愈于徒有壮丁之名而无壮丁之实也。

令民五人为伍,伍有夫;五伍为队,队有士。此即周礼伍两卒旅之意也。但周礼寓兵于农,此则战兵自为战兵,而役民止供役事及城守之用耳。

凡乡之土功,皆率其属而致事。

土功,谓如筑城浚隍修葺庙宇之类。

农功之隙以时兴修水利,则庀其奋锸,以听于官。

兴修水利,地方之要务也。古者或因之而置开江军士,亦以其蚤晚呼集之易至,约束之易齐耳。然总不如役民之法之为得也。昔人开河之法,一置四挑,正今五人为伍之制。奋锸办则事速举矣。若役大则与民参错为之。

暇则颁以射法,教之击刺,习守御。

射则统矢及弩,击刺则梃刃,守御则城操,皆有法则,皆宜训练。

国有大故,则率其属而授兵登陴。事毕而解。

人知不教之民不可以战,而不知不教之民不可以守。更番叠休,分合救应,骤使之俱不能指挥如意也。故必须平日先以城操法练之,有事则登陴,庶几事习胆生,以守则固耳。城操法另载别篇。

凡盗贼水火之患皆司之。

谓本乡之事也。

夏秋籴贵则率其属而受廪于恤长。常平之法止可概之于民,若役民则国家之所役,无以惠之,不可使也。但每月给廪,力有不能,宜于五、六、七三月青黄不接米价涌贵之时,每人日给米一升,三月共给九斗。虽千人之众,每年不过千石。所费少而所养多,为可久也。其费出义仓,恤长主之。

凡乡之役事皆与之饩廪而役之,其费总出义仓,不足则另为设处。

岁时月吉,则佐约正读法于会,比其劳逸而书之,辨其勇力以登于官府。

比其劳逸,所以均其饩廪;辨其勇力,或为战士,或为官府之爪牙也。既登之后,役民数缺则仍补之。

凡乡之教事责教长,恤事责恤长,保事责保长。三长非其人,责约正;约正之邪正,官府治之。

此振裘挈领之术也。表正则影直,约举而目张矣。不然官府之治岂能家喻而户晓哉!按一乡之中,凡联首社师有不得其人者,皆须随时更易。不言之者,省文也。三长不称职,则于年终之时约正白于官府而请易。于约正,则必俟岁终合乡之公评而诛赏,不得数数废置也。此亦久任之意也。

1.4 清代重要理论家的基层社会治理思想

清承明制,二者在国家治理及社会治理上有着很大的连续性。从国家治理的角度来看,明不如清,清代在制度上解决了传统时代国家治理的诸多难题,如宦官专权、宗室造反、地方割据等;但从基层治理的角度来说,则是清不如明,明代在基层社会治理方面形成的里甲、保甲、乡约、社仓、社学等完整体系,在清代并没有顺利延续下来。不过,清代基层社会治理也有自己的特色,其中宗族及社首、会首等的作用尤为值得关注。

1.4.1　同里公约[1]

提要:《同里公约》为清代名臣李光地所著。李光地(1642—1718),字晋卿,号厚庵,别号榕村,福建泉州府安溪(今福建安溪)人。清代康熙朝大臣,理学名臣。历任翰林院编修、翰林学士、兵部右侍郎、直隶巡抚、文渊阁大学士兼吏部尚书。著有《历像要义》《四书解》等书。《同里公约》收录于《榕村别集》,是李光地为其家乡制定的乡里治理的指导性文书,较为完整地体现了他在基层社会治理上的具体观点与主张。

同里公约

乡俗自当年寇乱以来,习染最深,今虽泰平三十余年,流风犹在。吾家子弟及他姓土著寓居之人,不肖无赖实繁有徒。除逆犯人伦及抵捍官府文法者另有禁约外,合将目前显为乡里害者,摘出数条,公行严禁。嗣后如不悛再犯,分别惩治。条例于后。

一、鼠窃狗偷,即大盗之渐。每有惯徒,窜伏乡井,能使人无宁居。以后须自相挨察。其有素行不端、与匪类相出入者,家甲公举,逐出乡井。如事已发觉,则拘执送官,永除患害。

一、伦理风俗所关,奸淫为甚,为士者犯之尤不齿于人类。以后如有淫荡男女不顾人伦、大坏风俗者,察知素行,立逐出乡。如有容留,即系约正邻右之责。其以犯奸闻者,务须发觉送官,不得于约所薄惩塞责。

一、赌博废业启争,乃盗贼之源,乡里此风尤盛。以后须严察严拿,送官按律究治。

---

[1] 李光地:《榕村全集》,黄立一、吴亿燊点校,商务印书馆2023年版。

一、盗牵耕牛于别处私宰者,固当以盗贼论,即买牛屠宰,亦犯禁条。并当送官究治。

一、山泽之利,节宣生息,则其利不穷,摧残暴殄,其余有几! 乡俗动辄放火焚山,遂至大陵广阿,经冬如赭。林薮无资,樵苏何赖! 若乃长溪深潭,一经毒害,微鲵绝种。民俗贫薄,此其一端。以后须立厉禁,察出主名,合乡究治。

1.4.2　陆陇其集[1]

提要:《陆陇其集》是清代理学家陆陇其的相关著作及其思想学说的汇集。陆陇其(1630—1692),原名龙其,因避讳改名陇其,字稼书,浙江平湖(今属浙江嘉兴)人。康熙九年(1670)进士,历官江南嘉定知县、直隶灵寿知县、四川道监察御史等,时称循吏。学术专宗朱熹,排斥陆王,被清廷誉为"本朝理学儒臣第一",与陆世仪并称"二陆"。康熙三十一年(1692)去世。乾隆元年(1736),追谥为"清献",加赠内阁学士兼礼部侍郎衔,从祀孔庙。著有《困勉录》《读书志疑》《三鱼堂文集》等,后人将其著作编为《陆子全书》。《陆陇其集》即以《陆子全书》为底本,收录《三鱼堂文集》《三鱼堂外集》两种,其中关于实行乡约、视察保甲、教化百姓等内容对于研究古代基层治理具有重要价值。

1.4.2.1　四礼辑宜序

儒者言礼,详则有朱子《仪礼经传通解》,约则有《朱子家礼》,是二书者,万世规矩准绳也,人道之纲纪备矣。但自世教衰,其书虽存,讲求而率由之者

---

[1] 陆陇其:《陆陇其集》,王群栗点校,浙江古籍出版社2018年版。

盖少。后生小子,见其父兄师友未尝从事于是也,虽有举而示之者,亦且以为迂远不可行,吾知随俗而已,安用是为哉?而秉礼之士,亦不能强以其素所不习者,一朝归我范围。使其一乡一邑之间,先有人焉,启其端而动其心,然后示以礼之全,何至如爱居之骇钟鼓乎?故曰:不学操缦,不能安弦;不学杂服,不能安礼。灵寿马介愍公,尝本朱子意作《四礼辑宜》一卷,以示其乡之人。其书与紫阳原书,虽间有出入,然其惓惓为风俗人心计,亦至矣。学者观之,则知礼非迂远不可行之物。由是而求之《家礼》,又由是而求之《仪礼经传》,吾知其不难耳。其为操缦杂服也,不亦多乎!惜自兵燹以后,板毁不存,渐就湮没,后进之士,且不知先生有是书,又何论朱子所考定者哉?马氏子孙谋复梓而传之,余喜其能承先人之志,可以挽颓风敝俗,渐纳之规矩准绳之中也,而为之序。今而后读紫阳之书者,当勿河汉也矣。

1.4.2.2 息讼示

为劝息讼以厚风俗事。照得健讼之风,最为民间大害,每因一时小忿不能忍耐,一讼在官,势不由己,经年累月,守候公门,受吏胥之侮,不敢出声,求逞其小忿,而反受无数恶状。不甘于此而甘于彼,何其愚也。又有所争不过铢两,而讼之费反过于所争,甚而破产荡家者有之。故欲争气,则讼之受气愈多;欲争财,则讼之破家更甚。智者必不为此。即幸而胜,亦成一刻薄无行之人,仁人君子所深耻,而况其未必胜耶?此皆由唆讼刁民,喜于有事,乘两造之小衅,因而怂恿成讼,希图取利,愚民不知而入其网罗。本县每见此等恶习,未尝不痛之怜之。灵寿一邑,向称醇朴寡讼,然本县未入境之前,已有抱讼牍而控于道旁者。诚恐此等习气,日进月长,浸成恶俗。为此示仰境内人民知悉:除人命盗案万不容已者,方始告官,其余户婚田土,小小忿争,务宜忍耐,听亲族劝息,勿听人唆。且如有一事,吾固无理耶,固当开心见诚,自认不是;吾固有理耶,退让一步,愈见高雅。与其争些小之利,何如享安静之福。本县虽设有三六九告状日期,然但愿尔民为耕田凿井之民,不愿尔民为匍匐公廷之民,但愿尔民为孝友姻睦之民,不愿尔民为便给善讼之民。乡长保长,宜转相告谕,俾咸体本县此意,相与勉为君子,而耻为浮薄。则人心和而天意动,荒旱之灾,亦可因而消弭矣。其有向来惯为刁唆诬告、起灭词讼者,亦宜痛自省改,洗心易业。倘或怙恶不悛,本县访知,定行按法重处,决不姑贷。

1.4.2.3 乡约保甲示

为申明乡约保甲,以挽颓风,以靖地方事。照得乡约以劝善,保甲以惩恶,即古比闾族党之遗法。而行之未善,或有其名无其实,甚则苛细骚扰,反不如不行之为愈。是非法之不善,行之者未能讲求尽善耳。昔人云:乡约实行,自无奸凶;犹有奸凶,是乡约未尝行也。保甲实行,自无盗贼;犹有盗贼,是保甲未尝行也。本县承乏兹土,愿尔百姓尽为良民,风俗淳美,狱讼衰息,盗贼屏伏,闾阎宁谧。惟是力行二法,庶几可有成效,而人痛恶苛扰,恐反累地方。今与尔百姓屏除烦文,讲求实政,为此示仰阖境民人知悉:除乡甲条约渐次申明外,择于几月某日,先于在城举行乡约,随即查点保甲,以次单骑亲往各村庄,悉照在城例。凡本县所到之处,严禁骚扰,丝毫不累我民。如有借端生事者,立拿重处。其乡约保长等务,须实心任职,倡导乡民,稽查匪类。如有仍前视为故套,苟且塞责者,革除不用外,仍治其怠惰溺职之罪。各宜自奋,互相劝勉,以副本县期望尔民之意毋忽。

1.4.2.4 劝谕监犯文

尔等犯人,这身子也是父母生下的。当初父母生你的时节也,望你成家立业,望你养老送终,望你荣宗耀祖,谁想你今日到这个地位。这皆由你一念之差,不安生理,好吃酒,好赌钱,交结匪类,遂做出这个事来。其中也有穷极了没奈何去做的,也有家里尽可过得,道这个是好生意,不肯收心,自恃势力,无敢发觉,放胆为非,毫无忌惮,希图分得财物,大家快活。不知天理难容,王法难躲,一朝败露,披枷带锁,淹禁牢狱。在官府岂不知爱惜你一样的皮肉,只是法上去不得了,没奈何只得将刑罚加在你身,你等遂受尽了苦楚。若是强盗,则尸抛旷野,头挂路旁,固不必言。就是窃盗也有窃盗的刑罚,有何趣味?你的妻子在家里悲啼,你的父母在家里痛哭,又对人羞耻,说不出来,真可酸心。回想当初,若不是一念之差,守分安贫,听天由命,就是吞饥忍饿,强如今日受这般苦楚。如今悔也迟了。然天地间人也,没有一定,苦海无边,回头是岸,只要你等将这个心改正了,痛悔向日的不是,一心要守分安贫。如今若得出去,再不敢吃酒赌钱,再不敢交结匪类,再不敢做这样非为的事,将圣谕六言,时刻在念头上转。你若有了这个心,即使今日便死,也做一个好鬼。若侥幸出去,便从新做个好人,日远一日,人只见你后来的好处,渐渐忘了你向日的丑行,依旧可以成家立业,依旧可以养老送终,依旧可以荣宗耀祖,不枉了父母生你的心。切不可说我今日已做坏了,索性做一个不好的人罢,如此则永远无出头日子了。然更有一说,你今日要将这个心改正也,不可看容易了,须要将主意拿定,方才改得。若主意不定,旁边匪类的人将不好的话来引诱你,你被他引去了,向日不好的念头,重新发出来了。切记切记。我今这一番话,真个是你们对病之药,无非哀怜你们一样是父母所生的,故谆谆劝化你。你们也动心么,你们这一点动的心,便是做好人的根基,切不可轻看了,努力努力。

1.4.3 汤斌集[1]

提要:《汤斌集》是清代名臣汤斌的相关著作及其思想学说的汇集。汤斌(1627—1687),字孔伯,号荆岘,一号潜庵,孙奇逢的弟子,归德府睢

---

[1] 汤斌:《汤斌集》,范志亭等辑校,中州古籍出版社2003年版。

阳卫(今河南睢县)人。清顺治九年(1652)进士,授国史院检讨。康熙间,举博学鸿词,授翰林院侍讲,历官内阁学士、江宁巡抚等职。在苏州废五通神祠,禁妇女游观,不准印售小说,后官至工部尚书,卒谥"文正"。在理论上,推崇程朱理学,著有《洛学编》《汤子遗书》《潜庵语录》等。《汤斌集》较完整地收录了汤斌著作,其中包含有他拟制的关于地方治理的大量官方文书,反映了他在基层治理上的基本观点。

1.4.3.1 举行乡约　以善风俗事

照得古昔盛时,士有庠序学塾,以乐其群;民有比闾族党,以萃其涣。观俗于乡,则里仁为美;化行于下,则比屋可封。未有人各任情家自为俗,而能成迁善远罪之治者也。

自教衰民散之后,惟乡约之法最良。久奉明旨申饬,有司视为具文,不肯力行。父老子弟所以训诲戒饬于家庭者,不早熏陶,渐染于里闬者无素。又或愤怨相激,狡伪相残,以故靡然成俗,盗贼充斥,狱讼繁兴。秉持国宪者惟有三尺之法,轻则杖笞,重则绞斩,如此而已矣。不知先王以刑弼教,非以刑为教也。道之以政而后齐之以刑,犹为末务。矧一言不教,而惟五刑是加,岂朝廷设官之本意哉?

积习既久,振举实难。本道奉命整饬兹土,惟欲保全良善,惠爱元元。期盗贼宁谧,狱讼衰息,故与父老子弟实实举行。为此,示仰所属州县卫所印官儒学,暨约正约副、军民人等知悉:

以后朔望,官吏谒庙毕,即会集在城士民于城隍庙内,乡村各择空阔祠宇,将本道所发的《乡约训解感应篇》各讲一段,再讲新颁律令一条,务要明白痛切,人人可晓。平居无事,则互相叮咛。一有过恶,则彼此诘责。共存天理,共守王法,孝弟忠信。深耕易耨,心要平恕,毋得轻意忿争。事要含忍,毋得辄兴词讼。行之既久，地方庶几可辑宁，百姓庶几可寡过，刑清政简之效可以渐臻，知礼畏义之风可以日长。倘以怠忽之心应督责之令，混杂而来，饥疲而散，则此举反为扰乱吾民，殊非本道谆谆敷教之意。

1.4.3.2 力行乡约 以善风俗事

照得潼关城内居民近亦渐多，前已责令千总侯甸编立保甲，造册呈道。讫今特举行乡约，使皆晓然知天理昭彰，王法森严，务为礼让之民共成仁厚之俗。为此，仰卫掌印官即会同儒学教官传集各甲甲长，于关帝庙焚香盟誓，公举年高有德，为众所敬服者一人为约正，公直果断，通晓法度者二人为约副，读书能文，礼仪习熟者二人为约讲。不拘士民，限三日内赴道来见。逢月朔望，遵依本道所发告谕，讲《乡约训解感应篇》并律令一段，务要明白痛切，人人可晓，勿虚应故事，有负本道拳拳化民之意。

1.4.3.3 举行义仓 以备饥荒事

照得天灾流行，何国蔑有？备荒之政，所当素讲。今天下郡县皆有常平、预备等仓，诚广储、备灾、惠民、固本之大计也。然行之日久，鲜有实效，是以饥荒之来，小民则嗷嗷待哺，而官司则束手无策。欲发官廪，则所储不给；欲劝输纳，则未免强取；专恃告籴，则远不及事；务煮糜粥，则聚而交困。夫不于平日讲求积贮之法，而因循怠玩，任民浪费。及至凶年，转死沟壑，为民父母者安能辞其责哉？

本道驻节关门，兼摄商洛，关内数百里之地实所待命。除常平等仓已经遵奉申饬外，窃念仓立郡县，官司主之。遇有灾荒，文移申请，常防阻滞，驳勘反复，动经岁时。且户口则待审于官府，贫富则颠倒于胥吏。豪强得多，懦弱得少，其为弊端，不可胜原。又乡野之民，百里就粮，旬日守候，田畴遂荒，生理几废。虽苟延一时之命，实误其终岁之业。本道夙夜筹画，仿隋唐义仓之法略为变通。不论乡村城镇,但系本地人民,居址相近者,每二三十家约为一会,共推家道殷实,素有德行者一人为社首;处事公平,人所信服者一人为社正;通晓文书算法者一人为社副。凡会中之人,酌定上中下户,每于朔望讲乡约之日,照分别等第,随其所有,出粟及麦。上户四斗,中户二斗,下户一斗,务要干圆洁净,可以久贮者入仓。其所置仓即择本村上等殷实信义之家,司其出纳。此等人户富而有力,便于防守,亦且保无侵费。社首正副各执帐检校。如此行之日久,所蓄必富。遇有荒歉,百姓自相计议而散,以济当社饥馑。朝开仓而午即得食,既无官府编审之烦,又无胥吏颠倒之弊,无奔走道路之劳,无荒废本业之患。赈恤不劳于上,实惠得沾于民,且以见讲信修睦,患难相济,揆之今日,实为可行。但小民难于虑始,可与乐成。作会之始,必须州县官加意振兴,化其偏私,作其信义。间或单骑盘查,惩其虚冒。有抗拒不遵者,重则责治,轻则罚米入仓。务使民间预有储积,荒岁足以备赈,庶以佐朝廷常平之惠,副宵旰忧劳元元之心。若虚应故事,令吏胥扰乱其间,则良法美意,反觉烦苦吾民。国宪具存,决不轻贷。

1.4.3.4 兴复社学　以端蒙养事

照得化民成俗,莫先于学。古者自国中至于闾党乡遂皆有学,自少至老,未尝出于学之中。故礼让兴行,风俗朴茂。自圣教湮晦,人心陷溺,士习日偷,风尚不振。有司粉饰文具者颇多,而身任教化者绝少。又兼以兵戈扰攘之际,士皆弃其故业,奔走四方。下邑穷乡,岂无俊秀子弟,止为训导无人,观摩无助,甚至衣食有缺,不能供给束脩,以致一字不识,一善不闻。椎鲁愚顽,多以恶败,真可叹惜!

本道奉敕潼土,练兵督饷之暇,孜孜以兴学育才为务。日进儒生,考德问业。年来风教渐著,向往颇多。近以摄篆商洛,稍稍考校文艺,乃应试者寥寥无几。山阳等县,一学仅一二人,余皆寄居别境,本道窃为慨然。昔文翁化蜀,令狐训彝,俱成文物之俗。况商洛素称文物之乡,平定已十余年。若有司加意文教,知必有少年俊秀蒸蒸兴起者。

为此,仰州县官吏,文到将该州县本城内外,或乡村集镇大约二百家以上者,即设立社学,令乡约各查本里子弟,年八岁以上,十六以下,共若干人,报于该州县。除能自备束脩外,如果家贫无资,该州县申名报道,以凭量为设处廪谷束脩。再行儒学教官,通查该学诸生中有学问淳笃,躬修礼让者,开送印官,聘以为师。当此任者,须要端庄敬慎,以为后生模楷。先讲明《孝经》《小学》诸书,教之歌诗习礼,问安视膳,进退揖让之德,循循善诱,使知身心之学,勿玩愒岁月,虚应故事。

大抵社学非为教习举业,专以端本为务,若其行止不端,曾出入衙门,嘱托公事,不能安贫守道者,虽文词优长,教官不得开送。其有剽窃异端邪说,炫奇立异,蛊惑后生者,即革去馆谷,另选教读。其学规遵本道颁发王文成公教条,勿得听信流俗,妄自更改。然须该州县诚爱恻怛,视民如子,勤勤恳恳,隆师重道,方克有成。数年之后,人文蔚起,礼教日新,庶不负本道兴复社学之意。勿忽。

1.4.3.5 举行乡约 以善风俗告谕

古昔盛时,士有庠序学校以乐其群,民有比闾族党以萃其涣,礼让兴行,风俗朴茂。迩来教化不明,人心陷溺,父兄之训戒不先,里党之熏陶无素,因之一善未闻,多以恶败。至于犯法,有司辄执三尺以绳之,轻则杖笞,重则绞斩,每岁谳狱之章常至千余。

本院昔承乏纶阁,阅诸曹奏牍,每至大狱,辄反覆不置。窃叹孰无父母,孰无妻子,一旦身罹刑辟,莫能救助,为之泣下。夫先王以刑弼教,非以刑为教也。一言不教而惟刑是加,岂父母斯民之意乎?今奉命抚吴,见俗尚浮华,人情嚣诈,讦讼见于宗族,仇杀起于比闾。泰伯季子之风微,而专诸要离之习胜,欲挽回末俗,驯至醇良,条约频颁,未见省改。中夜思维,人心本善,岂尽下愚不移?从容渐摩,自当感动。乡约之法,最为近古。恭读上谕十六条,圣人之言广大精微,修身齐家之道,迁善远罪之方,总不外此。

抚属府州县卫所官吏,定期每月朔望会集士民于公所。其乡镇等处各择一空阔祠宇,选年高有德,为乡人所重者敬谨讲说,务要明白痛切,使人感动。平居无事,则互相叮宁。一有过恶,则彼此讦责,共存天理,共守王法。孝亲敬长,讲信修睦,敦尚朴实,解息忿争,无负圣天子尚德缓刑,化民成俗至意。

无徒视为具文。

1.4.3.6 劝赈序

顺治十六年,归德霪雨为灾。自夏徂秋,烟云惨淡,洪流浩浩,弥望数百里。麦未登场,黍稷弗播。睢州地尤沮洳,城廓倾圮。盖父老传闻,以为百年之内所未有也。比冬,民将扶老携幼,就食四方。郡司李饶阳符公慨然轸念,遍履部内,开诚劝谕,继以涕泣。于是,各邑闻命输助麦谷者皆以万计。公之至睢也,揖知州事,戴侯而言曰:"上天降灾眚于兹土,惟我官吏,罔获辞咎,其曷敢弗钦!"既又进绅士耆老,再拜而言曰:"《诗》云:'凡民有丧,匍匐救之。'当兹荒岁,穷民流离尽矣,若珍此豆区之遗,倘变生意外,安能洗腆用酒而称无事乎?"众咸曰:"唯!唯!此流离民谁非我之乡里亲戚,乃重烦明公忧!"于是,蠲输者、立粥场者恐后。自城市至四境村镇,烟火相望。前此民之扶老携幼,奔走四方者,皆相告来归。继而,河朔淮泗之民以梁苑为乐土。越明年,麦登乃止。

当斯时也,予方衔命岭北。秋八月,请告归里。入境,睢之父老曳筇跂履,率其子弟遮道言公功德,曰:"去年微公,我聚已为墟,我属已为鱼矣!"予曰:"然!"抵舍,则父老又曳筇跂履,率其子弟造于庭曰:"公大有德于我邦。父母兄弟,惟公之赐;春耕夏艺,惟公之赐。我民何以云报!愿为赋诗以纪公功,咏而歌之,子子孙孙俾勿忘。"予乃扬言于众曰:"公官以刑名,职在惩贪纠猾,非钱谷抚循之司也。然公学有渊源,故平日为政,察奸惟明,去暴惟勇。豪民蠹吏,窜伏如鼠。而疾痛负冤之民若承雨露。公方崇教化,日进訾髦而课艺之,未尝恃桁杨之威也。予昔自潼赴赣,晤公于杞,公为予言:'刑以弼教,非以为教也。然书不云乎!既富方谷,中州自兵火以来,家无盖藏,民鲜二釜,设不幸有方二三千里水旱之灾,不知何以御之?往者天下常多故矣,其先由饥馑频仍,县令不上闻,藩臬不下询,视民间欣戚,漠然不关于心。以鸠形鹄面之人而催科是问,于是,民始忍以父母妻子所仰赖之身,而自弃于盗贼。夫养不遂则教不兴;教不兴,虽有皋陶为士,亦不可以理。此予鳃鳃然不能已于怀者。'"

噫!以公言观之,可谓识治之本矣!予既感公之德,又重以父老之请,乃拜手顿首,而为颂曰:

岁在己亥,商羊告灾。梁园千里,苍茫莫开。麦禾云腐,蒲苇塞路。耒耜高悬,争网鲂鲋。夜吼蛟龙,庭游凫鹭。苦雨名篇,愁霖缀赋。惟公曰:"嗟!惟我赤子,兵火余生,何以堪此!"乃檄守令,予亲履野,时驾轻舸,时乘羸马,皇陆汀泓,旌旗潇洒,八邑咸临。至睢之下,呼尔冠绅,拜手广厦,毋吝尔有,哀此孤寡。绅士合言:"惟公之命,惠我茕独,敢不敬听!"乃输仓箱,乃助釜甑。茕茕孑遗,室如悬磬。闻公之命,交手相庆。庐幕周旋,炊烟缭绕。左餐右粥,歌呼昏晓。我公之归,云霞缥缈。淮泗河朔,民欣再造。何况宋州,敢忘拜祷。春尔条桑,秋尔涤场。我公之功,高山苍苍!烝尔祖妣,洽尔邻里,我公之功,河水弥弥!

1.4.4 洪亮吉集[1]

提要:《洪亮吉集》是清代思想家洪亮吉的相关著作及其思想学说的

---

[1] 洪亮吉:《洪亮吉集》,刘德权点校,中华书局2001年版。

汇集。洪亮吉（1746—1809），初名莲，又名礼吉，字君直，一字稚存，号北江，晚号更生居士，江苏阳湖县（今江苏常州）人。清代经学家、思想家、文学家。乾隆五十五年（1790）以科举榜眼授编修。嘉庆四年（1799），因上书言事、极论时弊被发配谪戍伊犁，次年诏还，居家十年而卒。《洪亮吉集》共五册，其中收录的《卷施阁文甲集》之《治平篇》《生计篇》等集中展现了他对人口增长过速所带来的社会问题及其解决方法的认识。

1.4.4.1 父母篇

人有百年之父母，有历世不易之父母。百年之父母，生我者是也；历世不易之父母，天地是也。人何以生，无不知生于父母也。人何以死，亦可知仍归于父母乎？且人之生，禀精气于父，禀形质于母，此其所以生也。及其死，归精气于天，归形质于地，此其所以死也。离百年之父母，归历世不易之父母，虽有孝如曾参孝己者，亦何事悲乎？且我未归之先，我百年之父母先已归历世不易之父母矣。则我无论生，无论死，亦何尝有离父母之一日乎？难者曰："人无离父母之一日，则吾之生，吾之死，父母主之乎？抑历世不易之父母主之乎？"曰：皆不能也。夫生于土而死于土者，林木是也。生于水而死于水者，鱼鳖是也。及问其所以生所以死之故，林木不知，鱼鳖不知，水与土亦不知。则人之生死，即历世不易之父母亦安得知之乎？且以吾视之，所谓历世不易之父母似今古如一矣，安知不又有消长代谢于其间耶？是历世不易之父母，尚不能不流转于气数之中，而况乎所生者也。鱼鳖之生也，若与水无预，而卒不能离水以求生。林木之生也，若与土无预，而究不能离土以求活。人之生也，若与天地无预，而亦不能外天地以自存，是则所谓父母而已。当其偶然而生，是天地间多一我也，多一我而天地之精气不加减，及其倏然而死，是天地间少一我也，少一我而天地之精气不加增。即积而为千我焉，积而为万我焉，其生与死之数，于天地亦不能少有所增减也。林木与土相忘,故能遂其生,鱼鳖与水相忘,故能毕其命,人与天地相忘,故能终其天年。且不特此也,天地自生人以来,皆与之相忘矣,故来也无所凝,去也无所滞,不啻率亿万子姓之同过于逆旅也。然虽相忘,而实未尝相离,即云有生死乎?人虽亡而精气不亡,精气不亡是人亦不亡矣,人不亡则直与天地同弊耳。吾故曰:未尝有离父母之一日也。

1.4.4.2　祸福篇

人即有不孝于家,不弟于室者,未有不畏官法;人即有不孝于家,不弟于室者,未有不畏鬼神。二者较之,其畏官法也,尚觉有不可奈何;至畏鬼神也,则出于中心之诚而已。然其畏鬼神者,谓畏其聪明正直乎,抑畏其能作祸福乎?必曰畏其能作祸福耳。然如果有鬼神,如果能作祸福,则必择其可祸者祸之,可福者福之而已。有人于此,孝于家,弟于室,而不奉鬼神,鬼神能祸之乎?则知有人于此,不孝于家,不弟于室,而日日奉鬼神,鬼神亦能福之乎?然人之于鬼神也,明知不能福,而其奉之也,究不敢改;其于父兄也,明知当孝当弟,而不孝不弟也,亦究不改。则鬼神不特尊于官法,并尊于长上矣。且世人见慢鬼神者,必耳而目之,以为必得阴谴,见人之不孝不弟者,虽亦心知其非,而权其轻重,觉比之慢鬼神者,罪尚可减,则本末倒置之甚矣。吾故曰:人能以畏官法之心畏其父兄,则可谓知所畏矣;人能以敬鬼神之心敬其父兄,则又可谓知所敬矣。又世俗之言曰:雷诛不孝。故凡不孝不弟者,畏鬼神并甚畏雷。不知不然也。夫古来之不孝者,莫如商臣、冒顿,未闻雷能殛之也。雷所击者,皆下愚无知之人。下愚无知之人即不孝,雷应恕之矣,雷能恕商臣、冒顿,而不能恕下愚无知之人,岂雷亦畏强而击弱乎?畏强而击弱,尚得谓雷乎?世又言:雷诛隐恶。刑罚之所不到者,雷则取而诛之。夫人有隐恶,亦即有阴德。有隐恶而刑罚不及者,天必暴其罪以诛之,以明著为恶之报;则有隐德而奖赏所不及者,天亦当表其德以赏之,以明著为善之效。《记》云:"爵人于朝,与众共之。刑人于市,与众弃之。"天既设雷霆之神,于众见众闻之地杀人,以明恶无可逃,则又当设星辰日月之神,于众见众闻之地福人,以明善必有报。而后天下之人,始晓然于人世赏罚所不及者,天亦得而补之也。若云天杀人则使人知,天福人则不使人知,则无以劝善矣。无以劝善,非天之心也,不赏善而专罚恶,亦非天之心也。今既无星辰日月之神福人,则所云雷霆杀人者,亦诬也。吾故曰:天不命雷击人,鬼神亦不能祸福人。《文子》之言曰:"倚于不祥之木,为雷霆所扑。"为雷所击者,皆偶触其气而殒,非雷之能击人也。雷不能击人,鬼神亦不能祸福人,而人顾舍其父兄长上而畏雷霆鬼神,不亦舛乎?

1.4.4.3 治平篇

人未有不乐为治平之民者也,人未有不乐为治平既久之民者也。治平至百余年,可谓久矣。然言其户口,则视三十年以前增五倍焉,视六十年以前增十倍焉,视百年百数十年以前不啻增二十倍焉。试以一家计之,高曾之时,有屋十间,有田一顷,身一人,娶妇后不过二人。以二人居屋十间,食田十顷,宽然有余矣。以一人生三计之,至子之世而父子四人,各娶妇即有八人,八人即不能无佣作之助,是不下十人矣。以十人而居屋十间,食田一顷,吾知其居仅仅足,食亦仅仅足也。子又生孙,孙又娶妇,其间衰老者或有代谢,然已不下二十余人。以二十余人而居屋十间,食田一顷,即量腹而食,度足而居,吾以知其必不敷矣。又自此而曾焉,自此而玄焉,视高曾时口已不下五六十倍,是高曾时为一户者,至曾玄时不分至十户不止。其间有户口消落之家,即有丁男繁衍之族,势亦足以相敌。或者曰高曾之时,隙地未尽辟,闲廛未尽居也,然亦不过增一倍而止矣,或增三倍五倍而止矣,而户口则增至十倍二十倍。是田与屋之数常处其不足,而户与口之数常处其有余也。又况有兼并之家,一人据百人之屋,一户占百户之田,何怪乎遭风雨霜露饥寒颠踣而死者之比比乎?曰:天地有法乎?曰:水旱疾疫,即天地调剂之法也。然民之遭水旱疾疫而不幸者,不过十之一二矣。曰:君相有法乎?曰:使野无闲田,民无剩力,疆土之新辟者,移种民以居之,赋税之繁重者,酌今昔而减之。禁其浮靡,抑其兼并。遇有水旱疾疫,则开仓廪悉府库以赈之。如是而已,是亦君相调剂之法也。要之治平之久,天地不能不生人,而天地之所以养人者,原不过此数也;治平之久,君相亦不能使人不生,而君相之所以为民计者,亦不过前此数法也。然一家之中,有子弟十人,其不率教者,常有一二,又况天下之广,其游惰不事者何能一一遵上之约束乎?一人之居以供十人已不足,何况供百人乎?一人之食以供十人已不足,何况供百人乎?此吾所以为治平之民虑也。

1.4.4.4 生计篇

今日之亩,约凶荒计之,岁不过出一石。今时之民,约老弱计之,日不过食一升。率计一岁一人之食,约得四亩,十口之家,即须四十亩矣。今之四十亩,其宽广即古之百亩也。四民之中,各有生计,农工自食其力者也,商贾各以其赢以易食者也,士亦挟其长佣书授徒以易食者也。除农本计不议外,工商贾所入之至少者日可余百钱,士佣书授徒所入日亦可得百钱。是士工商一岁之所入不下四十千。闻五十年以前,吾祖若父之时,米之以升计者,钱不过六七,布之以丈计者,钱不过三四十。一人之身,岁得布五丈,即可无寒,岁得米四石,即可无饥。米四石,为钱二千八百,布五丈,为钱二百。是一人食力,即可以养十人。即不耕不织之家,有一人营力于外,而衣食固已宽然矣。今则不然,为农者十倍于前而田不加增,为商贾者十倍于前而货不加增,为士者十倍于前而佣书授徒之馆不加增。且昔之以升计者,钱又须三四十矣;昔之以丈计者,钱又须一二百矣。所入者愈微,所出者益广,于是士农工贾各减其值以求售,布帛粟米又各昂其价以出市,此即终岁勤动,毕生皇皇,而自好者居然有沟壑之忧,不肖者遂至生攘夺之患矣。然吾尚计其勤力有业者耳,何况户口既十倍于前,则游手好闲者更数十倍于前,此数十倍之游手好闲者遇有水旱疾疫,其不能束手以待毙也明矣,是又甚可虑者也。

1.4.4.5 丧葬篇

丧葬之制,古今人惑虽不同,然其为惑则一也。古人之惑,空地上以实地下,于是一棺之费累及千金,一圹之幽藏及百物,以为不如是不足以明人子之心也。是其惑尚近于爱亲。今人之惑,营一冢之地或迟及十年,谋一穴之吉必访及百辈。于是有至曾玄之时尚未及葬其高曾者,大率贫贱者尚易,而富贵者则益难,富贵而骨肉支派少者尚易,富贵而骨肉支派多者则愈难。至有兄延一客,弟聘一师,兄购于南,弟营于北,始则各不相谋,继则各以为是,丧庭出而复返,卜日成而屡移,其故云何?则祈福之念十倍于爱亲之心,为子孙之谋百倍于为祖父之计也。是则古人之厚葬尚近于爱亲,而今人之营冢则实欲为己谋为子孙谋耳。其心术之不可问一至此乎!又古人丧葬之所饰,不过刍灵楮币而已,今则更增僧尼道士,箫鼓铙吹,于是而死丧之家则一室皆满,丝麻袒免之亲不及僧尼道士之众也,祖跣哭泣之哀不及箫鼓铙吹之喧也。甚至有为附身附棺之具,力不及者,尚可从减,而必借此以饰观者矣。夫铙吹,军中之乐也;钟鼓管籥,吉宾嘉之礼也,而行于丧家,可乎?尤可恨者,僧尼道士所诵之经,又必为解冤释罪之语,是真视吾亲为愆尤丛集之身,不如此则罪莫可释,冤莫可解也,何其以君子之道待僧尼道士,而以至不肖者待吾祖若考乎?其始愚民为之,其后士大夫踵而行之。孔子曰:"始作俑者,其无后乎!"作俑之害,尚至无后,吾不知始创延僧尼道士箫鼓铙吹者,又将何如也?

1.4.5 龚自珍全集[1]

提要:《龚自珍全集》是清代思想家龚自珍的相关著作及其思想学说

---

[1] 龚自珍:《龚自珍全集》,上海人民出版社1975年版。

的汇集。龚自珍(1792—1841),字璱人,号定盦,浙江仁和(今浙江杭州)人。清代思想家、文学家,今文经学派学者,在理论上主张"通经致用"。《龚自珍全集》全书共十一辑,1959 年由中华书局整理出版,1975 年上海人民出版社重印。该集较为全面地收录了龚自珍生平政治和学术论文,碑传和纪事,书序和题录,金石题跋,表、启、笺,佛学论著及诗文、词赋等内容。除政治思想和文学外,龚自珍对中国西部史地、古文字学、金石学、佛学等方面的研究均有诸多异乎前人的发现和创见,其作品对当时和后世的影响是巨大而又多方面的。

1.4.5.1 保甲正名

嘉庆十九年冬,奉上谕行保甲法,大吏下其条目于所司,大略云:悬牌于门,书长若幼之姓名、年齿;有习邪教者,准五家首之,无则五家连环具甘结。地方官一岁两次编稽核之,申报上司。龚自珍曰:此《周礼》相保法也。相保,犹相受、相賙、相宾也,非保甲法。保甲法孰为之? 宋臣王安石为之。其条目如何? 曰:新法每十家籍二丁,授以弓弩,教之战阵。呜呼!《周礼》固无是矣。三代以上,兵民不分,弓弩战阵,有教之者,而非司徒之事。司徒之官,则无此文。保自保,战自战,不得合为一。《传》曰:"家不藏甲。"卿大夫之家,尚不藏甲,编户齐民,何有甲之名? 三代以降,兵民分。朝廷既养民以卫民矣,事势画一,民不宜更以武力自卫。民当尊君亲上,问鸡犬田器而已。宋臣吕祖谦之笺《周礼》曰:"五家相保,则奇邪不混迹其中。"王守仁之与父老约:曰孝弟谦和,曰谨门户,曰门牌不实不尽者罪家长。如此而已。夫射虽六艺之一,安得尽天下男子而知射? 亦犹书、数居六艺之二,安得尽天下男子而知书、数乎哉? 十家环堵宴然,为地几何,何以为演武之地? 十家各有生计琐屑,乡饮读法,近世尚以为烦扰不足行,安得讲武之暇? 十家各授弓弩,尽东南竹箭,不能给弓弩之材。十家二丁,谓之兵乎? 谓之民乎? 谓之民,则十家有在官之庶人二,不农不贾以习战,必乱民也;谓之兵乎? 则不如明增兵额。是故安石新法竟不行,使不幸真行,则明季以来闽、粤械斗之风,宋世早有之;不但闽、粤,且遍寰中,寰中何能一日安? 故曰:王安石之法,非古非今,古今亦无曾试之者。圣世所用,实是《周礼》,而用王安石之名,大不可也,宜改曰五家相保法。或问曰:王安石[法],信如人口讥议者耶? 答曰:何为其然? 安石心三代之心,学三代之学,欲教训天下之人材,毕成三代之材者也。但其虑疏,其目疏,故集天下之口。

1.4.5.2 乙丙之际箸议第六

自周而上,一代之治,即一代之学也;一代之学,皆一代王者开之也。有天下,更正朔,与天下相见,谓之王。佐王者,谓之宰。天下不可以口耳喻也,载之文字,谓之法,即谓之书,谓之礼,其事谓之史。职以其法载之文字而宣之士民者,谓之太史,谓之卿大夫。天下听从其言语,称为本朝、奉租税焉者,谓之民。民之识立法之意者,谓之士。士能推阐本朝之法意以相诫语者,谓之师儒。王之子孙大宗继为王者,谓之后王。后王之世之听言语奉租税者,谓之后王之民。王、若宰、若大夫、若民相与以有成者,谓之治,谓之道。若士、若师儒法则先王、先冢宰之书以相讲究者,谓之学。师儒所谓学有载之文者,亦谓之书。是道也,是学也,是治也,则一而已矣。乃若师儒有能兼通前代之法意,亦相诫语焉,则兼综之能也,博闻之资也。上不必陈于其王,中不必采于其冢宰、其太史大夫,下不必信于其民。陈于王,采于宰,信于民,则必以诵本朝之法,读本朝之书为率。师儒之替也,源一而流百焉,其书又百其流焉,其言又百其书焉。各守所闻,各欲措之当世之君民,则政教之末失也。虽然,亦皆出于其本朝之先王。是故司徒之官之后为儒,史官之后为道家老子氏,清庙之官之后为墨翟氏,行人之官之后为纵横鬼谷子氏,礼官之后为名家邓析子氏、公孙龙氏,理官之后为法家申氏、韩氏。世之盛也,登于其朝,而习其揖让,闻其钟鼓,行于其野,经于其庠序,而肄其豆笾,契其文字。处则为占毕弦诵,而出则为条教号令;在野则熟其祖宗之遗事,在朝则效忠于其子孙。夫是以齐民不敢与师儒齿,而国家甚赖有士。及其衰也,在朝者自昧其祖宗之遗法,而在庠序者犹得据所肄习以为言,抱残守阙,纂一家之言,犹足以保一邦、善一国。孔子曰:"郁郁乎文哉,吾从周。"又曰:"吾不复梦见周公。"至于夏礼商礼,取识遗忘而已。以孔子之为儒而不高语前哲王,恐蔑本朝以干戾也。至于周及前汉,皆取前代之德功艺术,立一官以世之,或为立师,自《易》《书》大训杂家言,下及造车、为陶、医、卜、星、祝、仓、庾之属,使各食其姓之业,业修其旧。此虽盛天子之用心,然一代之大训不在此也。后之为师儒不然。重于其君,君所以使民者则不知也;重于其民,民所以事君者则不知也。生不荷櫌锄,长不习吏事,故书雅记,十窥三四,昭代功德,瞠目未睹,上不与君处,下不与民处。由是士则别有士之渊薮者,儒则别有儒之林囿者,昧王霸之殊统,文质之异尚。其惑也,则且援古以刺今,嚣然有声气矣。是故道德不一,风教不同,王治不下究,民隐不上达,国有养士之资,士无报国之日,殆夫,殆夫!终必有受其患者,而非士之谓夫?

1.4.5.3 农宗

龚子渊渊夜思,思所以撢简经术,通古近,定民生,而未达其目也。曰:古者未有后王君公,始有之而人不骇者何?古者未有礼乐刑法,与礼乐刑法之差,始有之而人不疑惧者何?古者君若父若兄同亲者何?君若父若兄同尊者何?尊亲能长久者何?古之为有家,与其为天下,一以贯之者何?古之为天下,恒视为有家者何?生民之故,上哉远矣,天谷没,地谷苗,始贵智贵力,有能以尺土出谷者,以为尺土主;有能以倍尺若十尺、伯尺出谷者,以为倍尺、十尺、伯尺主;号次主曰伯。帝若皇,其初尽农也,则周之主伯欤?古之辅相大臣尽农也,则周之庸次比耦之亚旅欤? 土广而谷众,足以芘其子,力能有文质祭享报本之事,力能致其下之称名,名之曰礼,曰乐,曰刑法。儒者失其情,不究其本,乃曰天下之大分,自上而下。吾则曰:先有下,而渐有上。下上以推之,而卒神其说于天,是故本其所自推也,夫何骇? 本其所自名也,夫何疑何惧? 儒者曰:天子有宗,卿大夫公侯有宗,惟庶人不足与有宗。吾则曰:礼莫初于宗,惟农为初有宗。上古不讳私,百亩之主,必子其子;其没也,百亩之亚旅,必臣其子;余子必尊其兄,兄必养其余子。父不私子则不慈,子不业父则不孝,余子不尊长子则不悌,长子不赡余子则不义。长子与余子不别,则百亩分;数分则不长久,不能以百亩长久,则不智。农之始,仁孝悌义之极,礼之备,智之所自出,宗之为也。百亩之农,有男子二,甲为大宗,乙为小宗,小宗者,帝王之上藩,实农之余夫也。有小宗之余夫,有群宗之余夫。小宗有男子二,甲为小宗,乙为群宗。群宗者,帝王之群藩也。余夫之长子为余夫。大宗有子三、四人,若五人,丙、丁为群宗,戊闲民。小宗余夫有子三人,丙闲民。群宗余夫有子二人,乙闲民。闲民使为佃。闲民之为佃,帝王宗室群臣也。古者无文,用掸稽而可知也。请定后王法,百亩之田,不能以独治,役佃五;余夫二十五亩,亦不能以独治,役佃一。大凡大宗一,小宗若群宗四,为田二百亩,则养天下无田者九人。然而天子有田十万亩,则天下无田亦不饥为盗者,四千有五百人。大县田四十万,则农为天子养民万八千人,十一之赋尚不与,非以德君也;以德而族,非以德族也;以食有力者,佃非仰食吾宗也,以为天下出谷。然而有天下之主,受是宗之福矣。百亩之宗,以十一为宅,以十一出租税奉上。宅不十一,则不足以容鱼菽之祭,不足以容春揄;税不十一,则不足以为天子养官属及选举之士。以十一食族之佃,佃不食十一,则无以戚期功。以十一奉上,谊亦薄矣。以十一戚期功,恩亦杀矣。圣者立法,以中下齐民,不以上齐民。大宗有十口,实食三十亩,桑苎、木棉、竹漆、果蓏十亩,巢三十亩,以三十亩之巢治家具,家具始于缚帚,缚筭以为帚,冶泥以为釜,厥价陶三之,机杼四之,灯五之,祭豆七之,米斗直葛布匹,绢三之,木棉之布视绢,皆不得以澹泉货。百家之城,有货百两,十家之市,有泉十绳,裁取流通而已;则衣食之权重,则泉货之权不重;则天下之本不浊,本清而法峻,诛种艺食妖辣地膏者,枭其头于陇,没其三族为奴。宗为余夫请田,则关大吏。佃同姓不足,取诸异姓,为变法,关群吏。丰凶、肥硗、寡庶易不易,法不尽同,关群吏。国有大事以宗徙,徙政关大吏。余夫家五口,宅五亩,实食十亩,以二亩半税,以二亩半食佃,以二亩半治蔬苎,以二亩半巢,自实食之外,宅、税、圃、巢、佃五者,毋或一废。凡农之仕为品官大夫者,则有禄田,大官之家,父有少疾瘵、寒暑、湿干,不以使其子,山川鬼神则使之;子有少疾瘵、寒暑、湿干,不以诉其父,崇有家也。田一品者四世,二、三品三世,四品二世,五品一世,皆勿税,勿予俸;六品以下予之俸。婢妾之养不备,则不世;祠祭弗如式,不世;不辨菽粟,亦不世;食妖、服妖,不世;同姓讼,亦不世;督有家也。家受田、归田于天子,皆关大吏。稽其世数,关群吏。本百亩者进而仕,谓之贵政之农;本仕者退而守百亩,谓之释政之农;本不百亩者进而仕,谓之亢宗之农;本仕者退而不百亩,谓之复宗之农。仕世绝,本大宗者复为[大]宗,本小宗者复为小宗,本群宗者复为群宗,本闲民复为闲民,贵不夺宗祭,不以朝政乱田政。自大宗以至于闲民,四等也。四等之农,与其进捍而国也,姑将退保于宗;与其进保而宗也,姑将退修于宅。是故筹一农身,身不七尺,人伦五品、本末原流具矣!筹一农家,家不十步,古今帝王,为天下大纲,细目备矣!木无二本,川无二原,贵贱无二人,人无二治,治无二法,请使农之有一田、一宅,如天子之有万国天下。姑试之一州,州蓬跣之子,言必称祖宗,学必世谱谍。宗能收族,族能敬宗,农宗与是州长久,泰厉空虚,野无夭札,鬼知恋公上,亦百幅之主也。

[江铁君]曰:商之衰,农不知宗,故公刘立之。周之衰,农不知宗,故管夷吾立之。周之盛也,周公、康叔以宗封。其衰也,周平王以宗徙,翼顷父、嘉父、戎蛮子,皆以宗降。汉之实陵邑,以六国巨宗徙,国以农徙也。农之主伯徙,则

亚旅尽徙。若无宗法,上安能旅徙而族封?有司之令梗塞,国安恃此散无友纪之百姓哉?神尧亦弗得平章矣。

[陈硕甫]曰:《礼运》曰:"天子有田以处其子孙。"不曰有天下国家。《周礼》"九两系邦国之民"。一曰:宗以族得民。民之宗如何?《左传》:"师服曰:士有隶子弟,庶人工商,各有分亲,皆有等衰。"是其注也。近世回部、蒙古有旗分,有族分,或以族降,或以族徙,或以族开垦,其叛者亦以族,盖世酋无析产之俗,故世世富足,令群支仰赖以活,而苗裔能言其先派,有至数十世之多者,此文之旁证也。又柳子厚《封建论》,亦先有下而渐有上之义。亦此文旁证。

1.4.5.4　农宗答问

问:百亩之法,限田之法也,古也然乎?答:否否。吾书姑举百亩以起例,古岂有限田法哉?贫富之不齐,众寡之不齐,或十伯,或千万,上古而然。汉以后末富,三代本富;汉以后以财货相倍蓰相十伯相千万,三代以田相十伯千万。相百也故曰陌,相千也故曰阡。大抵视其人之德,有德此有人,有人此有土矣。天且不得而限之,王者乌得而限之?且夫后世之末富,以财货相十伯千万,世宗莫得而限之,三代乌能限田?三代之季,化家为国之主,由广田以起也。

问:汉代众建诸侯而少其力,其义何若?答:此为汉主谋诸侯王之善,非诸侯王自谋之善,王子侯而诸王竟不振。贾谊、主父偃,汉之忠臣,其汉诸侯王之忠臣耶?

问:宋张氏九世同居,流俗以为美谈,何必有大宗?答:鲁以相忍为国,非姬周太平之鲁可知,况以相忍为家,生人之乐尽矣,岂美谈耶?

问:既立农宗,又不限田,如此天下将乱,恐天下豪杰,以族叛,以族徙,以族降散,则如何?答:此亡国之所惧,兴王之所资也。孟子曰:"为政不难,不得罪于巨室。巨室之所慕,一国慕之,一国之所慕,天下慕之。沛然德教,溢乎四海。"孟子筹之至熟矣。如此一代之祖,可省十年用兵。

1.5 浙东古代重要理论家的基层社会治理思想

浙东地区虽然从文明起源上说具有悠久的历史,在考古学的意义上也可以说在数千年前就已经有了丰富的文化积累,但它在先秦时期实际上并没有产生自己的思想家,甚至古越国的历史也需要借助于中原地区的文献才得以流传下来。秦汉时期,中原地区的主流文化进入浙东,当地文化与中原文化接触、融合,逐渐在接受中原主流文化的前提下开启了其在浙东的地方化发展,形成了自己的地域性文化传统。与此同时,浙东的地域性文化在传承过程中也反复接受了中原主流文化的渗透性影响,既以中原主流文化中的儒学主流儒家化了浙东地方社会,也以地方社会的地域性儒家化为基础,丰富和发展了儒学内容体系,终于在南宋时期形成了儒学的浙东学派。自此以后,浙东儒学传统不但带上了浓重的地方色彩,而且以地方化的浙东学派丰富和发展了儒学的主流,不光将儒学发展推进到了阳明学的高度,还为儒学的现代转化及其在当代的创新发展提供了重要的思想资源。

浙东儒学传统从王充开始就具有较高的务实诉求,关注社会治理问题,特别是在明清时期,涌现出了一批杰出的思想家,在基层社会治理上提出了丰富、系统的主张,不仅高度自觉地反映了儒家化基层社会治理的客观要求,还将儒学关于基层社会治理的诉求落实在了具体的规范上,形成了较为完整的关于基层社会治理的理论。浙东古代重要的理论家绝大多数都属于儒家,他们关于基层社会治理的思想,不仅在当时产生了积极的社会效果,还在客观上为"枫桥经验"的产生提供了远年文化支持。

1.5.1 论衡[1]

提要：《论衡》为东汉思想家王充所著。王充(27—约97)，字仲任，会稽上虞(今浙江绍兴)人。东汉时期思想家、文学家、哲学家。曾师从经学家班彪，历任郡功曹、州从事等官，后罢官居家，专意著述。两汉时期作伪成风、伪书迭出，而王充为学不守章句，以为俗儒守文，多失其真，极力批驳当时盛行的谶纬学说，考辨群书真伪虚实。《论衡》是王充的代表作之一，凡八十五篇(实存八十四篇)，其中包含了丰富的"疾虚妄古之实论"，是王充辨伪思想的集中展现。

1.5.1.1 非韩篇

夫儒生，礼义也；耕战，饮食也。贵耕战而贱儒生，是弃礼义求饮食也。使礼义废，纲纪败，上下乱而阴阳缪，水旱失时，五谷不登，万民饥死，农不得耕，士不得战也。子贡去告朔之饩羊，孔子曰："赐也！尔爱其羊，我爱其礼。"子贡恶费羊，孔子重废礼也。故以旧防为无益而去之，必有水灾；以旧礼为无补而去之，必有乱患。儒者之在世，礼义之旧防也，有之无益，无之有损。庠序之设，自古有之。重本尊始，故立官置吏。官不可废，道不可弃。儒生，道官之吏也，以为无益而废之，是弃道也。夫道无成效于人，成效者须道而成。然足蹈路而行，所蹈之路，须不蹈者。身须手足而动，待不动者。故事或无益，而益者须之；无效，而效者待之。……国之所以存者，礼义也。民无礼义，倾国危主。今儒者之操，重礼爱义，率无礼之士，激无义之人。人民为善，爱其主上，此亦

---

[1] 王充：《校注论衡》，张宗祥校注，浙江古籍出版社2017年版。

有益也。……

治国之道,所养有二:一曰养德,二曰养力。养德者,养名高之人,以示能敬贤;养力者,养气力之士,以明能用兵。此所谓文武张设,德力具足者也,事或可以德怀,或可以力摧。外以德自立,内以力自备。慕德者不战而服,犯德者畏兵而却。徐偃王修行仁义,陆地朝者三十二国,强楚闻之,举兵而灭之。此有德守,而无力备者也。夫德不可独任以治国,力不可直任以御敌也。韩子之术不养德,偃王之操不任力。二者偏驳,各有不足。偃王有无力之祸,知韩子必有无德之患。……治国犹治身也。治一身,省恩德之行,多伤害之操,则交党疏绝,耻辱至身。推治身以况治国,治国之道,当任德也。……人君治一国,犹天地生万物。天地不为乱岁去春,人君不以衰世屏德。孔子曰:"斯民也,三代所以直道而行也。"

1.5.1.2 治期篇

世谓古人君贤,则道德施行,施行则功成治安;人君不肖,则道德顿废,顿废则功败治乱。古今论者,莫谓不然。……夫贤君能治当安之民,不能化当乱之世。……夫命穷病困之不可治,犹夫乱民之不可安也;药气之愈病,犹教导之安民也,皆有命时,不可令勉力也。……由此言之,教之行废,国之安危,皆在命时,非人力也。……贤君之治国也,犹慈父之治家。慈父耐平教明令,耐使子孙皆为孝善。子孙孝善,是家兴也;百姓平安,是国昌也。昌必有衰,兴必有废。兴昌非德所能成,然则衰废非德所能败也。昌衰兴废,皆天时也。……故世治非贤圣之功,衰乱非无道之致。国当衰乱,贤圣不能盛;时当治,恶人不能乱。世之治乱,在时不在政;国之安危,在数不在教。贤不贤之君,明不明之政,无能损益。……传曰:"仓廪实,民知礼节;衣食足,民知荣辱。"让生于有余,争起于不足。谷足食多,礼义之心生;礼丰义重,平安之基立矣。故饥岁之春,不食亲戚,穰岁之秋,召及四邻。不食亲戚,恶行也;召及四邻,善义也。为善恶之行,不在人质性,在于岁之饥穰。由此言之,礼义之行,在谷足也。

1.5.1.3　宣汉篇

儒者称五帝、三王致天下太平,汉兴已来,未有太平。彼谓五帝、三王致太平,汉未有太平者,见五帝、三王圣人也,圣人之德能致太平;谓汉不太平者,汉无圣帝也,贤者之化,不能太平。又见孔子言:"凤鸟不至,河不出图,吾已矣夫!"方今无凤鸟、河图,瑞颇未至悉具,故谓未太平。此言妄也。夫太平以治定为效,百姓以安乐为符。孔子曰:"修己以安百姓,尧、舜其犹病诸!"百姓安者,太平之验也。夫治人以人为主,百姓安而阴阳和,阴阳和则万物育,万物育则奇瑞出。视今天下,安乎? 危乎? 安则平矣,瑞虽未具,无害于平。故夫王道定事以验,立实以效,效验不彰,实诚不见。时或实然,证验不具。是故王道立事以实,不必具验。圣主治世,期于平安,不须符瑞。……夫帝王瑞应,前后不同。虽无物瑞,百姓宁集,风气调和,是亦瑞也。……能致太平者,圣人也。

1.5.1.4　定贤篇

夫圣贤之治世也有术,得其术则功成,失其术则事废。譬犹医之治病也,有方,笃剧犹治;无方,才微不愈。夫方犹术,病犹乱,医犹吏,药犹教也。方施而药行,术设而教从,教从而乱止,药行而病愈。治病之医,未必惠于不为医者。然而治国之吏,未必贤于不能治国者,偶得其方,遭晓其术也。治国须术以立功,亦有时当自乱,虽用术,功终不立者;亦有时当自安,虽无术,功犹成者。故夫治国之人,或得时而功成,或失时而无效。术人能因时以立功,不能逆时以致安。良医能治未当死之人命,如命穷寿尽,方用无验矣。……周道弊,孔子起而作之,文义褒贬是非,得道理之实,无非僻之误,以故见孔子之贤,实也。夫无言,则察之以文;无文,则察之以言。设孔子不作,犹有遗言,言必有起,犹文之必有为也。观文之是非,不顾作之所起,世间为文者众矣,是非不分,然否不定,桓君山论之,可谓得实矣。论文以察实,则君山汉之贤人也。陈平未仕,割肉闾里,分均若一,能为丞相之验也。夫割肉与割文,同一实也。如君山得执汉平,用心与为论不殊指矣。孔子不王,素王之业,在于《春秋》。

1.5.2 宗仪[1]

提要:《宗仪》是明代思想家方孝孺有关社会治理的主要著作,现收录于《逊志斋集》。方孝孺(1357—1402),字希直,一字希古,号逊志。台州府宁海县(今属浙江宁波)人。明初大臣、学者、文学家、散文家、思想家。《逊志斋集》是方孝孺的诗文集,共二十四卷,包括杂著八卷、表笺启一卷、书二卷、序三卷、记三卷、题跋一卷、赞一卷、祭文诔哀辞一卷、行状传一卷、碑表志一卷、古体诗一卷、律诗绝句一卷。《宗仪》是方孝孺为族人制定的族规诫语,序言之外全文共分为九节:《尊祖》《重谱》《睦族》《广睦》《奉终》《务学》《谨行》《修德》《体仁》。《宗仪》全文体现着儒家仁爱治天下的思想,同时也表达了方孝孺对家族绵延传承的期待与实践。

1.5.2.1 尊祖

人之异于物者,以其知本也。其所以知本者,以其礼义之性,根于天备于心,粹然出于万物,故物莫得而类之。今夫形禅而气续者,人与物之所同也。渴而饮,馁而啖,劳而瘁,逸而嬉者,人与物不相远也。卒之人贵而物贱者何哉?人能知尊其身之所自出,而物不能也。故生而敬事之,为之甘脆丰柔之味,以养其口;为之华软温美之服,以养其体;为之采色,以养其目;为之馨香,

---

[1] 方孝孺:《逊志斋集》,徐光大校点,宁波出版社2000年版。

以养其鼻；顺其所欲，以养其心。犹以为未至也，于是饬身惇行，以养其德，令闻嘉誉以养其名，著其德美于天下后世，使之没而不忘，久而弥章。君子之为人子孙非以养生为贵，而以奉终为贵。非以奉终为难，而以思孝广爱为难。

藏于墓，祀于庙，自天子达于士，隆卑广狭不同，而其致一也。故天子七，诸侯五，大夫三，士二，官师一，庶人寝乎荐。自外为之制者，由乎人。孝敬之情出于天。由乎人者，不可逾也。本乎天者，夫宁有强之者哉，天之命也。人虽至昏弱也，甚无知也，过先祖之墓，未有不动心者。时焉而祀其先，语及其遗事，未有不叹泣者。形气之感有所受也，非偶然也。故宗庙之制，祭祀之礼，君子以此崇本反始，致诚敬于其先。廛井之氓则祭田祖，不以岁之丰歉而变，不忘其始也。况于身之所自出者乎！知有其身而不知身之所自出，是谓禽犊之民。知奉其身，而不恤吾身之所同出，是谓痿痹之民。是二者虽色貌为人，而其身物化也久矣。故人而不知本，谓之悖；不睦族，谓之戾；悖与戾恶名也。世之立而谈者，天之所授，与尧舜孔子不异。由颜焉而颜，由孟焉而孟，不此之务，而惟恶名之求，尚为爱其身也乎？

吾惧夫吾族之人，为痿痹禽犊之归，而不自知也。为尊祖之法，曰：立祠祀始迁祖，月吉必谒拜，岁以立春祀。族人各以祖祔食，而各以物来祭，祭毕相率以齿，会拜而宴。齿之最尊而有德者向南坐，而训族人。曰："凡为吾祖之孙者，敬父兄，慈子弟，和邻里，时祭祀，力树艺，无胥欺也，无胥讼也，无犯国法也，无虐细民也，无博奕也，无斗争也，无学歌舞以荡俗也，无相攘窃奸侵以贼身也，无鬻子也，无大故不黜妻也，勿为奴隶以辱先也。有一于此者，生不齿于族，死不入于祠。"皆应曰诺，然后族人之文者以谱至，登一岁之生卒，而书举族人之臧否。其有婚姻相赒，患难相恤，善则劝，恶则戒，临财能让，养亲事长能孝而悌，亲姻乡里能睦而顺，此其行之足书举书之。累有足书者，死则为之立传于谱。其有犯于前所训者亦书之，能改则削之，久而愈甚，则不削而书其名。族人见必揖，虽贵贱贫富不敌，皆以其属称。喜必庆，戚必吊，死以其属服，无服者为之是日不肉,而群哭之,群祭之,群葬之。

1.5.2.2 重谱

尊祖之次莫过于重谱,由百世之下而知百世之上,居闾巷之间,而尽同宇之内,察统系之异同,辨传承之久近,叙戚疏,定尊卑,收涣散,敦亲睦,非有谱焉以列之不可也。故君子重之,不修谱者谓之不孝。然谱之为孝难言也,有征而不书,则为弃其祖,无征而书之,则为诬其祖。有耻其先之贱,旁援显人而尊之者,有耻其先之恶,而私附于闻人之族者,彼皆以为智矣,而诚愚也。夫祖岂可择哉,兢兢然尊其所知,阙其所不知,详其所可征,不强述其所难考,则庶乎近之矣。而世之知乎此者常鲜,趋乎伪者常多。淳安之汪氏,溯其身缘而上之,至于鲁公之族七十余世,皆有讳字卒葬,若目见而耳受之者。其心以为至博也,而博不能胜其伪也。越之杨氏,亲炀帝之裔,而耻其名之污,遂避而不言。吴宁之杜氏,越千余岁而宗汉之延年、晋之当阳侯,是皆知本者之所深恶,而为之者以为工也,顾不惑哉!

天下有贵人,无贵族,有贤人,无贤族。有士者之子孙不能修身笃行而屈为童隶,而公卿将相常发于陇亩。圣贤之世不能传其遗业,则夷乎恒人,而缙绅大儒多兴于贱宗。天之生人也,果孰贵而孰贱乎?四海之广,百氏之众,其初不过出于数十姓也。数十姓之初不过出于数人也,数人之先一人也。故今天下之受氏者,多尧舜三王之后,而皆始于黄帝。譬之巨木焉,有盛而蕃,有萎而悴,其理固有然者。人见其常有显人也,则谓之著族。见其无有达者也,则从而贱之。贵贱岂有恒哉?在人焉耳。苟能法古之人,行古之道,闻于天下,传于后世,则犹古人也。虽其族世未著,不患其不著也。孔子子思以为祖,而操庸鬼之行,则其庸鬼自若也,祖不能贵之也。

故吾方氏出帝榆罔,而谱不敢列之。显于昔者众矣,而不敢附之。疑者阙之以传疑,不可详者略之以著实。而惟以笃学修身望乎族之人。呜呼!富贵利达外至者也,求之不可必得,得之不可必守,守之不能必传也。仁义忠信之道备乎心,不求而足。得之可以行,行之可以著。施之盈天下,而敛于身,不见其隘,传之被万世,而非威武势力之所能移。善尊祖者思是道也,行是道也。天下不惟尊其身,将归德于其祖,而祖益尊。祖益尊而谱益传,斯其为孝大矣。何必趯趯然为伪而欺且诬哉!

1.5.2.3 睦族

井田废而天下无善俗,宗法废而天下无世家。圣人之立法,所以收万民之心,而使之萃于一者,治道之极,治功之盛,不可忽也。故一之所在,智者无所措其谋,辨者无所措其说,勇者无所用其力。如裘之领,如网之纲,如发之握,如鞿之毂,如马之有辔,如牛之有纼。操之则敛,纵之则放,招之则集,挥之则退。屈信作止,惟上之所令,而民不能参以私。先王之民非甚异于后世也,其好义而易使,从化而畏法,宁死于饥寒而不忍为乱者,岂砧斧铁铖所能禁哉!教之以其所固有,故其向善也安。令之以其所易知,故其趋化也亟。

当是之时,同闾接亩之人,犹相亲睦信顺,而大小宗法行乎宗族之间。为百世之宗者,百世宗之,为五世之宗者,五世宗之。宗其身则守其训,有所犹为,皆受命于宗子,而悍戾争斗之风无自而起,苟非大奸魁诈不可教令,则安有不善者乎!故三代之俗非固美也,为治之具既美,而习使之然也。后世愿治之主,王佐之臣迭兴于世,而卒不足几乎古,岂民性之不可化耶?其具之废已久,世主便因循而惮改作,材士昧远而务近功,区区补弊苴漏,而未及乎政教之全也。民心益离而俗愈散,奚独民之罪,君子预有责焉。

吾尝病之,而未之能行。则思以化吾之族人。而族不可徒化也,则为谱以明本之一,为始迁祖之祠,以维系族人之心。今夫散处于庐,为十为百而各顾其私者,是人之情也。纵其溺于情,而不示之以知本,则将至于纷争而不可制。今使月一会于祠,而告之以谱之意,俾知十百之本出于一人之身。人身之疾在乎一肢也,而心为之烦,貌为之悴,口为之呻,手为之抚。思夫一身之化为十百也,何忍自相戕刺而不顾乎,何忍见其颠连危苦而不救乎,何为不合乎一,而相视为涂之人乎?故为睦族之法,祠祭之余复置田。多者数百亩,寡者百余亩,储其入,俾族之长与族之廉者掌之。岁量视族人所乏,而补助之。其赢则以为棺椁衣衾,以济不能葬者。产子者、娶嫁者、丧者、疾病者皆以私财相赠遗。立典礼一人,以有文者为之,俾相族人吉凶之礼。立典事一人,以敦睦而才者为之,以相族人之凡役。世择子姓一人为医,以治举族之疾。其药物于补助之赢取之,有余财者时增益之。族之富而贤,立学以为教,其师取其行而文,其教以孝弟忠信敦睦为要。自族长以下,主财而私,典事而惰,相礼而野,不能睦族,没则告于祖,而贬其主,不祠。富而不以教者,不祠。师之有道别祠之,不能师者则否。

1.5.2.4 广睦

人之亲疏有恒理,而无恒情。自同祖推而至于无服,又至于同姓。爱敬之道,厚薄之施,固出于天,而不可易。然有亲而若疏者,有疏而若亲者,常情变于所习也。阅岁时而不相见,则同姓如路人。比庐舍,同劳逸,酒食之会不绝,则交游之人若昆弟。使同姓如路人,他人如昆弟,斯岂人之至情哉?物有以移之,君子未必然,而常情所不能免也。圣人之治人,以常人之情为中制,俾厚者加厚,而薄者不至于离。恐其以不接而疏,疏而不相恤也。故为之祭酺之法,合之以燕乐饮食,以洽其欢忻慈爱之情。恐其徇于利,而不知道也,肃之以乡射、读法,使之祗敬戒慎,而不至于怠肆。祭而酺所以为乐也,读法所以为礼也。约民于礼乐,而亲者愈亲,疏者相睦,此先王之所以为盛也哉!举而行诸天下,今未见其不可也。然非士之职也。故欲自族而行之乡,为之制。其制曰:

宗族岁为燕乐之会四,其时则二月也,五月也,八月也,十有一月也。其物则时祀之余也,其品则豕与羊各一、酒醴羞果惟所有而不必侈也。酒以七行九行为节也,位以尊卑长幼为序也。苟尊矣,虽稚子犹位乎上也,苟长矣,虽贫且贱以齿也。其言惟孝弟忠信,而勿亵也,勿哗也,勿慢也,饮虽醉而勿违礼也。立子弟二人为执礼,以佐酒。酒至,揖请饮,既饮,揖请酬,既酬,揖请殽羞。二人歌诗,其诗则《蓼莪》《棠棣》《葛藟》《东门》,唐之《杕杜》《谷风》,雅之《黄鸟》之类,贵其能感人而敦伦理也。其数则如酒也。立二人讲说嘉言,古之人及乎教者,皆在所取也。将歌也,将说也,执礼揖曰:"请肃以听。"皆拱而坐,坐则肱相比,行则武相衔,举爵饮酬食羞皆后长者。毕则旅揖,辞而退,少者送长者于家然后返。

岁为礼仪之会三,冬至也,岁之初吉也,夏至也。冬至,阳之始生也,君子之道自此始亨矣,宜有庆也。是日昧爽,举族自胜冠以上,咸盛服造祠下相揖趋。及门祝启门,以次入,序立。以时羞献奠酒皆再拜,班趋出。族之长坐别堂,次长者率群昆弟子姓,捧觞称寿毕,皆拜。遂以次饮酒,相拜如礼,典礼以谱至。北向坐读之,长者命众坐,众坐听。善恶之在书者,咸读无隐。设席于南楹之东,北向,署其上曰:旌善之位。善之多者,长者命之酒,俾少者咸拜之,典礼翼以就位。署南楹之西曰:思过之所。恶之累书而不改者,俾立其下。于是长者以谱所列传绪盛衰绝续之故,明言之,而告以常训。曰为善如嗜饮食,去恶如去毒螫,慎思哉,勿坠尔先祖之祀。众拱而听,皆俯首就班,再拜出。少者授长者杖。以序行,乃还于家。夏至,阴之始生也,君子所宜慎也。是日素服谒祠,如冬至礼,不饮酒,不相拜,读谱之仪亦如之。岁之初吉,庆拜如冬至礼,不读谱。乡党之制,岁为燕乐之会一。其时以秋,其物以祭社之余,其坐以齿、以德、以爵。其礼主于让,其仪如宗族之会。歌诗说嘉言亦如之。其诗以《伐木》《鱼丽》《南有嘉鱼》《菁菁者莪》《宾之初筵》,择乡人子弟群歌之。其诵嘉言也,耆老之贤者,举以教,在坐者皆起。应曰:"祗奉长者之训。"凡族人乡人不与于会者八:悖伦纪者、斗争者、相讼者、使酒而酗者、博奕者、过累书而不改者、虐乡里者、言伪而行违者,皆君子之所弃也。不善者弃而后知所戒,然后善者尊而益劝。劝戒立而俗宁,有不美者乎!

1.5.2.5 奉终

爱敬以养生,哀戚以送死,墓焉而葬,位焉而祭,皆本于礼而不敢忽者,先王教民之通法也。丧而用浮屠之术,葬而信葬师之说,资冥报于不可致诘之间,征休咎于无情难验之川阜,上以为亲谋,下以为身利者,此古之所未闻也。后世暗夫野人多趋信而甘心焉。亲没于床,不事礼而事浮屠,不哭泣擗踊,而事钟磬铙钹。非是之务,则人交笑以为简。时可葬矣,泥于山川之利否,而不即葬。或至于终身,或身死而委柩于子孙,甚者子孙恐葬之祸其身,举而弃诸水火。葬亲以礼者,世反非之为愚。於乎,是何其不察而至于此极乎!彼浮屠之所谓轮回者果可信耶?

天之生人物者,二气五行也。其运也无穷,其续也无端。先者过而后者来,未尝相资以为用者,二气五行之常也。自草木而观之,发荣于春,盛壮奋长,蔚乎而不可遏。及乎戒之以凛风,申之以霜露。昔之沃泽茂美一旦飘而为浮埃,化而为污泥,荡灭殚尽,无迹可窥矣。其发生于明年者,气之始至者为之也,岂复资既陨之余荣乎?惟人也亦然,得气而生,气既尽而死,死则不复有知矣。苟有焚炙刲割,佚乐适意,身且不有,而何以受之?形尽气尽,而魂升魄降,无所不尽,安能入人胸腹重生于世,而谓之轮回也哉!天地至神之气以其流行不穷,故久而常新,变而不同。使必资已死之人为将生之本,则造化之道息矣,乌足为天地。倘或有之,人固不知之也。浮屠亦人耳,何自而独知之?彼以其茫昧不可揣索,故妄言以诬世,夫岂可信而事其教乎?孔子谓祭之以礼为孝。则事异端之妄,弃圣典而不信者,其为非礼也大矣,不孝孰加焉!而暗者顾安之而不以为非,胡可哉?

葬师之动人以祸福,而其说尤怪。人之昌隆盛炽者,其先必有厚德之遗,贱贫夭绝者,必有余恶之著,山川何与焉! 诞者则不然,闻有贵富之人于此,则归福于其茔冢。曰此某形也,此某征也,于葬之法宜尔也。闻有贫贱之人于此,则曰此葬之罪也,此于法宜至于斯也。信斯言也,则人之多财而力足者,皆相率而为不善,及乎死也,求善地以葬其身,则可免子孙于祸。夫孰肯为善乎? 由大者而论之,系乎盛衰者,莫大乎国。都殽函河渭无异也,秦帝之亡,汉帝之昌,隋据之而促,唐据之而长,果在于善地乎? 帝王之尊,家天下而役海内,使地善而可兴,竭智以营陵庙,奚求而不致? 而亡国败主相属,则果不在乎此也,审矣。古之卜宅兆云者,以神道定民志耳,非视冈阜之向背逆顺,臆度目断如世之葬师之为也。葬师祖晋郭璞书,其书苟可信,璞用之以葬其祖考,宜有奇验不诬。而璞卒死于篡贼,其身不能福,而谓能福乎人,其可信否耶? 世之人多信之,不知自陷于不孝而莫之赎也。

於乎,先王之礼一失而流于野,再坏而化于夷,暨其大坏而不可为,忽乎入于禽兽而不之觉,宁不哀哉! 天下之人,其小者化为夷,由夷而往,吾不能知其所至矣。其心淫浸胶固,非空言所能革也。吾独以告吾族人:亲丧必以三年,三年之制必循礼,勿以浮屠从事。违者生罚之,死不祀于先祠。葬卜吉凶而勿泥葬师之说,期必以三月,三月不能至五月,五月不能止七月,过一岁者,如违丧礼之罚。必刻圹志墓铭,力不足者刻其名,俾后有考。作方氏丧葬仪。

1.5.2.6 务学

学者,君子之先务也。不知为人之道,不可以为人。不知为下之道,不可以事上。不知居上之道,不可以为政。欲达是三者,舍学而何以哉! 故学,将以学为人也,将以学事人也,将以学治人也。将以矫偏邪而复于正也。人之资不能无失,犹鉴之或昏,弓之或枉,丝之或紊。苟非循而理之,檠而直之,莹而拭之,虽至善不适于用,乌可不学乎?

夫学非为华宠名誉爵禄也,复其性,尽人之道焉耳。彼蠕而动,翾而鸣者,不知其生之故,与其为生之道。是以物而不神,冥而不灵。人之为学,所以自异于物也。匪特异于物,欲异于众人也。匪特异于众人,上将合乎天地,拔乎庶类之上,而为后世之则也。其说存于《易》《诗》《书》《春秋》《三礼》,其理具乎心,其事始乎穷理,终乎知天。其业始于修己,终于治人。其功用至于均节运化,涵育万物。大得之而圣,深造之而贤,勉修之而为君子。圣贤君子非天坠而地出,人为之也。举夫人之身皆可为圣贤,而乃不能异于物曷故哉?不知务学之方也。今世俗之儒,申申而行,由由而言,誊口颊播简牍以夸乎人,知非不博,言非不华矣,而于古之学未也,何哉?为其泛而无本也,漫而无统也,可喜而无用也。君子之学积诸身,行于家,推之国而及于天下。率而措之,秩如也,奚待词说乎!以词说为学,上以是取士,下以是自期,此士所以莫逮乎古也。呜呼!无善教而天下无善士,无善士而天下无善俗。世俗之陋,其患岂微也哉!余不欲学者之类之也。

方氏之学,以行为本,以穷理诚身为要,以礼乐政教为用。因人以为教,而不强人所不能,师古以为制,而不违时所不可。此其大较也。其小学曰七岁而学,训之孝弟,以端其本,训之歌谣讽谕之切乎理者,以发其知。群居而训之和,赐之以物,而导之让,慎施扑楚以养其耻。敏者守之以重默,木者开之以英慧。柔者作之,强者抑之。扶之、植之、摧之、激之,而童子之质成矣。其大学曰立四教,皆本于行,行不修者不与。一曰道术,二曰政事,三曰治经,四曰文艺。一、道术。视其人质之端方纯明,知微近道者与言,考其言行,以稽其所进,试其问难,以审其所造。政事文艺,其才之所能者,无不学也。二、政事。视其通明才智者使学焉,治民之政八:制产、平赋、兴教、听讼、御灾、恤孤、御吏、禁暴。悉民情知法意,为政事本。试以言,授以事,而观其所堪。三、治经。精察烛理,笃志不惑,而长讲说者为之。四、文艺。博文多识,通乎制度名物,立言陈辞可以为世教者,其极也。试之之日,皆以终月,皆欲其称其教之名也。教之存乎师,化之迟速存乎人。得其人,推而用之,不难于天下,夫岂一家之学也哉！

1.5.2.7 谨行

士之为学，莫先于慎行。行之于人，犹室之有栋柱也，帛之有丝缕也，木之有本也，马之有足也，鸟之有翼也。圣得之而后为圣，贤得之而后为贤，君子修是而为善，小人失是而陷于夷狄禽兽之归，夫焉可忽哉！积之如升高之难，而或败于谈笑。为之于阃阈之内，而或播于四海九州。才极乎美，艺极乎精，政事治功极乎可称，而行一有不掩焉，则人视之如污秽不洁，避之如虎狼，贱之如犬豕。并其身之所有，与其畴昔竭力专志之所为者而弃之矣，可不慎乎！夫口之便于甘肥，体之便于华美，耳目之耽于所思，心志之趋于所乐，家欲富而身欲尊者，人之同情，圣贤之所不能无也。然而学道之士，禁制克节，惟恐是念之萌于中，菲衣藿食，黜好寡欲，终身而不敢怠者，诚知轻重之分也。

人之身不越乎百年，善爱其身者，能使百年为千载。不善爱其身者，忽焉如蚊蚋之处乎盎缶之间。夫蚊蚋之生亦自以为适矣，而起灭生死不逾乎旬月，当其快意于所欲，以盎缶为天地，而不知其所处之微。昧陋之民亦若是矣，迷溺于声色势利，以身为之役，而不以为劳。其心以为至乐也，而不知其可悲也。甚适也，而不知其为污辱也。均之为身也，圣贤之尊荣若彼，而众人之污辱若此，曷为而然哉？慎行与否致之耳。

难成易毁者，行也。难立易倾者，名也。得之不能久于身，乐未既而忧继之者，人之欲也。以富贵利达易污辱之名，犹食乌喙而易死也。况倏忽接于耳目者之不足恃乎？故人有杀身而徇君亲者，非不爱身也，爱其身甚，而欲纳之于礼义，其为虑甚远矣。宁死而不肯以非义食，知义之重于死也。宁无后而不敢以非礼娶，知失礼之重于无后也。侥幸苟冒于一时，而蒙垢被污于万世，小则闾里识之以为訾，大则册书著之，天下笑之，闻其名则唾骂不欲入于耳。计其所得曾不若秋毫，而贱辱其身，使孝子羞以为父，正士羞以为友，遗裔远胤羞以为祖,不亦惑哉！且人不患不富贵,而患不能慎行。无行而富贵,无益其为小人。守道而贫贱,无损其为君子。

吾家自始迁祖至于余身,十五世矣。以言乎资产,则不逾于中家。以言乎爵禄,则未有以位乎朝者,然而不愧于人,见推于世者,以先人世有积德蓄学,操行异乎恒人焉耳。远者余不足知之,若曾大父西洲府君之纯厚恳大,先君太守贞惠公之廉介方正,视古之贤者岂有间哉！吾族之人暨将来而未至者,乌可不效也。人莫不喜为名人之子孙,而不知其尤难于众人。盖德大则难继,行高则难称。有善过于人,人未之取也,曰:"其祖之贤,不但如斯而已。"有恶未著,人已责之以为不肖。曰:"若之祖何人也,而为此哉！"故生于微宗庸族者,过易隐而善易著。以其特出掩于其先,人皆异之,故不求其备也。生于世家者,过易闻而善难昭,以其先多显人而不可企也。呜呼,方氏之嗣人,奈何而不慎乎！君臣、父子、兄弟、夫妇、朋友五者,天伦也。致天伦者,天之所诛,人之所弃。生不齿,死不服,葬不送,主不入祠,谱不书其名。行和于家,称于乡,德可为师者,终则无服者为服缌麻,有服者如礼。祭虽已远犹及,虽无主祭者犹祭。如是而不能为君子,则非方氏之子孙也,告于祠而更其姓,不列于谱。

1.5.2.8 修德

能为众人所不能行之事者,其子孙必享众人所不能致之福。人之为善,非为子孙计也,然天道之于善人,以及其身为未足,常推余泽以福其后人,则亦曷尝不为子孙计哉！第众人之计,速而易致,而君子之泽远而难仇。故趋乎善者常少,溺乎利者常多。众人每笑为善之士为迂缓无术,而不知天道之所佑,固在此而不在彼也。天下无千载全盛之国,无百年全盛之家。天岂不欲有国家者久而不坠哉？或一再传而失之,或未终其身而不振。得之于劳勤艰难之余,而败之于谈笑燕安之顷,非其智力所不能,德不足而子孙无所借以自立也。人之生于德善之家,犹木之生沃土,早发而易长,华茂而后凋。硗田瘠垄虽有萌蘖之滋，拳曲拥肿，终不足观，则所借使之然耳。

今之人莫不欲子孙之蕃，贤才之夥，传绪久而不衰，而莫能为善。此犹不艺而欲获也，不猎而欲衣狐貉也。孰从而致乎？故富贵而不修德，是以爵禄货财祸其身也。富贵其子孙，而不力为善，是置子孙于贱辱之阱，争夺之区，而不顾也。使贵而可传，则古之显人与齐魏秦楚之君，至今不失祀矣。富而可传，则赵孟三桓之裔有余积而无忧矣。然而皆莫之存，何哉？德泽既竭，而后人莫能继也。先人有千乘之势，万室之邑，不足恃也，金帛菽粟，盈溢廪廥，不足恃也，惟有余德焉为可恃。而恃之者身必危，可恃以存者，其惟德修于身，而不懈者乎！

德有及乎数百年者，有及乎百岁者，有及乎当世者，有及乎一乡，行乎一家者。子孙之食其报也，恒视所及为广狭。道术材略高世而拔类，或见于事功，佐明主除暴乱，立法制，或著于书以陈仁义政教，正人心于将亡，遏邪说于欲盛，此德于数百年者也。不能如彼之盛，而其所为可以扶衰拯溺，为百年所依怙者，百年之所德也。又不能然，而济当时之难者，当时之所德也。下此而尽力于一乡，行法于一家，乡与家赖之，亦可以及其子，俾不遽至于祸败。况其所及愈大，则所利愈远乎！闾巷之士欲泽天下后世，固非其职，然因其身之所居，以为其分之所当为，奚为而不可也。故事亲而孝，事长而弟，族焉而睦，姻焉而义，慈恭惠和，不犯不忮，以此守身而无愧者，其德可以泽其子。推而行于乡，矜寒恤饥，周人之所不及，而为人之所难为，其胤嗣有不兴者乎！有位而立功，学道而立言，皆人所可致者。孰谓吾族之人而不能为善人乎，孰谓为善而果不可恃乎？

1.5.2.9　体仁

天之生人，岂不欲使之各得其所哉！然而势有所不能，故托诸人以任之，俾有余补不足。智愚之相悬，贫富之相殊，此出于气运之相激而成者。天非欲其如此不齐也,而卒不能免焉。是气行乎天地之间,而万物资之以生。犹江河之流浑涵潆沦,其所冲激不同,而所著之状亦异。大或如蛟龙,小或如珠玑,或声闻数千里,而或汩然而止。水非有意为巨细于其间也,而万变错出而不可御。人何以异于斯乎!智或可以综核海内,而暗者无以谋其躬。财或可以及百世,而馁者无一啜之菽。天非不欲人人皆智且富也,而不能者,势不可也。势之所在,天不能为,而人可以为之。

故立君师以治,使得于天厚者,不自专其用,薄者亦有所仰,以容其身。然后天地之意,得圣人之用行,而政教之说起。故圣贤非为己设也,所以为愚不肖之资,货财非富匹夫也,固将俾分其余以补人之匮乏。三代之盛,是法行于朝廷,达于州里,成于风俗而入于人心,是以天下无怨嗟之民久矣。其亡而莫之复也。世之志义之士,犹有推其所有余,行其所可为者。其亦先王之所取者乎!然非知本者不知其意之美也。人之挟所长以虐同类,由不知本故耳。使知斯人之生,皆本于天,视人之颠隮陷溺与己无异,则民焉有失所之患哉?

余病乎未能,而欲试诸乡间,以为政本。数百家之乡,其人必有才智资产殊绝于众者,虽废兴迭出,而未尝无。每乡推其尤者为之表,使为二廪、三学。廪之法,丰岁夏秋,自百亩之家以上,皆入稻麦于廪,称其家为多寡,寡不下十升,多不过十斛。使乡之表籍其数,而众阅守之。度其凡岁,可得千斛,以备凶荒札瘥,及死丧之不能自存者。其入也先富,而出也先贫。出也视口,而入也视产。产多者皆庚,加息十一,不能庚则否。廪之左立祠,以祠入粟多而及人博者。祠之左右序揭二板,左曰嘉善,书其人之绩,板以朱,书以青。右曰愧顽,板不饰,书以白,书吝而私者,为表而不均者,渔其利而不恤民者,岁再集众,谒祠而读之,以为戒。学之法,各立师一人,以有德而服人者为之。立司教二人,司过二人,司礼三人。乡人月吉,盛衣冠,相率谒学。暇则游于学,问乎师。有违过者,于师乎治,悖教不良者,师与其罚。其教法如族学之仪。

1.5.3 王阳明全集[1]

提要：《王阳明全集》是明代思想家王阳明的相关著作及其思想学说的汇集。王阳明(1472—1529)，名守仁，字伯安，自号阳明子、阳明山人，绍兴府余姚县(今浙江余姚)人。曾历仕孝宗、武宗、世宗三朝，因功封新建伯。王阳明学术上提倡"知行合一"，主张"致良知""心即理"，创立了儒学中的心学体系，其思想具有广泛而深远的影响。王阳明生平著述宏富，后为其门人整理为《王文成公全书》三十八卷，今本《王阳明全集》多据此三十八卷本编纂而成。王阳明因历任南赣巡抚、两广总督等地方官职，对于基层社会治理颇有心得，其在保甲制度基础上创立的十家牌法、为重建地方秩序而颁布的《南赣乡约》等，成为此后地方官员不断效仿、实践的对象。

1.5.3.1 十家牌法告谕各府父老子弟

本院奉命巡抚是方，惟欲剪除盗贼，安养小民。所限才力短浅，智虑不及；虽挟爱民之心，未有爱民之政。父老子弟，凡可以匡我之不逮，苟有益于民者，皆有以告我，我当商度其可，以次举行。今为此牌，似亦烦劳。尔众中间固多诗书礼义之家，吾亦岂忍以狡诈待尔良民。便欲防奸革弊，以保安尔良善，则又不得不然，父老子弟，其体此意。自今各家务要父慈子孝，兄爱弟敬，夫和妇随，长惠幼顺，小心以奉官法，勤谨以办国课，恭俭以守家业，谦和以处乡里，心要平恕，毋得轻意忿争，事要含忍，毋得辄兴词讼，见善互相劝勉，有恶互相惩

---

[1] 王守仁：《王阳明全集》，吴光等编校，上海古籍出版社2011年版。

戒,务兴礼让之风,以成敦厚之俗。吾愧德政未敷,而徒以言教,父老子弟,其勉体吾意,毋忽!

1.5.3.2 案行各分巡道督编十家牌

照得本院巡抚地方,盗贼充斥;因念御外之策,必以治内为先。顾莅事未久,尚昧土俗;永惟抚缉之宜,憪然未有所措。访得所属军民之家,多有规图小利,寄住来历不明之人,同为狡伪欺窃之事;甚者私通畲贼,而与之传递消息;窝藏奸宄,而为之盘据夤缘;盗贼不靖,职此其由。合就行令所属府县,在城居民,每家各置一牌;备写门户籍贯,及人丁多寡之数,有无寄住暂宿之人,揭于各家门首,以凭官府查考。仍编十家为一牌,开列各户姓名,背写本院告谕,日轮一家,沿门按牌审察动静;但有面目生疏之人,踪迹可疑之事,即行报官究理。或有隐匿,十家连罪,如此庶居民不敢纵恶,而奸伪无所潜形。为此,仰钞案回道,即行各属府县,著落各掌印官,照依颁去牌式,沿街逐巷,挨次编排,务在一月之内了事。该道亦要严加督察,期于著实施行,毋使虚应故事。仍令各将编置过人户姓名造册缴院,以凭查考;非但因事以别勤惰,且将旌罚以示劝惩。

1.5.3.3 告谕父老子弟(正德十四年二月)

顷者顽卒倡乱,震惊远迩,父老子弟甚忧苦骚动。彼冥顽无知,逆天叛伦,自求诛戮,究言思之,实足悯悼! 然亦岂独此冥顽之罪,有司者抚养之有缺,训迪之无方,均有责焉。虽然,父老之所以倡率饬励于平日,无乃亦有所未至欤? 今倡乱渠魁,皆就擒灭;胁从无辜,悉已宽贷;地方虽已宁复,然创今图后,父老所以教约其子弟者,自此不可以不预。故今特为保甲之法,以相警戒联属,父老其率子弟慎行之! 务和尔邻里,齐尔姻族,道义相劝,过失相规,敦礼让之风,成淳厚之俗。本院奉命抚巡兹土,属有哀疚,未遑匍匐来问父老疾苦,廉有司之不职,究民之利弊而兴除之;故先遣谕父老子弟,使各知悉。方春,父老善相保爱,督子弟,及时农作,毋惰!

1.5.3.4 南赣乡约

咨尔民,昔人有言:"蓬生麻中,不扶而直;白沙在泥,不染而黑。"民俗之善恶,岂不由于积习使然哉!往者新民盖常弃其宗族,畔其乡里,四出而为暴,岂独其性之异,其人之罪哉?亦由我有司治之无道,教之无方。尔父老子弟所以训诲戒饬于家庭者不早,熏陶渐染于里闬者无素,诱掖奖劝之不行,连属叶和之无具,又或愤怨相激,狡伪相残,故遂使之靡然日流于恶,则我有司与尔父老子弟皆宜分受其责。呜呼!往者不可及,来者犹可追。故今特为乡约,以协和尔民,自今凡尔同约之民,皆宜孝尔父母,敬尔兄长,教训尔子孙,和顺尔乡里,死丧相助,患难相恤,善相劝勉,恶相告戒,息讼罢争,讲信修睦,务为良善之民,共成仁厚之俗。呜呼!人虽至愚,责人则明;虽有聪明,责己则昏。尔等父老子弟毋念新民之旧恶而不与其善,彼一念而善,即善人矣;毋自恃为良民而不修其身,尔一念而恶,即恶人矣;人之善恶,由于一念之间,尔等慎思吾言,毋忽!

一、同约中推年高有德为众所敬服者一人为约长,二人为约副,又推公直果断者四人为约正,通达明察者四人为约史,精健廉干者四人为知约,礼仪习熟者二人为约赞。置文簿三扇:其一扇备写同约姓名,及日逐出入所为,知约司之;其二扇一书彰善,一书纠过,约长司之。

一、同约之人每一会,人出银三分,送知约,具饮食,毋大奢,取免饥渴而已。

一、会期以月之望,若有疾病事故不及赴者,许先期遣人告知约;无故不赴者,以过恶书,仍罚银一两公用。

一、立约所于道里均平之处,择寺观宽大者为之。

一、彰善者,其辞显而决,纠过者,其辞隐而婉,亦忠厚之道也。如有人不弟,毋直曰不弟,但云闻某于事兄敬长之礼,颇有未尽;某未敢以为信,姑案之以俟;凡纠过恶皆例此。若有难改之恶,且勿纠,使无所容,或激而遂肆其恶矣。约长副等,须先期阴与之言,使当自首,众共诱掖奖劝之,以兴其善念,姑使书之,使其可改;若不能改,然后纠而书之;又不能改,然后白之官;又不能改,同约之人执送之官,明正其罪;势不能执,戮力协谋官府请兵灭之。

一、通约之人,凡有危疑难处之事,皆须约长会同约之人与之裁处区画,必当于理济于事而后已;不得坐视推托,陷人于恶,罪坐约长约正诸人。

一、寄庄人户,多于纳粮当差之时躲回原籍,往往负累同甲;今后约长等劝令及期完纳应承,如蹈前弊,告官惩治,削去寄庄。

一、本地大户,异境客商,放债收息,合依常例,毋得磊算;或有贫难不能偿者,亦宜以理量宽;有等不仁之徒,辄便捉锁磊取,挟写田地,致令穷民无告,去而为之盗。今后有此告,诸约长等与之明白,偿不及数者,劝令宽舍;取已过数者,力与追还;如或恃强不听,率同约之人鸣之官司。

一、亲族乡邻,往往有因小忿投贼复仇,残害良善,酿成大患;今后一应斗殴不平之事,鸣之约长等公论是非;或约长闻之,即与晓谕解释;敢有仍前妄为者,率诸同约呈官诛殄。

一、军民人等若有阳为良善,阴通贼情,贩买牛马,走传消息,归利一己,殃及万民者,约长等率同约诸人指实劝戒,不悛,呈官究治。

一、吏书、义民、总甲、里老、百长、弓兵、机快人等若揽差下乡,索求赍发者,约长率同呈官追究。

一、各寨居民,昔被新民之害,诚不忍言;但今既许其自新,所占田产,已令退还,毋得再怀前仇,致扰地方,约长等常宜晓谕,令各守本分,有不听者,呈官治罪。

一、投招新民,因尔一念之善,贷尔之罪;当痛自克责,改过自新,勤耕勤织,平买平卖,思同良民,无以前日名目,甘心下流,自取灭绝;约长等各宜时时提撕晓谕,如蹈前非者,呈官惩治。

一、男女长成,各宜及时嫁娶;往往女家责聘礼不充,男家责嫁妆不丰,遂致愆期;约长等其各省谕诸人,自今其称家之有无,随时婚嫁。

一、父母丧葬,衣衾棺椁,但尽诚孝,称家有无而行;此外或大作佛事,或盛设宴乐,倾家费财,俱于死者无益;约长等其各省谕约内之人,一遵礼制;有仍蹈前非者,即与纠恶簿内书以不孝。

一、当会前一日,知约预于约所洒扫张具于堂,设告谕牌及香案南向。当会日,同约毕至,约赞鸣鼓三,众皆诣香案前序立,北面跪听约正读告谕毕;约长合众扬言曰:"自今以后,凡我同约之人,祇奉戒谕,齐心合德,同归于善;若有二三其心,阳善阴恶者,神明诛殛。"众皆曰:"若有二三其心,阳善阴恶者,神明诛殛。"皆再拜,兴,以次出会所,分东西立,约正读乡约毕,大声曰:"凡我同盟,务遵乡约。"众皆曰:"是。"乃东西交拜。兴,各以次就位,少者各酌酒于长者三行,知约起,设彰善位于堂上,南向置笔砚,陈彰善簿;约赞鸣鼓三,众皆起,约赞唱:"请举善!"众曰:"是在约史。"约史出就彰善位,扬言曰:"某有某善,某能改某过,请书之,以为同约劝。"约正遍质于众曰:"如何?"众曰:"约史举甚当!"约正乃揖善者进彰善位,东西立,约史复谓众曰:"某所举止是,请各举所知!"众有所知即举,无则曰:"约史所举是矣!"约长副正皆出就彰善位,约史书簿毕,约长举杯扬言曰:"某能为某善,某能改某过,是能修其身也;某能使某族人为某善,改某过,是能齐其家也;使人人若此,风俗焉有不厚?凡我同约,当取以为法!"遂属于其善者;善者亦酌酒酬约长曰:"此岂足为善,乃劳长者过奖,某诚惶怍,敢不益加砥砺,期无负长者之教。"皆饮毕,再拜会约长,约长答拜,兴,各就位,知约撤彰善之席。酒复三行,知约起,设纠过位于阶下,北向置笔砚,陈纠过簿;约赞鸣鼓三,众皆起,约赞唱:"请纠过!"众曰:"是在约史。"约史就纠过位,扬言曰:"闻某有某过,未敢以为然,姑书之,以俟后图,如何?"约正遍质于众曰:"如何?"众皆曰:"约史必有见。"约正乃揖过者出就纠过位,北向立,约史复遍谓众曰:"某所闻止是,请各言所闻!"众有闻即言,无则曰:"约史所闻是矣!"于是约长副正皆出纠过位,东西立,约史书簿毕,约长谓过者曰:"虽然姑无行罚,惟速改!"过者跪请曰:"某敢不服罪!"自起酌酒跪而饮曰:"敢不速改,重为长者忧!"约正、副、史皆曰:"某等不能早劝谕,使子陷于此,亦安得无罪!"皆酌自罚。过者复跪而请曰:"某既知罪,长者又自以为罚,某敢不即就戮,若许其得以自改,则请长者无饮,某之幸也!"趋后酌酒自罚。约正副咸曰:"子能勇于受责如此,是能迁于善也,某等亦可免于罪矣!"乃释爵。过者再拜,约长揖之,兴,各就位,知约撤纠过席,酒复二行,遂饭。饭毕,约赞起,鸣鼓三,唱:"申戒!"众起,约正中堂立,扬言曰:"呜呼!凡我同约之人,明听申戒,人孰无善,亦孰无恶;为善虽人不知,积之既久,自然善积而不可掩;为恶若不知改,积之既久,必至恶积而不可赦。今有善而为人所彰,固可喜;苟遂以为善而自恃,将日入于恶矣!有恶而为人所纠,固可愧;苟能悔其恶而自改,将日进于善矣!然则今日之善者,未可自恃以为善;而今日之恶者,亦岂遂终于恶哉?凡我同约之人,盍共勉之!"众皆曰:"敢不勉。"乃出席,以次东西序立,交拜,兴,遂退。

1.5.3.5 颁行社学教条

先该本院据岭北道选送教读刘伯颂等,颇已得人;但多系客寓,日给为难,今欲望以开导训诲,亦须量资勤苦,已经案仰该道通加礼貌优待,给薪米纸笔之资。各官仍要不时劝励敦勉,令各教读务遵本院原定教条尽心训导,视童蒙如己子,以启迪为家事,不但训饬其子弟,亦复化喻其父兄;不但勤劳于诗礼章句之间,尤在致力于德行心术之本;务使礼让日新,风俗日美,庶不负有司作兴之意,与士民趋向之心,而凡教授于兹土者,亦永有光矣。仍行该县备写案验事理,揭置各学,永远遵照去后。今照前项教条,因本院出巡忙迫,失于颁给,合就查发,为此牌仰本道府即将发去教条,每学教读给与二张,揭置座右,每日务要遵照训诲诸生。该道该府官员亦要不时亲临激励稽考,毋得苟应文具,遂令日就废弛。

1.5.4 刘宗周集[1]

提要:《刘宗周全集》是明代思想家刘宗周的相关作品及其思想学说的汇编。刘宗周(1578—1645),字起东,绍兴府山阴县(今属浙江绍兴)人,因曾讲学于山阴县的蕺山,又称"蕺山先生"。刘宗周是明代著名理学家,他开创的蕺山学派,在中国思想史上有深远的影响。其生平著作,后人汇刻为《刘子全书》。2012年浙江古籍出版社版《刘宗周全集》以《刘子全书》道光四年(1824)重刻本为基础,整理编入新发现的若干种刘氏著作,并附录相关的传记、著述资料,是完备的刘氏著作全集。其中,有关刘宗周地方社会治理的内容主要刊载于该集第六册。

1.5.4.1 保民训要

顺天府为通行保甲以安地方事,照得弭盗安民,莫善于保甲。而一切教化,即寄于其中,古之君子,常熟讲而施行之。迩者京师戒严,一时城守之计颇恃以无恐,然第粗举其端,于法未悉也。今特再为申饬,仰该司坊官以下一一遵守,要于可久。见经题疏,奉明旨着实举行,无或视为文具。倘行之不力,使国家不得收良法之效,责有所归,三尺具在。因揭其事宜如左。计开

---

[1] 刘宗周著,吴光主编:《刘宗周全集》(第六册),丁晓强点校,浙江古籍出版社2012年版。

一、保甲之籍

民　土著　流寓

士

农

工

商

庶人在官

道（妖道有禁。）

僧（游僧有禁。）

优人（合班梨园有禁。）

乐户（土娼有禁。）

流乞（奸细有查○凡流乞,总甲收之,各铺房查其来历,冬月以官糈养之,至春遣还原籍收管,驱以力农。其远方者,仍留铺中,听其买闲行乞,死则埋之义冢,残疾者送入养院。○在京制有幡竿、蜡烛等寺,留养流乞。）

军

屯军

营军（二军除战斗有事外,皆听有司节制。）

十户为甲,甲有长。各户互相亲识,以听命于甲长。（零户、随寄户有户票。）

十甲为保,保有长。各甲互相亲识,以听命于保长。（零甲、随寄甲有甲票。）

十保为乡,乡有长。各保互相亲识,以听命于乡长。（裒益、随宜保有保票。）

聚乡为坊,坊有官,各乡互相亲识,以听命于坊官。（乡约有特札。）

五坊为城,城有司。各坊互相亲识,以听命于司官。

五城为畿,畿有天子之守臣与院臣。各城互相亲识,以听命于守臣、院臣。城外为郊,郊外为都鄙,各有长。各长递相亲识,分隶于国中之卿长,听命于州、县官。

一、保甲之政

一曰火烛相诫,

二曰盗贼相御,

三曰忧患相恤,

四曰喜庆相贺,

五曰德业相劝,

六曰过恶相规。

凡一户有事,九户趋之;一甲有事,九甲趋之;一保有事,九保趋之;一乡有事,各乡趋之。小事听乡长处分,大者闻于官。匿不以闻者,罪坐其长废之。若因而生事,取户甲一钱者,即以赃论。

能举一甲之政者,署为甲长。其不能者,保长闻于乡而废之。

能举一保之政者,署为保长。其不能者,乡长闻于坊而废之。

能举一乡之政者,本府旌以礼,甚者奏闻擢用。其不能者,坊官递闻于本府废之。

能举一坊之政者,本府会城院荐于朝,升为司官。其不能者,论劾废之。

能举一城之政者,本府会城院荐于朝,另加升擢。其不能者,论劾废之。

能举一府之政者,惟上所擢用。其不能者,自劾待罪。

一、保甲之教

一曰孝顺父母,

二曰尊敬长上,

三曰和睦乡里,

四曰教训子孙,

五曰各安生理,

六曰毋作非为。

右圣谕六条,每日各甲一申饬,简其不肖者教之。每旬日各保一申饬,简其不肖者教之。每朔望日各乡会司府一申饬,简其不肖者教之。

凡乡,用木铎徇于道路,口宣六义,以火夫司之,或残疾失养之人代之。

凡乡,旌善有录,记过有录,月朔会于众而宣之。

凡乡,终岁无讼者,旌其乡曰"仁里",乡长纪录,早完官税者,旌其乡为"义里",乡长纪录。

凡乡,立乡学,举乡师教其子弟《诗》、《书》、礼、乐、射、御、书、数,达于成德。

凡民,六德俱备者,乡举里选之;三德具者,门旌以扁。(以"孝"为主。)济恶不才者,至三犯法,门辱以扁。(一作"楔",上同。)改过者除之。高年有德者,乡饮宾之。忠臣、孝子、义夫、节妇表著者,特请朝命旌之。

一、保甲之礼

冠

并依文公家礼。(凡官民服色冠带、房舍、鞍马,贵贱,上可以兼下,下不可以僭上。品官士庶,巾帽不得饰玉结等物;庶民不许戴四方、唐、晋等巾;士子不得服红紫;庶人服色止许布褐绸绢素罗;士庶妻女,并不得僭用宫装及圆领珠玉等饰。)

婚

并依文公家礼。(不得论财,禁指腹割襟。)

丧

并参文公家礼。(禁用浮屠。)

祭

并参文公家礼。

饮

每春,各保长会其甲长,出钱少许归乡长,赛于土谷,饮福于社;各户复出钱少许归甲长,会饮于私家,不得往还。秋亦如之。

射

每月朔望,士习射于学宫,齐民习射于别圃,庶人在官者习射于公署。皆令能者教不能,而官与长提督之,如乡射礼,赏罚行焉。郊外则行以农隙。

读法

每乡立乡约所于便处,悬圣谕其上。逢朔望,约长率保甲各长拱候本府官至,肃拜圣谕。四拜礼毕,各行参谒官府,西向坐乡长,正途士出身者东向坐,以下皆拱立,听开讲。讲毕,乡长仍报一乡善恶事迹。礼毕而散。

凡家庭尚亲。父老,子当户。兄老,弟执役。

凡公庭尚贤。各户上甲长,各甲上保长,各保上乡长。

凡乡社尚齿。甲长序于户中,保长序于甲中,乡长序于保中。

凡讲约尚贵。士让其士、先于农,农先于工、于贾。僧、道之流,引而进之;优、隶之徒,贱而外之。

凡道路,男子繇左,女子繇右。徒步者让负乘,成人者让瞽疾。

凡饮,不至醉;肴不得过八鼎。(会亲加二鼎。)

一、保甲之养

农田

稻、黍、稷、麦、菽。(随土所宜。凡开水田,先讲水利以备旱涝。开荒者,官给牛种。北地水田事宜,备载徐尚宝《潞水客谈》中。)

树宅

桑、麻、木棉、枣、杨。(蔬果随土所宜。)

春,令民毕出在野,有事于耕,每月朔,坊厢承旨,转相传谕。

夏,令民毕出在野,有事于耔。每月朔,坊厢承旨,转相传谕。

秋,令民毕出在野,有事于获。每月朔,坊厢承旨,转相传谕。

冬,令民毕入在户,有事于盖藏。每月朔,坊厢承旨,转相传谕。

每甲推一二户,预蓄杂粮一年、煤刍一年。遇歉,则以时价分卖于本甲。

每保推一二户,预蓄杂粮二年、煤刍二年。遇歉,则以时价分卖于本保。

每乡推一二户,预蓄杂粮三年、煤刍三年。遇歉,则以时价分卖于本乡。

每坊司以赎锾买米积煤,至冬月,米给粥厂济贫,煤以备不时之需。

每州县各设常平仓,积谷待赈。

凡秋成,先上赋于官。乡长先期知会,至期,民各输如额。后至者,报名于官,令乡长决罚。果系窘乏,令甲中富民质其户产输之,其息视其产所入。

凡秋成,未上赋先偿私债者,治富人以罪,没其资入官。(代输官税者,不在私债之例。)

凡鳏、寡、孤、独及有残疾不能自养者,乡长报名入养济院。

凡四郊各立义冢,贫民无依者,死而官给槥埋之。

一、保甲之备

每户备兵器一件、木棍一条,贫者止备木棍。每甲备锣一面,每保备牛三只、骡三头,每乡备马四匹、弓矢二十副。(京城内不必备牛,各州县亦然。驴随用。随户所有,不足者补备。)

每甲选健丁三名,每保选艺士二名,每乡选韬略士一名。

凡地方有警,每甲养健丁三名,日口粮三分;每保养艺士二名,粮倍之;每乡养韬略士一名,粮又倍之。递相部署,受命于司城以居守。器械、马匹,惟其所用。事已复初。各村里,仍听自相团练。

凡郊以外遇警,士民各以资粮运入城,随寄所亲。无亲属则寄官府。惟身备计日之粮,以待变。避寇入城,则听其乡长辨认而入,各依所亲。远方至者各依寺院,无食者报名给食。

每乡遇夜,轮一火夫鸣锣直更,口宣火烛六义以为常。

一、保甲之禁

一、不许私自宫刑，

一、不许停丧娶妻，

一、不许同姓为婚，

一、不许私娼卖奸，

一、不许妇女入庙，(如东岳戒坛混会，尤禁。)

一、不许宴集梨园，

一、不许聚会说法，

一、不许教唆词讼，(如拴坐铺房，尤禁。)

一、不许拿讹结把，

一、不许容留面生，

一、不许窝藏赌盗，

一、不许盛行斋醮，

一、不许越境烧香，(如鄚州庙会、泰山进香、南海斋僧，尤禁。)

凡一户犯禁，九户举之。一甲容奸，九甲举之。一保容奸，九保举之。一乡容奸，各乡举之。司坊容奸，上官举之。

1.5.4.2 社仓事宜

入例

一、各户积米已经报官，皆务核实，自书花押。如止虚名而无实米及缺额者，遵示重罚。

一、见年所定积米之数，即为仓本，此后每年秋成科息三分，一并上仓。(仍照出粜，贵贱临时酌定。)若捐息不如额者，罚息米十分之一。

一、各户消长不一，土著不常，有事故者，即以本坊殷实者顶补。(若父子继世，不在此例。)

一、本坊零户有好义者,愿捐社米,自五升以上,听其多寡。其破格从优者,公报上官旌奖,仍书于册。

出例

一、遇岁丰,则听各户随时价发粜;岁歉,则以十之九平粜,十之一施赈。

一、遇大歉,先期掌事者会同通坊长老,沿门挨查的实饥户,分上、中、下三等。上等行粥赈法,中、下等行平粜法。(略分差等。)遇小歉,则但以十之九平粜。

一、平粜法:遇大歉减时价十之二,遇小歉减时价十之一,通定季春发粜一半,季夏发粜一半。其丰年,时价发粜,亦量与同期。

一、粥赈法:查定户口,亦酌以春夏之交,或前或后,百日为期。每日人科米二合,日以为常。愿折干者听,(米若不足,仍候临时设处。)赈不如法者罚。

一、平粜者,五日一次查定户口,每口粜三升,先期分票,(或以竹签。)至期执票交银,还票交米,(加图记。)银取足色,米取上白干净。各户轮流,周而复始,粜不如法者罚。

一、本坊有孝子、悌弟、节妇、贫儒,实行可记,皆每年特赈米三斗,不论丰歉。丧不能举者一斗。(仍量物力多寡。)

一、为非赌博等人,遇荒概不行赈。

一、储米仓厂,目下一时不骤办,今姑借仓殷实之家,听邻佑多寡寄顿。出粜之日,量科耗,米仓主监兑,米主收银,不得升合短少。短少者,除追给外,另行倍罚。

一、仓米积至四百石,此后每年息米,听各户自支自用,徐议造仓。

一、社仓每年推本坊老成殷实者一人掌管。一切出纳,听其主持,仍以三年为任。任满,新谷将登,乃行交代任中一切疏虞,众共纠之,仍随事议罚。

一、凡罚米,轻典一斗以上,重典五斗以上,皆入仓登册。

崇祯十三年庚辰冬十一月晦日,昌安坊里人刘宗周、邢大忠、朱昌祚等同立。

1.5.4.3 乡书

约言

嗟乎！时艰至今日而尚忍言桑梓乎？桑梓不可言,尚忍言身家乎？今天下自公卿士庶而下,无不尽为身谋者。居恒则一膜自封,视功令为弁髦；有事则抱头鼠窜,弃君亲如敝屣,动成圣世之戮民,宁作降累之囚首,此时尚得私有此七尺否乎？而天下事概可知矣,乃知此属政坐不知有身谋者。诚为身谋,则必谋所以托吾身,繇一家而乡而国与天下,孰非所托之地？所托愈远,而所以卫身者愈周。故君子以天下为家,小人亦近托一乡以自固。语云:"天下乱,无安国；一国乱,无安家。"试观今日之域中,谁是处堂之燕雀？南北扰扰有年,幸吾越犹称小康,而震邻日迫,遂有义乌之变,于是当事诸君子亟讲固圉之策,姑退而商乡约、保甲二事,其所以为吾侪小人一身谋,亦云至矣。乃者圣明在御,尤轸民隐,即羽书旁午,不复言加派事,爰下明诏,责成乡人士,若曰:"尔等第在乡言乡尔。子言孝,弟言弟,士服《诗》《书》,农力田,相与无即于愍淫已耳。"而伍两卒徒之众,厉兵讲武之法,已寄于此。昔孟子尝言王政也,曰:"省刑罚,薄税敛,深耕易耨。壮者以暇日修其孝、弟、忠、信,入以事其父兄,出以事其长上,可使制梃以挞秦、楚之坚甲利兵矣。"率是道也,何忧乎外患？昔吾越以君子六千人沼吴,千古以为胜事,流风日远,遗教犹存,矧其沐浴我高皇帝道化之盛垂三百年,声名文物甲于海宇,一时庠序雍容,人拟升堂之彦,家推入室之儒业云。忠信甲胄,礼义干橹,而犹不能以小人是依,建一身一家之业,未之有闻也。嗟乎！同此毛土,谁无君父？止因征敛之乖方,驯至四民之失职,一旦有闻吾君子之教而起者,子与子皆言孝,弟与弟皆言弟,自乡而国,自国而天下,秦、晋、梁、楚,总属门庭,霜露日月,同流血气,或卖刀剑而投诚,或望羽干而来格,内宁外攘,端不越此乡人之政而得之。跂余俟之矣。刘宗周书。

乡约事宜(节奉道府明文)

每坊立一乡。(或合两坊为一乡,都分随宜。)乡有长,统其众保;保有长,统其十甲;甲有长,统其十户。各隶籍以统于官。(乡长以德充,保甲长皆以才选。)

凡约长一人,约副一人,总甲一人,木铎老人一人,夜巡四人。

约训(奉高皇帝圣谕。)

孝顺父母,(忠、孝一理,在家以父母为严君,在国以元后为父母。)

尊敬长上,(子弟敬父兄,百姓敬官长。)

和睦乡里,(息争为上。)

教训子孙,(在势家大族,尤当诫戢僮仆。)

各安生理,(以士、农、工、商为常业。)

毋作非为。(即不安生理之人,禁条具下:)

赌,(尤禁窝赌。)盗,(尤禁窝盗。)私娼,(罪坐夫男。)容留来历不明等人,(凡异乡人以贩客来者,尤须查其籍贯,察其言貌,观其行止,并其随从人与其周身行李,仍限其去来时日,但属可疑,即行押送出境。此外,如游方僧道、弹唱及投递公文、走报人役,皆须一一料察,不得轻易安歇。)讹言,(凡道路流传之言,不得转相告语。传讹者即是生讹之人,法在不容。)夜行,(不得过一更三点,五更三点。)抢火,(火起之家,但许左右两甲奔救,此外不得轻走一步。如遇外坊远保人等,借救火为名乘机窜入,即时驱逐,仍许地方拿获送官。)台戏,(一概神庙皆禁社戏。凡各甲皆不得安歇梨园。违者,两邻即时公逐出境○近有士绅子弟习为风流杂剧,登场扮演,尤伤风化。又有童子鼓乐吹弹迎赛道路者,教训子孙之谓何!)迎神会赛,(近见各神社每花迎一次,或费二三百金。)纵妇女入庙烧香,溺女,锢婢,健讼,(尤禁诬告。)斗殴,(验伤为重。)行使假银。(仍禁做造者。)

约法

德义相长：

孝、敬、睦、训、生理。

以上德行，凡一户有闻，一甲举之；一甲有闻，一保举之；一保有闻，乡约长举之。大节举于官，旌于扁额；小节本乡风励，贫者旌以粟帛。（俟有公资行。）

过失相规：

不孝、不敬、不睦、不训、不安生理。

以上过端，凡一户有犯，一甲举之；一甲有犯，一保举之；一保有犯，乡约长举之。大事致于官，甚者两邻同坐；小事本邻诫饬，知而不举者各罚。

罚例：一等（一两）；二等（五钱）；三等（三钱）。

礼俗相交：

春秋社、（无社田，则一乡醵金，设供以祀土谷神。祀毕会饮，其席五荤、一素、四果，酒十余行罢。）私宴、（亲友常举，以五荤、三素、四果为限，遇盛宴，亦不得台戏。违者各罚。）贺正、贺冬、致端、贺娶妻、贺生子、贺高年、贺进取。（各随俗。）

以上礼节，皆士绅作法，乡人从之，一以俭为训。

患难相恤：

水火（相救），盗贼（相捍），疾病（相问），死丧（相吊），诬枉（相白），灾荒。（相济。或平粜，则量减十之二；或施赈，则每贫户日给米五合；或借贷，则立券交易，其子钱不得过二分。）

以上恤典皆贫者出力，富者出财，一以厚为训。

约礼

讲约公会：

每朔望日，各甲长以上，夙兴候上官，行礼，（设香案，行五拜三叩头，次谒官长。）宣读圣谕六言，礼毕而退。

讲约私会：（公会隔远则举私会。）

每朔望日,士绅会约长行礼,略如前讲。讫,约长公举各户劝惩事件,仍书之册。(劝惩册载后,善者书白圈条下,过则书黑圈条下。)

凡行礼,公会则序爵,官长东序,士绅西序,乡人以下拱而立。私会则序齿,士绅东序,乡长以下西序,乡人皆与坐其下。

约备

每户限田二十亩以上,岁积谷二石有差。(蚕完官税,平粜乡里,官不得取,民不得问,出陈收新,岁积而饶。)健丁。(殷户备。)

每甲备灯笼一盏、器械十件、(铁器七,木棍三。)水缸二只。(随各户所有。)

每保备锣一面、铳五门、(并火药。)弓箭五副。(各保甲中殷实者任之。)

每乡备木铎一具、(三六九日传诵《圣谕》六言,老人司之。)更锣一面。(更夫司之。)

每坊交界处栅门一座。(通十坊坊长置。十年重修,总甲司之。)

1.5.4.4 刘氏义田权舆说(乙丑)

按是举也,又为刘氏义田权舆者何也?谓供祀之外,尚有事于赡族也。呜呼!刘氏之族病甚矣。不肖宗周尝闻长老言,往者祖宗盛时,先司马公嘉惠宗祊,刘氏户田盈万三千亩,而户口落落不及今三之一。当是时,家给人足,礼义兴焉。距今不百年,户口既繁,而田去其籍者复三之一。积此以往,末流之势有莫知所底者。余为之讶然,且嗟咨太息不能已已。嗟乎!盛王不作,生民之失所久矣。强陵弱,众暴寡,与时推移,往往旦握权则窭人为封君,夕失势则公卿之子或为佣隶,无立锥可耕,亦衰世之教然也。假令刘氏生三代盛时,计口而田,分井而作,祖宗之业可历异世无转徙,何论百年间事?既而思之,先王之教虽不复行于后世,而世族大家之中苟有行古之道者,不难法先王之意,以经纪其氏族,使人不失业,暇修其《诗》、《书》、礼、乐,传之长久,亦一家之三代也。江洲之陈氏、浦江之郑门,历数十世如一日,其家积七八百口而可一人使,虽其时主不难捐仓廪佐之,异时国坏而家弗坏,夫独非近世事乎? 然则刘氏之不竞,亦吾党之责已。伯兄健甫以方伯请告家居,目击世泽之陵夷,思有以振之。一日祀典圮,慨然率不肖辈捐俸制田,既上逮吾祖,又以其余者积为赡族资。事虽无几,其后可继也。兄之意盖曰:"吾不能使族之人一一而衣我食我,要在人相为衣食,以损有余补不足而已。"因酌为通例,以勉族人,而不肖亦愬愬之力。慎斯术也以往,能令刘氏子孙尽夺其怀利之见而趋于义,因令刘氏土田渐撤其一己之私而归于公。异日者刘氏之族享于斯,赡于斯,政教于斯,虽有豪强不能兼并,虽有贪暴不能多取,则亦所谓磐石之宗也。又百年而绳刘氏之业,亦何至低徊往事如吾党? 即不必同牢共爨,其风尚亦有可观,庶几行古之道云耳。故事有至微,而承累之可以巨,权舆之说是也。义田之举,古人先之矣。本朝陈恭愍居官廉,犹以俸十之六为思远庄,公之族人。后公没,子孙食贫,族人还之。罗文毅又常有是心而力不逮,赍志以终,古道之难行如此。夫诚以二公之德之心而不苦于力,又不使没身而即废其绪,则今日之义,所以窃与于权舆者也,亦以成先司马之德也。天启乙丑冬至后二日,不肖裔孙宗周顿首谨书。

1.5.5 明夷待访录[1]

提要:《明夷待访录》为明末清初思想家黄宗羲撰写的政治著作。黄宗羲(1610—1695),字太冲,一字德冰,号南雷先生,别号梨洲老人、梨洲山人等,学者称"梨洲先生",绍兴府余姚县(今浙江余姚)人。明末清初经学家、史学家、思想家、教育家。黄宗羲的学问极博,思想深邃,著作宏富,一生著述多至五十余种、三百多卷,其中最为重要的有《明儒学案》

---

[1] 沈善洪主编,吴光执行主编:《黄宗羲全集》(第一册),浙江古籍出版社2005年版。

《宋元学案》《明夷待访录》《孟子师说》等。《明夷待访录》成书于明清之际,该书通过对历史的深刻反思,总结了秦汉以来,特别是明代的历史教训,批判了封建君主专制制度,并提出了"天下为主,君为客"等一系列从中国传统文化中生发的民主政治观念,其中包含着对基层社会治理的重要设想。

1.5.5.1 题辞

余常疑孟子一治一乱之言,何三代而下之有乱无治也?乃观胡翰所谓十二运者,起周敬王甲子以至于今,皆在一乱之运。向后二十年交入"大壮",始得一治,则三代之盛犹未绝望也。前年壬寅夏,条具为治大法,未卒数章,遇火而止。今年自蓝水返于故居,整理残帙,此卷犹未失落于担头舱底,儿子某某请完之。冬十月,雨窗削笔,喟然而叹曰:昔王冕仿《周礼》,著书一卷,自谓"吾未即死,持此以遇明主,伊、吕事业不难致也",终不得少试以死。冕之书未得见,其可致治与否,固未可知。然乱运未终,亦何能为"大壮"之交!吾虽老矣,如箕子之见访,或庶几焉。岂因"夷之初旦,明而未融",遂秘其言也!癸卯,梨洲老人识。

1.5.5.2 原君

有生之初,人各自私也,人各自利也,天下有公利而莫或兴之,有公害而莫或除之。有人者出,不以一己之利为利,而使天下受其利,不以一己之害为害,而使天下释其害。此其人之勤劳必千万于天下之人。夫以千万倍之勤劳而己又不享其利,必非天下之人情所欲居也。故古之人君,量而不欲入者,许由、务光是也;入而又去之者,尧、舜是也;初不欲入而不得去者,禹是也。岂古之人有所异哉?好逸恶劳,亦犹夫人之情也。

后之为人君者不然。以为天下利害之权皆出于我,我以天下之利尽归于己,以天下之害尽归于人,亦无不可。使天下之人不敢自私,不敢自利,以我之大私为天下之大公。始而惭焉,久而安焉,视天下为莫大之产业,传之子孙,受享无穷,汉高帝所谓"某业所就,孰与仲多"者,其逐利之情不觉溢之于辞矣。此无他,古者以天下为主,君为客,凡君之所毕世而经营者,为天下也。今也以君为主,天下为客,凡天下之无地而得安宁者,为君也。是以其未得之也,屠毒天下之肝脑,离散天下之子女,以博我一人之产业,曾不惨然!曰"我固为子孙创业也"。其既得之也,敲剥天下之骨髓,离散天下之子女,以奉我一人之淫乐,视为当然,曰"此我产业之花息也"。然则为天下之大害者,君而已矣。向使无君,人各得自私也,人各得自利也。呜呼,岂设君之道固如是乎!

　　古者天下之人爱戴其君,比之如父,拟之如天,诚不为过也。今也天下之人怨恶其君,视之如寇仇,名之为独夫,固其所也。而小儒规规焉以君臣之义无所逃于天地之间,至桀、纣之暴,犹谓汤、武不当诛之,而妄传伯夷、叔齐无稽之事,使兆人万姓崩溃之血肉,曾不异夫腐鼠。岂天地之大,于兆人万姓之中,独私其一人一姓乎?是故武王圣人也,孟子之言,圣人之言也。后世之君,欲以如父如天之空名禁人之窥伺者,皆不便于其言,至废孟子而不立,非导源于小儒乎!

　　虽然,使后之为君者,果能保此产业,传之无穷,亦无怪乎其私之也。既以产业视之,人之欲得产业,谁不如我?摄缄縢,固扃鐍,一人之智力不能胜天下欲得之者之众,远者数世,近者及身,其血肉之崩溃在其子孙矣。

　　昔人愿世世无生帝王家,而毅宗之语公主,亦曰:"若何为生我家!"痛哉斯言!回思创业时,其欲得天下之心,有不废然摧沮者乎!是故明乎为君之职分,则唐、虞之世,人人能让,许由、务光非绝尘也;不明乎为君之职分,则市井之间,人人可欲,许由、务光所以旷后世而不闻也。然君之职分难明,以俄顷淫乐不易无穷之悲,虽愚者亦明之矣。

1.5.5.3 原法

三代以上有法,三代以下无法。何以言之? 二帝、三王知天下之不可无养也,为之授田以耕之;知天下之不可无衣也,为之授地以桑麻之;知天下之不可无教也,为之学校以兴之,为之婚姻之礼以防其淫,为之卒乘之赋以防其乱。此三代以上之法也,固未尝为一己而立也。后之人主,既得天下,唯恐其祚命之不长也,子孙之不能保有也,思患于未然以为之法。然则其所谓法者,一家之法,而非天下之法也。是故秦变封建而为郡县,以郡县得私于我也;汉建庶孽,以其可以藩屏于我也;宋解方镇之兵,以方镇之不利于我也。此其法何曾有一毫为天下之心哉! 而亦可谓之法乎?

三代之法,藏天下于天下者也。山泽之利不必其尽取,刑赏之权不疑其旁落,贵不在朝廷也,贱不在草莽也。在后世方议其法之疏,而天下之人不见上之可欲,不见下之可恶,法愈疏而乱愈不作,所谓无法之法也。后世之法,藏天下于筐箧者也。利不欲其遗于下,福必欲其敛于上;用一人焉则疑其自私,而又用一人以制其私;行一事焉则虑其可欺,而又设一事以防其欺。天下之人共知其筐箧之所在,吾亦鳃鳃然日唯筐箧之是虞,故其法不得不密。法愈密而天下之乱即生于法之中,所谓非法之法也。

论者谓一代有一代之法,子孙以法祖为孝。夫非法之法,前王不胜其利欲之私以创之,后王或不胜其利欲之私以坏之。坏之者固足以害天下,其创之者亦未始非害天下者也。乃必欲周旋于此胶彼漆之中,以博宪章之余名,此俗儒之剿说也。即论者谓天下之治乱不系于法之存亡。夫古今之变,至秦而一尽,至元而又一尽。经此二尽之后,古圣王之所恻隐爱人而经营者荡然无具,苟非为之远思深览,一一通变,以复井田、封建、学校、卒乘之旧,虽小小更革,生民之戚戚终无已时也。即论者谓有治人无治法,吾以谓有治法而后有治人。自非法之法桎梏天下人之手足,即有能治之人,终不胜其牵挽嫌疑之顾盼,有所设施,亦就其分之所得,安于苟简,而不能有度外之功名。使先王之法而在,莫不有法外之意存乎其间。其人是也,则可以无不行之意;其人非也,亦不至深刻罗网,反害天下。故曰有治法而后有治人。

1.5.5.4 学校

学校,所以养士也。然古之圣王,其意不仅此也,必使治天下之具皆出于学校,而后设学校之意始备。非谓班朝,布令,养老,恤孤,讯馘,大师旅则会将士,大狱讼则期吏民,大祭祀则享始祖,行之自辟雍也。盖使朝廷之上,间阎之细,渐摩濡染,莫不有诗书宽大之气,天子之所是未必是,天子之所非未必非,天子亦遂不敢自为非是,而公其非是于学校。是故养士为学校之一事,而学校不仅为养士而设也。

三代以下,天下之是非一出于朝廷。天子荣之,则群趋以为是;天子辱之,则群摘以为非。簿书、期会、钱谷、戎狱,一切委之俗吏。时风众势之外,稍有人焉,便以为学校中无当于缓急之习气。而其所谓学校者,科举嚣争,富贵熏心,亦遂以朝廷之势利一变其本领,而士之有才能学术者,且往往自拔于草野之间,于学校初无与也,究竟养士一事亦失之矣。

于是学校变而为书院。有所非也,则朝廷必以为是而荣之;有所是也,则朝廷必以为非而辱之。伪学之禁,书院之毁,必欲以朝廷之权与之争胜。其不仕者有刑,曰:"此率天下士大夫而背朝廷者也。"其始也,学校与朝廷无与;其继也,朝廷与学校相反。不特不能养士,且至于害士,犹然循其名而立之何与?

东汉太学三万人,危言深论,不隐豪强,公卿避其贬议。宋诸生伏阙捶鼓,请起李纲。三代遗风,惟此犹为相近。使当日之在朝廷者,以其所非是为非是,将见盗贼奸邪慑心于正气霜雪之下!君安而国可保也。乃论者目之为衰世之事,不知其所以亡者,收捕党人,编管陈、欧,正坐破坏学校所致,而反咎学校之人乎!

嗟乎！天之生斯民也，以教养托之于君。授田之法废，民买田而自养，犹赋税以扰之；学校之法废，民蚩蚩而失教，犹势利以诱之。是亦不仁之甚，而以其空名跻之曰"君父，君父"，则吾谁欺！

郡县学官，毋得出自选除。郡县公议，请名儒主之。自布衣以至宰相之谢事者，皆可当其任，不拘已任未任也。其人稍有干于清议，则诸生得共起而易之，曰："是不可以为吾师也。"其下有《五经》师，兵、法、历、算、医、射各有师，皆听学官自择。凡邑之生童皆裹粮蒙从学，离城烟火聚落之处士人众多者，亦置经师。民间童子十人以上，则以诸生之老而不仕者充为蒙师。故郡邑无无师之士，而士之学行成者，非主六曹之事，则主分教之务，亦无不用之人。

学宫以外，凡在城在野寺观庵堂，大者改为书院，经师领之，小者改为小学，蒙师领之，以分处诸生受业。其寺产即隶于学，以赡诸生之贫者。二氏之徒，分别其有学行者，归之学宫，其余则各还其业。

太学祭酒，推择当世大儒，其重与宰相等，或宰相退处为之。每朔日，天子临幸太学，宰相、六卿、谏议皆从之。祭酒南面讲学，天子亦就弟子之列。政有缺失，祭酒直言无讳。

天子之子年至十五，则与大臣之子就学于太学，使知民之情伪，且使之稍习于劳苦，毋得闭置宫中，其所闻见不出宦官宫妾之外，妄自崇大也。

郡县朔望，大会一邑之缙绅士子。学官讲学，郡县官就弟子列，北面再拜。师弟子各以疑义相质难。其以簿书期会，不至者罚之。郡县官政事缺失，小则纠绳，大则伐鼓号于众。其或僻郡下县，学官不得骤得名儒，而郡县官之学行过之者，则朔望之会，郡县官南面讲学可也。若郡县官少年无实学，妄自压老儒而上之者，则士子哗而退之。

择名儒以提督学政，然学官不隶属于提学，以其学行名辈相师友也。每三年，学官送其俊秀于提学而考之，补博士弟子；送博士弟子于提学而考之，以解礼部，更不别遣考试官。发榜所遗之士，有平日优于学行者，学官咨于提学补入之。其弟子之罢黜,学官以生平定之,而提学不与焉。

学历者能算气朔,即补博士弟子。其精者同入解额,使礼部考之,官于钦天监。学医者送提学考之,补博士弟子,方许行术。岁终,稽其生死效否之数,书之于册,分为三等:下等黜之;中等行术如故;上等解试礼部,入太医院而官之。

凡乡饮酒,合一郡一县之缙绅士子。士人年七十以上,生平无玷清议者,庶民年八十以上,无过犯者,皆以齿南面,学官、郡县官皆北面,宪老乞言。

凡乡贤名宦祠,毋得以势位及子弟为进退。功业气节则考之国史,文章则稽之传世,理学则定之言行。此外乡曲之小誉,时文之声名,讲章之经学,依附之事功,已经入祠者皆罢之。

凡郡邑书籍,不论行世藏家,博搜重购。每书钞印三册,一册上秘府,一册送太学,一册存本学。时人文集,古文非有师法,语录非有心得,奏议无裨实用,序事无补史学者,不许传刻。其时文、小说、词曲、应酬代笔,已刻者皆追板烧之。士子选场屋之文及私试义策,蛊惑坊市者,弟子员黜革,见任官落职,致仕官夺告身。

民间吉凶,一依朱子《家礼》行事。庶民未必通谙其丧服之制度,木主之尺寸,衣冠之式,宫室之制,在市肆工艺者,学官定而付之;离城聚落,蒙师相其礼以革习俗。

凡一邑之名迹及先贤陵墓祠宇,其修饰表章,皆学官之事。淫祠通行拆毁,但留土谷,设主祀之。故入其境,有违礼之祀,有非法之服,市悬无益之物,土留未掩之丧,优歌在耳,鄙语满街,则学官之职不修也。

第二章
中国古代基层社会治理制度

提要： 中国传统基层社会的基本构成单位是家，基层社会治理在很大程度上就是家的治理，齐家在某种意义上就是治理基层社会。几千年来，中国产生了数不胜数的治家文献，其中家训、家范等是较为成熟的体例，既包含了较为丰富的基层社会治理思想，也提供了较为系统、完善的基层社会治理的制度规范，迄今仍具有重要的历史意义和参考价值。中国传统社会是一个家族乡里共生、共享和共治的体系，除了家训之外，还形成了诸多的家法族规，它们在传统基层社会治理中扮演着重要角色。在家训及家法之外，中国传统基层社会中其他类型的基层社会组织所形成的类似于村规民约之类的制度规范，也在基层社会治理方面发挥着重要作用，其中尤以乡约等民间社会自发生成的组织体系及制度规范最为特色。

2.1 中国古代重要家训家范选辑

家训作为齐家的重要依托,在中国传统时代普遍存在,且在基层社会治理中发挥着关键作用,对于基层社会治理的效果有着十分重要的影响。家训虽然普遍地存在于家谱等文献中,但在传统时代具有较强的隐秘性,绝大多数家训都没有产生社会影响力。少数几部具有广泛影响的家训则在广大范围内发挥着示范性的作用。这里辑录的几部家训即属于这一类。

2.1.1 颜氏家训[1]

提要:《颜氏家训》是南北朝时期移居江陵(今湖北江陵)的颜氏家族代表人物颜之推所撰。颜之推(531—约597),字介,祖籍琅琊临沂(今山东临沂)。南北朝时期著名思想家、文学家、教育家。颜之推出身士族,从小深受儒家名教礼法的熏陶,博识有才,所著《颜氏家训》被后人誉为"家教典范",具有很高的史料价值。《颜氏家训》共有七卷,二十篇。篇目依次是:序致、教子、兄弟、后娶、治家、风操、慕贤、勉学、文章、名实、涉务、省事、止足、诫兵、养心、归心、书证、音辞、杂艺、终制。

2.1.1.1 序致

夫圣贤之书,教人诚孝,慎言检迹,立身扬名,亦已备矣。魏、晋已来,所著

---

[1] 夏家善主编:《颜氏家训》,夏家善、夏春田注释,天津古籍出版社2016年版。

诸子,理重事复,递相模效,犹屋下架屋,床上施床耳。吾今所以复为此者,非敢轨物范世也,业以整齐门内,提撕子孙。夫同言而信,信其所亲;同命而行,行其所服。禁童子之暴谑,则师友之诫,不如傅婢之指挥;止凡人之斗阋,则尧舜之道,不如寡妻之诲谕。吾望此书为汝曹之所信,犹贤于傅婢寡妻耳。

吾家风教,素为整密。昔在龆龀,便蒙诱诲;每从两兄,晓夕温清,规行矩步,安辞定色,锵锵翼翼,若朝严君焉。赐以优言,问所好尚,励短引长,莫不恳笃。年始九岁,便丁荼蓼,家涂离散,百口索然。慈兄鞠养,辛苦备至;有仁无威,导示不切。虽读《礼》《传》,微爱属文,颇为凡人之所陶染,肆欲轻言,不修边幅。年十八九,少知砥砺,习若自然,卒难洗荡。二十已后,大过稀焉;每常心共口敌,性与情竞,夜觉晓非,今悔昨失,自怜无教,以至于斯。追思平昔之指,铭肌镂骨,非徒古书之诫,经目过耳也。故留此二十篇,以为汝曹后车耳。

2.1.1.2 教子

上智不教而成,下愚虽教无益,中庸之人,不教不知也。古者,圣王有胎教之法:怀子三月,出居别宫,目不邪视,耳不妄听,音声滋味,以礼节之。书之玉版,藏诸金匮。生子咳嗖,师保固明,孝仁礼义,导习之矣。凡庶纵不能尔,当及婴稚,识人颜色,知人喜怒,便加教诲,使为则为,使止则止。比及数岁,可省笞罚。父母威严而有慈,则子女畏慎而生孝矣。吾见世间,无教而有爱,每不能然,饮食运为,恣其所欲,宜诫翻奖,应呵反笑,至有识知,谓法当尔。骄慢已习,方复制之,捶挞至死而无威,忿怒日隆而增怨,逮于成长,终为败德。……

凡人不能教子女者,亦非欲陷其罪恶;但重于呵怒,伤其颜色,不忍楚挞惨其肌肤耳。当以疾病为谕,安得不用汤药针艾救之哉?又宜思勤督训者,可愿苟虐于骨肉乎?诚不得已也。

……

父子之严,不可以狎;骨肉之爱,不可以简。简则慈孝不接,狎则怠慢生焉。由命士以上，父子异宫，此不狎之道也；抑搔痒痛，悬衾箧枕，此不简之教也。

…………

人之爱子，罕亦能均；自古及今，此弊多矣。贤俊者自可赏爱，顽鲁者亦当矜怜，有偏宠者，虽欲以厚之，更所以祸之。共叔之死，母实为之。赵王之戮，父实使之。刘表之倾宗覆族，袁绍之地裂兵亡，可为灵龟明鉴也。

2.1.1.3 兄弟

夫有人民而后有夫妇，有夫妇而后有父子，有父子而后有兄弟：一家之亲，此三而已矣。自兹以往，至于九族，皆本于三亲焉，故于人伦为重者也，不可不笃。

兄弟者，分形连气之人也，方其幼也，父母左提右挈，前襟后裾，食则同案，衣则传服，学则连业，游则共方，虽有悖乱之人，不能不相爱也。及其壮也，各妻其妻，各子其子，虽有笃厚之人，不能不少衰也。娣姒之比兄弟，则疏薄矣；今使疏薄之人，而节量亲厚之恩，犹方底而圆盖，必不合矣。惟友悌深至，不为旁人之所移者，免夫！

二亲既殁，兄弟相顾，当如形之与影，声之与响；爱先人之遗体，惜己身之分气，非兄弟何念哉？兄弟之际，异于他人，望深则易怨，地亲则易弭。譬犹居室，一穴则塞之，一隙则涂之，则无颓毁之虑；如雀鼠之不恤，风雨之不防，壁陷楹沦，无可救矣。仆妾之为雀鼠，妻子之为风雨，甚哉！

兄弟不睦，则子侄不爱；子侄不爱，则群从疏薄；群从疏薄，则僮仆为仇敌矣。如此，则行路皆踏其面而蹈其心，谁救之哉？人或交天下之士，皆有欢爱，而失敬于兄者，何其能多而不能少也！人或将数万之师，得其死力，而失恩于弟者，何其能疏而不能亲也！

2.1.1.4 治家

夫风化者,自上而行于下者也,自先而施于后者也。是以父不慈则子不孝,兄不友则弟不恭,夫不义则妇不顺矣。父慈而子逆,兄友而弟傲,夫义而妇陵,则天之凶民,乃刑戮之所摄,非训导之所移也。

笞怒废于家,则竖子之过立见;刑罚不中,则民无所措手足。治家之宽猛,亦犹国焉。

$\cdots\cdots\cdots\cdots$

生民之本,要当稼穑而食,桑麻以衣。蔬果之畜,园场之所产;鸡豚之善,埘圈之所生。爰及栋宇器械,樵苏脂烛,莫非种殖之物也。至能守其业者,闭门而为生之具以足,但家无盐井耳。今北土风俗,率能躬俭节用,以赡衣食;江南奢侈,多不逮焉。

$\cdots\cdots\cdots\cdots$

世间名士,但务宽仁;至于饮食饷馈,僮仆减损,施惠然诺,妻子节量,狎侮宾客,侵耗乡党:此亦为家之巨蠹矣。

$\cdots\cdots\cdots\cdots$

妇主中馈,惟事酒食衣服之礼耳,国不可使预政,家不可使干蛊;如有聪明才智,识达古今,正当辅佐君子,助其不足,必无牝鸡晨鸣,以致祸也。

$\cdots\cdots\cdots\cdots$

婚姻素对,靖侯成规。近世嫁娶,遂有卖女纳财,买妇输绢,比量父祖,计较锱铢,责多还少,市井无异。或猥婿在门,或傲妇擅室,贪荣求利,反招羞耻,可不慎欤!

借人典籍,皆须爱护,先有缺坏,就为补治,此亦士大夫百行之一也。济阳江禄,读书未竟,虽有急速,必待卷束整齐,然后得起,故无损败,人不厌其求假焉。或有狼籍几案,分散部帙,多为童幼婢妾之所点污,风雨虫鼠之所毁伤,实为累德。

2.1.1.5 风操

吾观《礼经》,圣人之教:箕帚匕箸,咳唾唯诺,执烛沃盥,皆有节文,亦为至矣。但既残缺,非复全书;其有所不载,及世事变改者,学达君子,自为节度,相承行之,故世号士大夫风操。而家门颇有不同,所见互称长短;然其阡陌,亦自可知。昔在江南,目能视而见之,耳能听而闻之;蓬生麻中,不劳翰墨。汝曹生于戎马之间,视听之所不晓,故聊记录,以传示子孙。

…………

凡避讳者,皆须得其同训以代换之:桓公名白,博有五皓之称;厉王名长,琴有修短之目。不闻谓布帛为布皓,呼肾肠为肾修也。梁武小名阿练,子孙皆呼练为绢;乃谓销炼物为销绢物,恐乖其义。或有讳云者,呼纷纭为纷烟;有讳桐者,呼梧桐树为白铁树,便似戏笑耳。

…………

凡与人言,称彼祖父母、世父母、父母及长姑,皆加尊字,自叔父母已下,则加贤字,尊卑之差也。王羲之书,称彼之母与自称己母同,不云尊字,今所非也。

南人冬至岁首,不诣丧家;若不修书,则过节束带以申慰。北人至岁之日,重行吊礼;礼无明文,则吾不取。南人宾至不迎,相见捧手而不揖,送客下席而已;北人迎送并至门,相见则揖,皆古之道也,吾善其迎揖。

昔者,王侯自称孤、寡、不谷,自兹以降,虽孔子圣师,与门人言皆称名也。后虽有臣仆之称,行者盖亦寡焉。江南轻重,各有谓号,具诸《书仪》;北人多称名者,乃古之遗风,吾善其称名焉。

…………

古人皆呼伯父、叔父,而今世多单呼伯、叔。从父兄弟姊妹已孤,而对其前,呼其母为伯叔母,此不可避者也。兄弟之子已孤,与他人言,对孤者前,呼为兄子、弟子,颇为不忍;北土人多呼为侄。案《尔雅》《丧服经》《左传》,侄虽名通男女,并是对姑之称。晋世已来,始呼叔侄;今呼为侄,于理为胜也。

  …………

凡宗亲世数,有从父,有从祖,有族祖。江南风俗,自兹已往,高秩者,通呼为尊,同昭穆者,虽百世犹称兄弟;若对他人称之,皆云族人。河北士人,虽三二十世,犹呼为从伯从叔。……

古者,名以正体,字以表德,名终则讳之,字乃可以为孙氏。孔子弟子记事者,皆称仲尼;吕后微时,尝字高祖为季;至汉爰种,字其叔父曰丝;王丹与侯霸子语,字霸为君房。江南至今不讳字也。河北士人全不辨之,名亦呼为字,字固呼为字。尚书王元景兄弟,皆号名人,其父名云,字罗汉,一皆讳之,其余不足怪也。

2.1.1.6 慕贤

古人云:"千载一圣,犹旦暮也;五百年一贤,犹比髆也。"言圣贤之难得,疏阔如此。傥遭不世明达君子,安可不攀附景仰之乎?吾生于乱世,长于戎马,流离播越,闻见已多;所值名贤,未尝不心醉魂迷向慕之也。人在少年,神情未定,所与款狎,熏渍陶染,言笑举动,无心于学,潜移暗化,自然似之;何况操履艺能,较明易习者也?是以与善人居,如入芝兰之室,久而自芳也;与恶人居,如入鲍鱼之肆,久而自臭也。墨子悲于染丝,是之谓矣。君子必慎交游焉。孔子曰:"无友不如己者。"颜、闵之徒,何可世得!但优于我,便足贵之。

世人多蔽,贵耳贱目,重遥轻近。少长周旋,如有贤哲,每相狎侮,不加礼敬;他乡异县,微借风声,延颈企踵,甚于饥渴。校其长短,核其精粗,或彼不能如此矣。所以鲁人谓孔子为东家丘,昔虞国宫之奇,少长于君,君狎之,不纳其谏,以至亡国,不可不留心也。

用其言,弃其身,古人所耻。凡有一言一行,取于人者,皆显称之,不可窃人之美,以为己力;虽轻虽贱者,必归功焉。窃人之财,刑辟之所处;窃人之美,鬼神之所责。

············

齐文宣帝即位数年,便沉湎纵恣,略无纲纪;尚能委政尚书令杨遵彦,内外清谧,朝野晏如,各得其所,物无异议,终天保之朝。遵彦后为孝昭所戮,刑政于是衰矣。斛律明月,齐朝折冲之臣,无罪被诛,将士解体,周人始有吞齐之志,关中至今誉之。此人用兵,岂止万夫之望而已也!国之存亡,系其生死。

2.1.1.7 勉学

自古明王圣帝,犹须勤学,况凡庶乎!此事遍于经史,吾亦不能郑重,聊举近世切要,以启寤汝耳。士大夫子弟,数岁已上,莫不被教,多者或至《礼》《传》,少者不失《诗》《论》。及至冠婚,体性稍定;因此天机,倍须训诱。有志尚者,遂能磨砺,以就素业;无履立者,自兹堕慢,便为凡人。人生在世,会当有业:农民则计量耕稼,商贾则讨论货贿,工巧则致精器用,伎艺则沉思法术,武夫则惯习弓马,文士则讲议经书。多见士大夫耻涉农商,羞务工伎,射则不能穿札,笔则才记姓名,饱食醉酒,忽忽无事,以此销日,以此终年。或因家世余绪,得一阶半级,便自为足,全忘修学;及有吉凶大事,议论得失,蒙然张口,如坐云雾;公私宴集,谈古赋诗,塞默低头,欠伸而已。有识旁观,代其入地。何惜数年勤学,长受一生愧辱哉!

············

古之学者为己,以补不足也;今之学者为人,但能说之也。古之学者为人,行道以利世也;今之学者为己,修身以求进也。夫学者犹种树也,春玩其华,秋登其实;讲论文章,春华也,修身利行,秋实也。

人生小幼,精神专利,长成已后,思虑散逸,固须早教,勿失机也。吾七岁时,诵《灵光殿赋》,至于今日,十年一理,犹不遗忘;二十之外,所诵经书,一月废置,便至荒芜矣。然人有坎壈,失于盛年,犹当晚学,不可自弃。孔子云:"五十以学《易》,可以无大过矣。"魏武、袁遗,老而弥笃,此皆少学而至老不倦也。曾子七十乃学,名闻天下;荀卿五十,始来游学,犹为硕儒;公孙弘四十余,方读《春秋》,以此遂登丞相;朱云亦四十始学《易》《论语》;皇甫谧二十始受《孝经》《论语》,皆终成大儒,此并早迷而晚寤也。世人婚冠未学,便称迟暮,因循面墙,亦为愚耳。幼而学者,如日出之光,老而学者,如秉烛夜行,犹贤乎瞑目而无见者也。

学之兴废,随世轻重。汉时贤俊,皆以一经弘圣人之道,上明天时,下该人事,用此致卿相者多矣。末俗已来不复尔,空守章句,但诵师言,施之世务,殆无一可。故士大夫子弟,皆以博涉为贵,不肯专儒。梁朝皇孙以下,总丱之年,必先入学,观其志尚,出身已后,便从文史,略无卒业者。冠冕为此者,则有何胤、刘瓛、明山宾、周舍、朱异、周弘正、贺琛、贺革、萧子政、刘绰等,兼通文史,不徒讲说也。洛阳亦闻崔浩、张伟、刘芳,邺下又见邢子才,此四儒者,虽好经术,亦以才博擅名。如此诸贤,故为上品,以外率多田野间人,音辞鄙陋,风操蚩拙,相与专固,无所堪能,问一言辄酬数百,责其指归,或无要会。……夫圣人之书,所以设教,但明练经文,粗通注义,常使言行有得,亦足为人。

2.1.2 温公家范[1]

提要:《温公家范》为北宋名臣司马光所撰,是中国传统社会进行家庭道德教育的重要文本。司马光(1019—1086),字君实,号迂叟,陕州夏县涑水乡(今属山西夏县)人,世称"涑水先生"。北宋时期政治家、史学

---

[1] 陈君慧编:《中华家训大全》,北方文艺出版社2014年版。

家、文学家。宋仁宗宝元元年(1038)进士,初任地方官,后为京官,任天章阁待制兼知谏院,在英宗时进龙图阁直学士,神宗初任翰林兼侍读学士,因反对王安石变法,司马光辞归洛阳隐居十五年,哲宗时起复。著有《温国文正司马公文集》等。司马光所撰《温公家范》也称《家范》,全书十卷,共十九篇,书中引征《易经》《诗经》《大学》等儒家经典中的治家、修身格言,以历代治家有方的实例和典范,详细剖析了父慈子孝、夫妻和睦、兄弟友爱、婆慈媳婉等家庭伦理。

2.1.2.1 治家

齐晏婴曰:"君令臣共、父慈子孝、兄爱弟敬、夫和妻柔、姑慈妇听,礼也。"君令而不违,臣共而不二,父慈而教,子孝而箴,兄爱而友,弟敬而顺,夫和而义,妻柔而正,姑慈而从,妇听而婉,礼之善物也。

夫治家莫如礼。男女之别,礼之大节也,故治家者必以为先。礼:男女不杂坐,不同椸枷,不同巾栉,不亲授受;嫂叔不通问,诸母不漱裳;外言不入于阃,内言不出于阃。女子许嫁,缨。非有大故不入其门。姑、姊、妹、女子子,已嫁而反,兄弟弗与同席而坐,弗与同器而食。

男女非有行媒不相知名,非受币不交不亲,故日月以告君,斋戒以告鬼神,为酒食以召乡党僚友,以厚其加别也。

又男女非祭非丧,不相授器。其相授,则女受以篚;其无篚,则皆坐奠之而后取之。外内不共井,不共湢浴,不通寝席,不通乞假。男子入内,不啸不指;夜行以烛,无烛则止。女子出门,必拥蔽其面;夜行以烛,无烛则止。道路,男子由右,女子由左。

又子生七年,男女不同席,不共食。男子十年,出就外傅,居宿于外。女子十年不出。又妇人送迎不出门,见兄弟不逾阈。

2.1.2.2 祖

为人祖者,莫不思利其后世,然果能利之者,鲜矣。何以言之?今之为后世谋者,不过广营生计以遗之。田畴连阡陌,邸肆跨坊曲,粟麦盈囷仓,金帛充箧笥,慊慊然求之犹未足,施施然自以为子子孙孙累世用之莫能尽也。然不知以义方训其子,以礼法齐其家。自于数十年中勤身苦体以聚之,而子孙于时岁之间奢靡游荡以散之,反笑其祖考之愚,不知自娱,又怨其吝啬,无恩于我,而厉虐之也。始则欺绐攘窃,以充其欲;不足,则立券举债于人,俟其死而偿之。观其意,惟患其考之寿也。甚者至于有疾不疗,阴行鸩毒,亦有之矣。然则向之所以利后世者,适足以长子孙之恶而为身祸也。顷尝有士大夫,其先亦国朝名臣也,家甚富而尤吝啬,斗升之粟、尺寸之帛,必身自出纳,锁而封之。昼而佩钥于身,夜则置钥于枕下。病甚,困绝不知人,子孙窃其钥,开藏室,发箧笥,取其财。其人后苏,即扪枕下,求钥不得,愤怒遂卒。其子孙不哭,相与争匿其财,遂致斗讼。其处女亦蒙首执牒,自讦于府庭,以争嫁资,为乡党笑。盖由子孙自幼及长,惟知有利,不知有义故也。夫生生之资,固人所不能无,然勿求多余,多余希不为累矣。使其子孙果贤耶,岂蔬粝布褐不能自营,至死于道路乎?若其不贤耶,虽积金满堂,奚益哉?多藏以遗子孙,吾见其愚之甚也。然则贤圣皆不顾子孙之匮乏邪?曰:何为其然也?昔者圣人遗子孙以德以礼,贤人遗子孙以廉以俭。舜自侧微积德至于为帝,子孙保之,享国百世而不绝。周自后稷、公刘、太王、王季、文王,积德累功,至于武王而有天下。其《诗》曰:"诒厥孙谋,以燕翼子。"言丰德[厚]泽,明礼法,以遗后世而安固之也。故能子孙承统八百余年,其支庶犹为天下之显,诸侯棋布于海内。其为利岂不大哉!

2.1.2.3 父

陈亢问于伯鱼曰:"子亦有异闻乎?"对曰:"未也。尝独立,鲤趋而过庭。

曰：'学诗乎？'对曰：'未也。''不学诗无以言。'鲤退而学诗。他日又独立，鲤趋而过庭。曰：'学礼乎？'对曰：'未也。''不学礼无以立。'鲤退而学礼。闻斯二者。"陈亢退而喜曰："问一得三，闻诗，闻礼，又闻君子之远其子也。"

曾子曰："君子之于子，爱之而勿面，使之而勿貌，遵之以道而勿强言；心虽爱之不形于外，常以严庄莅之，不以辞色悦之也。不遵之以道，是弃之也。然强之，或伤恩，故以日月渐磨之也。"

石碏谏卫庄公曰："臣闻爱子教之以义方，弗纳于邪，骄奢淫逸，所自邪也。四者之来，宠禄过也。"自古知爱子不知教，使至于危辱乱亡者，可胜数哉！夫爱之，当教之使成人。爱之而使陷于危辱乱亡，乌在其能爱子也？人之爱其子者多曰："儿幼，未有知耳，俟其长而教之。"是犹养恶木之萌芽，曰："俟其合抱而伐之，"其用力顾不多哉？又如开笼放鸟而捕之，解缰放马而逐之，曷若勿纵勿解之为易也！

曾子之妻出外，儿随而啼。妻曰："勿啼！吾归，为尔杀豕。"妻归，以语曾子。曾子即烹豕以食儿，曰："毋教儿欺也。"

2.1.2.4 母

孟轲之母，其舍近墓，孟子之少也，嬉戏为墓间之事，踊跃筑埋。孟母曰："此非所以居之也。"乃去。舍市傍，其嬉戏为炫卖之事。孟母又曰："此非所以居之也。"乃徙。舍学宫之傍，其嬉戏乃设俎豆揖让进退。孟母曰："此真可以居子矣！"遂居之。

晋太尉陶侃，早孤，贫，为县吏。番阳孝廉范逵尝过侃，时仓促无以待宾。其母乃截发，得双髲以易酒肴。逵荐侃于庐江太守，召为督邮，由此得仕进。

唐侍御史赵武孟，少好田猎，尝获肥鲜以遗母。母泣曰："汝不读书，而田猎如是，吾无望也！"竟不食其膳。武孟感激勤学，遂博通经史，举进士，至美官。

太子少保李景让母郑氏，性严明，早寡家贫，亲教诸子。久雨，宅后古墙颓陷，得钱满缸。奴婢喜，走告郑。郑焚香祝之曰："天盖以先君余庆，愍妾母子孤贫，赐以此钱，然妾所愿者，诸子学业有成，他日受俸，此钱非所欲也。"亟命掩之。此唯患其子名不立也。

齐相田稷子受下吏金百镒，以遗其母。母曰："夫为人臣不忠，是为人子不孝也。不义之财，非吾有也。不孝之子，非吾子也，子起矣。"稷子遂惭而出，反其金而自归于宣王，请就诛。宣王悦其母之义，遂赦稷子罪，复其位，而以公金赐母。

吴司空孟仁尝为监鱼池官，自结网捕鱼作鲊寄母。母还之曰："汝为鱼官，以鲊寄母，非避嫌也！"

晋陶侃为县吏，尝监鱼池，以一坩鲊遗母。母封鲊责曰："尔以官物遗我，不能益我，乃增吾忧耳。"

隋大理寺卿郑善果母翟[崔]氏，夫郑诚讨尉迟迥，战死。母年二十而寡，父欲夺其志。母抱善果曰："郑君虽死，幸有此儿。弃儿为不慈，背死夫为无礼。"遂不嫁。善果以父死王事，年数岁拜持节大将军，袭爵开封县。

公年四十，授沂州刺史，寻为鲁郡太守。母性贤明，有节操，博涉书史，通晓政事。每善果出听事，母辄坐胡床，于鄣后察之。闻其剖断合理，归则大悦，即赐之坐，相对谈笑；若行事不允，或妄嗔怒，母乃还堂，蒙袂而泣，终日不食，善果伏于床前不敢起。

母方起，谓之曰："吾非怒汝，乃惭汝家耳。吾为汝家妇，获奉洒扫，知汝先君忠勤之士也，守官清恪，未尝问私，以身殉国，继之以死，吾亦望汝副其此心。汝既年小而孤，吾寡耳，有慈无威，使汝不知礼训，何可负荷忠臣之业乎？汝自童稚袭茅土，汝今位至方岳，岂汝身致之邪？不思此事而妄加嗔怒，心缘骄乐，堕于公政，内则坠尔家风，或失亡官爵；外则亏天子之法，以取辜戾。吾死日，何面目见汝先人于地下乎？"

母恒自纺绩，每至夜分而寝。善果曰："儿封侯开国，位居三品，秩俸幸足，母何自勤如此？"答曰："吁！汝年已长，吾谓汝知天下理，今闻此言，故犹未也。至于公事，何由济乎？今此秩俸，乃天子报汝先人之殉命也，当散赡六姻，为先君之惠，奈何独擅其利，以为富贵乎？又丝枲纺绩，妇人之务，上自王后，下及大夫士妻，各有所制，若堕业者，是为骄逸，吾虽不知礼，其可自败名乎？"

唐中书令崔玄暐，初为库部员外郎，母卢氏尝戒之曰："吾尝闻姨兄辛玄驭云：'儿子从官于外，有人来言，其贫窭不能自存，此吉语也；言其富足，车马轻肥，此恶语也。'吾尝重其言。比见中表仕宦者，多以金帛献遗其父母。父母但知忻悦，不问金帛所从来。若以非道得之，此乃为盗而未发者耳，安得不忧而更喜乎？汝今坐食俸禄，苟不能忠清，虽日杀三牲，吾犹食之不下咽也。"玄暐由是以廉谨著名。

李景让，宦已达，发斑白，小有过，其母犹挞之。景让事之，终日常兢兢。及为浙西观察使，有左右都押牙忤景让意，景让杖之而毙。军中愤怒，将为变。母闻之。景让方视事，母出，坐厅事，立景让于庭下而责之曰："天子付汝以方面，国家刑法，岂得以为汝喜怒之资，妄杀无罪之人乎？万一致一方不宁，岂惟上负朝廷，使垂老之母衔羞于地，何以见汝先人乎？"命左右褫其衣坐之，将挞其背。将佐皆至，为之请。不许。将佐拜且泣，久及释之。军中由是遂安。此惟恐其子之入于不善也。

唐相李义甫专横，侍御史王义方欲奏弹之，先白其母曰："义方御史，视奸臣不纠则不忠，纠之则身危而忧及于亲，为不孝，二者不能自决，奈何？"母曰："昔王陵之母杀身以成子之名，汝能尽忠以事君，吾死不恨。"此非不爱其子，惟恐其子为善之不终也。然则为人母者，非徒鞠育其身使不罹水火，又当养其德使不入于邪恶，乃可谓之慈矣！

汉明德马皇后无子，贾贵人生肃宗。显宗命后母养之，谓曰："人未必当自生子，但患爱养不至耳。"后于是尽心抚育，劳瘁过于所生。肃宗亦孝，性淳笃，恩性天至。母子慈爱，始终无纤介之间，古今称之，以为美谈。

齐宣王时，有人斗死于道，吏讯之。有兄弟二人，立其傍，吏问之。兄曰："我杀之。"弟曰："非兄也，乃我杀之。"期年，吏不能决，言之于相；相不能决，言之于王，王曰："今皆舍之，是纵有罪也；皆杀之，是诛无辜也。寡人度其母能知善恶。试问其母，听其所欲杀活。"相受命，召其母问曰："母之子杀人，兄弟欲相代死，吏不能决，言之于王，王有仁惠，故问母何所欲杀活。"

其母泣而对曰："杀其少者。"相受其言，因而问之曰："夫少子者人之所爱，今欲杀之，何也？"其母曰："少者，妾之子也；长者，前妻之子也。其父疾且死之时属于妾曰：'善养视之。'妾曰：'诺！'今既受人之托，许人以诺，岂可忘人之托而不信其诺耶？且杀兄活弟，是以私爱废公义也。背言忘信，是欺死者也；失言忘约，已诺不信，何以居于世哉？！予虽痛子，独谓行何！"泣下沾襟。相入，言之于王。王美其义，高其行，皆赦。不杀其子，而尊其母，号曰："义母"。

鲁师春姜嫁其女，三往而三逐。春姜问其故，以轻侮其室人也。春姜召其女而笞之。曰："夫妇人以顺从为务，贞悫为首；今尔骄溢不逊以见逐，曾不悔前过，吾告汝数矣，而不吾用，尔非吾子也。"

笞之百而留之。三年，乃复嫁之。女奉守节义，终知为人妇之道。今之为母者，女未嫁不能诲也；既嫁，为之援，使挟己以凌其婿家；乃见弃逐，则与婿家斗讼，终不自责其女之不令也。如师春姜者，岂非贤母乎！

2.1.2.5 侄

宋义兴人许昭先，叔父肇之坐事系狱，七年不判。子侄二十许人，昭先家最贫薄，专独伸诉，无日在家，饷馈肇之，莫非珍新，资产既尽，卖宅以充之。肇之诸子倦怠，惟昭先无有懈息，如是七载。尚书沈演之嘉其操行，肇之事由此得释。

2.1.2.6 兄

凡为人兄，不友其弟者，必曰弟不恭于我。自古为弟而不恭者，孰若象？万章问于孟子曰："父母使舜完廪，捐阶，瞽瞍焚廪；使浚井，出，从而掩之。"

"象曰：'谟盖都君咸我绩。牛羊父母，仓廪父母。干戈朕、琴朕、弤朕，二嫂使治朕栖。'象往入舜宫，舜在床琴。象曰：'郁陶思君尔！'忸怩。舜曰：'惟兹臣庶，汝其于予治。'不识舜不知象之将杀己与？"

曰："奚而不知也？象忧亦忧，象喜亦喜。"曰："然则舜伪喜者与！"曰："否！昔者有馈生鱼于郑子产。子产使校人畜之池。校人烹之，反命曰：'始舍之，圉圉焉，少则洋洋焉，攸然而逝。'子产曰：'得其所哉！得其所哉！'"

"校人出曰：'孰谓子产智？予既烹而食之，曰：得其所哉，得其所哉！'故君子可欺以其方；难罔以非其道。彼以爱兄之道来，故诚信而喜之，奚伪焉！"万章问曰："象日以杀舜为事，立为天子，则放之，何也？"

孟子曰："封之也。或曰放焉。"万章曰："舜流共工于幽州，放驩兜于崇山，杀三苗于三危，殛鲧于羽山，四罪而天下咸服，诛不仁也。象至不仁，封之有庳。有庳之人奚罪焉？仁人固如是乎？在他人则诛之，在弟则封之。"

曰："仁人之于弟也，不藏怒焉，不宿怨焉，亲爱之而已矣。亲之欲其贵也，爱之欲其富也。封之有庳，富贵之也。身为天子，弟为匹夫，可谓亲爱之乎？""敢问，或曰放者何谓也？"

曰："象不得有为于其国，天子使吏治其国，而纳其贡赋焉，故谓之放，岂得暴彼民哉！虽然，欲常常而见之，故源源而来。不及贡，以政接于有庳。"

汉丞相陈平，少时家贫，好读书，有田三十亩，独与兄伯居。伯常耕田，纵平使游学。平为人长大美色。人或谓陈平："贫何食而肥若是？"其嫂嫉平之不视家产，曰："亦食糠核耳。有叔如此，不如无有。"伯闻，逐其妇而弃之。

御史大夫卜式，本以田畜为事，有少弟。弟壮，式脱身出，独取畜羊百余，田宅财物尽与弟。式入山牧,十余年,羊致千余头,买田宅。而弟尽破其产,式辄复分与弟者数矣。

唐朔方节度使李光进,弟河东节度使光颜先娶妇,母委以家事。及光进娶妇,母已亡。光颜妻籍家财,纳管钥于光进妻。

光进妻不受,曰:"娣妇逮事先姑,且受先姑之命,不可改也。"因相持而泣,卒令光颜妻主之矣。

平章事韩滉,有幼子,夫人柳氏所生也。弟滉戏于堂上,误坠阶而死。滉禁约夫人勿悲啼,恐伤叔郎意。为兄如此,岂妻妾他人所能间哉!

2.1.2.7 弟

弟之事兄,主于敬爱。齐射声校尉刘瓛,兄璇夜隔壁呼瓛。瓛不答,方下床着衣,立,然后应。璇怪其久。瓛曰:"向束带未竟。"

梁安成康王秀,于武帝布衣昆弟,及为君臣,小心畏敬,过于疏贱者。帝益以此贤之。若此,可谓能敬矣。

后汉议郎郑均,兄为县吏,颇受礼遗,均数谏止,不听,即脱身为佣。岁余,得钱帛归,以与兄,曰:"物尽可复得。为吏坐赃,终身捐弃。"兄感其言,遂为廉洁。均好义笃实,养寡嫂孤儿,恩礼甚至。

晋咸宁中疫颍川,庾衮二兄俱亡。次兄毗复危殆。疠气方炽,父母诸弟皆出次于外,衮独留不去。诸父兄强之,乃曰:"衮性不畏病。"遂亲自扶持,昼夜不眠。其间复扶柩哀临不辍。如此十有余旬,疫势既歇,家人乃反。毗病得差,衮亦无恙。父老咸曰:"异哉此子! 守人所不能守,行人所不能行,岁寒然后知松柏之后凋,始知疫疠之不相染也。"

唐英公李勣,贵为仆射,其姊病,必亲为燃火煮粥,火焚其须鬓。姊曰:"仆射妾多矣,何为自苦如是?"勣曰:"岂为无人耶? 顾今姊年老,勣亦老,虽欲久为姊煮粥,复可得乎?"若此,可谓能爱矣!

夫兄弟至亲,一体而分,同气异息。《诗》云:"凡今之人,莫如兄弟。"又云:"兄弟阋于墙,外御其侮。"言兄弟同休戚,不可与他人议之也。若己之兄弟且不能爱,何况他人?己不爱人,人谁爱己?人皆莫之爱,而患难不至者,未之有也。《诗》云"毋独斯畏",此之谓也。兄弟,手足也。今有人断其左足,以益右手,庸何利乎?虺一身两口,争食相龁,遂相杀也。争利而相害,何异于虺乎?

吴太伯及弟仲雍,皆周太王之子,而王季历之兄也。季历贤,而有圣子昌,太王欲立季历以及昌。于是太伯、仲雍二人乃奔荆蛮,文身断发,示不可用,以避季历。季历果立,是为王季,而昌为文王。太伯之奔荆蛮,自号句吴。荆蛮义之,从而归之千余家,立为吴太伯。子曰:"太伯,其可谓至德也已矣,三以天下让,民无得而称焉。"

伯夷、叔齐,孤竹君之二子也。父欲立叔齐。及父卒,叔齐让伯夷。伯夷曰:"父命也。"遂逃去。叔齐亦不肯立而逃之。国人立其中子。

后魏高凉王孤,平文皇帝之第四子也,多才艺,有志略。烈帝之前元年,国有内难,昭成为质于后赵。烈帝临崩,顾命迎立昭成。及崩,群臣咸以新有大故。昭成来,未可果,宜立长君,次弟屈,刚猛多变,不如孤之宽和柔顺。于是大人梁盖等杀屈,共推孤为嗣。孤不肯,乃自诣邺奉迎,请身留为质。石季龙义而从之。昭成即王位,乃分国半部以与之。然兄弟之际,宜相与尽诚,若徒事形迹,则外虽友爱而内实乖离矣。

梁安成康王秀与弟始兴王憺友爱尤笃,憺久为荆州刺史,常以所得中分秀。秀称心受之,不辞多也。若此,可谓能尽诚矣!

贤者之于兄弟,或以天下国邑让之,或争相为死;而愚者争锱铢之利,一朝之忿,或斗讼不已,或干戈相攻,至于破国灭家,为他人所有,乌在其能利也哉?正由智识褊浅,见近小而遗远大故耳,岂不哀哉!《诗》云:"彼令兄弟,绰绰有裕。不令兄弟,交相为愈。"其是之谓欤。子产曰:"直钧,幼贱有罪。"然则兄弟而及于争,虽俱有罪,弟为甚矣!世之兄弟不睦者,多由异母或前后嫡庶更相憎嫉,母既殊情,子亦异党。

2.1.2.8 夫

夫妇之道,天地之大义,风化之本原也,可不重欤!《易》:"艮下兑上,咸。《象》曰:止而说,男下女,故取女吉也。巽下震上,恒。《象》曰:刚上而柔下,雷风相与。"盖久常之道也。是故礼,婿冕而亲迎,御轮三周,所以下之也。既而婿乘车先行,妇车从之,反尊卑之正也。"家人":"初九,闲有家,悔亡。"正家之道,靡不在初。初而骄之,至于狼犹,浸不可制,非一朝一夕之所致也。昔舜为匹夫,耕渔于田泽之中,妻天子之二女,使之行妇道于翁姑,非身率以礼义,能如是乎?

汉鲍宣妻桓氏,字少君。宣尝就少君父学,父奇其清苦,故以女妻之,装送资贿甚盛。宣不悦,谓妻曰:"少君生富骄,习美饰,而吾实贫贱,不敢当礼。"妻曰:"大人以先生修德守约,故使贱妾侍执巾栉,既奉承君子,唯命是从。"宣笑曰:"能如是,是吾志也。"妻乃悉归侍御服饰,更着短布裳,与宣共挽鹿车,归乡里。拜姑毕,提瓮出汲,修行妇道,乡邦称之。

扶风梁鸿,家贫而介洁。势家慕其高节,多欲妻之,鸿并绝不许。同县孟氏有女,状肥丑而黑,力举石臼,择对不嫁,行年三十。父母问其故,女曰:"欲得贤如梁伯鸾者。"鸿闻而聘之。女求作布衣麻履,织作筐筥绩绩之具。及嫁,始以装饰,入门七日,而鸿不答。妻乃跪床下请曰:"窃闻夫子高义,简斥数妇,妾亦偃蹇数夫矣。今而见择,敢不请罪?"鸿曰:"吾欲裘褐之人,可与俱隐深山者尔。今乃衣绮缟,傅粉墨,岂鸿所愿哉!"妻曰:"以观夫子之志尔。妾自有隐居之服。"乃更椎髻,着布衣,操作具而前。鸿大喜,曰:"此真梁鸿之妻也!能奉我矣!"字之曰"德曜",遂与偕隐。是皆能正其初者也。夫妇之际,以敬为美。

汉梁鸿避地于吴,依大家皋伯通,居庑下,为人赁舂。每归,妻为具食,不敢于鸿前仰视,举案齐眉。伯通察而异之,曰:"彼佣,能使其妻敬之如此,非凡人也。"方舍之于家。

晋太宰何曾,闺门整肃,自少及长,无声乐嬖幸之好。年老之后,与妻相见,皆正衣冠,相待如宾,已南向,妻北面再拜,上酒,酬酢既毕,便出。一岁如此者,不过再三焉。若此,可谓能敬矣!

丈夫生而有四方之志,威令所施,大者天下,小者一官,而近不行于室家,为一妇人所制,不亦可羞哉!昔晋惠帝为贾后所制,废武悼杨太后于金墉,绝膳而终。囚愍怀太子于许昌,寻杀之。唐肃宗为张后所制,迁上皇于西内,以忧崩。建宁王倓以忠孝受诛。彼二君者,贵为天子,制于悍妻,上不能保其亲,下不能庇其子,况于臣民!自古及今,以悍妻而乖离六亲、败乱其家者,可胜数哉?然则悍妻之为害大也。故凡娶妻,不可不慎择也。既娶而防之以礼,不可不在其初也。其或骄纵悍戾,训厉禁约而终不从,不可以不弃也。夫妇以义合,义绝则离之。

2.1.2.9 妻

太史公曰:"夏之兴也以涂山,而桀之放也以妺喜;殷之兴也以有娀,纣之杀也嬖妲己;周之兴也以姜嫄及大任,而幽王之擒也,淫于褒姒。故《易》基乾坤,《诗》始关雎。夫妇之际,人道之大伦也。礼之用,唯婚姻为兢兢。夫乐调而四时和,阴阳之变,万物之统也,可不慎欤?"为人妻者,其德有六:一曰柔顺,二曰清洁,三曰不妒,四曰俭约,五曰恭谨,六曰勤劳。夫天也,妻地也,夫日也,妻月也。夫阳也,妻阴也。天尊而处上,地卑而处下。日无盈亏,月有圆缺。阳唱而生物,阴和而成物。故妇人专以柔顺为德,不以强辩为美也。

汉曹大家作《女诫》,曰:"阴阳殊性,男女异行。阳以刚为德,阴以柔为用。男以强为贵,女以柔为美。故鄙谚有云:'生男如狼,犹恐其尪;生女如鼠,犹恐其虎。'然则修身莫若敬,避强莫若顺。故曰:敬顺之道,妇人之大礼也。"又曰:"妇人之得意于夫主,由舅姑之爱也。舅姑之爱已也,由叔妹之誉已也。"由此言之,我臧否誉毁,一由叔妹。叔妹之心,诚不可失也。皆知叔妹之不可失,而不能和之以求亲,其蔽也哉!自非圣人,鲜能无过,虽以贤女之行、聪哲之性,其能备乎!是故室人和则谤掩,外内离则恶扬,此必然之势也。夫叔妹者,体敌而名尊,恩疏而义亲,若淑媛谦顺之人,则能依义以笃好,崇恩以结援,使微美显章,而瑕过隐塞,舅姑矜善,而夫主嘉美,声誉曜于邑邻,休光延于父母。若夫蠢愚之人,于叔则托名以自高,于妹则因宠以骄盈。骄盈既施,何和之有?恩义既乖,何誉之臻?是以美隐而过宣,姑忿而夫愠,毁訾布于中外,耻辱集于厥身,进增父母之羞,退益君子之累,斯乃荣辱之本,而显否之基也,可不慎哉!然则求叔妹之心,固莫尚于谦顺矣。谦则德之柄,顺则妇之行;兼斯二者,足以和矣!若此,可谓能柔顺矣!妻者,齐也。一与之齐,终身不改。故忠臣不事二主,贞女不事二夫。《易》曰:"柔顺利贞,君子攸行。"又曰:"用六,利永贞。"晏子曰:"妻柔而正。"言妇人虽主于柔,而不可失正也。故后妃逾国,必乘安车辎軿;下堂,必从傅母保阿;进退则鸣玉环佩;内饰则结纫绸缪;野处则帷裳壅蔽,所以正心一意,自敛制也。《诗》云:"自伯之东,首如飞蓬。岂无膏沐,谁适为容。"故妇人,夫不在不为容饰,礼也。

　　蔡人妻,宋人之女也。既嫁,而夫有恶疾,其母将再嫁之。女曰:"夫人之不幸也,奈何去之?适人之道,一与之醮,终身不改,不幸遇恶疾,彼无大故,又不遣妾,何以得去?"终不听。

　　汉陈孝妇,年十六而嫁,未有子。其夫当行戍,夫且行时,属孝妇曰:"我生死未可知,幸有老母,无他兄弟备养,吾不还,汝肯养吾母乎?"妇应曰:"诺。"夫果死不还。妇乃养姑不衰,慈爱愈固,纺绩织纴以为家业,终无嫁意。居丧三年,父母哀其年少无子而早寡也,将取而嫁之。孝妇曰:"夫行时属妾以其老母,妾既许诺之,夫养人老母而不能卒,许人以诺而不能信,将何以立于世?"欲自杀。其父母惧而不敢嫁也,遂使养其姑二十八年。姑八十余,以天年终,尽卖其田宅财物以葬之,终奉祭祀。淮阳太守以闻,孝文皇帝使使者赐黄金四十斤,复之终身无所与,号曰"孝妇"。

荥阳张洪祁妻刘氏者,年十七夫亡。遗腹生一子,两岁又没。其舅姑年老,朝夕养奉,率礼无违。兄矜其少寡,欲夺嫁之。刘自誓不许,以终其身。

汉明德马皇后,常衣大练,裙不加缘。朔望,诸姬主朝请,望见后袍衣疏粗,反以为绮縠,就视乃笑。后辞曰:"此缯特宜染色,故用之耳。"六宫莫不叹息。性不喜出入游观,未尝临御窗牖。又不好音乐。上时幸苑囿离宫,希尝从行,彼天子之后犹如是,况臣民之妻乎?

唐岐阳公主适殿中少监杜悰,谋曰:"上所赐奴婢,卒不肯穷屈。"奏请纳之。上嘉叹,许可。因锡其直,悉自市寒贱可制指者。自是闭门,落然不闻人声。悰为澧州刺史,主后惊行。郡县闻主且至,杀牛羊犬马,数百人供具。主至,从者不过二十人、六七婢,乘驴阘茸,约所至不得肉食。驿吏立门外,异饭食以返。不数日间,闻于京师,众哗,说以为异事。悰在澧州三年,主自始入后三年间,不识刺史厅屏。彼天子之女犹如是,况寒族乎? 若此,可谓能节俭矣。

古之贤妇未有不恭其夫者也。曹大家《女诫》曰:"得意一人,是谓永毕;失意一人,是谓永讫,"由斯言之,夫不可不求其心。然所求者,亦非谓佞媚苟亲也。固莫若专心正色,礼义贞洁耳。耳无途听,目无邪视,出无冶容,入无废饰,无聚群辈,无看视门户,此则谓专心正色矣。若夫动静轻脱,视听陕输,入则乱发坏形,出则窈窕作态,说所不当道,观所不当视,此谓不能专心正色矣。是以冀缺之妻馌其夫,相待如宾。梁鸿之妻馈其夫,举案齐眉。若此,可谓能恭谨矣。

《易》:"家人,六二,无攸遂,在中馈。"《诗·葛覃》美后妃,在父母家,志在女功,为绤绤,服劳辱之事。《采蘋》《采蘩》,美夫人能奉祭祀。彼后夫人犹如是,况臣民之妻,可以端居终日,自安逸乎?

为人妻者,非徒备此六德而已。又当辅佐君子,成其令名。是以《卷耳》求贤审官,《殷其雷》劝以义,《汝坟》勉之以正,《鸡鸣》警戒相成,此皆内助之功也。自涂山至于太姒,其徽风著于经典,无以尚之。周宣王姜后,齐女也,宣王尝晏起,后脱簪珥,待罪永巷,使其傅母通言于王曰:"妾之淫心见矣,至使君王失礼而晏朝,以见君王乐色而忘德也,敢请婢子之罪。"王曰:"寡人不德,实自生过,非后之罪也。"遂复姜后而勤于政事,早朝晏退,卒成中兴之名。故《鸡鸣》乐击鼓以告旦,后夫人必鸣佩而去君所,礼也。

陶大夫答子治陶,名誉不兴,家富三倍;妻数谏之,答子不用。居五年,从车百乘归休,宗人击牛而贺之,其妻独抱儿而泣。姑怒而数之曰:"吾子治陶五年,从车百乘归休,宗人击牛而贺之,妇独抱儿而泣,何其不祥也!"妇曰:"夫人能薄而官大,是谓婴害;无功而家昌,是谓积殃。昔令尹子文之治国也,家贫而国富,君敬之,民戴之,故福结于子孙,名垂于后世。今夫子则不然,贪富务大,不顾后害,逢祸必矣!愿与少子俱脱。"姑怒,遂弃之。处期年,答子之家果以盗诛,唯其母以老免,妇乃与少子归,养姑终卒天年。

河南乐羊子尝行路,得遗金一饼,还,以与妻。妻曰:"妾闻志士不饮盗泉之水,廉者不受嗟来之食。况拾遗求利,不污其行乎?"羊子大惭,乃捐金于野,而远寻师学。一年来归,妻跪问其故。羊子曰:"久行怀思,无它异也。"妻乃引刀趋机而言曰:"此织生自蚕茧,成于机杼,一丝而累,以至于寸,累寸不已,遂成丈匹。今若断斯织也,则捐失成功,稽废时月。夫子积学,当日知其所亡,以就懿德。若中道而归,何异断斯织乎?"羊子感其言,复还终业,遂七年不反。妻常躬勤养姑,又远馈羊子。

吴许升少为博徒,不治操行。妻吕荣尝躬勤家业,以奉养其姑。数劝升修学,每有不善,辄流涕进规。荣父积忿疾升,乃呼荣,欲改嫁之。荣叹曰:"命之所遭,义无离二。"终不肯归。升感激自励,乃寻师远学,遂以成名。

唐文德长孙皇后崩,太宗谓近臣曰:"后在宫中,每能规谏,今不复闻善言,内失一良佐,以此令人哀耳!"此皆以道辅佐君子者也。

汉长安大昌里人妻,其夫有仇人,欲报其夫而无道径。闻其妻之孝有义,乃劫其妻之父,使要其女为中谲,父呼其女告之。女计念,不听之,则杀父,不孝;听之,则杀夫,不义。不孝不义,虽生不可以行于世。欲以身当之,乃且许诺曰:"旦日在楼新沐,东首卧则是矣!妾请开牖户待之。"还其家,乃谲其夫,使卧他所。因自沐,居楼上东首,开牖户而卧。夜半仇家果至,断头持去,明而视之,乃其妻首也。仇人哀痛之,以为有义,遂释,不杀其夫。

光启中,杨行密围秦彦毕师铎,扬州城中食尽,人相食,军士掠人而卖其肉。有洪州商人周迪,夫妇同在城中,迪馁且死,其妻曰:"今饥穷势不两全,君有老母,不可以不归,愿鬻妾于屠肆,以济君行道之资。"遂诣屠肆自鬻,得白金十两以授迪,号泣而别。迪至城门,以其半赂守者,求去。守者诘之,迪以实对。守者不之信,与共诣屠肆验之,见其首已在案上。众聚观,莫不叹息,竟以金帛遗之。迪收其余骸,负之而归。古之节妇,有以死徇其夫者,况敢庸奴其夫乎?

2.1.2.10 妇

曹大家《女诫》曰:舅姑之意,岂可失哉?固莫尚于曲从矣!姑云尔而是,固宜从命;姑云尔而非,犹宜顺命,勿得违戾是非,争分曲直,此则所谓曲从矣。故女宪曰:妇如影响,焉不可赏。

汉广汉姜诗妻,同郡庞盛之女也。诗事母至孝,妻奉顺尤笃。母好饮江水,去舍六七里,妻常溯流而汲。后值风,不时得还,母渴,诗责而遣之。妻乃寄止邻舍,昼夜纺绩,市珍羞,使邻母以意自遗其姑。

如是者久之。姑怪问,邻母具对。姑感惭呼还,恩养愈谨。其子后因远汲溺死,妻恐姑哀伤,不敢言,而托以行学不在。

河南乐羊子,从学七年不反,妻常躬勤养姑,尝有它舍鸡谬入园中,姑盗杀而食之。妻对鸡不餐而泣。姑怪,问其故。妻曰:"自伤居贫,使食它肉。"姑竟弃之。然而舅姑有过,妇亦可几谏也。

唐郑义宗妻卢氏,略涉书史,事舅姑甚得妇道。尝夜有强盗数十人,持杖鼓噪,逾垣而入。家人悉奔窜,唯有姑独在堂。卢冒白刃,往至姑侧,为贼捶击,几至于死。贼去后,家人问,何独不惧?

卢氏曰:"人所以异禽兽者,以其有仁义也。邻里有急,尚相赴救,况在于姑而可委弃!若万一危祸,岂宜独生。"其姑每云:"古人称,岁寒然后知松柏之后凋也,吾今乃知卢媳妇之心矣!"若卢氏者,可谓能知义矣。

唐岐阳公主,宪宗之嫡女,穆宗之母妹,母懿安郭皇后,尚父子仪之孙也,适工部尚书杜悰,逮事舅姑。杜氏大族,其他宜为妇礼者,不翅数千人。主卑委怡顺,奉上抚下,终日惕惕,屏息拜起,一同家人礼度。二十余年,人未尝以丝发间指为贵骄。承奉大族,时岁献馈,吉凶赒助,必亲经手。

姑凉国太夫人寝疾,比丧及葬,主奉养,蚤夜不解带,亲自尝药.粥饭不经心手,一不以进。既而哭泣哀号,感动它人。彼天子之女,犹不敢失妇道,奈何臣民之女,乃敢恃其贵富以骄其舅姑?为妇若此,为夫者宜弃之,为有司者治其罪可也。

2.1.3 庭训格言[1]

提要:《庭训格言》是康熙皇帝在日常生活中以儒学的修身、齐家、平天下教诲皇子皇孙的相关言论汇编。康熙帝,即爱新觉罗·玄烨(1654—1722),清圣祖,清朝定都北京后的第二位皇帝,1661—1722年在位,年号康熙。康熙帝自幼勤奋读书,好学上进,尤精于儒学、历史、算学、地理、医

---

[1] 陈君慧编:《中华家训大全》,北方文艺出版社2014年版。

学等多类学科,通过传教士,对当时传入的西学也有一定的了解,他非常崇尚孝道,并身体力行,对其祖母、母亲极为尊敬。《庭训格言》由雍正皇帝纂辑而成,凡一卷,共二百四十六则。

2.1.3.1　防患未然　小心谨慎为上

训曰:凡人于无事之时,常如有事而防范其未然,则自然事不生。若有事之时,却如无事,以定其虑,则其事亦自然消灭矣。古人云:"心欲小而胆欲大。"遇事当如此处也。

2.1.3.2　躬行实践　学以致用

训曰:道理之载于典籍者,一定而有限,而天下事千变万化,其端无穷。故世之苦读书者,往往遇事有执泥处,而经历世故多者,又每逐事圆融而无定见。此皆一偏之见。朕则谓当读书时,须要体认世务;而应事时,又当据书理而审其事。宜如此,方免二者之弊。

2.1.3.3　取长补短　无往不利

训曰:孔子云:"先行其言,而后从之。"如宋周、程、张、朱诸儒,皆能勉行道学之实,其议论皆发明先圣先贤之奥旨。又若司马光,乃宋朝名相,观其编辑《资治通鉴》,论断古今,尽得其当,可谓言行相符,然未尝博道学之名也。今人讲道学者,徒尚语言文字,而尤好非议人,非惟言行不符,而言之有实者,盖亦寡矣。朕不尚空言,惟务实行,尤不肯非议人。盖以人各有短长,弃其所短而取其所长,始能尽人之材。若必求全责备,稍有欠缺即行指摘,非忠恕之道也。

2.1.3.4 少壮须努力

训曰：人在幼稚，精神专一通利；长成以后，则思虑散逸外驰。是故应须早学，勿失机会。朕七八岁所读之经书，至今五六十年，犹不遗忘。至于二十以外所读经书，数月不温，即至荒疏矣。然人或有幼年遭逢坎壈，失于早学，则于盛年尤当励志。盖幼而学者，如日出之光；壮而学者，如炳烛之光；虽学之迟者，亦犹贤乎始终不学者也。

2.1.3.5 尽心尽德才能尽孝

训曰：凡人尽孝道，欲得父母之欢心者，不在衣食之奉养也。惟持善心，行合道理以慰父母而得其欢心，其可谓真孝者矣。

2.1.3.6 熟读《孝经》 恪守孝道

训曰：《孝经》一书，曲尽人子事亲之道，为万世人伦之极，诚所谓天之经、地之义、民之行也。推原孔子所以作经之意，盖深望夫后之儒者身体力行。以助宣教化而敦厚风俗。其旨甚远，其功甚宏，学者自当留心诵习，服膺弗失可也。

2.1.3.7 儿孙绝不可好酒贪杯

训曰：礼义之心，人皆有之。未有安心为非而逆乎人道者也。若或有之，不过百中一二。然此辈亦有所由起，或有负气而纵者，或有使酒而纵者。夫负气者犹知顾忌，而使酒者竟毫无所畏。此非其人为之而酒为之也。故古之圣王远焉，贤士戒焉。世之好饮者，乐酒无厌，心恒狂乱，遂至形骸颠倒、礼法丧失，其为败德，何可胜言！是故，朕谆谆教饬尔等断不可耽于酒者，正为伤身乱行，莫此为甚也！

2.1.3.8 治心关键 首当克己

顺治元年五月己亥,谕内阁:前任太常寺少卿李棠阶奏条陈时务一折。据称:用人行政,先在治心;治心之要,先在克己。请于师傅匡弼之余,豫杜左右近习之渐,并于暇时讲解《御批通鉴辑览》及《大学衍义》等书,以收格物意诚之效。

2.1.3.9 有错能改 皆不当罪

训曰:《虞书》云:"宥过无大。"孔子云:"过而不改,是谓过矣。"凡人孰能无过,若过而能改,即自新迁善之机,故人以改过为贵。其实,能改过者,无论所犯事之大小,皆不当罪之也。

2.1.3.10 有德之人见于细小

训曰:朕虽于谈笑小节亦必循理。先者大阿哥管养心殿营造事务时,一日,同西洋人徐日升进内,与朕闲谈中间,大阿哥与徐日升戏曰:"剃汝之须可乎?"徐日升佯佯不采,云:"欲剃则剃之。"彼时朕即留意大阿哥原是悖乱之人,设曰:"我奏过皇父,剃徐日升之须。"欲剃则竟剃矣。外国之人谓朕:"因戏而剃其须可乎?"其时朕亦笑曰:"阿哥若欲剃,亦必启奏,然后可剃。"徐日升一闻朕言,凄然变色,双目含泪,一言不出。既逾数日后。徐日升独来见朕,涕泣而向朕曰:"皇上何如斯之神也。为皇子者即剃我外国人之须,有何关系?皇上尚虑及未然,降此谕旨,实令臣难禁受也。"厥后,四十七年朕不豫时,徐日升听信外边乱语,以为朕即难愈,到养心殿大哭,自怨其无造化,随回至家身故。夫一言可以得人心,而一言亦可以失人心也。

2.1.3.11 学以致用 读书至要

训曰:朱子云:"读书之法,当循序而有常致,一而不懈,从容乎句读文义之间,而体验乎操存践履之实,然后心静理明,渐见意味。不然,则虽广求博取,日诵五车,亦奚益于学哉!"此言乃读书之至要也。人之读书,本欲存诸心,体诸身,而求实得于己也。如不然,将书泛然读之,何用?凡读书人皆宜奉此以为训也。

2.1.3.12 进德修业 须从读书起

训曰:凡人进德修业,事事从读书起。多读书则嗜欲淡,嗜欲淡则费用省,费用省则营求少,营求少则立品高。读书之法,以经为主。苟经术深邃,然后观史。观史则能知人之贤愚,遇事得失亦易明了。故凡事可论贵贱老少,惟读书不问贵贱老少。读书一卷,则有一卷之益;读书一日,则有一日之益。此夫子所以发愤忘食,学如不及也。

2.1.3.13 日进日新可谓盛德

训曰:《易》云:"日新之谓盛德。"学者一日必进一步,方不虚度时日。大凡世间一技一艺,其始学也,不胜其难,似万不可成者。因置而不学,则终无成矣。所以,初学贵有决定不移之志,又贵有勇猛精进之心,尤贵精进而又贞常永固、毫不退转,则凡技艺焉有不成者哉!

2.1.3.14 志于学乃圣人第一义

训曰:子曰:"吾十有五而志于学。"圣人一生只在志学一言。又,实能学而不厌,此圣人之所以为圣也。千古圣贤与我同类人,何为甘于自弃而不学?苟志于学,希贤希圣,孰能御之?是故志学乃作圣之第一义也。

2.1.3.15　敢于承担责任

训曰：凡人孰能无过？但人有过，多不自任为过。朕则不然。于闲言中偶有遗忘而误怪他人者，必自任其过，而曰："此朕之误也。"惟其如此，使令人等竟至为所感动而自觉不安者有之。大凡能自任过者，大人居多也。

2.1.3.16　以恕存心　以敬处世

训曰：凡人持身处世，惟当以恕存心。见人有得意事，便当生欢喜心；见人有失意事，便当生怜悯心。此皆自己实受用处。若夫忌人之成，乐人之败，何与人事？徒自坏心术耳。古语云："见人之得，如己之得；见人之失，如己之失。"如是存心，天必佑之。

2.1.3.17　存心养性莫过于读书

训曰：凡人养生之道，无过于圣贤所留之经书。惟朕惟训汝等熟习五经四书性理，诚以其中凡存心养性立命之道，无以不具故也。看此等书，不胜于习各种杂学乎？

2.1.3.18　酒乱德性　不可不节

训曰：原夫酒之为用，所以祀神也，所以养老也，所以献宾也，所以合欢也。其用固不可少，然沉酣湎溺至不时不节，则不可。是故，先王因为酒礼，宾主交错，揖让升降，温温其恭，威仪反反，立监佐史，常以三爵为限，况敢多饮乎？此先王之所以戒酒失也。奈何今之人无故而饮，饮必醉而后已？富家子弟败家破产，身罹疾厄，皆由于此。而贫者穷者才得几文，便沽饮尽醉，行凶遭祸，抑何比比。故《周书》以酒为诰，而曰："我民用大乱丧德，亦罔非酒惟行。"

2.1.3.19 顺适为安自然为孝

训曰：尝观《宋史》，孝宗月四朝太上皇，称为盛事。孝宗于宋固为敦伦之主，然而上皇在御，自当乘暇问视，岂可限定朝见之期？朕事皇太后五十余年，总以家庭常礼出乎天伦至性，遇有事奏启，一日二三次进见者有之，或无事即间数日者有之。至于万寿诞辰、嘉时令节，朕备家宴，恭请临幸。则自晨至暮，左右奉侍，岂止月觐数次！朕巡狩江南，出猎塞北，也随本报三日一次恭请圣安外，仍使近侍太监乘传请安，并进所获鹿、狍、雉、兔、鲜果、鲜鱼之类。凡有所得，即令驰进，从不拘定日期。且朕侍皇太后家人礼数，以至顺适为安，自然为乐，并不以朝见日期限定礼法而称孝也。

2.1.3.20 至德要道莫如尽孝

训曰：尝阅《明宣宗实录》，其侍母后和敬有礼，至今览之，犹足令人感慕。朕尝思，先王以孝治天下，故夫子称至德要道，莫加于此。自唐宋以来，人君往往疏于定省，有经年不一见者，独不思朝夕承欢，自天子以至于庶人，家庭常礼出于天伦至理，何尝以上下而有别也？

2.1.3.21 教子必严饬始善

训曰：为人上者，教子必自幼严饬之始善。看来，有一等王公之子，幼失父母，或人惟有一子而爱恤过甚，其家下仆人多方相诱，百计奉承。若如此娇养，长大成人，不至疾呆无知，即多任性狂恶。此非爱之，而反害之也。汝等各宜留心！

2.1.3.22 勤可持家　俭可养廉

训曰：民生本务在勤，勤则不匮。一夫不耕，或受之饥；一妇不蚕，或受之寒。是勤可以免饥寒也。至于人生衣食财禄,皆有定数。若俭约不贪,则可以养福,亦可以致寿。若夫为官者,俭则可以养廉。居官居乡只廉不俭,宅舍欲美,妻妾欲奉,仆隶欲多,交游欲广,不贪何以给之?与其寡廉,孰如寡欲?语云:"俭以成廉,侈以成贪。"此乃理之必然矣!

2.1.3.23 以俭朴为乐 以知足为荣

训曰:老子曰:"知足者富。"又曰:"知足不辱,知止不殆,可以长久。"奈何世人衣不过被体,而衣千金之裘犹以为不足,不知鹑衣袍缊者,固自若也;食不过充肠,罗万钱之食犹以为不足,不知箪食瓢饮者,固自乐也。朕念及于此,恒自知足。虽贵为天子,而衣服不过适体;富有四海,而每日常膳除赏赐外,所用肴馔,从不兼味。此非朕勉强为之,实由天性使然,汝等见朕如此俭德,其共勉之。

2.1.4 圣谕广训[1]

提要:《圣谕广训》是雍正皇帝以康熙九年(1670)所颁《圣谕十六条》为核心进行的解读训释。雍正帝,即爱新觉罗·胤禛(1678—1735),清世宗,康熙皇帝玄烨第四子,年号雍正。雍正帝在其在位的十三年(1722—1735)里,励精图治,勇于改革,实行摊丁入亩、耗羡归公和养廉银等制度,停止户口编审,致力于整顿吏治,打击贪官污吏,打击朋党,改革八旗旗务,削弱下五旗王公势力,加强了清王朝的统治,并营造了比较清明和稳定的政治格局与社会环境。《圣谕广训》是雍正二年(1724)刊行的官修典籍,是由清朝官方颁布并运用政治力使之广为传布的官样书籍,它训谕世人应有的德行、道理,令其知礼守法。

---

[1] 陈君慧编:《中华家训大全》,北方文艺出版社2014年版。

2.1.4.1 圣谕广训序

《书》曰:"每岁孟春,遒人以木铎徇于路。"《记》曰:"司徒修六礼以节民性,明七教以兴民德。"此皆以敦本崇实之道,为牖民觉世之模。法莫良焉,意莫厚焉。我圣祖仁皇帝久道化成,德洋恩普,仁育万物,义正万民。六十年来宵衣旰食,只期薄海内外,兴仁讲让,革薄从忠,共成亲逊之风,永享升平之治。故特颁上谕十六条,晓谕八旗及直省兵民人等,自纲常名教之际,以至于耕桑作息之间,本末精粗,公私巨细,凡民情之所习,皆睿虑之所周,视尔遍民诚如赤子。圣有谟训明证,定保万世,守之莫能易也。

朕缵承大统,临御兆人,以圣祖之心为心,以圣祖之政为政。夙夜黾勉,率由旧章。惟恐小民遵信奉行,久而或怠,用申诰诫,以示提撕。谨将上谕十六条寻绎其义,推衍其文,共得万言,名曰《圣谕广训》。旁证远引,往复周详,意取显明,语多直朴。无非奉先志以启后人,使群黎百姓家喻而户晓也。愿尔兵民等仰体圣祖正德厚生之至意,勿视为条教号令之虚文,共勉为谨身节用之。庶人尽除夫浮薄嚣凌之陋习,则风俗醇厚,家室和平。在朝廷德化,乐观其成。尔后嗣子孙,并受其福。积善之家,必有余庆。其理岂或爽哉!

2.1.4.2 敦孝弟以重人伦

我圣祖仁皇帝临御六十一年,法祖尊亲,孝思不匮,钦定《孝经衍义》一书,衍释经文,义理详贯,无非孝治天下之意。故圣谕十六条,首以孝弟开其端。

朕丕承鸿业,追维往训,推广立教之思,先申孝弟之义,用是与尔兵民人等宣示之。夫孝者,天之经、地之义、民之行也。人不知孝父母,独不思父母爱子之心乎!方其未离怀抱,饥不能自哺,寒不能自衣,为父母者则跬步不离,疾痛则寝食俱废,以养以教,至于成人。复为授家室,谋生理,百计经营,心力俱瘁。父母之德,实同昊天罔极。

人子欲报亲恩于万一,自当内尽其心,外竭其力,谨身节用,以勤服劳,以隆孝养。毋博弈饮酒,毋好勇斗殴,毋好货财私妻子。纵使仪文未备,而诚悫有余,推而广之,如曾子所谓居处不庄非孝,事君不忠非孝,莅官不敬非孝,朋友不信非孝,战阵无勇非孝,皆孝子分内之事也。至若父有冢子,称曰家。督弟有伯兄,尊曰家长。凡日用出入,事无大小,众子弟皆当咨禀焉。饮食必让,语言必顺,步趋必徐行,坐立必居下,凡以明弟道也。

夫十年以长,则兄事之;五年以长,则肩随之;况同昊之人乎？故不孝与不弟相因,事亲与事长并重。能为孝子然后能悌弟,能为孝子悌弟然后在田野为循良之民,在行间为忠勇之士。尔兵民亦知为子当孝,为弟当悌,所患习焉不察,致自离于人伦之外。若能痛自愧悔,出于心之至诚,竭其力之当尽,由一念孝弟积而至于念念皆然,勿尚虚文,勿略细行,勿沽名而市誉,勿勤始而怠终,孝弟之道庶克敦矣。夫不孝不弟,国有常刑。然显然之迹,刑所能防;隐然之地,法所难及。设罔知愧悔,自陷匪僻,朕心深为不忍。故叮咛告诫,庶尔兵民咸体朕意,感发兴起,各尽子弟之职。於戏!

圣人之德,本于人伦;尧舜之道,不外孝弟。孟子曰:"人人亲其亲,长其长,而天下平。"尔兵民其毋视为具文焉!

2.1.4.3 和乡党以息争讼

古者五族为党,五州为乡,睦姻任恤之教由来尚矣。顾乡党中生齿日繁,比间相接,睚眦小失,狎昵微嫌,一或不诚,凌竞以起,遂至屈辱公庭,委身法吏,负者自觉无颜,胜者人皆侧目,以里巷之近而举动相猜,报复相寻,何以为安生业、长子孙之计哉?!圣祖仁皇帝悯人心之好竞,思化理之贵淳,特布训于乡党,曰和所以息争讼于未萌也。朕欲咸和万民,用是申告尔等以敦和之道焉。

《诗》曰:"民之失德,干糇以愆。"言不和之渐,起于细微也。《易·讼》之象曰:"君子以作事,谋始言息讼。"贵绝其端也。是故,人有亲疏,概接之以温厚。事无大小,皆处之以谦冲。毋恃富以侮贫,毋挟贵以凌贱,毋饰智以欺愚,毋倚强以凌弱,谈言可以解纷,施德不必望报。人有不及,当以情恕;非意相干,当以理遣,此既有包容之度,彼必生愧悔之心。一朝能忍,乡里称为善良;小忿不争,闾党推其长厚。乡党之和,其益大矣。古云:"非宅是卜,乡邻是卜。"缓急可恃者,莫如乡党。务使一乡之中父老子弟联为一体,安乐忧患视同一家。农商相资,工贾相让,则民与民和。训练相习,汛守相助,则兵与兵和。兵出力以卫民,民务养其力;民出财以赡兵,兵务恤其财,则兵与民交相和。由是而箪食豆羹,争端不起;鼠牙雀角,速讼无因。岂至结怨耗财,废时失业,甚且破产流离,以身殉法而不悟哉!若夫巨室耆年,乡党之望;胶庠髦士,乡党之英,宜以和揖之风为一方表率。而奸顽好事之徒,或诡计挑唆,或横行吓诈,或貌为洽比以煽诱,或假托公言而把持,有一于此,里闾非宁。乡论不容,国法俱在,尔兵民所当谨凛者也。夫天下者,乡党之积也。尔等诚遵圣祖之懿训,尚亲睦之淳风,孝弟因此而益敦,宗族因此而益笃。里仁为美,比户可封。讼息人安,延及世世。协和遍于万邦,太和澄于宇宙。朕与尔兵民永是赖矣。

2.1.4.4 重农桑以足衣食

朕闻养民之本,在于衣食。农桑者,衣食所由出也。一夫不耕,或受之饥。一女不织,或受之寒。

古者天子亲耕,后亲桑,躬为至尊,不惮勤劳,为天下倡。凡为兆姓,图其本也。夫衣食之道,生于地,长于时,而聚于力。本务所在,稍不自力,坐受其困。故勤则男有余粟,女有余帛;不勤则仰不足事父母,俯不足畜妻子。其理然也。

彼南北地土虽有高下燥湿之殊,然高燥者宜黍稷,下湿者宜粳稻。食之所出不同,其为农事一也。树桑养蚕,除江浙、四川、湖北外,余省多不相宜。然植麻种棉,或绩或纺,衣之所出不同,其事与树桑一也。愿吾民尽力农桑,勿好逸恶劳,勿始勤终惰,勿因天时偶歉而轻弃田园,勿慕奇赢倍利而辄改故业。苟能重本务,虽一岁所入,公私输用而外,羡余无几,而日积月累,以至身家饶裕,子孙世守,则利赖无穷。不然,而舍本逐末,岂能若是之绵远乎？至尔兵隶在戎伍,不事农桑,试思月有分给之饷,仓有支放之米,皆百姓输纳以散给。

尔等各赡身家,一丝一粒,莫不出自农桑。尔等既享其利,当彼此相安,多方捍卫,使农桑俱得尽力。尔辈衣食永远不匮,则亦重有赖焉。若地方文武官僚俱有劝课之责,勿夺民时,勿妨民事,浮惰者惩之,勤苦者劳之,务使野无旷土,邑无游民,农无舍耒耕,妇无休其蚕织,即至山泽园圃之利,鸡豚狗彘之畜,亦皆养之有道,取之有时,以佐农桑之不逮。庶几克勤本业,而衣食之源溥矣。所虑年谷丰登,或忽于储蓄布帛充赡,或侈于费用不俭之弊与不勤等,甚且贵金玉而忽菽粟,工文绣而废蚕桑,相率为纷华靡丽之习,尤尔兵民所当深戒者也。

自古盛王之世,老者衣帛食肉,黎民不饥不寒,享富庶之盛而致教化之兴,其道胥由乎此。我圣祖仁皇帝念切民依,尝刊《耕织图》颁行中外,所以敦本阜民者甚至。朕仰惟圣谕念民事之至重,广为诠解,劝尔等力于本务。余一人衣租食税,愿与天下共饱暖也。

2.1.4.5 尚节俭以惜财用

生人不能一日而无用,即不可一日而无财。然必留有余之财而后可供不时之用,故节俭尚焉。夫财犹水也。节俭犹水之蓄也,水之流不蓄,则一泄无余而水立涸矣;财之流不节,则用之无度而财立匮矣。我圣祖仁皇帝躬行节俭之为天下先,休养生息,海内殷富,犹兢兢以惜财用示训。盖自古民风皆贵乎勤俭,然勤而不俭,则十夫之力不足供一夫之用,积岁所藏不足供一日之需,其害为更甚也。夫兵丁钱粮有一定之数,乃不知撙节,衣好鲜丽,食求甘美,一月费数月之粮,甚至称贷以遂其欲,子母相权,日复一日,债深累重,饥寒不免。农民当丰收之年仓箱充实,本可积蓄,乃酬酢往来,率多浮费,遂至空虚。夫丰年尚至空虚,荒歉必至穷困,亦其势然也。似此之人,国家未尝减其一日之粮,天地未尝不与以自然之利,究至啼饥号寒、困苦无告者,皆不节俭所致。更或祖宗勤苦俭约,日积月累,以致充裕,子孙承其遗业,不知物力艰难,任意奢侈,夸耀里党,稍不如人,即以为耻,曾不转盼遗产立尽,无以自存,求如贫者之子孙,并不可得,于是寡廉鲜耻,靡所不至。弱者饿殍沟壑,强者作慝犯刑。不俭之害,一至于此。《易》曰:"不节若则嗟若。"盖言始不节俭,必至嗟悔也。尔兵民当凛遵圣训,绎思不忘。

为兵者知月粮有定,与其至不足而冀格外之赏,孰若留有余以待可继之粮?为民者知丰歉无常,与其但顾朝夕致贫窭之可忧,孰若留贮将来为水旱之有备?大抵俭为美德,宁以固陋贻讥,礼贵得中,勿以骄盈致败。衣服不可过华,饮食不可无节,冠婚丧祭各安本分,房屋器具务取素朴,即岁时伏腊,斗酒娱宾,从俗从宜,归于约省,为天地惜物力,为朝廷惜恩膏,为祖宗惜往日之勤劳,为子孙惜后来之福泽。自此,富者不至于贫,贫者可至于富,安居乐业,含哺鼓腹,以副朕阜俗诫民之至意。《孝经》有曰:"谨身节用以养父母。"此庶人之孝也。尔兵民其身体而力行之。

2.1.4.6 隆学校以端士习

古者家有塾,党有庠,州有序,国有学,固无人不在所教之中。专其督率之地,董以师儒之官,所以成人材而厚风俗,合秀顽强懦使之归于一致也。我圣祖仁皇帝寿考作人,特隆学校,凡所以养士之恩,教士之法,无不备至。盖以士为四民之首,人所以待士者重,则士之所以自待者益不可轻。士习端而后乡党视为仪型,风俗由之表率。务令以孝弟为本,才能为末,器识为先,文艺为后。所读者皆正书,所交者皆正士,确然于礼义之可守,惕然于廉耻之当存。惟恐立身一败,致玷宫墙;惟恐名誉虽成,负惭衾影。如是,斯可以为士否? 或躁竞功利,干犯名教,习乎异端曲学而不知大道,骛乎放言高论而不事躬行,问其名则是,考其实则非矣。昔胡瑗为教授,学者济济有成;文翁治蜀中,子弟由是大化。故广文一官,朕特饬吏部悉以孝廉明经补用,凡以为兴贤育才,化民成俗计也。然学校之隆,固在习教者有整齐严肃之规,尤在为士者有爱惜身名之意。士品果端而后发为文章。非空虚之论,见之施为;非浮薄之行,在野不愧。儒者在国即为良臣,所系顾不重哉!

至于尔兵民恐不知学校之为重,且以为尔等无与,不思身虽不列于庠序,性岂自外于伦常? 孟子曰:"谨庠序之教,申之以孝弟之义。"又曰:"人伦明于上,小民亲于下。"则学校不独所以教士,兼所以教民。若黉宫之中,文武并列,虽经义韬略,所习者不同;而入孝出弟,人人所当共由也。士农不异业,力田者悉能敦本务实,则农亦士也;兵民无异学,即戎者皆知敬长爱亲,则兵亦士也。然则庠序者,非尔兵民所当隆重者乎? 端人正士者,非尔兵民所则效者乎? 孰不有君臣父子之伦? 孰不有仁义礼智之性? 勿谓学校之设,止以为士,各宜以善相劝,以过相规,向风慕义,勉为良善。则氓之蚩蚩,亦可以礼义为耕耘;赳赳武夫,亦可以诗书为甲胄。一道同风之盛,将复见于今日矣。

2.1.4.7　黜异端以崇正学

朕惟欲厚风俗先正人心,欲正人心先端学术。夫人受天地之中以生,惟此伦常日用之道为智愚之所共由。索隐行怪,圣贤不取。

《易》言:"蒙以养正,圣功以之。"《书》言:"无偏无颇,无反无侧,王道以之。"圣功、王道,悉本正学。至于非圣之书,不经之典,惊世骇俗,纷纷藉藉,起而为民物之蠹者,皆为异端,所宜屏绝。凡尔兵民愿谨淳朴者固多,间或迷于他歧,以无知而罹罪戾,朕甚悯之。

自古三教流传,儒宗而外,厥有仙释。朱子曰:"释氏之教,都不管天地四方,只是理会一个心。老氏之教,只是要存得一个神气。"此朱子持平之言,可知释、道之本旨矣。自游食无籍之辈,阴窃其名以坏其术,大率假灾祥祸福之事,以售其诞幻无稽之谈。始则诱取资财以图肥己,渐至男女混淆聚处为烧香之会,农工废业,相逢多语怪之人。又其甚者,奸回邪慝,窜伏其中,树党结盟,夜聚晓散,干名犯义,惑世诬民。及一旦发觉,征捕株连,身陷囹圄,累及妻子。教主已为罪魁,福缘且为祸本,如白莲、闻香等教,皆前车之鉴也。又如西洋教宗天主,亦属不经,因其人通晓历数,故国家用之,尔等不可不知也。夫左道惑众,律所不宥;师巫邪术,邦有常刑。朝廷立法之意,无非禁民为非,导民为善,黜邪崇正,去危就安。尔兵民以父母之身生,太平无事之日,衣食有赖,俯仰无忧,而顾昧恒性而即匪,彝犯王章而干国宪,不亦愚之甚哉!我的父亲圣祖仁皇帝渐民以仁,摩民以义。艺极陈常,煌煌大训,所以为世道人心计者至深远矣。尔兵民等宜仰体圣心,祗遵圣教,摈斥异端直如盗贼水火。且水火盗贼害止及身,异端之害害及人心。心之本体,有正无邪,苟有主持,自然不惑。将见品行端方,诸邪不能胜正;家庭和顺,遇难可以成祥。

事亲孝,事君忠,尽人事者即足以集天休。不求非分,不作非为,敦本业者即可以迓神庆。尔服尔耕,尔讲尔武,安布帛菽粟之常,遵荡平正直之化,则异端不待驱而自息矣。

2.1.4.8 讲法律以儆愚顽

法律者,帝王不得已而用之也。法有深意,律本人情。明其意,达其情,则囹圄可空,讼狱可息。故惩创于已然,不若警惕于未然之为得也。《周礼》:"州长、党正、族师,皆于月吉属其民而读法,大司寇悬象刑之法于象魏,使万民观之知所向。"方今国家酌定律例,委曲详明,昭示兵民,俾各凛成宪,远于罪戾,意甚厚也。圣祖仁皇帝深仁厚泽于兆民,而于刑罚尤惓惓致意。朕临御以来,体好生之德,施钦恤之恩,屡颁赦款,详审爰书,庶几大化翔洽,刑期无刑。又念尔为民者生长草野,习于颛蒙,为兵者身隶戎行,易逞强悍;每至误触王章,重干宪典,因之特申训诫,警醒愚顽。

尔等幸际升平,休养生息,均宜循分守礼,以优游于化日舒长之世,平居将颁行法律条分缕析,讲明意义,见法知惧,观律怀刑。如知不孝不弟之律,自不敢为蔑伦乱纪之行;知斗殴攘夺之律,自不敢逞嚣凌强暴之气;知奸淫盗窃之律,自有以遏其邪僻之心;知越诉诬告之律,自有以革其健讼之习。盖法律千条万绪,不过准情度理。天理人情,心所同具。心存于情理之中,身必不陷于法律之内。且尔兵民性纵愚顽,或不能通晓理义,未必不爱惜身家。试思一蹈法网,百苦备尝,与其宛转呼号,思避罪于棰楚之下,何如淡心涤虑,早悔过于清夜之间?与其倾资荡产求减毫末而国法究不能逃,何如改恶迁善,不犯科条而身家可以长保?倘不自警省,偶罹于法,上辱父母,下累妻孥,乡党不我容,宗族不我齿,即或邀恩幸免而身败行亏,已不足比于人,数追悔前非,岂不晚哉!朕闻居家之道,为善最乐;保身之策,安分为先。勿以恶小可为,有一恶即有一法相治;勿以罪轻可玩,有一罪即有一律以惩。惟时时以三尺自凛,人人以五刑相规,惧法自不犯法,畏刑自可免刑,匪僻潜消,争竞不作。愚者尽化为智,顽者悉变为良,民乐田畴,兵安营伍,用臻刑措之治不难矣。

2.1.4.9 明礼让以厚风俗

汉儒有曰:凡民函五常之性。而其刚柔缓急,音声不同,系水土之风气,故谓之风。好恶取舍,动静无恒,随厥情欲,故谓之俗。其间淳漓厚薄难以强同,奢俭质文不能一致,是以圣人制为礼以齐之。

孔子曰:"安上治民,莫善于礼。"盖礼为天地之经,万物之序。其体至大,其用至广。道德仁义,非礼不成;尊卑贵贱,非礼不定;冠婚丧祭,非礼不备;郊庙燕飨,非礼不行。是知礼也者,风俗之原也。然礼之用贵于和,而礼之实存乎让。子曰:"能以礼让,为国乎何有?"又曰:"先之以敬让,而民不争。"使徒习乎繁文缛节而无实意以将之,则所谓礼者适足以长其浮伪,滋其文饰矣。夫礼之节文,尔兵民或未尽习礼之实意,尔兵民皆所自具,即如事父母当孝养,事上则当恭顺,夫妇之有倡随,兄弟之有友爱,朋友之有信义,亲族之有款洽,此即尔心自有之礼让,不待外求而得者也。诚能和以处众,平以自牧。在家庭而父子兄弟底于肃雍,在乡党而长幼老弱归于亲睦。毋犯嚚凌之戒,毋蹈纵欲之愆,毋肆一念之贪遂成攘夺,毋逞一时之忿致启纷争,毋因贫富异形有蔑视之意,毋见强弱异势起迫胁之心。各戒浇漓,共归长厚,则循于礼者无悖行,敦于让者无竞心,蔼然有恩,秩然有义,党庠术序,相率为俊良,农工商贾不失为醇朴,即韬钤介胄之士,亦被服乎礼乐诗书,以潜消其剽悍桀骜,岂非太和之气,大顺之征乎?

《书》曰:"谦受益,满招损。"古语又曰:"终身让路,不枉百步;终身让畔,不失一段。"可知礼之有得而无失也如此。朕愿尔兵民等聆圣祖之训而返求之于一身。尔能和其心以待人,则不和者自化;尔能平其情以接物,则不平者亦孚。

一人倡之,众人从之;一家行之,一里效之,由近以及于远,由勉以至于安,渐仁摩义,俗厚风淳,庶不负谆谆告诫之意哉!

2.2 唐宋以来重要家法族规辑录

中国传统基层社会治理在长期实践中形成了独特的制度规范体系,其中家法族规在规范化的基层社会治理中扮演了重要的角色,既有效地维护了基层社会的秩序,又进行了必要公共品的供给,还在很大程度上预防和解决了基层社会的具体矛盾,在实践中发挥了很好的治理作用。家法族规在传统时代的孕育、发展及鼎盛在很大程度上展现了社会儒家化的具体趋势,展现了儒家思想在传统基层社会治理方面的重要角色及主要作用。

2.2.1　江州陈氏义门家法[1]

提要:《义门家法》是保存至今最早的成文宗法族规之一。江州陈氏,亦被称为江右陈氏、义门陈氏。从719年至1062年,陈氏家族历经三百四十三年不分家。884年,唐僖宗首次旌表"义门陈氏",后来陈氏家族又被多次旌表,由此,"义门陈氏"名传天下。义门陈氏在唐昭宗大顺元年(890),由陈崇首定家法,共三十三条,其中以"推功任能,惩恶劝善"为原则,详尽地规定了家族组织体系构成、日常管理条例及生活准则细则。其"家法三十三条"在宋代即被尊为"齐家"的典范,后收入清道光年间的《义门陈氏大成宗谱》。

江州陈氏义门家法

一、立主事一人,副事二人,管理内外诸事。内则敦睦九族,协和上下,约束弟侄,日出从事,必令各司其局,毋相夺伦。照管老少应要之资,男女婚嫁之给,三时茶饭,节朔聚饮,如何布办纽配,诸庄费用多寡,一依下项规则施行;外则迎接亲姻,祗待宾客,吉凶筵席,送迎之仪,一依下项施行。此三人不以长少拘之,但择谨慎才能之人委之,不限年月。倘有年衰乞替,相因择人替之,仍不论长少。若才能不称任,则择贤者代之。

一、立库司二人,作一家之纲领,为众人之表率,握赏罚之二柄,主公私之

---

[1] 费成康主编:《中国的家法族规》,上海社会科学院出版社2002年版。

两途,惩劝上下,勾当庄宅,掌一户版籍、税粮及诸庄书契等应。每年送纳王租,公门费用,俵给男女衣装,考校诸庄课绩,分使弟侄,依下项规则施行。此二人亦不以长幼拘,但择公干刚毅之人,仍兼主诸庄之事。

一、诸庄各立一人为首,一人为副,量其田地广狭,以次安排弟侄,各令首、副约束,同共经营。仍不得父子同处,远嫌疑也。凡出入归省,须候庄首指挥,给限期。自年四十以下,归家限一日外,须赴同例。执作农役,应出入市廛,买卖使钱,须具账目。回赴库长处算明,稍不遵命,便加责惩。其或供应公私之外,田产添修,仓廪充实者,庄首、副衣装上次第加赏;其怠惰以致败缺者,则剥落衣装,重加惩治。应每年收到谷斛,至岁晚须具各庄账目,归家以待考对,并出库司检点。

一、差弟侄十人,名曰宅库,付掌事手下同共勾当。一人主酒醋曲蘖等。二人支仓磑,交领诸庄供应谷斛,并监管工人,逐日舂米粮,轮流上簿,掌事监之。二人支园圃、牛、马、猪、羊等事,轮日抽雇工人,锄佃蔬菜,以充日用。一人支晨昏关锁门户,早晚俟候弟侄出入勾当。四人管束近家四原田土,监收禾谷、桑柘、柴薪,以充日用。共酌量优劣,一依主庄者次第施行。

一、立勘司一人,掌卜勘男女婚姻之事,并排定男女第行。置长生簿一本,逐年先抄每月大小节气,转建于簿头,候诸房诞育男女,令书时申报,则当司随时上簿。至排定第行,男为一行,女为一行,不以孙侄姑叔,但依所生先后排定,贵在简要。自一至十,周而复始。男年十八以上,则与占勘新妇,稍有吉宜,付主事依则施行求问。至二十以上成纳,皆只一室,不得置畜仆隶。女则候他家求问,也属勘司着当。此一人须择谙会阴阳者用之。

一、丈夫除令出勾当外,并付管事手下管束,逐日随管事吩咐去着,执作农役等。稍有不遵者,具名请家长处分科断。

一、弟侄除命出执作外,凡晨昏定省,须具巾带衫裳。稍有乖仪,当行科断。

一、立书堂一所于东佳庄，弟侄子姓有赋性聪敏者，令修学。稍有学成应举者，除现置书籍外，须令添置。于书生中立一人掌书籍出入，须令照管，不得遗失。

一、立书屋一所于住宅之西，训教童蒙。每年正月，择吉日起馆，至冬月解散。童子年七岁，令入学，至十五岁出学。有能者，令入东佳。逐年于书堂内次第抽二人归训，一人为先生，一人为副。其纸笔墨砚，并出宅库，管事收买应付。

一、先祖道院一所，修道之子祀之。或有继者，众遵之。令旦夕焚修，上以祝圣寿，下以保家门。应有斋醮事，须差请者。

一、先祖筮法一所，历代祀之。凡有起造屋宇、埋葬、祈祷等事，悉委之，从俗可也。

一、立二人学医，以备老少疾病，须择谙识药性方术者。药材之资，取给主事之人。

一、厨内令新妇八人，掌庖爨之事，二人知修羹菜，四人炊饭，二人支汤水及排布堂内诸事。此不限日月，迎娶新妇，则以次替之。

一、每日三时茶饭，丈夫于外庭同作两次。自年四十以下至十五岁者作先次，取其出赴勾当，故在前也。自年四十以上至家长，同坐后次，以其闲缓，故在后也。并令新冠后生二人，排布祗候茶汤等事。妇人则在后堂坐，长幼亦作两次。并出厨中新妇，祗候茶汤等。其盐酱、蔬菜、腥鲜，出在副掌事取给酌当。

一、节序眷属会饮，于大厅同坐。掌事至时命后生二十人，排布祗候。先次学生、童子一座，次未束发女孩一座，已束发女孩一座，次婆母、新妇一座，丈夫一座。至费用物资，惟冬至、岁节、清明，掌事分派诸庄供应；余节出自宅库，随其所有布置，许令周全者。

一、非节序，丈夫出外勾当者，五夜一会，酒一磁瓯，所以劳其勤也。尊长取便,仍令支酒人常别酝好酒,以俟老上取给。

一、诸房令掌事每月各给油一斤,茶、盐等,以备老疾取便,须周全。

一、会宾客,凡嫁娶,令掌事纽配诸庄,供应布办。其余吉凶筵席,官员、远客送迎之礼,并出自宅库司,令如法周全。仍逐月抽书生一人,归支客。

一、新妇归宁者,三年之内春、秋两度发遣,限一十五日回;三年外者则至岁节一例发遣,限二十日回,在掌事者指挥。馈送之礼,临时酌当。

一、男女婚嫁之礼,凡仪用钗子一对,绯绿彩二段,饷仪钱五贯,色绢五匹,彩绢一束。酒肉临时酌当。迎娶者花粉匣、鞋履、箱笼等各一副,巾带钱一贯文,并出管事纽配。女则银十两,随意打造,物件市买,钱三贯文,出库长分派,诸庄供应。

一、男女冠笄之事,男则年十五裹头,各给巾带一副;女则年十四合头髻,各给钗子一只,并出库司纽计。

一、养蚕事,若不节制,则虑多寡不均。今立都蚕院一所,每年春首,每庄抽后生、丈夫一人,归事桑柘。中择长者一人为首,管辖修理蚕笛等事。婆母自年四十五以上至五十八者,名曰蚕婆,四十五以下者,名曰蚕妇。于都蚕院内每蚕婆各给房一间,蚕妇二人,同看桑柘,仰蚕院首纽配,诸庄应付。成茧后,同共抽取。却令蚕院首将丝绵等均平给付之,以见成功。其有得茧多者,除给付外,别赏之,所以相激劝也。其蚕种仰都蚕院首留下,候至春首,每蚕婆给二两。女孩各令于蚕母房内,同看桑柘,仰都蚕院均给平者。

一、每年织造绸绢,仰库司分派。诸庄丝绵,归与妇女织造。新妇自年四十八以下,另织二匹,绸一匹,女孩一匹,婆嫂四十八以上者免。

一、丈夫衣装,二月中给春衣,每人各给付丝一十两;夏各给绨葛衫一领;秋给寒衣,自年四十以上及尊长,给绢一匹、绵五两,四十以下各给丝一十两、绵五两;冬各给头巾一顶,并出库司分派者。

一、每年给麻鞋,冬至、岁节、清明三时,各给一双。

一、妇女脂粉针花等事,每冬至、岁节、清明,仰库司专人收买给付。

一、妇女染皂,每年各与染一段,任意染色,钱出库司,分派诸庄应付,专择一人勾当。

一、荐席每年冬库司分派诸庄,每房各给一副。

一、立刑杖厅一所,凡弟侄有过,必加刑责。等差列后。

一、诸误过失、酗饮而不干人者,虽《书》云:"宥过无大",倘概不加责,无以惩劝。此等各笞五十。

一、恃酒干人及无礼妄触犯人者,各决杖五十。

一、不遵家法,不从家长令,妄作是非,逐诸赌博、斗争伤损者,各决杖十五下,剥落衣装,归役一年。改则复之。

一、妄使庄司钱谷,入于市廛,淫于酒色,行止耽滥,勾当败缺者,各决杖二十,剥落衣装,归役一年。改则复之。

大唐大顺元年庚戌,七世长银青光禄大夫、检校右散骑常侍、守江州长史兼御史大夫赐紫金鱼袋崇立。

2.2.2 居家杂仪[1]

提要:《居家杂仪》即《涑水家仪》,是司马光为家族制定的日常居家礼仪规范。司马光(1019—1086),字君实,号迂叟,陕州夏县涑水乡(今属山西夏县)人,世称"涑水先生"。北宋时期政治家、史学家、文学家。《居家杂仪》依据《礼记·内则》拟定了一个行事规范表,要求家族不同成员遵守各自日常行为仪则,恪守各自名分,履行各自职责。其意不仅是为训示族中子弟,更是为普天下的家庭订立规范。

---

[1] 费成康主编:《中国的家法族规》,上海社会科学院出版社2002年版。

居家杂仪

一、凡为家长,必谨守礼法,以御群子弟及家众。分之以职,授之以事,而责其成功。制财用之节,量入以为出,称家之有无以给。上下之衣食,及吉凶之费,皆有品节而莫不均壹。裁省冗费,禁止奢华,常须稍存赢余,以备不虞。

一、凡诸卑幼,事无大小,毋得专行,必咨禀于家长。

一、凡为子为妇者,毋得蓄私财。俸禄及田宅所入,尽归之父母舅姑。当用则请而用之,不敢私假,不敢私与。

一、凡子事父母,妇事舅姑,天欲明咸起,盥漱、栉总、具冠带。昧爽,适父母舅姑之所省问。父母舅姑起,子供药物,妇具晨羞。供具毕,乃退,各从其事。将食,妇请所欲于家长,退具而共之。尊长举箸,子、妇乃各退就食。丈夫、妇人各设食于他所,依长幼而坐。其饮食必均壹。幼子又食于他所,亦依长幼席地而坐,男坐于左,女坐于右。及夕食亦如之。既夜,父母舅姑将寝,则安置而退。居闲无事,则侍于父母舅姑之所。容貌必恭,执事必谨,言语应对必下气怡声。出入起居,必谨扶卫之。不敢涕唾喧呼于父母舅姑之侧,父母舅姑不命之坐不敢坐,不命之退不敢退。

一、凡子受父母之命,必籍记而佩之,时省而速行之。事毕,则返命焉。或所命有不可行者,则和色柔声,具是非利害而白之。待父母之许,然后改之。若不许,苟于事无大害者,亦当曲从。若以父母之命为非,而直行己志,虽所执皆是,犹为不顺之子,况未必是乎。

一、凡父母有过,下气怡色,柔声以谏。谏若不入,起敬起孝,悦则复谏。不悦,与其得罪于乡党州闾,宁熟谏。父母怒不说而挞之,流血不敢疾怨,起敬起孝。

一、凡为人子弟者,不敢以贵富加于父、兄、宗族。

一、凡为人子者，出必告，反必面。有宾客不敢坐于正厅，升降不敢由东阶，上下马不敢当厅，凡事不敢自拟于其父。

一、凡父母舅姑有疾，子妇无故不离侧，亲调尝药饵而供之。父母有疾，子色不满容，不戏笑，不宴游，舍置余事，专以迎医、检方、合药为务。疾已复初。

一、凡子事父母，父母所爱，亦当爱之；所敬，亦当敬之。至于犬马尽然，而况于人。

一、凡子事父母，乐其心，不违其志，乐其耳目，安其寝处，以其饮食忠养之。幼事长，贱事贵，皆仿此。

一、凡子妇未敬未孝，不可遽有憎疾，姑教之。若不可教，然后怒之。若不可怒，然后笞之。屡笞而终不改，子放妇出，然亦不明言其犯礼也。子甚宜其妻，父母不悦，出子。不宜其妻，父母曰："是善事，我子行夫妇之礼焉，没身不衰。"

一、凡为宫室，必辨内外。深宫固门，内外不共井，不共浴室，不共厕。男治外事，女治内事，男子昼无故不处私室，妇人无故不窥中门。男子夜行以烛。妇人有故出中门，必拥蔽其面。男仆非有缮修及有大故，不入中门。入中门，妇人必避之；不可避，亦必以袖遮其面。女仆无故不出中门，有故出中门，亦必拥蔽其面。铃下苍头，但主通内外之言传，致内外之物，毋得辄升堂室、入庖厨。凡卑幼于尊长，晨亦省问，夜亦安置。坐而尊长过之，则起；出遇尊长于途，则下马。不见尊长，经再宿以上则再拜，五宿以上则四拜。贺冬至、正旦，六拜，朔望四拜。凡拜数，或尊长临时减而止之，则从尊长之命。吾家同居，宗族众多，冬正、朔望聚于堂上。丈夫处左西上，妇人处右东上，皆北向，共为一列，各以长幼为序。共拜家长毕，长兄立于门之左，长姊立于门之右，皆南向。诸弟妹以次拜迄，各就列。丈夫西上，妇人东上，共受卑幼拜。受拜迄，先退。后辈立受拜于门东西，如前辈之仪。若卑幼自远方至，见尊长，遇尊长三人以上同处者,先共再拜,叙寒暄、问起居讫,又三再拜而止。

一、凡受女婿及外甥拜,立而扶之;外孙则立而受之可也。

一、凡节序及非时家宴,上寿于家长,卑幼盛服序立,如朔望之仪。先再拜,子弟之最长者一人,进立于家长之前,幼者一人搢笏、执酒盏立于其左,一人搢笏、执酒注立于其右。长者搢笏,跪斟酒,祝曰:"伏愿某官,备膺五福,保族宜家"。尊长饮毕,授幼者盏注,反其故处。长者出笏,俯伏兴退,与卑幼皆再拜。家长命诸卑幼坐,皆再拜而坐。家长命侍者遍酢诸卑幼,诸卑幼皆起,序立如前,俱再拜。就坐饮讫,家长命易服,皆退易便服,还复就坐。

一、凡子始生,若为之求乳母,必择良家妇人稍温谨者。子能食,饲之,教以右手。子能言,教之自名及唱喏、万福、安置。稍有知,则教之以恭敬尊长。有不识尊卑长幼者,则严诃禁之。六岁,教之数与方名。男子始习书字,女子始习女工之小者。七岁,男女不同席,不共食。始诵《孝经》《论语》,虽女子亦宜诵之。自七岁以下,谓之孺子,早寝宴起食无时。八岁,出入门户及即席饮食,必后长者。始教之以廉让。男子诵《尚书》,女子不出中门。九岁,男子诵《春秋》及诸史,始为之讲解,使晓义理。女子亦为之讲解《论语》《孝经》及《列女传》《女戒》之类,略晓大意。十岁,男子出就外傅,居宿于外。读《诗》《礼》《传》,为之讲解,使知仁、义、礼、智、信。自是以往,可以读《孟》《荀》《杨子》,博观群书。凡所读书,必择其精要者而读之。其异端、非圣贤之书传,宜禁之,勿使妄观,以惑乱其志。观书皆通,始可学文辞。女子则教以婉娩、听从,及女工之大者。未冠笄者,质明而起,总角靧面,以见尊长。佐长者供养,祭祀则佐执酒食。若既冠笄,则皆责以成人之礼,不得复言童幼矣。

一、凡内外仆妾,鸡初鸣咸起,栉总、盥漱、衣服。男仆洒扫厅事及庭,铃下苍头洒扫中庭,女仆洒扫堂室。设倚卓,陈盥漱、栉靧之具。主父、主母既起,则拂床、襞衾,侍立左右,以备使令。退而具饮食,得闲则浣濯、纫缝,先公后私。及夜,则复拂床、展衾。当昼,内外仆妾惟主人之命,各从其事,以供百役。

一、凡女仆同辈谓长者为姊,后辈谓前辈为姨,务相雍睦。其有斗争者,主父、主母闻之,即诃禁之。不止,即杖之。理曲者杖多。一止一不止,独杖不止者。

一、凡男仆有忠信可任者,重其禄。能干家事,次之。其专务欺诈、背公、徇私,屡为盗窃、弄权犯上者,逐之。

一、凡女仆年满不愿留者,纵之。勤旧少过者,资而嫁之。其两面二舌、饰虚造谗、离间骨肉者,逐之。屡为盗窃者,逐之。放荡不谨者,逐之。有离叛之志者,逐之。

2.2.3 海州尚氏先王定训、先王遗训[1]

提要:《先王定训》《先王遗训》为清代权臣尚可喜所作。尚可喜(1604—1676),字元吉,号震阳,祖籍山西,明万历三十二年(1604)生于辽东海州(今辽宁海城)。尚可喜少年随父从军,为明朝戍守边关,崇祯七年(1634)率部投降后金,后随清军入关作战,被加封为"平南亲王",盘踞广东达二十余年。《先王定训》《先王遗训》是其后人对尚可喜所作《定训》和《遗训》的敬称,《定训》作于康熙十四年(1675)海州尚氏修撰宗谱之时,《遗训》作于次年尚可喜临终之际,用以约束子孙。其中有些条款颇为严厉,展现了清初军功家族家训族规的独特之处。

2.2.3.1 先王定训

一、王庙祭祀及生辰忌辰,悉遵家礼。所设祭品席面如家礼未载,听主祭

---

[1] 费成康主编:《中国的家法族规》,上海社会科学院出版社2002年版。

者自便。其行礼仪节,悉照会典。

一、茔庙设立正家长二名,副家长二名,经管茔庙祭器。祭田除入账目,凡遇收放,正副四人到齐,始命书记登写簿内,以便稽察销算,庶免侵渔。

一、命名所以辨代,恐世远居分,难以稽考,今定十六字派,以祖讳为始字,曰继、学、可、之、崇、玉、维、政、宗、昌、其、久、世、德、尔、祖。将来用完,仍以继字起,祖字止。绵绵轮转,虽百世之后,便以察考,不致错乱也。(内十三世"永"字派因避内庭名讳,敬以"久"字易之。)

一、孝子、顺孙、义夫、节妇,事关风化。若行谊可称者,各为立传,昭示子孙,以为后世劝。

一、子孙分析各居者,图、传例书始迁之地,后世会谱,易得稽考,用笃亲亲之义。

一、坟墓散在各乡,世远祭疏,易致迷失。须开写葬在某省、某府、某县、某乡、某山、某名,亩数若干,四至界限明白,及某坐向,俾后世有述焉。

一、嫁娶书地、书名,或其祖、父有世爵缙绅显荣者,许与并书谱内。

一、无子立继,论亲不论爱,乞养异姓,勒令归宗,自是礼法。如有行第不正而私相抱养者,皆乱宗之首,一体改正。

一、后世子孙蕃衍,妻有被黜或夫死适人者,本夫之下俱不书,以义绝也。但于其子名下书曰:嫁母某氏、出母某氏所出,以子不绝母也。

一、衣食务宜节俭为本。身居仕宦,各有定制。或闲居在家,古人以五簋为约,即再增一二便为丰厚。倘非大礼、大宾,不得演戏、作乐。家居内外衣服,务在温暖,亦不得滥用罗锦,暴殄天物。嫁娶、寿日、进学、登科、授官、升职,置酒悉照前例。

一、世远人蕃,或有素行不端、玷辱祖宗遗训者,送庙,家长戒责,使其自新。如再不法,削谱除名。

一、后世子孙众多,须宜立志读书,或工韬略,各守一业,为农为商,随分安生，不作游荡之徒。虽世有盛衰，而风声雅韵正所以超出凡庸，而不改故家望族之称，职此义也。

一、居三年之丧，内有小祥、大祥之分，礼不易服。万不得已而遇吉祥喜事，可避即避；不可避而易服成礼，亦须内着素衣，外着青服、皂帽，此外不许擅易。故违，作不孝论。

一、遵旧例，凡无嗣者俱于总图名下注一无嗣字样，其谱内履历概不重修。

2.2.3.2 先王遗训

嘱曰：予恭承祖训，忠厚传家，汗马疆场五十余年，忝授亲王爵秩，位极人臣。一生修己，惟是建文庙、捐饥赈、济乘舆、筑道路，仰副朝廷雨露之恩，以答天地生成之德。奈年老病多，今年七十三岁，兹当与尔等永别。尔辈兄弟三十余人，姊妹三十余人，及宫眷人口皆予生息教养，以至今日。予辞世之后，各宜仰体，恪守家训。尔二位母妃在堂，各已高年，尔等务宜竭力孝顺，早晚慰问。知尔等素有孝名，无庸多嘱。尔等兄弟众多，贤愚不一。凡有过失，专委长男之信、次男之孝为领袖，即将所犯传齐尔辈弟兄，带赴家庙祝告，共同询问。如事少轻，谅情薄罚；如事少重，许用竹板。公同议明责其多寡，以戒将来。平常喜庆各事，兄弟长幼务宜和气往来，刻刻以父母为念。其尚有弟妹未曾婚嫁者，尔等公同选择人家，禀明二位母妃，与之完配。悉照旧例而行，不可失礼，不可过奢，以成俭德惜福之美。至于男女内外，予家法素严，非奉呼唤，勿得辄自行走。倘有败伦伤化事关彝常者，尔等照前执赴家庙，公同密审，务宜要对证确实，方许公验勒死，但不许擅行杀戮，有干天和。予一生劳碌创作如此，惟愿尔等齐心竭力，成人、立业、宽和、谦谨，光大家声。予在九泉亦得瞑目。特书遗言，用为永勋。

时大清康熙岁次丙辰年十月二十九日。

2.2.4 毗陵长沟朱氏祠规[1]

提要:《朱氏祠规》订立于清代康熙年间,为清人王际有所撰。王际有,生卒年不详,字书有,一字书年,江苏丹徒(今属江苏镇江)人。清顺治四年(1647)进士,授永丰知县,调任泾阳后仍为知县,劝农桑,抑强暴,推广教育,泾阳风气为之一变,后升任河南学政。王际有订立的族规之所以叫《朱氏祠规》,原因在于当地朱和王两姓的"合谱"。朱姓为常州长沟村(今属常州市新北区)本地姓氏,明代中叶某丹徒王姓子弟入赘朱家,其所生后裔,一部分人仍姓朱,另一部分人则复姓王,两个姓中朱姓仍为主。王际有订立的家法族规系统完善详尽且严厉,展现了清代江南地方家法族规的大体样貌。

毗陵长沟朱氏祠规

一、族中子弟以孝悌为先。如不孝不悌,确有实据,或父兄出首,或乡党公举,不孝责四十板,不悌责二十板;再犯复责;三犯为人类所不齿,逐出祠外。

一、族中敦伦,尊卑有序。少年每日见尊长,拱手致敬,坐则起立,行则让道,虽宴饮合欢,不许戏谑。违者责五板。致有以卑殴尊,先责三十板,然后究论事之是非。詈骂尊长责十板,但尊长亦不得倚分欺卑幼。

一、族中言语小忿,及田产钱债等事,俱赴祠呈禀,处明和解。事有难处,方许控官究理。若不先呈族长,径自越告者,罚银五两,入祠公用。

一、族中禁挑讼。人或一时忿激,全借居中解劝。有等好事之人,乘机唆撺,或图取利,或泄私仇,幸灾乐祸,两败俱伤,为害不浅。察明责三十板。

---

[1] 费成康主编:《中国的家法族规》,上海社会科学院出版社 2002 年版。

一、族中有为窃盗者,事发锁拿,重责四十板,逐出祠外。至为强盗者,赃真事确,合族公同打死。如失主首报到官,合族公举,决不宽饶。

一、族中有真正人命,合族公首,到官依律治罪。其悬梁、投河等项,止许赴祠,公处掩埋,以示自尽无抵偿之例,庶愚人全活者多。倘捏假命诬害,责三十板。

一、禁赌博。赌博之害,欲赢人钱,反失己钱;相争嚷斗,必遭人命;无计偿还,必为盗贼;败家丧身,皆由于此。犯者重责四十板。

一、本族花户,钱粮务遵限完纳,每限赴祠验票。若不如限全完,贻累里长受比,或作弊沉搁,每欠一两,罚银二钱。

一、水利自有分数,田宅自有疆界,俱查照原契,分书执业。混争者,责罚有差。

一、祖先坟山,不可多葬,以泄气脉。如侵近前后左右,层堆连砌,不啻义冢,甚至子孙居祖父之上,族人公鸣,治以不孝之罪。

一、茔墓树木,所以遮护风水。有偷伐一株者,拿获以窃盗论。至自己祖坟,敢行伐卖,更以不孝论。

一、禁族中纵放牛羊。谷麦为养命之本,蔬菜亦日用之需,任畜贱食,何以资生。违者,估计赔偿,仍责十板。

一、禁族中捏绰号,作歌谣,议人莫须有之事,甚至阴谋陷害,粘匿名揭帖。查实责三十板。

一、士农工商,为人本业。外则医术星命,犹为正务。若游手好闲、习优人末伎,或投充仆隶,及流入邪教,不准入祠。

一、用度宜节省,宾筵不过五簋,自奉惟布衣蔬食,取其温饱而已。如淫佚奢华,暴殄天物,并妇女珠翠过盛,罚银五两,为风俗侈靡之戒。

一、人子居丧,称家之有无。棺木衣衾从厚,其余仪文宁俭。不得信惑僧道,滥费无益之斋醮。至有贫不能葬者,祠中酌量助赙。

一、兄弟分家，义让为美。不得霸占，以失手足之情，而伤父母之心。有恃强攘夺者，族长查明，押号均分，照攘夺之多寡，酌量示罚。

一、年长无子，挨择亲分之次子承嗣。如合例无人，听其立爱，不许用异姓螟蛉、甥、婿混乱宗支。违者众共摒逐。

一、男女婚嫁，须门楣相当，伦序不紊。不许贪得财礼，滥配匪类。违者罚银二两。至有本家为媒，图利撮合，玷辱家风，责三十板。

一、男女有别。女勤纺绩，不出闺门，毋得族中男女溷杂，同席饮酒，不避嫌疑。违者罚银二两。至夫亡守节，贞洁不改，与例相符，宗族共出力旌之。

一、出入起居，慎择友伴。若与匪人结党，终日沉酒酗歌，斗牌掷骰，事犯责二十板。

一、鼓舞后贤，公祠宜示奖励。入泮给花红二两，出贡给花红四两，中举给花红六两，中进士给花红八两，中元者另加四两。

一、赤贫与有废疾不能举火者，公祠每月给米一斗五升，以救残喘。

一、祠中春秋祭祀，务宜肃清。其出仕与在庠，俱穿本等服色。合族各照轮分，叙定班次。有越班者，查出罚银一钱。至祭毕享胙，非为口腹，一照班列坐。如紊乱喧哗，逞酒恣肆，众共斥出，下次不容与祭。

一、祠中新入亡牌神位，必须禀族长及分长。虽家贫先用三牲告始祖，次用三牲告分祠，然后安牌。有力者，祭礼加丰。

一、祠中银钱、租斗，每岁公议二人掌理。其条粮、祭祀、修理等项，俱着经管。于腊之十五日，造管收除在清簿，交明下手，呈族长会众公阅。有怀私侵渔，支吾不明情弊，查出照数倍罚，永不入祠管事。

一、祠中一切器皿、佳贮，管年人照簿收掌，不许族人借用，以致损坏。如擅借一物，本人罚银一两，管年者罚银五钱，看祠加责三十板。

一、设义仓。每年正月十五后，本族之贫者赴祠具领状，管年人酌其宜借，呈明族长批准登簿。二月初一后，照簿领给。十月内，管年人催还，每石加息二斗半。荒免一斗,大荒全免,其所借之本,亦移至次年起息偿还。如有奸顽拖欠,十一月族长逐拘严比。及腊月十五,管年人交带,倘容情不催,亦照欠数倍罚,下手不许接受。

一、立义学。族中贫不能延师者,俱送子入祠读书。如幼童品质颖秀,其父甘于废弃,不送读书,罚银一两。有从旁谤议,阻挠不肯成人之美,定责二十板。

一、族长处事秉公无私,原被有刁抗不服者,族中鸣鼓而攻,究其犯上灭祠之罪,逐于祠外。

康熙三十五年二月　日十六世孙际有谨识。

2.3　宋明时期重要乡约文本辑录

唐末五代的分裂割据及长期战乱打乱了魏晋南北朝以来门阀大姓主导的社会体系,基层社会的组织网络变得松散无序,流民给基层社会治理带来了巨大的压力。北宋中期以后,伴随着儒学的复兴及士大夫的崛起,他们以恢复周代典章制度的名义,重整社会基层组织与治理网络。明清时期遍地存在的宗族组织正是萌芽于北宋中期士大夫的倡导和示范,而乡约体系则是士大夫所倡导和示范的另一种社会基层组织与治理网络。乡约创始于北宋中期的蓝田吕氏,而其发扬光大却是在朱熹增补之后;明代是其鼎盛时期,在民间自行组织的乡约之外,还出现了官方化的乡约;清代,乡约开始衰落,在社会基层治理中的作用也逐渐被其他组织体系所取代。

2.3.1 吕氏乡约[1]

提要：《吕氏乡约》是吕大钧丁忧期间创立的中国历史上第一部成文的村规民约，有"天下第一约"之誉。吕大钧（1029—1080），字和叔，祖籍河南卫辉（今属河南新乡），京兆蓝田（今陕西蓝田）人。北宋关中学派的代表人物，张载弟子。《吕氏乡约》自愿出入，公选领袖，约众不分地位高下，大家共期于"德业相劝，过失相规，礼俗相交，患难相恤"。其目的在于教化乡人，"成吾里仁之美"。

2.3.1.1 德业相劝

德谓见善必行，闻过必改。能治其身，能治其家。能事父兄，能教子弟。能御僮仆，能事长上。能睦亲故，能择交游。能守廉介，能广施惠。能受寄托，能救患难，能规过失，能为人谋。能为众集事，能解斗争，能决是非。能兴利除害，能居官举职。凡有一善为众所推者皆书于籍，以为善行。

业谓居家则事父兄、教子弟、待妻妾，在外则事长上、接朋友、教后生、御僮仆，至于读书治田，营家济物，好礼、乐、射、御、书、数之类，皆可为之。非此之类，皆为无益。

2.3.1.2 过失相规

过失，谓犯义之过六，犯约之过四，不修之过五。

犯义之过：一曰酗博斗讼，（酗谓恃酒喧兢；博谓博赌财物；斗谓斗殴骂詈；讼

---

[1] 杨一凡、刘笃才编：《中国古代民间规约》（第一册），社会科学文献出版社2017年版。

谓告人罪慝,意在害人者,若事干负累,及为人侵损而诉之者,非。)二曰行止逾违,(逾违多端,众恶皆是。)三曰行不恭孙,(侮慢有德有齿者,持人短长及恃强陵犯众人者,知过不改,闻谏愈甚者。)四曰言不忠信,(为人谋事陷人于不善,与人要约退即背之,及诬妄百端皆是。)五曰造言诬毁,(诬人过恶,以无为有,以小为大,面是背非,或作嘲咏、匿名文书,及发扬人之私隐,无状可求,及喜谈人之旧过者。)六曰营私太甚。(与人交易伤于掊克者,专务进取不恤余事者,无故而好干求假贷者,受人寄托而有所欺者。)

犯约之过:一曰德业不相劝,二曰过失不相规,三曰礼俗不相成,四曰患难不相恤。

不修之过:一曰交非其人,(所交不限士庶,但凶恶及游惰无行众所不齿者,若与之朝夕游从,则为交非其人。若不得已暂往还者,非。)二曰游戏怠惰,(游谓无故出入,及谒见人止务闲适者。戏谓戏笑无度,及侵侮或驰马击鞠之类不赌财物者。怠惰谓不修事业,及家事不治,门庭不洁者。)三曰动作无仪,(进退太疏野及不恭者;不当言而言,当言而不言者;衣冠太饰及全不完整者;不衣冠入街市者。)四曰临事不恪,(主事废忘,期会后时,临事怠慢者。)五曰用度不节。(不计家之有无,过为侈费者,不能安贫而非道营求者。)已上不修之过,每犯皆书于籍,三犯则行罚。

2.3.1.3 礼俗相交

凡行婚姻、丧葬、祭祀之礼,《礼经》具载,亦当讲求。未能遵行,且从家传旧仪。甚不经者,当渐去之。

凡与乡人相接,及往还书问,当众议一法共行之。

凡遇庆吊,每家只家长一人,与同约者皆往,其书问亦如之。若家长有故,或与庆吊者不相识,则其次者当之。所助之事,所遗之物,亦临时聚议,各量其力,裁定名物及多少之数。若契分浅深不同,则各从其情之厚薄。

凡遗物：婚嫁及庆贺用币、帛、羊、酒、蜡烛、雉兔、果实之类，计所直多少，多不过三千，少至一二百。丧葬：始丧，则用衣服或衣段，以为襚礼，以酒脯为奠礼，计直多不过三千，少至一二百。至葬则用钱帛为赙礼，用猪、羊、酒、蜡烛为奠礼，计直多不过五千，少至三四百。灾患如水火、盗贼、疾病、刑狱之类，助济者以钱帛、米谷、薪炭等物，计直多不过三千，少至二三百。

凡助事谓助其力所不足者，婚嫁则借助器用，丧葬则又借助人夫，及为之营干。

2.3.1.4　患难相恤

患难之事七：一曰水火，（小则遣人救之，大则亲往，多率人救之，并吊之耳。）二曰盗贼，（居之近者同力捕之，力不能捕则告于同约者，及白于官司尽力防捕之。）三曰疾病，（小则遣人问之，稍甚则亲为博访医药，贫无资者助其养疾之费。）四曰死丧，（阙人干则往助其事，阙财则赙物及与借贷吊问。）五曰孤弱，（孤遗无所依者，若其家有财可以自赡，则为之处理：或闻于官，或择近亲与邻里可托者主之，无令人欺罔。可教者为择人教之，及为求婚姻。无财不能自存者，叶力济之，无令失所。若为人所欺罔，众人力与辨理。若稍长而放逸不检，亦防察约束之，无令陷于不义也。）六曰诬枉，（有为诬枉过恶不能自申者，势可以闻于官府则为言之，有方略可以解则为解之，或其家因而失所者，众以财济之。）七曰贫乏。（有安贫守分而生计大不足者，众以财济之。或为之假贷置产，以岁月偿之。）

凡同约者，财物、器用、车马、人仆，皆有无相假。若不急之用及有妨者，亦不必借。可借而不借，及逾期不还，及损坏借物者，皆有罚。凡事之急者，自遣人遍告同约；事之缓者，所居相近及知者告于主事，主事遍告之。凡有患难，虽非同约，其所知者亦当救恤，事重则率同约者共行之。

2.3.1.5　罚式

犯义之过，其罚五百。（轻者或损至四百三百。）不修之过及犯约之过，其罚一百。(重者或增至二百三百。)凡轻过规之而听,及能举者,止书于籍,皆免罚。若再犯者不免。其规之不听,听而复为,及过之大者,皆即罚之。其不义已甚,非士论所容者,及累犯重罚而不悛者,特聚众议,若决不可容,则皆绝之。

2.3.1.6 聚会

每月一聚,具食。每季一会,具酒。食所费率钱,合当事者主之。遇聚会则书其善恶,行其赏罚。若约有不便之事,共议更易。

2.3.1.7 主事

约正一人或二人,众推正直不阿者为之,专主平决赏罚当否。直月一人,同约中不以高下,依长少轮次为之,一月一更,主约中杂事。

2.3.2 议行乡约以转移风俗[1]

提要:《议行乡约以转移风俗》为明人姜宝所撰。姜宝(1514—1593),字廷善,号凤阿,南直隶镇江府丹阳县(今属江苏镇江)人。明朝中后期官员。姜宝少从学于唐顺之,嘉靖三十二年(1553)进士,历任翰林院编修、四川提学佥事、国子监祭酒、吏部尚书等职。曾在家乡积极推行乡约,获得成功,因此撰写本文,强调乡约和保甲相互结合,乡约用以善俗,保甲用以弭盗。

议行乡约以转移风俗

乡约之行,于民间风俗甚有益,其与保甲法相兼行者,则善俗而弭盗,于民

---

[1] 陈梦雷编纂:《古今图书集成·明伦汇编·交谊典》,广陵书社2011年版。

间尤更有益者也。第在长民者实意行,又能选择约正副保甲长得其人斯善矣。往见尹翀莘父母曾行此,未兼保甲也,而约正副未尽得人,凭信一二人名实不相副者主兹事,而约正以狡而奸者厕其间,甚至委以剖决词讼、查勘事情、清理课税,而往往为所欺。是以徒为文具而未见有实效。甘紫亭父母相继欲行此,谋于予,予告以实意行,请自予家奉法始,说具予所作乡约序中,而亦未兼保甲也。兼行保甲法及予宗自为约,不令他姓人得参与有所妨,惟予自请于公,公特许可,尝行之而已有效矣。公丁艰去,他约皆停寝,而独予家请于府,改乡约为宗约,以宗约行,又以保甲法相兼行,冀垂诸永远而不废。今犹念公意,专诚不粉饰为文具,乡士夫致其事及诸生已告出学有行者,坊里有其人,必敦请,请以礼,必不慢,必无有作辍,彬彬然风俗为之变。约正副即一二非其人,寻革去恶。外界流来刁棍教唆诬害我良民,驱逐之,禁治之。地方有惯盗某为患害者,擒致之,立毙于杖下,良善赖以安生。不文具,苟简为而一以真实,行仁且勇,先教化而后诛罚。若公非真欲敦行古道者欤,今即已去任,犹可仿其意损益而行之。第一,在选撰约正副得人,约中真有孝父母、敬长上、睦乡里、教子孙及凡为义夫节妇真修实行之人,务推举以凭核实而旌赏,真有不孝、不弟、不睦、不姻惯为讼师、惯赌博宿娼一切开局勾引及行使低假银之类,一切为非不法,亦从实开报以凭查访而罚治。至于各保长与其各保下之甲长,每月稽查,各甲下有出入不时、往来不明、交游不类者,地方有惯掏摸、惯挶窃者,并举首有水火寇盗等事,甲长闻于保长,务相与防御而救恤。在乡以若干家为一约一保,务使地相近、声相闻、休戚相关也,而一闻有事不辞星雨,率有众即赴之如手足腹心之相捍护。在城以某坊某坊为一约一保,约于每月一再讲,勿怀市心,勿习狷薄,行保于坊,每日夜相保受,勿分人我,如家人父子之相亲爱,合乡城成美俗,合君子细人皆改过而迁善,以乡约法教民为善,以乡约法兼行保甲法,又思所以为民防患,推广甘公德意由予一家遍推于家家,由一时行之于时时,将见化行俗美、盗息民安、刁讼不严而渐少,逋负不严而易完。无论民间受益,即官长不烦心力,可卧而待治矣。予著为此议,望后来贤令君以二法相兼行,务以实心求实益,庶民为良民,贤令君亦为良大夫矣。是为议。

2.3.3 金坛县保甲乡约记[1]

提要:《金坛县保甲乡约记》为明人王樵所撰。王樵(1521—1599),字明逸,号方麓,南直隶镇江府金坛县(今属江苏镇江)人。明代抗倭英雄,经学著述家。嘉靖二十六年(1547)进士,初授行人,历任刑部主事、刑部员外郎,后出任山东兖州府佥事,因病乞求归里,居家十余年,撰写《金坛县保甲乡约记》总结其治理地方的经验,强调保甲的作用。文中对保甲体系有较为详细的论述,对保甲的治安作用剖析较为深刻,同时也对乡约在教化方面的作用进行了一定强调。

金坛县保甲乡约记

保甲乡约实古司徒之教法也。五家为比,十家为联,五人为伍,十人为联,四闾为族,八闾为联,使之相保相爱,有罪奇邪则相及,此即保法也。州长各掌其州之教、治政令之法,正月之吉,各属其州之民而读法,以考其道德行艺而劝之,以纠其过恶而戒之。自州长而下弥亲民者,于教亦弥笃,此即乡法也。三代而下,惟汉此意犹存,彼所谓三老、啬夫者,得与县令丞以事相教,又置孝弟、力田二千石一人,盖其重之如此,是以黎民醇厚,几于刑措。至我太祖高皇帝,致治实远复成周之盛,上自六官,下至比闾之长,无不得其人,重其仕,至亲降德音以代面命,令布满天下,所谓圣谕六条者是已。主之以三老,家临而户至,朝命而夕申,如父母之训子弟。至成祖文皇帝又表章家礼及取蓝田吕氏乡约,

---

[1] 陈梦雷编纂:《古今图书集成·明伦汇编·交谊典》,广陵书社2011年版。

列于性理成书,颁降天下,使诵行焉。噫!二百余年治平之美岂无自而然与。吾金坛为地最僻,为俗最朴,三十年前,民有白首不识县庭者,既而人物日以阜蕃,乃故俗渐失,识者忧之。万历五载,西川刘侯以治洋有声,九重简命移治金坛,至则以安民厚俗之道莫如保甲乡约二法,爰取近贤之所已试者而损益推行之,其详略适中,其条贯尽善也。侯又躬先倡率,无问穷乡下里,靡不亲临督视,轩车所至,民扶老携幼而往听之,为之感动,兴起至多矣。是岂声音笑貌所能为哉!侯之家行纯备,诚意感人,盖在于未言之先。故其为教易成如是也。侯且报政于朝内,召有期矣。父老子弟恐其久,而或忘也,请予记之,则谓之曰:不忘在汝之心。盖所谓兴起者,非是外来也,我固有之也。尊所闻,行所知,侯之条约具在也,侯之劝民手抄具在也,愿相与坚守之,是在父老子弟而已,众曰诺。是为记。

2.3.4 行乡约法序[1]

提要:《行乡约法序》为明人黄彦士所撰。黄彦士(1569—1630),字抑美,号武皋,湖广黄州府黄陂县(今属湖北武汉)人。明中后期官员,与吴亮嗣、官应震为"楚党"三党魁之一,曾官至山东右参政,以骨鲠左迁归乡,里居十载,日事讲学,拯溺救荒,建立社仓保甲。《行乡约法序》在内容上主要强调了乡约的组织体系,一方面溯源于古,为乡约之法寻找理论依据;另一方面详细论述其劝善的作用,带有很强的实践针对性和较高的可操作性。

---

[1] 陈梦雷编纂:《古今图书集成·明伦汇编·交谊典》,广陵书社2011年版。

行乡约法序

乡约之法,即古比闾族党遗意,牧民者万善之根本也。夫牧民者期于安之、养之、教之而止矣,此法行,户口于是乎取焉,田亩于是乎取焉,是故可以稽逃亡,可以清赋税,可以别淑慝,可以靖盗贼,可以恤贫困,可以移风俗,故曰万善之本也。今郡邑多行之者,然而其效不臻,何也?有司往往以为应上之具,或行之而法不备,或备矣而时不久,上既以刍狗陈之,民亦以土羹玩之,已非法之过也。语曰:非常之原,黎民惧焉,及臻厥成,天下晏如也。立法之初,小小劳扰,岂能无之,若行之而三年五年,愈详愈密愈习愈安,民且乐其利,于善良者而趋之矣,乐而趋之,百年可无变矣。夫三年五年,司牧者一考再考之日也,若使莅政之始,即设诚而行之,必有观其法之成而解任者矣。惮三年五年之劳而忽百年之计,何其虑之不长也。不佞是书之颁,不过取前人所已行者,稍稍增损而布之,岂有他谬巧能,使法之即举,要亦需贤有司共成其美而已矣。然既已布之,必不敢以刍狗自视,且将著为令甲,定为课程,巡方所至,进父老子弟而问之,以验其当否,其他以差往者,必稽也,以事至者必询也,而牧民者之殿最亦于是乎取焉,不佞岂自为哉!亦与诸莅兹土者,共此民尔,并以告夫执事者。

2.3.5 黄陂县乡约议[1]

提要:《黄陂县乡约议》为清人杨廷蕴所撰。杨廷蕴,生卒年不详,字简庵,江苏武进(今属江苏常州)人。清顺治年间进士,曾于康熙年间任黄陂知县,主持编撰有《黄陂县志》,修缮了二程书院。其在任期间撰写

---

[1] 陈梦雷编纂:《古今图书集成·明伦汇编·交谊典》,广陵书社 2011 年版。

的《黄陂县乡约议》，内容上主要强调乡约的劝善作用，对执行环节有较详细的交代，特别是在管理上有一定的现代积分制特色，不仅将乡约的教化赏罚与社会个体的善恶对应起来，还把善恶量化登记在簿，以定赏罚、行劝惩。

黄陂县乡约议

乡约之设，原以宣扬圣谕，劝诫一方民，俾善者有所兴起，不肖者有所严惮，法至善也。鼎革来，寝不复举，间有行之，尽失古意，约正约副先非其人，即约讲声说一番，于开导劝惩本旨毫无关切。方今举行必推齿德兼优素履无玷者二人，以为约正副，朔望开讲日，即立善恶二簿存约正处，一方有某人行某善事，某人行某恶事，从公分注簿内，徐俟长吏行查赏罚。诸凡地方利病，通约恒得直陈之，如是者一年，约正副公平方正，果无只鸡壶酒之私，则隆以礼貌，给与顶带，以风通里，使儿童妇女咸晓六谕之应遵，绝域穷乡皆识为善之可乐，輶轩问俗，所至良多可观也。

2.4　地方碑刻中的基层社会治理

中国古代地方社会基层治理的情况在正史中反映较少，一般谈论社会治理的著作也很少涉及基层社会治理的详细事实，士大夫关于基层社会治理的诸多设计也有不少难以落实到实践中，制度设计的许多描述未必真付诸了实施。在这种情况下，地方碑刻就可以提供关于基层治理的诸多详细事实，甚至还可以提供一套不同于士大夫在著作中论述的关于基层社会治理的规范和机制。全国范围内丰富的地方碑刻文献提供了关于地方社会基层治理的多样化信息,既有不同时代的碑刻文献反映了不同时代的基层社会治理,也有不同地域范围内的碑铭题记展现了地方基层社会治理的不同规范和机制。全国各地的地方基层社会治理既有中国传统儒家化社会的共性,也有鲜明的地方个性,共性包裹在个性中。这里,仅以华北地方碑刻文献展现一个不同于浙东地方个性的地方基层社会治理样本。与浙东地方碑刻所反映的情况相比较,其相同点和不同点都十分明显。华北地方的基层社会治理在儒家化的社会关系基础上,较多地偏重于在村落共同体层面上来落实基层社会治理,家族之外的社及社首在其中扮演着重要角色。浙东地方的基层社会治理则更多地借助于宗族组织,在一定程度上还凸显了读书群体的积极作用。

2.4.1　刘家庄汤帝大社重修碑记[1]

提要: 本碑记系姚春敏教授在山西省阳城县白桑乡刘家庄田野调查时发现的一则反映乡村治理方式的材料。该材料展现了清代华北多姓乡村如何进行公共设施建设,详细介绍了刘家庄汤帝大社重修的依据、缘起、组织及经过等情况。

刘家庄汤帝大社重修碑记

尝闻建国必先立社,置社后乃成群,社之由来亦綦重矣。刘家庄虽地僻人稀,为阳邑之一小隅,而人知重神,神自庇人,较之为镇、为都,殆有甚焉。但古制狭隘而不阔,形势低暗而不高,遇春祈秋报之时,长幼毕集,咸有恢宏博大之思。无以重修之,人心之不悦,即神灵之不快也。是以院宇则思其宽广,门户则思其正大,为上为下截然不爽,正南正北昭然可凭,舞楼尚其恺爽,马房尚其

---

[1] 姚春敏:《清代华北乡村庙宇与社会组织》,人民出版社2013年版。

深广。嘉庆十六年秋,印仓张公、自宽王公、有原公、升栗公等结念维殷,而钱粮缺少,动则制肘。公议照社捐资,夏秋为率折献戏之项,共积钱一百廿余千。十七年春又请钱粮首事四位,印全张公、得库李公、秉随栗公、柱栗公等收管钱粮,本利行息。越一载,本利共计钱二百三十余千。十八年夏,接替执年社首四位,自轩王公、佐栗公、秉祥栗公、润蔡公等又捐资一百三十余千。众心齐一,即请修工首事四位,忠贤赵君,如海蔡公,永太蔡公,永上官公总理其事。忠贤赵君等深思物力维艰,工巨费繁,以前现在之钱粮,仅足十分之七八。乃重议照社捐资,又积一百余千。前后共计钱四百九十千有奇。于是率作兴事,刊树木,驼砖瓦,合水土,效奔走。乃修舞楼上下六间,东西南房上下二十八间,共修房屋三十四间。而门楼则南向而正大,路墙则宏闱而光明,照壁为之崖立,裙墙为之周垣。理戏对命,丹青台中树屏一围,门外大匾一面,挨次整饰,周围彩画。班班费用载列于后,丙子秋工程告竣,焕然聿新,庙貌严肃,神灵妥侑,望者无不欣□,非诸公同心协力,两袖清风,能如是乎？余夏秋往来,备悉始末,爰据实为文,勒石以志不朽云。

2.4.2　记荒三年接替碑记[1]

提要： 本碑记系姚春敏教授在山西省阳城县白桑乡刘家庄田野调查时发现的一则反映乡村治理方式的材料。该材料展现了清代华北多姓乡村于灾荒之年进行赈灾的情况。材料比较充分地记录了当时的灾情,以及乡村应对灾情的组织体系、运作原则、运行过程与救灾结果等。它在很大程度上反映了北方乡村在官府组织与支持下,自主、自治和自救的情况。

---

[1]　姚春敏：《清代华北乡村庙宇与社会组织》,人民出版社 2013 年版。

记荒三年接替碑记

盖闻天道远而人道迩,凡有求于神必有验于人,此幽明一理之谓也。《经》云:"礼有五典,莫重于祭。"祭者所以报功而祈福也。余村自古建立神宇数处,凡春祈秋报应祀诸神,由昔至今,受其神之德泽者有年矣。《祭法》:"大夫以下成群立社,曰置社。""能御大灾则祀之,能捍大患则祀之。"切思灾患流行,何代无有?尧水九年,成平大业传自古;汤旱七载,祷雨桑林颂至今。天爱贤主,不必尽是丰年;人欲至德,正以时值歉岁。不意光绪三年春季,雨泽罕少,自三月底得足雨一场,将谷种上。四五月无雨,夏麦均收不上一斗,晚田未种。各村社日日祷雨,至六七月仍无寸雨。下种者不止二三次,全未见苗。渐次人心惶恐,日夜不安。有牲口者驱逐外卖,无生计者攒蹙街巷。因而众口同谈订簿,穷民向殷实者乞救燃眉,始则登门强借,继而至室抢夺。县慈即为禀请上宪,开仓放赈,无如一杯之水难救车薪之火。借此将未熟之瓜果连蒂而吞,初秀之谷穗带糠而食。野无青草,秋禾未登一粟,室如悬磬,岁月安能虚度!无何旱暵大甚,八九十月仍无滴雨,粟价日增一日,饮食日减一日。无奈将少年妻女出卖外县,老弱稚子□毙□□当此好屋良田不能易质一钱,锦衣美器尚可转换一粟。捋荆子以疗饥,剥榆皮而充腹,桑叶柿叶待食尽。个个鸿哀几泣,谁怜楚女之腰,人人鹄面鸠形,莫救鲂鱼之尾。渐至天气寒冷,外无粗衣以御寒,内无淡饭以充饥;大人饿死者尽转于村西矿洞,小儿难养者悉抛于安沟井泉。如此之惨不可胜数。各上宪奏请皇上,赈济万民,借仓谷于高平。户分上中下,奈谷少而人多。积漕粟于山东各列□□□乃有名而无实。于是日不聊生,无可如何掘古墓,盗卖首饰,创新坟刮食人尸,有犯者送官杖毙,亦有被人打伤。如此无聊何以堪生,负老持幼就食他乡。或有痛亲老而难行,弃之城郭;亦有恨稚子之带累,□诸道路。男子无处佣工朝走夕死,女子自行嫁人昨李今张。值至十一腊月间,米价每斗大钱二千八百文,育子一斗大钱二千二百文,蕉子一斗大钱二千文,面一斤钱九十文,萝卜白菜切而卖之,每斤大钱十五文。粮价日涨,手足无措,父子不相顾,兄弟妻子散,八口之家去六七,十室之地留一二。我皇上发给帑饷,买菽粟开设馈厂,县慈派绅士设立各镇就食。男儿临场蹶地,踏死而不相顾领赈,女子□地折足,啼号更不堪闻。至四年春间,水陆不能并进,米价昂长,每斗大钱三千六百文,育子一斗钱三千文,蕉子一斗钱二千八百文,面一斤钱一百零八文。熟料天意犹怒,更加瘟疫之灾并至,饿死与病死者更甚。幸县慈将馈厂改放粮食,村中造册领赈南关,五日一领,大口一升,小口半升。各村社领脚钱于总局,运米粟于清化。至三月中旬下雨,一犁牲畜缺少,人扯耧播种洋谷。四月又雨,方种菽黍育子。有力者揪拔破苗,无力者听其任长。以此天降桑椹灰菜结实甚繁,摘桑椹就食以充饥,割灰菜炒子以糊口。迨至六月底,洋谷渐熟,诸禾茂盛,秋成大熟矣。当此之时,如涸鱼得水,旱苗得雨。收秋里遂查照村中户口人丁,在前三百余家,现留三十余家;人口一千八百有余,现存大小一百二十余口,可不谓大灾大患也哉!诚可惨也,诚可惧也!由此里中田地荒,现在犹有荒芜,尚属多半,社事亦不振矣。五年春,县慈出示晓谕,令民间造册报荒,里中共报有主无主荒地七顷有余。后奉上谕,招佃垦荒,现在犹有荒芜。余与酒裕泉六年充膺宰社,会同村中绅者复振社事,较前均为酌减。所费者因茧置务,照亩纳钱。三年之内出入经费,另有清具。九年接替孙希成、常明善,三年亦如之。十二年接替侯文炳、酒卯丑,总理三年。此九年之内,举凡一切官事社事,修理经营添置什物,各有出入清具。今期及瓜代将丁戊大祲之情形,并与三替九年之出入,勒诸箴铭,以示继来者,无不目睹而心伤,由今以传后是为记

国子监太学生侯锡旗熏沐敬撰

本邑儒学生员王蔚华沐手敬书

庙管薛树珍玉工谭世垂刊

栗得淮施银二千文六三年

总理社首：酒裕泉

九三年总理社首：孙希成。十二年总理社首：侯文炳

栗得淮施银二千文七三年总理社首；十三年总理社首；十三三年总理社首；

八年总理社首：侯锡旗。十一年总理社首：常明善。十四年总理社首：酒卯丑。八年执年社首：常明征、孙介祺、常满库、孙步庄；十一年执年社首：侯锡命、酒小宋、潘礼升、侯进宝；十四年执年社首：侯小转、王炳太、张秋法、孙小现。

光绪十四年岁次戊子季冬上浣吉旦。

2.4.3 公议改道碑[1]

提要：本碑记系姚春敏教授在山西省凤台县刘村田野调查时发现的一则反映乡村治理方式的材料。该材料展现了清代华北多姓乡村自主进行公共基础设施建设的情况，具体来说，就是村西北煤窑的拉煤车从村中频繁路过，导致道路破坏、车声嘈杂、灰尘如雾，村子里的绅耆组织村人通过商议制定规则，以村规的形式，让拉煤车改道。材料中也提供了确保该项村规得以执行的机制，以及人力、物力等保障情况。

公议改道碑

如吾村之西北开有煤窑一所，邻村近社拉运煤炭多由村中经过，取其捷也。无如数年以来，车脚昼夜不停，是以所经之处多半撞损，甚至车辆轰轰其

---

[1] 姚春敏：《清代华北乡村庙宇与社会组织》，人民出版社2013年版。

声如雷,灰尘仆仆如雾迷天。凡吾村中之神庙向来之为鸟革翚飞者,今则灰染尘污矣。而居民之蓬户茅庐尚堪问乎? 余(社首)等今年职司社事,邀同村中绅耆公同酌议,揆情度理,目击情形殊觉不合,议将向来拉煤之故道改由西河行走,不惟村中不受其扰,即拉运之家亦顺便通行,第恐年深日久,仍由旧路。故特勒石禁止,以示永远。如有不遵社规强由旧道,轻则入社议罚,重则送官究处。余等言之谆谆,慎始要终,惟望后之司社者,同心共力,以期不坠云尔。议定本村脚车,均由西路行走,不许从村中经过,违者从重议罚;议定外村运炭脚车,均由界石以外行走,不许从村中经过,违者议罚。

2.4.4　合社修路碑记[1]

提要: 本碑系姚春敏教授在山西省沁水县赵庄田野调查时发现的一则反映乡村治理方式的材料。该材料展现了清代华北多姓乡村自主进行公共基础设施建设的情况,具体来说,就是因为赵庄山路艰险、肩挑人行出入不易,村子的领头人组织村人进行商议,决定修路。材料不仅反映了清代华北乡村治理中的社制及社首等特别之处,也把社公议如何修路的情况充分揭示了出来,对于如何安排修路时间以避免农忙与修路冲突、如何派工等也有具体的交代。

合社修路碑记

予乡背倚洞阳之岭,面临山路之险,东西南北路出维艰,虽非通衢,然而肩挑人行实为崎岖,予心甚悯之。今合社公议定为条规:每年岁事将终,农功已毕,既处间暇之候,正当无事之时。凡有社之家,照社派工,每社一分派工一

---

[1] 姚春敏:《清代华北乡村庙宇与社会组织》,人民出版社2013年版。

名,不足分者亦派工一名,无社之家亦派工一名。每年定工十月十三日完工,如路工不完者不许交接。修路之日,社首、催水官、水官催花户各挟器械平成补阙,岂非利人利己之美善也。旧社首:任崢、任永寓、任峒、任惠;新社首:张子雍、任九壮、任玺、任宗锡。

第三章
浙东地区古代基层社会治理制度

提要: 浙江地区作为完整的行政区划形成较晚,但具有悠久的开发历史,在漫长的发展过程中逐渐受到儒家主流文化的熏陶、浸染,而发生了儒家化的重大转变。从秦始皇统一全国后设立会稽郡开始,中原地区的文化及制度等就伴随着人口的迁徙进入了浙江,而浙江地区的人口结构与文化构成又反过来影响了当时社会的组织体系和运行机制。浙江地区虽然有自己的文化特色,但就基层社会组织体系的变迁而言,与全国范围内的趋势并无根本不同,儒家文化在基层社会治理体系方面的影响是其中共同的决定性因素。地方基层治理历史悠久,经验丰富,过程曲折,在历史过程中产生的诸多宝贵史料又因年代久远而淹没在了历史的尘埃之中,秦汉至唐末的材料大多遗失了,现在能够看到的史料大多是宋元以后,特别是明清时期的。明清时期,浙江作为一个行政区,在社会治理上创造了宝贵经验,留下了丰富史料,其中的制度性史料主要是家训和家法族规。这在很大程度上表明了宗族在浙江基层社会治理体系中的独特作用。

3.1 古代浙东地方重要家训家范选辑

浙江在历史上经历了多次移民潮,既有统治者出于统治需要进行的,也有北方民众因战乱而自发的。但不论是哪一种移民,都以宗族组织为基本依托,一族一族的人口来到新地方后,依然组织成一族一族聚居在一起,即使被分割在一个一个的村落里,基层社会组织的基本单位也仍然以宗族为主。宗族在基层社会治理体系中扮演的独特角色,决定了儒家学说在基层社会治理中的主导性地位。宗族以儒学来治理宗族,更通过治理宗族来实现对基层社会的治理。在宗族治理中,儒家经学确立的教养为先原则,通过家训、家范等制度形式发挥其引领、教化、预防等诸方面作用,导之以德,齐之以礼,导人于善。

3.1.1 上虞雁埠章氏家训[1]

提要:《章氏家训》为上虞雁埠(今属浙江绍兴)章氏先祖唐末五代时人章仔钧所作。章仔钧(868—941),字仲举,号彰良,建州浦城(今属福建南平)人,世称"太傅公",在五代离乱之世,保闽立有功勋。其妻练寯(873—952),世称"练夫人",在危急存亡之时,捐生取义,保全了建州城,被誉称为"芝城之母"。章仔钧子十五人皆擢笏朝端,孙六十八人后先显达,子孙日盛,遂为天下望族。章仔钧的这一《家训》约作于五代初期,主要内容是教训子孙和族人应如何立身处世,其中引用了不少经典著作,列

---

[1] 费成康主编:《中国的家法族规》,上海社会科学院出版社2002年版。

举了许多历史名人的事迹。该《家训》为章仔钧后人不断传袭,由此发展成了具有更普遍意义的家法族规。

上虞雁埠章氏家训

传家两字,曰读与耕;兴家两字,曰俭与勤;安家两字,曰让与忍;防家两字,曰盗与奸;亡家两字,曰嫖与赌;败家两字,曰暴与凶。休存猜忌之心,休听离间之语,休作生愤之事,休专公共之利。吃紧在尽力求实,切要在潜消未形。子孙不患少而患不才,产业不患贫而患喜张,门户不患衰而患无志,交游不患寡而患从邪。不肖子孙,眼底无几句诗书,胸中无一段道理,神昏如醉,体解如瘫,意纵如狂,行卑如丐,败祖宗之成业,辱父母之家声,乡党为之羞,妻妾为之泣,岂可入吾祠而葬吾茔乎?戒石具左,朝夕诵思。

忠君上

上天下泽,冠履之辨甚严;践土茹毛,朝廷之恩自渥。无论搢笏垂绅,固沾圣德,即寒儒受一命荣,而生事葬祭,皆得邀殊典,以光吾宗。农工商贾,虽未列于翘秀,而以恬以熙,各安其业者,悉君赐也。即堂陛云遥而天威不违咫尺,人可不尽忠以尊吾君哉。

孝父母

《诗》云:"哀哀父母,生我劬劳。欲报深恩,昊天罔极。"故身体发肤,受之父母,不敢毁伤,孝之始也。立身行道,扬名于后世,以显父母,孝之终也。若夫则天因地,冬温夏清,乃人子当尽之事,初何足以酬鞠育。且人子年渐壮,父母年渐衰,全赖为子者朝夕承欢,方可俾亲无患。或有正务他去,亦须出告反面,未可任意游行。至如椿萱偏逝,为子者有妻孥之乐,为亲者无偕老之欢,此种苦绪,最足伤心。尤当体心顺志,时时周旋膝下。即境遇贫富不齐,而孝道贵乎顺亲敬亲。苟不讲乎此,虽日用三牲,不得为孝也。彼世之养其亲而不知敬,怼其亲而不知顺者,直禽兽等耳!甚愿吾子孙无之也。

友兄弟

天下最难得者,兄弟;易得者,钱财。盖钱财或失,可以复来;兄弟一失,不能再得。况兄弟早于夫妇,久于父子。《诗》曰:"伯氏吹埙,仲氏吹篪,昭其禽也。"又曰:"兄弟阋于墙,外御其侮。"夫阋墙乃大不祥事,犹且御侮,如是良以兄弟乃同气连枝,非出自人合者也。《书》云:"惟孝友于兄弟,何言孝。"而又言:"友兄弟。"盖兄弟不和,父母之心不安,则伤亲之志矣。紫荆瘁庭,田氏之分财可鉴;大被共寝,姜肱之友爱可风。世有专听妇言而视兄弟如陌路者,岂吾子孙之所宜效哉。

别夫妇

天下之人,自天合者,每易至于疏;自人合者,反易流于昵。昵则夫不夫,妇不妇,内外其尚有别乎!且夫为妻纲,彼牝鸡司晨,惟家之索者,实夫不能正心修身,以阶之厉也。然则其妇贤者,须相敬如宾;其妇不贤者,亦须不听妇言,使之骎骎自化。而世有自甘卑屈,倚妇势以支门户,此最下之风,可不戒哉!

睦亲族

三党之中,皆与我有休戚相关之谊。必期循其名分,恤其孤寡,同其好恶,贷其贫急。不以意气相加,惟以礼让为先。斯上不负祖宗,下不欺幽独,相爱相敬,风斯古也。且孔子大圣,恂恂乡党,其于亲族,果何如耶。愿吾族众,毋以贵欺贱,毋以强凌弱,毋以众压寡,斯为一乡之善士矣。倘于亲族之间,休戚漠不动念,而或交相欺凌,是蹶其根本矣,可不戒哉!

教子孙

《易》言:"蒙以养正",为"圣之功"。斯教之所由尚也。昔颜氏著家训,而子孙世守;柳氏重家法,而子弟显荣。教可不预乎哉。世人中材者,多习于正则正,习于邪则邪。惟请明师、资益友,庶可期其成材。苟率其卤莽灭裂之概,绝不以言坊行表者为子孙作楷模,则百无一成矣。若夫诲谆谆而听藐藐,斯又子弟之不谨凛率教也,于祖、父何尤?

继绝世

继有两条,有应继,有爱继。应继者,伯叔无嗣,子侄承继,由长及次,由近极远,以次推焉。爱继者,本亲子侄当继,而又爱堂者为后,则以堂者继之;本堂子侄当继,而又爱从者为后,则以从者继之。此一定之理。若同姓不继,而取继于异姓,则与祖宗一脉流传之义毫无干涉,虽继尤斩也。古人云:"神不歆非族",可不思乎。

正业术

先王之世,民间俊秀者,列之党庠、州序之中。其次则务本,耕农、力田、稼穑、梓匠、轮舆、行商、坐贾。若舍此以外,如梨园、皂卒,乃卑下之甚者。术业一差,设心自异,品流日污,适足玷辱宗祖,贻讥乡党。故名不得载谱牒,身不许与祭飨,可不畏哉!

勤本职

业精于勤,荒于嬉。周公多材多艺,尤且坐以待旦,矧其下者。昔陶侃为刺史时,每日运甓不辍,木屑、竹头悉令贮藏,后皆有用。惟其勤也。故士不勤则学不成,农不勤则秋无望。男不勤于外,女不勤于内,则内外何以取之而裕如。大禹惜寸阴,吾人当惜分阴,此言不可不思。

崇俭约

作法以俭,尤恐其奢,而可以奢为尚乎?晏子为齐相,尤且豚肩不掩豆,浣濯以朝君。况庶民之家,理宜量入为出,以备缓急不时之需。若任意挥霍,久必淫溺而忘返。独不思成立之难如升天,坠覆之易如燎毛乎?此微特贫者宜俭,即富者亦不可以祖、父之所置而滥用无度也。

励廉隅

廉得天地之正气,立心制行,自具确乎不拔之操。一介不与,一介不取,谨慎自持,万钟弗顾,千驷弗视,道义足乐。不以贫穷改移,不以患难易辙,才是天地正气,圣贤学问。若於陵仲子矫为廉,而非真廉,又乌足以称廉哉!

谨言动

天下事,肆则易失,谨则易成。《诗》曰:"小心翼翼",美文王也。孔明有王佐才,尚终身以谨慎为本。霍光出入禁闼,举步不逾尺寸。谨之一字,实为守身要务。夫士不谨,则佻达贻讥;民不谨,则败检取辱。凡一切言语、饮食、动静、起居,无一节之不谨,此介石贞吉之谓乎。

敦谦让

天道亏盈而益谦,故月圆示冲。地道变盈而流谦,故水溢则泛。神道害盈而福谦,故势尽则殃。人道恶盈而好谦,故衣衽必缺。试玩谦卦,六爻无一不吉,而以劳谦。君子万民之服,为尤难焉。是人之立身处世,惟卑以自牧,庶在邦必达,在家必达耳。禹拜昌言,善所以益广也。舜察迩言,知所以如神也。故谦为圣贤之用,而道德于以日辉。

慎婚配

《易》基乾坤,《诗》首关雎。婚姻之际,人之大伦也。每见世俗家不思门户相对,而专尚射利。无惑乎婚配失宜,而行同房道也。但娶妇须不若吾家者,则女之事舅姑,必执妇道。嫁女须胜吾家者,则女之事夫子,必敬必戒。议婚者其审之。

重丧祭

孝子事亲,生则养,没则丧,丧毕则祭。养观其顺,丧观其哀,祭观其敬,此三者孝子之行也。人之于祖、父,春秋必祭,忌日必祭,祭必以礼。庶士农工商,各展孝思。不然,时值当祭而不祭,或祭之而无洞洞属属之心,是忘其水源木本者也。又何责焉?

建祠宇

《礼》云:"君子将营宫室,宗庙为先。"盖祠乃先灵之所栖,子孙所以尽报本追远之义也。况习礼、饮胙、睦族、敦宗皆系于此,其容缓乎?

治葬地

凡营葬当避五患。须使他日不为道路,不为城郭,不为沟池,不为贵势所夺,不为耕犁所及。古人之择地如是。今之惑于堪舆家者,必得吉地,必合年月,遂至停柩不葬。是举祖、父遗体以图子孙富贵,大非仁人孝子之心矣。至坟墓坍损,亟宜修理。盖祖、父体魄,子孙同气,彼安则此安,彼危则此危也。

立墓碑

葬埋藏其形也,墓碑示后世也。坟高数尺,必立石碑于前,镌录世系名字行列,令后世子孙识其祖墓所在,祭扫瞻拜不致失误。事亡如存,断不容缓。

置祭田

祭所以报本,无田则祭无所出。《家礼》云:"初立祠堂,则计立田,取二十之一以为祭田。"亲尽则墓田立约闻官,不得典卖。每岁计租之所入,以为牺牲粢盛之需。

保荫木

墓木成拱,所以护祖茔也。松柏垂青,梓桐增色。望之蔚然而深秀者,皆元气之所盘结也。陌路坟荫,尚思珍惜,矧我祖我宗,忍令斩伐而勿思培植乎?敢有不肖戕贼,削谱革祭。倘或他姓侵砍,合族呈官究治。

禁盗卖

《礼》云:"君子为宫室,不斩邱木。"邱木且不可斩,忍将祖坟田地售诸他姓及被侵占乎?有此等事,呈官究治外,削谱革祭,吾族断不容恕。

谨称呼

凡族中虽服属疏远者,必须按尊卑行辈称呼。称兄必曰某兄,称弟必曰某弟,称伯叔必曰某伯、某叔,称伯叔祖必曰某伯祖、某叔祖。不得尔我相称,不得仅以字号相呼。至于一行一坐,俱要尊者还尊,卑者还卑。敢有不遵,合族惩之。

戒争讼

好争非君子之道。争之不已,则必致讼,讼岂必胜哉?且讼者之辞,多鲜实情,最足坏人心术。费财破家,何益之有?凡事宜忍宜让,不必争讼。纵有外侮,亦宜静以制动。公道既明,自然可寝。若以非礼讼人,尤为不可。故《易》讼卦,终讼受服,而尤有终朝三褫之戒。

除凶暴

恃血气之勇,凌人傲物,侮慢尊长,欺压孤懦,深可痛恨。甚至酗酒撒泼,以为得志,无赖极矣。不知忘其身祸且及亲,亲亦何辜。吾族有此,房长惩饬不悛,合族严加重处。

3.1.2 袁氏世范[1]

提要:《袁氏世范》是袁采的治家格言录。袁采,生卒年不详,字君载,衢州信安(今浙江常山)人。宋孝宗隆兴元年(1163)进士,曾任乐清、政和县令,以刚直廉明著称,官至监登闻鼓院。曾纂修《乐清县志》十卷,另著有《政和杂志县令小录》,今皆不传。《袁氏世范》内容分为睦亲、处己和治家三部分,主要讲述读书修身、尊老爱幼、人伦纲常、治家理财、处事方式等多方面的道理。《四库全书总目》称其为:"于立身处世之道,反覆详尽。所以砥砺末俗者,极为笃挚。虽家塾训蒙之书,意求通俗,词句不免于鄙浅。然大要明白切要,使览者易知易从,固不失为《颜氏家训》之亚也。"

---

[1] 夏家善主编:《袁氏世范》,贺恒祯、杨柳注释,天津古籍出版社2016年版。

3.1.2.1 睦亲

性不可以强合

人之至亲,莫过于父子兄弟。而父子兄弟有不和者,父子或因于责善,兄弟或因于争财。有不因责善、争财而不和者,世人见其不和,或就其中分别是非而莫名其由。盖人之性,或宽缓,或褊急,或刚暴,或柔懦,或严重,或轻薄,或持检,或放纵,或喜闲静,或喜纷拏,或所见者小,或所见者大,所禀自是不同。父必欲子之性合于己,子之性未必然;兄必欲弟之性合于己,弟之性未必然。其性不可得而合,则其言行亦不可得而合。此父子兄弟不和之根源也。况凡临事之际,一以为是,一以为非,一以为当先,一以为当后,一以为宜急,一以为宜缓,其不齐如此,若互欲同于己,必致于争论,争论不胜,至于再三,至于十数,则不和之情自兹而启,或至于终身失欢。若悉悟此理,为父兄者,通情于子弟,而不责子弟之同于己;为子弟者,仰承于父兄,而不望父兄惟己之听,则处事之际,必相和协,无乖争之患。孔子曰:"事父母,几谏,见志不从,又敬不违,劳而无怨。"此圣人教人和家之要术也,宜孰思之。

人必贵于反思

人之父子,或不思各尽其道,而互相责备者,尤启不和之渐也。若各能反思,则无事矣。为父者曰:"吾今日为人之父,盖前日尝为人之子矣。凡吾前日事亲之道,每事尽善,则为子者得于见闻,不待教诲而知效。倘吾前日事亲之道有所未善,将以责其子,得不有愧于心!"为子者曰:"吾今日为人之子,则他日亦当为人之父。今吾父之抚育我者如此,畀付我者如此,亦云厚矣。他日吾之待其子,不异于吾之父,则可俯仰无愧。若或不及,非惟有负于其子,亦何颜以见其父?"然世之善为人子者,常善为人父,不能孝其亲者,常欲虐其子。此无他,贤者能自反,则无往而不善;不贤者不能自反,为人子则多怨,为人父则多暴。然则自反之说,惟贤者可以语此。

父子贵慈孝

慈父固多败子,子孝而父或不察。盖中人之性,遇强则避,遇弱则肆。父严而子知所畏,则不敢为非;父宽则子玩易,而恣其所行矣。子之不肖,父多优容;子之愿悫,父或责备之无已。惟贤智之人即无此患。至于兄友而弟或不恭,弟恭而兄或不友;夫正而妇或不顺,妇顺而夫或不正,亦由"此强即彼弱,此弱即彼强"积渐而致之。为人父者,能以他人之不肖子喻己子,为人子者,能以他人之不贤父喻己父,则父慈而子愈孝,子孝而父益慈,无偏胜之患矣。至于兄弟、夫妇,亦各能以他人之不及者喻之,则何患不友、恭、正、顺者哉!

处家贵宽容

自古人伦,贤否相杂。或父子不能皆贤,或兄弟不能皆令,或夫流荡,或妻悍暴,少有一家之中无此患者,虽圣贤亦无如之何。身有疮痍疣赘,虽甚可恶,不可决去,惟当宽怀处之。能知此理,则胸中泰然矣。古人所以谓父子、兄弟、夫妇之间人所难言者如此。

父兄不可辩曲直

子之于父,弟之于兄,犹卒伍之于将帅,胥吏之于官曹,奴婢之于雇主,不可相视如朋辈,事事欲论曲直。若父兄言行之失,显然不可掩,子弟止可和言几谏。若以曲理而加之,子弟尤当顺受,而不当辩。为父兄者又当自省。

人贵能处忍

人言"居家久和者,本于能忍"。然知忍而不知处忍之道,其失尤多。盖忍或有藏蓄之意。人之犯我,藏蓄而不发,不过一再而已。积之既多,其发也,如洪流之决,不可遏矣。不若随而解之,不置胸次。曰:"此其不思尔!"曰:"此其无知尔!"曰:"此其失误尔!"曰:"此其所见者小尔!"曰:"此其利害宁几何!"不使之入于吾心,虽日犯我者十数,亦不至形于言而见于色。然后,见忍之功效为甚大,此所谓善处忍者。

亲戚不可失欢

骨肉之失欢,有本于至微而终至不可解者。止由失欢之后,各自负气,不肯先下尔。朝夕群居,不能无相失。相失之后,有一人能先下气,与之话言,则彼此酬复,遂如平时矣。宜深思之。

孝行贵诚笃

人之孝行,根于诚笃,虽繁文末节不至,亦可以动天地、感鬼神,尝见世人有事亲不务诚笃,乃以声音笑貌缪为恭敬者,其不为天地鬼神所诛则幸矣,况望其世世笃孝而门户昌隆者乎!苟能知此,则自此而往,与物应接,皆不可不诚。有识君子,试以诚与不诚者较其久远,效验孰多?

人不可不孝

人当婴孺之时,爱恋父母至切。父母于其子婴孺之时,爱念尤厚,抚育无所不至。盖由气血初分,相去未远,而婴孺声音笑貌自能取爱于人。亦造物者设为自然之理,使之生生不穷。虽飞走微物亦然,方其子初脱胎卵之际,乳饮哺啄必极其爱。有伤其子,则护之不顾其身。然人于既长之后,分稍严而情稍疏。父母方求尽其慈,子方求尽其孝。飞走之属稍长则母子不相识认,此人之所以异于飞走也。然父母于其子幼之时,爱念抚育,有不可以言尽者。子虽终身承颜致养,极尽孝道,终不能报其少小爱念抚育之恩,况孝道有不尽者。凡人之不能尽孝道者,请观人之抚育婴孺,其情爱如何,终当自悟。亦犹天地生育之道,所以及人者至广至大,而人之报天地者何在?有对虚空焚香跪拜,或召羽流斋醮上帝,则以为能报天地,果足以报其万分之一乎?况又有怨咨乎天地者,皆不能反思之罪也。

父母不可妄憎爱

人之有子,多于婴孺之时爱忘其丑。恣其所求,恣其所为,无故叫号。不知禁止,而以罪保母。陵轹同辈,不知戒约,而以咎他人。或言其不然,则曰:"小未可责。"日渐月渍,养成其恶,此父母曲爱之过也。及其年齿渐长,爱心渐疏，微有疵失，遂成憎怒，摭其小疵以为大恶。如遇亲故，装饰巧辞，历历陈数，断然以大不孝之名加之。而其子实无他罪，此父母妄憎之过也。爱憎之私，多先于母氏，其父若不知此理，则徇其母氏之说，牢不可解。为父者须详察此。子幼必待以严，子壮无薄其爱。

子弟须使有业

人之有子，须使有业。贫贱而有业，则不至于饥寒；富贵而有业，则不至于为非。凡富贵之子弟，耽酒色，好博弈，异衣服，饰舆马，与群小为伍，以至破家者，非其本心之不肖，由无业以度日，遂起为非之心。小人赞其为非，则有餔啜钱财之利，常乘间而翼成之。子弟痛宜省悟。

子弟不可废学

大抵富贵之家教子弟读书，固欲其取科第及深究圣贤言行之精微。然命有穷达，性有昏明，不可责其必到，尤不可因其不到而使之废学。盖子弟知书，自有所谓无用之用者存焉。史传载故事，文集妙词章，与夫阴阳、卜筮、方技、小说，亦有可喜之谈，篇卷浩博，非岁月可竟。子弟朝夕于其间，自有资益，不暇他务。又必有朋旧业儒者，相与往还谈论，何至饱食终日，无所用心，而与小人为非也。

父母爱子贵均

人之兄弟不和而至于破家者，或由于父母憎爱之偏，衣服饮食，言语动静，必厚于所爱而薄于所憎。见爱者意气日横，见憎者心不能平。积久之后，遂成深仇。所谓爱之，适所以害之也。苟父母均其所爱，兄弟自相和睦，可以两全，岂不甚善！

同居贵怀公心

兄弟子侄同居至于不和，本非大有所争。由其中有一人设心不公，为己稍重，虽是毫末，必独取于众，或众有所分，在己必欲多得。其他心不能平，遂启争端，破荡家产。驯小得而致大患。若知此理，各怀公心，取于私则皆取于私，取于公则皆取于公。众有所分,虽果实之属,直不数十文,亦必均平,则亦何争之有!

同居长幼贵和

兄弟子侄同居,长者或恃其长,陵轹卑幼。专用其财,自取温饱,因而成私。簿书出入不令幼者预知,幼者至不免饥寒,必启争端。或长者处事至公,幼者不能承顺,盗取其财,以为不肖之资,尤不能和。若长者总持大纲,幼者分干细务,长必幼谋,幼必长听,各尽公心,自然无争。

分析财产贵公当

朝廷立法,于分析一事非不委曲详悉,然有果是窃众营私,却于典卖契中称"系妻财置到",或诡名置产,官中不能尽行根究。又有果是起于贫寒,不因父祖资产自能奋立,营置财业。或虽有祖宗财产,不因于众,别自殖立私产,其同宗之人必求分析。至于经县、经州、经所在官府累十数年,各至破荡而后已。若富者能反思,果是因众成私,不分与贫者,于心岂无所慊!果是自置财产,分与贫者,明则为高义,幽则为阴德,又岂不胜如连年争讼,妨废家务,及资备裹粮,资绝证佐,与嘱托吏胥,贿赂官员之徒废耶?贫者亦宜自思,彼实窃众,亦由辛苦营运以至增置,岂可悉分有之!况实彼之私财,而吾欲受之,宁不自愧!苟能知此,则所分虽微,必无争讼之费也。

同居不必私藏金宝

人有兄弟子侄同居,而私财独厚,虑有分析之患者,则买金银之属而深藏之,此为大愚。若以百千金银计之,用以买产,岁收必十千。十余年后,所谓百千者,我已取之,其分与者皆其息也,况百千又有息焉!用以典质营运,三年而其息一倍,则所谓百千者我已取之,其分与者皆其息也。况又三年再倍。……不知其多少,何为而藏之箧笥,不假此收息以利众也!余见世人有将私财假于众,使之营家而止取其本者,其家富厚,均及兄弟子侄,绵绵不绝,此善处心之报也。亦有窃盗众财,或寄妻家,或寄内外姻亲之家,终为其人用过,不敢取索及取索而不得者多矣。亦有作妻家、姻亲之家置产,为其人所掩有者多矣。亦有作妻名置产,身死而妻改嫁,举以自随者亦多矣。凡百君子,幸详鉴此,止须存心。

兄弟贵相爱

兄弟义居,固世之美事。然其间有一人早亡,诸父与子侄其爱稍疏,其心未必均齐。为长而欺瞒其幼者有之,为幼而悖慢其长者有之。顾见义居而交争者,其相疾有甚于路人。前日之美事,乃甚不美矣。故兄弟当分,宜早有所定。兄弟相爱,虽异居异财,亦不害为孝义。一有交争,则孝义何在?

同居相处贵宽

同居之人,有不贤者非理以相扰,若间或一再,尚可与辩。至于百无一是,且朝夕以此相临,极为难处。同乡及同官亦或有此,当宽其怀抱,以无可奈何处之。

友爱弟侄

父之兄弟,谓之伯父、叔父,其妻,谓之伯母、叔母。服制减于父母一等者,盖谓其抚字教育有父母之道,与亲父母不相远。而兄弟之子谓之犹子,亦谓其奉承报孝,有子之道,与亲子不相远。故幼而无父母者,苟有伯叔父母,则不至无所养;老而无子孙者,苟有犹子,则不至于无所归。此圣王制礼立法之本意。今人或不然,自爱其子,而不顾兄弟之子。又有因其无父母,欲兼其财,百端以扰害之,何以责其犹子之孝!故犹子亦视其伯叔父母如仇雠矣。

和兄弟教子善

人有数子,无所不爱,而于兄弟则相视如仇雠。往往其子因父之意遂不礼于伯父、叔父者,殊不知己之兄弟即父之诸子,己之诸子,即他日之兄弟。我于兄弟不和,则我之诸子更相视效,能禁其不乖戾否?子不礼于伯叔父,则不孝于父亦其渐也。故欲吾之诸子和同,须以吾之处兄弟者示之。欲吾子之孝于己,须以其善事伯叔父者先之。

亲旧贫者随力周济

应亲戚故旧有所假贷,不若随力给与之。言借,则我望其还,不免有所索。索之既频,而负偿"冤主"反怒曰:"我欲偿之,以其不当频索,则姑已之。"方其不索,则又曰:"彼不下气问我,我何为而强还之!"故索亦不偿,不索亦不偿,终于交怨而后已。盖贫人之假贷,初无肯偿之意,纵有肯偿之意,亦由何得偿?或假贷作经营,又多以命穷计绌而折阅。方其始借之时,礼甚恭,言甚逊,其感恩之心可指日以为誓。至他日责偿之时,恨不以兵刃相加。凡亲戚故旧,因财成怨者多矣。俗谓"不孝怨父母,欠债怨财主。"不若念其贫,随吾力之厚薄,举以与之。则我无责偿之念,彼亦无怨于我。

子孙常宜关防

子弟有过,为父祖者多不自知,贵官尤甚。盖子孙有过,多掩蔽父祖之耳目。外人知之,窃笑而已,不使其父祖知之。至于乡曲贵宦,人之进见有时,称道盛德之不暇,岂敢言其子孙之非!况又自以子孙为贤,而以人言为诬,故子孙有弥天之过而父祖不知也。间有家训稍严,而母氏犹有庇其子之恶,不使其父知之。富家之子孙不肖,不过耽酒、好色、赌博、近小人,破家之事而已。贵宦之子孙不止此也。其居乡也,强索人之酒食,强贷人之钱财,强借人之物而不还,强买人之物而不偿;亲近群小,则使之假势以陵人;侵害善良,则多致饰词以妄讼;……不恤误其父祖陷于刑辟也。凡为人父祖者,宜知此事,常关防,更常询访,或庶几焉。

子弟贪缪勿使仕宦

子弟有愚缪贪污者,自不可使之仕宦。古人谓"治狱多阴德,子孙当有兴者"。谓"利人而人不知所自,则得福"。今其愚缪,必以狱讼事悉委胥辈改易事情,庇恶陷善,岂不与阴德相反!古人又谓"我多阴谋,道家所忌",谓"害人而人不知所自,则得祸"。今其贪污,必与胥辈同谋,货鬻公事,以曲为直,人受其冤无所告诉,岂不谓之阴谋!士大夫试历数乡曲三十年前宦族,今能自存者仅有几家？皆前事所致也。有远识者必信此言。

分给财产务均平

父、祖高年，怠于管干，多将财产均给子孙。若父、祖出于公心，初无偏曲，子孙各能戮力，不事游荡，则均给之后，既无争讼，必至兴隆。若父、祖缘有过房之子，缘有前母后母之子，缘有子亡而不爱其孙，又虽是一等子孙，自有憎爱，凡衣食财物所及，必有厚薄，致令子孙力求均给，其父、祖又于其中暗有轻重，安得不起他日争端！……

遗嘱公平维后患

遗嘱之文皆贤明之人为身后之虑。然亦须公平，乃可以保家。如劫于悍妻黠妾，因于后妻爱子中有偏曲厚薄，或妄立嗣，或妄逐子，不近人情之事，不可胜数，皆所以兴讼破家也。

遗嘱之文宜预为

父祖有虑子孙争讼者，常欲预为遗嘱之文，而不知风烛不常，因循不决，至于疾病危笃，虽心中尚了然，而口不能言，手不能动，饮恨而死者多矣。况有神识昏乱者乎！

3.1.2.2 处己

处富贵不宜骄傲

富贵乃命分偶然，岂宜以此骄傲乡曲！若本自贫窭，身致富厚，本自寒素，身致通显，此虽人之所谓贤，亦不可以此取尤于乡曲。若因父祖之遗资而坐享肥浓，因父祖之保任而驯致通显，此何以异于常人！其间有欲以此骄傲乡曲，不亦羞而可怜哉！

礼不可因人分轻重

世有无知之人，不能一概礼待乡曲。而因人之富贵贫贱设为高下等级。见有资财有官职者则礼恭而心敬。资财愈多，官职愈高，则恭敬又加焉。至视贫者、贱者,则礼傲而心慢,曾不少顾恤。殊不知彼之富贵,非我之荣,彼之贫贱,非我之辱,何用高下分别如此！长厚有识君子必不然也。

忧患顺受则少安

人生世间,自有知识以来,即有忧患不如意事。小儿叫号,皆其意有不平。自幼至少、至壮、至老,如意之事常少,不如意之事常多。虽大富贵之人,天下之所仰羡以为神仙,而其不如意处各自有之,与贫贱人无异,特其所忧虑之事异尔。故谓之缺陷世界,以人生世间无足心满意者。能达此理而顺受之,则可少安。

性有所偏在救失

人之德性出于天资者,各有所偏。君子知其有所偏,故以其所习为而补之,则为全德之人。常人不自知其偏,以其所偏而直情径行,故多失。《书》言九德,所谓宽、柔、愿、乱、扰、直、简、刚、强者,天资也;所谓栗、立、恭、敬、毅、温、廉、塞、义者,习为也。此圣贤之所以为圣贤也。后世有以性急而佩韦、性缓而佩弦者,亦近此类。虽然,己之所谓偏者,苦不自觉,须询之他人乃知。

人不可怀慢伪妒疑之心

处己接物,而常怀慢心、伪心、妒心、疑心者,皆自取轻辱于人,盛德君子所不为也。慢心之人自不如人,而好轻薄人。见敌己以下之人,及有求于我者,面前既不加礼,背后又窃讥笑。若能回省其身,则愧汗浃背矣。伪心之人言语委曲,若甚相厚,而中心乃大不然。一时之间人所信慕,用之再三则踪迹露见,为人所唾去矣。妒心之人常欲我之高出于人,故闻有称道人之美者,则忿然不平,以为不然;闻人有不如人者,则欣然笑快,此何加损于人,只厚怨耳！疑心之人,人之出言未尝有心,而反复思绎曰:"此讥我何事？此笑我何事？"……则与人缔怨,常萌于此。贤者闻人讥笑若不闻焉,此岂不省事！

人贵忠信笃敬

言忠信,行笃敬,乃圣人教人取重于乡曲之术。盖财物交加,不损人而益己,患难之际,不妨人而利己,所谓忠也。有所许诺,纤毫必偿,有所期约,时刻不易,所谓信也。处事近厚,处心诚实,所谓笃也。礼貌卑下,言辞谦恭,所谓敬也。若能行此,非惟取重于乡曲,则亦无人而不自得。然"敬"之一事于己无损,世人颇能行之,而矫饰假伪,其中心则轻薄,是能敬而不能笃者,君子指为谀佞,乡人久亦不归重也。

厚于责己而薄于责人

忠、信、笃、敬,先存其在己者,然后望其在人。如在己者未尽,而以责人,人亦以此责我矣。今世之人能自省其忠、信、笃、敬者盖寡,能责人以忠、信、笃、敬者皆然也。虽然,在我者既尽,在人者也不必深责。今有人能尽其在我者固善矣,乃欲责人之似己,一或不满吾意,则疾之已甚,亦非有容德者,只益贻怨于人耳!

处事当无愧心

今人有为不善之事,幸其人之不见不闻,安然自肆,无所畏忌。殊不知人之耳目可掩,神之聪明不可掩。凡吾之处事,心以为可,心以为是,人虽不知,神已知之矣。吾之处事,心以为不可,心以为非,人虽不知,神已知之矣。吾心即神,神即祸福,心不可欺,神亦不可欺。《诗》曰:"神之格思,不可度思,矧可射思。"释者以谓"吾心以为神之至也",尚不可得而窥测,况不信其神之在左右,而以厌射之心处之,则亦何所不至哉!

公平正直人之当然

凡人行己公平正直者,可用此以事神,而不可恃此以慢神;可用此以事人,而不可恃此以傲人。虽孔子亦以敬鬼神、事大夫、畏大人为言,况下此者哉!彼有行己不当理者,中有所慊,动辄知畏,犹能避远灾祸,以保其身。至于君子而偶罹于灾祸者,多由自负以召致之耳。

恶事可戒而不可为

凡人为不善事而不成,正不须怨天尤人,此乃天之所爱,终无后患。如见他人为不善事常称意者,不须多羡,此乃天之所弃。待其积恶深厚,从而殄灭之。不在其身,则在其子孙。姑少待之,当自见也。

君子有过必思改

圣贤犹不能无过,况人非圣贤,安得每事尽善!人有过失,非其父兄,孰肯诲责;非其契爱,孰肯谏谕。泛然相识,不过背后窃议之耳。君子惟恐有过,密访人之有言,求谢而思改。小人闻人之有言,则好为强辩,至绝往来,或起争讼者有矣。

觉人不善知自警

不善人虽人所共恶,然亦有益于人。大抵见不善人则警惧,不至自为不善。不见不善人则放肆,或至自为不善而不觉。故家无不善人,则孝友之行不彰;乡无不善人,则诚厚之迹不著。譬如磨石,彼自销损耳,刀斧资之以为利。老子云:"不善人乃善人之资。"谓此尔。若见不善人而与之同恶相济及与之争为长雄,则有损而已,夫何益?

正己可以正人

勉人为善,谏人为恶,固是美事。先须自省:若我之平昔自不能为人,岂惟人不见听,亦反为人所薄。且如己之立朝可称,乃可诲人以立朝之方;己之临政有效,乃可诲人以临政之术;己之才学为人所尊,乃可诲人以进修之要;己之性行为人所重,乃可诲人以操履之详;己能身致富厚,乃可诲人以治家之法;己能处父母之侧而谐和无间,乃可诲人以至孝之行。苟惟不然,岂不反为所笑?

凡事不为已甚

人有詈人而人不答者,人必有所容也。不可以为人之畏我而更求以辱之,为之不已。人或起而我应,恐口噤而不能出言矣。人有讼人而人不校者,人必有所处也。不可以为人之畏我,而更求以攻之,为之不已。人或出而我辩,恐理亏而不能逃罪矣。

言语虑后则少怨尤

亲戚故旧，人情厚密之时，不可尽以密私之事语之，恐一旦失欢，则前日所言，皆他人所凭以为争讼之资。至有失欢之时，不可尽以切实之语加之，恐忿气既平之后，或与之通好结亲，则前言可愧。大抵忿怒之际，最不可指其隐讳之事，而暴其父祖之恶。吾之一时怒气所激，必欲指其切实而言之，不知彼之怨恨深入骨髓。古人谓"伤人之言，深于矛戟"是也。俗亦谓"打人莫打膝，道人莫道实"。

与人言语贵和颜

亲戚故旧，因言语而失欢者，未必其言语之伤人，多是颜色辞气暴厉，能激人之怒。且如谏人之短，语虽切直，而能温颜下气，纵不见听，亦未必怒。若平常言语，无伤人处，而词色俱厉，纵不见怒，亦须怀疑。古人谓"怒于室者色于市"，方其有怒，与他人言，必不卑逊。他人不知所自，安得不怪！故盛怒之际与人言语尤当自警。前辈有言："诫酒后语，忌食时嗔，忍难忍事，顺自强人。"常能持此，最得便宜。

礼义制欲之大闲

饮食，人之所欲，而不可无也，非理求之，则为饕为馋；男女，人之所欲，而不可无也，非理狎之，则为奸为淫；财物，人之所欲，而不可无也，非理得之，则为盗为贼。人惟纵欲，则争端起而狱讼兴。圣王虑其如此，故制为礼以节人之饮食、男女，制为义以限人之取与。君子于是三者，虽知可欲而不敢轻形于言，况敢妄萌于心！小人反是。

见得思义则无过

圣人云：不见可欲，使心不乱。此最省事之要术。盖人见美食而必咽，见美色而必凝视，见钱财而必起欲得之心，苟非有定力者，皆不免此。惟能杜其端源，见之不顾，则无妄想，无妄想则无过举矣。

子弟当谨交游

世人有虑子弟血气未定,而酒色博弈之事,得以昏乱其心,寻至于失德破家,则拘之于家,严其出入,绝其交游,致其无所见闻,朴野蠢鄙,不近人情。殊不知此非良策,禁防一弛,情窦顿开,如火燎原不可扑灭。况拘之于家,无所用心,却密为不肖之事,与外出何异!不若时其出入,谨其交游,虽不肖之事习闻既熟,自能识破,必知愧而不为。纵试为之,亦不至于朴野蠢鄙,全为小人之所摇荡也。

周急贵乎当理

人有患难不能济,困苦无所诉,贫乏不自存,而其人朴讷怀愧不能言于人者,吾虽无余,亦当随力周助。此人纵不能报,亦必知恩。若其人本非窘乏,而以干谒为业,挟持便佞之术,遍谒贵人富人之门,过州干州,过县干县,有所得则以为己能,无所得则以为怨仇。在今日则无感德之心,在他日则无报德之事。正可以不恤不顾待之,岂可割吾之不敢用以资人之不当用?

报怨以直乃公心

圣人言:"以直报怨。"最是中道,可以通行。大抵以怨报怨,固不足道,而士大夫欲邀长厚之名者,或因宿仇纵奸邪而不治,皆矫饰不近人情。圣人之所谓"直"者,其人贤,不以仇而废之;其人不肖,不以仇而庇之。是非去取,各当其实。以此报怨,必不至递相酬复,无已时也。

3.1.2.3 治家

睦邻里以防不虞

居宅不可无邻家,虑有火烛,无人救应。宅之四围如无溪流,当为池井,虑有火烛,无水救应。又须平时抚恤邻里有恩义。有士大夫平时多以官势残虐邻里,一旦为仇人刃其家,火其屋宅。邻里更相戒曰:"若救火,火熄之后,非惟无功,彼更讼我以为盗取他家财物,则狱讼未知了期!若不救火,不过杖一百而已。"邻里甘受杖而坐视其大厦为煨烬,生生之具无遗。此其平时暴虐之效也。

亲宾不宜多强酒

亲宾相访,不可多虐以酒。或被酒夜卧,须令人照管。往时括苍有困客以酒,且虑其不告而去,于是卧于空舍而钥其门,酒渴索浆不得,则取花瓶水饮之。次日启关而客死矣。其家讼于官。郡守汪怀忠究其一时舍中所有之物,云"有花瓶,浸旱莲花"。试以旱莲花浸瓶中,取罪当死者试之,验,乃释之。又有置水于案而不掩覆,屋有伏蛇遗毒于水,客饮而死者。凡事不可不谨如此。

赋税宜预办

凡有家产,必有税赋,须是先截留输纳之资,却将赢余分给日用。岁入或薄,只得省用,不可侵支输纳之资。临时为官中所迫,则举债认息,或托揽户兑纳而高价算还,是皆可以耗家。大抵曰贫曰俭自是贤德,又是美称,切不可以此为愧。若能知此,则无破家之患矣。

造桥修路宜助财力

乡人有纠率钱物以造桥、修路及打造渡船者,宜随力助之,不可谓舍财不见获福而不为。且如造路既成,吾之晨出暮归,仆马无疏虞,及乘舆马、过渡桥,而不至惴惴者,皆所获之福也。

3.1.3 火烧吴周氏家训[1]

提要: 本则家训出自《火烧吴周氏宗谱》。该家训秉持了传统儒家提倡的孝亲、睦邻、礼教、厚俗等精神,以积极倡导的形式进行苦口婆心的鼓

---

[1] 诸暨市档案馆编译:《诸暨谱牒家训文选译注》,南京大学出版社2016年版。

舞和劝诫,希望子孙在规勉孝行、敦厚风俗、亲睦邻里、谨遵闺范、恪守祀典、尊重文教、戒饬非为、裁抑强横等方面警醒自励,谨慎作为。

火烧吴周氏家训

规勉孝行

万事以仁为本,百行以孝为先。世间有真诚之孝子,天下必无不是之父母。贫穷益显至性,孤孽增其不能,古来大圣大贤皆从此出。乡农少读诗书,习于陋俗,耰锄箕帚,恩义相伤,家门之不祥,孰过于此,为父兄者反复训诲,使成人有德,当童蒙以养正。

敦厚风俗

胜母不入,朝歌回车,名之不善,古贤犹思远之,况习俗之沦败乎?如其型仁讲让,酒食为先生之馔,举废由长者之命,则敦庞古处,一乡之内,蔼然春满天地。迩来风俗不厚,实由人心不古。生齿未龀,辄以欺诈为能;黄口在颐,竟以刚武相尚。染斯习者,亟为悛改,风俗幸甚,若等身家,亦幸甚。

亲睦邻里

居之有邻,以德相尚,非以势相加也。世风浅薄,强则彼此争长,弱则依势侵凌。匪婚媾而为寇,诬云指腹在前;方朝济而设版,谬言祊田故业。昧厥良心,使人冤抑无伸。周氏灯火相望十有余里,附近邻姓无非亲邻瓜葛,婚产所交,当以礼往情来,切不可捏无为有。凡遇邻里争竞,祠长必细察实情,若邻欺我,力不能者,代为理冤;若我欺邻,必昏反赵璧,田复汶阳,更令其待罪服情,以戒后来。

闺范内则

无非无仪,妇人无干外事;必敬必戒,妇人以顺为正。故室有贤妻,则夫无横祸;堂有贤母,则子成令名。闺范阃仪,自难枚举。吾族尚余周南之化,犹有毳燄之畏,宜长守齐家之训,以成善族。

恪共祀典

祭祀,所以报先也,致其如在之诚,乃伸追远之义。序穆序昭,明辨有礼;二分二至,荐享有时,敬其事而礼在中矣。祀产司有专职,届期交割分明,福胙不亵神余,轻重颁给有等,各循规矩,毋致嚣凌。

尊重文教

农登嘉谷,而士安食之;女勤蚕绩,而士被服之。非优养独裕也。自屈首受书,清夜寒灯,甘苦自知,至于困惫场屋,踯躅榜下,荣辱相形,是何等景象,而谓读书人讨便宜耶？为士者亦不可妄自菲薄,达则俎豆生光,穷则礼义范俗,重廉耻,惜名节,延血脉于久长者,非儒冠孰赖？本族近鲜奋荣之英,尚多子衿之士,凡属有志向上者,俱在优厚,毋谓祖宗偏徇。

戒饬非为

士农工贾,各有专业。富贵贫贱,原从分定。安生理岂有闲工,守本分必无妄想。须知逞狂为非,当看末场结局。嗜酒色者必伤生,好赌博者决破家。逞强武而自殒身命,挟奸诈而贻祸子孙。鉴观已往,可卜将来。吾族安堵保聚,宜恪遵祖训,如有不遵之徒敢为悖逆之行,立以家法惩治,决不少纵,戒之慎之,毋致噬脐。

裁抑强横

族之有隆替,家之有盛衰,消长循环,理所必然。迩来浇薄成风,强凌弱,众暴寡,相倾相轧,恶习在在皆然。不知三郤灭亡,六族改移,目前势焰,岂能长保？吾族苟有凌侮衰弱之事,无论本族邻居必以情理平论,不得稍有依阿,若强盛之家俊悔,习染黜诈,力尚礼义以保厥终,尤所望焉。

3.1.4　暨阳黄氏家训[1]

提要：本则家训出自《黄氏宗谱》。家训的内容非常丰富，不仅从天地家国的高度出发，要求子孙敬天地、尊朝廷、重祖宗、敦孝友、修典礼、敬尊长，更对子孙进行了如何修行、如何节俭、如何生产等诸多方面的教诲。本则家训体系齐全，包含了修身、齐家的方方面面，有较高深的理论基础，不仅提出倡议或要求，还详细分析了倡议或要求背后的深刻道理，具有很强的实用性、鼓励性。

暨阳黄氏家训

国有典章，家有模范，子孙世守，虽中材皆得以自立，故成周大训与宗器并陈，而近世颜柳诸家各有传述，吾族旧谱，家训严明，然颇繁杂。上承祖宗之遗训，谨述其有切于身世者二十二则，重加厘定，浅而易明，近而可守，子孙其恪遵之。

答天地

天生地成，天地者万物之父母，不愧横梁，无忝屋漏，存心养性，夙夜匪懈，答之非易易矣。最上者参赞位育，次则立德立功，吾辈所以答之者，惟有一敬而已矣！敬者，静存动察，事事谨凛，刻刻戒惧。程子曰：无不敬，可以答上帝。此之谓也。

尊朝廷

上清下宁，皆朝廷之福庇，吾辈食毛践土，课税务宜早完；喻教归义，宪典必须恪守。今天子道德齐礼，加意作人。上谕十六条及训饬士子文，字字真

---

[1] 诸暨市档案馆编译：《诸暨谱牒家训文选译注》，南京大学出版社2016年版。

诚，言言恺切，凡属子孙各宜心体力行，为忠臣，为顺民，急公守法，不负朝廷之意。

重祖宗

万物本乎天，人本乎祖。我先世江夏开基，历今五十余世绵绵永远，皆祖宗积累所致，凡属子孙当思创业之艰难，时以祖宗为心，祀先必诚，守身必敬，培一分元气，自培一分灵长，万弗轻狷刻薄，只图目前，致后禄不永，增神灵怨恫也。

敦孝友

人伦之道，莫先于孝弟，孝弟者，百行之原也。《蓼莪》之诗曰：蓼蓼者莪，匪莪伊蒿。盖言父母望子远大，而不能如其所期也。其曰：生我鞠我。言十月胎养，临褥圻副也。曰：长我畜我。乳哺、提携也。曰：抚我育我。言抚循而防惊跌，覆育而时饥饱也。顾我复我，出入腹我。言周旋回顾，往来怀抱，顷刻不忘也。终之曰：欲报之恩，昊天罔极。天性之至，虽不可言施报，然即以施报论，而于心必有歉然者。今世受人优养数月，周济数金，必百计千方以图报效，且至终身不忘，而父母之恩，漠不加察，抑又何也？有等不孝之子，动辄以父母为不是，大半在兄弟之间，似有偏袒，遂疑父母之有私意。夫父母之于子，犹天地之于万物，人身之于体肤，何私之有？其爱之者，必彼克成立而我未成立也，假如一树两枝，一枝欣欣向荣，一枝渐渐枯槁，其向荣者必其枝干舒直，能接本根之气者也，其渐枯者必其枝干盘曲，不能接本根之气者也，岂天地之有二心乎？如其不然，必我可粗，安而彼或不给者也？假如一身之内，处处皆安，一处疼痛，欲自抚摩一处，岂得以抚摩一处遂疑此身之有二心乎？罗仲素曰：天下无不是底父母。正此谓也。《棠棣》之诗曰：棠棣之华，鄂不韡韡。言兄弟相附为荣也。死丧之威，兄弟孔怀。言原隰裒尸，非兄弟莫救也。兄弟既翕，和乐且耽。言笾豆饮酒，非兄弟莫乐也。而情真语挚，尤莫切于阋墙、御侮数言。近见兄弟，虽甚不协而或为他人殴辱，未有不被发往救者，可见天性之亲，本自在也。大抵兄弟不和,由于争财竞产,不知人生一世,但取衣食裁足,过求盈余,徒为自苦,况亲友通财,乡邻周急,以及舍僧施道,慷慨疏财者不少,而独啬于家庭骨肉之间,岂不惑欤? 古人居家之要曰:不听妇言。盖娶妇入门,异姓相聚,争长竞短,分门割户庸或有之。至于匪类交游,谗言离间,盖彼忌兄弟相亲,则无所图其酒食,遂谓嫡亲不如结义,比比而是。所以《棠棣》诗人曰:虽有兄弟,不如友生。又曰:妻子好合,如鼓琴瑟。一则反言以见意,一则隐言以令人自思也。总使兄弟不才,狠毒败类亦当结之以恩,绳之以义,积诚以动之,诱掖开陈,以曲引之,有过则垂涕泣而道之,虽甚愚顽亦可驱而之善,盖同胞共气,非等陌路,正不得以其不肖付之无可奈何,致酿家门无穷之祸也。凡属子孙,力于孝友,须将《蓼莪》《棠棣》二诗悉加体认,并转相讲谕,庶乎近焉。

修典礼

世之所以称巨族者,非以家之富饶、人之繁庶也,在能守祖宗之典礼而已。盖祖宗制礼所以亲亲,子孙守之则和乐不争,而一德一心,其族有浸昌之势。吾宗自宋迄今四百余年,礼制不无残缺,而要其大体犹存,即如新正谒拜,阖族男子于初一日齐集,而妇女则毕会于初三,谒祖展亲,明长幼,辨尊卑,相规相劝,彬彬有礼。至于春秋两祭,以及两至合荐世祖,大小毕集,祭余受福,则宣扬创业之艰难,规戒守成之不易,以无忘训典。若夫喜相庆、亡相吊,则通族往来,而本家亦不至多费,其或有不给者,称家备仪以充公用,斟酌颇云尽善,盖人情相见则叙款曲,通寒暄,渐亲渐密,况祖宗在上,叔伯兄弟在旁,自不至情意隔绝,而朝夕与亲,纵有抵牾亦难启齿,此消争杜讼于未形,而所益匪浅鲜也! 凡我宗人慎勿视为繁文,目为泛常,或托以他故而不与,或漫应而塞责也,凛之,凛之。

敬宗长

古人以宗法不修,其民俗不成,然以一族而听于一家之一人,则贤愚不等,情势似有所不服。吾族共尊齿德兼隆之一人以为宗长,而率其教诫,实善师其意旨。或阳奉阴违,貌承心悖,以至退有后言,则宗长之体不尊,即族人之敬不至。盖历练老成,凡事之兴废,理之是非,人之曲直,必有成见,即或未合,而贤达英俊,要必和顺从容,反复晓畅以归于一定,固不得激昂慷慨以伤大体,亦不得私诋旁议以挠正论,至于故意平反,分门立户以乱宗法,则又祖宗所不佑,乡党所不齿,不可不戒也。

肃闺范

闺范者,三从为本,四德恪遵,王化之首也。其淑慎之道有四:一曰妇主中馈,以孝敬为先,凡有甘旨,必致孝致敬,竭力以奉舅姑,此妇德之最先也;其次则无违夫子,以顺□为正,总有聪明才智,但当黾勉同心,辅佐夫主,岂得负气使性,凌驾丈夫;三则持身谨饬,言笑不苟,无非无仪,惟酒食是议;四则整理家事不宽不严,冬纺夏纫,朝夕惟勤,而要其端风化而振家声者,其道莫重于有别。《经》云:男女有别,然后父子亲,父子亲,然后礼义生,而万物安。《曲礼》曰:男女不杂坐,嫂叔不通问,内言不出于阃,外言不入于阃。又曰:姑姊妹女子已嫁而反,兄弟不同席而坐、同器而食,以厚别也。吾乡故家大族,妇避翁,弟妇避夫兄,族之远者尊卑皆避,而同居之小叔侄辈则多杀焉,抑知避以远嫌,惟其近也,故别而远之,今严于远而略于近,不大惑欤?愚谓避不当论尊卑远近,而论老幼,八岁以下,不必避,六十以外,可不避,避则不独避形,而并避声。近见妇女欢哗,终日谇谇,虽尊长在堂而房闱笑语声远达于外,家门之玷,孰大于是。最可恨者,娣姒之间,争长较短,相猜相忌,搬是弄非,以致兄弟不和,为罪实大,更有狠戾成性,使气放泼,甚而诟詈公婆,呼喝奴婢,咒骂鸡犬,阐扬恶业,妄生枝节,种种丑状大坏家声。至若后妻凌前子,妒妇绝妾孕,尤罪不容于死者也。前后嫡庶,本同一子,几见父母没后,前子不祀其后母,庶子不祭其嫡母者乎?夫子孙骂祖父,子妇骂姑舅丈夫,罪在死例,王法昭昭,何不顾忌?至若冢妇介妇,各安其分,无私财、无私蓄、无私假与无私造饮食,自然相爱相敬,有何乖戾。古有当患难而弃己子护前子者,又有多置妾媵为夫祷祝求嗣者,此皆父当以戒其女，夫当以警其妇，弟兄当以语其姊妹，庶可挽回于万一，否则惟有告之祖宗族长，遣而去之耳。大抵妇人恶行，多在悍逆妒淫，要其病根皆缘于不知男女之别耳，甚矣！别之义不可不细讲也，至于仆婢之役，执薪爨、供洒扫而已，近世士大夫家有不任子侄而专用隶仆者，始则假虎威以噬人，终必恣狠毒以欺主，纵使本人衔德，其子孙能保其不背叛乎？至若居官任职，寄之喉舌，任以腹心，堕其术中而不悟，坏法乱纪，多由于此。又如顽童狎昵，艳婢蛊惑，丧身亡家，伤风败俗，其祸更烈，慎之慎之。大抵此辈宜少不宜多，宜愿不宜黠，裁之以礼，抚之以恩，为我用者用之，不为我用者去之，小过则容忍之，大过则斥逐之，莫太认真，毋专委任，驾驭之道，尽于是矣。

训子弟

古人重胎教，慎择乳保，今则未能，然有知识便当训以恭敬安详，所谓子教婴孩、妇教初来也。假如伯叔兄长在前，须郑重称之，曰此是伯伯，此是叔叔，此是哥哥，坐则教他立起，言则教他仔细，整饬一番，自然安详恭敬，习若性成。至于入学读书，尤必以洒扫、应对、进退、日用周旋之节为先。《曲礼》云：凡为长者粪之礼，必加帚于箕上，其尘不及长者。此言扫洒之事也。又曰：谋于长者，必操几杖以从，有问则起而对，长者不及，毋儳言。此言应对之事也。又曰：行不中道，立不中门，抠衣趋隅，从长者于道，不越路而与人言，必向长者所视。此言进退之事也。游毋倨，立毋跛，坐毋箕，寝毋伏，毋侧听，毋淫视，毋扬饭，毋絮羹，毋反鱼肉，毋投与狗骨，让食不唾。此言日用周旋饮食之事也。果能如是，则放心自然，收拾骄情，纵逸自然不生，由是而教之象数、方名、讲读、训诂，以道其知识而开其聪明，则从入有自而精进有序矣！杨文公曰：童稚之学，不止记诵，养其良知良能，以先入之言为主，日记故事，不分今古，告以孝弟忠信、礼义廉耻之事，如扇枕怀橘之类，只如俗说，久之成熟，德若性成矣。愚谓：小子能读四书，一面读一面讲，字解句说，则心渐明白，由是而及本经，由是而及旁经子史古文，随读随解，则功夫不断，日积月累，融会贯通，自然充足。

今人学问空疏,只说资质不好,不知皆从小蹉跎之故也。大抵人情好逸恶劳,而在少年为尤甚,为父兄者当严加督责,不得任其懒惰。更要紧者,尤在慎择师友,迩来子衿佻达,虽洒然南面,全无师范,又子弟醇谨者少、放诞者多,朝夕与处,浸渍熏染,比匪之害,莫可药救,有志训子弟者,可不慎哉!

厚故旧

《采菖》之诗曰:不思旧姻,求我新特。世态炎凉,大都如是,而要非仁孝忠厚之思。盖故旧者,祖父之亲友,爱敬故旧即所以爱敬祖父,此《中庸》所谓"敬其所尊,爱其所亲"也,近世于子孙之亲,则曰:新姻;于祖父之亲,则曰:旧眷。新旧分而厚薄异,或贫富不埒,则竟视为路人,此世俗所以有"太婆亲眷旧先生"之慨也。至于故庄遗仆,于先世皆有成劳,纵凶荒负租,衰迈坐食,亦当仰体前人优恤至意,不得鳃鳃计较,轻于弃革,以生怨望。

择婚姻

夫妇,人之大伦,非苟而已也,故择配必年相若,德相等,门户相当,不可苟慕富贵。今人非礼结亲,揣其本意不过趋炎附势耳,故有以谨愿而配豪侠者,以儒士而缔权宦者,以良善而赘恶蠹者,以少年而甘心于败柳残花者,要皆欲假虎威,遂颠倒至此。司马温公有云:妇者,家之所由盛衰也。苟慕一时之富贵而娶之,彼挟其富贵,鲜有不轻其夫而傲其舅姑者,养成骄妒之性,异日为患不浅,使因妇财以致富,挟妇势以取贵,苟具丈夫志气能无愧乎?又有一等无耻之夫,不顾门第,不顾体面,只图易于从事,下对低门小户,令其公然分庭抗礼,动曰与某至亲,甚至妄扯妄扳,不惟贻玷祖父,兼且辱及宗党,况最可虑者,彼既出自小家,不知诗礼大体,势必侍慢公姑,亵狎亲族,娇养儿孙,甚至诟詈戏笑,种种恶态毫不知戒,不可不慎。吾愿子孙加意择配,毋扳高,毋就低,致坏祖宗家法,而受族诽议也。

充志气

志者,身之主气者,心之辅也,廓而充之,则志不可以不立,而气不可以不养。古人云:志于道德者,功名不足以动其心;志于功名者,富贵不足以累其心。吾谓志于富贵者,逸乐亦不足以夺其心,盖立之云者,聚精会神,心一于是而不及于他也,读书之士,矢志上达,学问思辨,弗得弗措,可以超凡而入圣,农工商贾必要其成,朝作夜思,亦足成家而立业,此破釜沉舟卒以并秦,卧薪尝胆足以治吴也。吾尝谓立志如登峻岭,迅速追赶可升绝顶,优游懈步便落重渊,不可不慎,至于养气之道,孟氏言之盖详,功在自反,道在集义,固已然。养之之法在动,尤在静,能伸,尤在能屈,盖惟屈能伸也,若徒幸幸然作小丈夫状,所谓一朝之忿忘身及亲者,乌在其为气哉?

宏器量

人必有深沉广大之量,而后能任圣贤之道,以成天地之功,此从古大儒所以出有为而处有守也。至若中材,亦必开拓心胸,恢宏识见,从容暇裕以集事,则利不贪而害不怵,善哉!武侯之诫曰:宁静致远。士固未有不宁静而能远到者,况福本于量,故世云福分亦云福量,福分者随其分寸予之,量则因其器之大小而授之也。以大量获福,犹以巨舰载藏宝,纵波涛汹涌,而中流自在;以小量而获福,犹以蹇驴负重资,始虽跃跃自得,而继且蹶踬。故士必先器量而后学问,吾辈器量褊浅,尝持之以谦抑,养之以和平,克之以宽恕,出之以从容,则气质陶镕,性体光大,于古大儒之风不远矣!

尚廉耻

昔子贡问士,夫子曰:行己有耻。又尝对哀公之言曰:知耻近乎勇。则廉耻者立身进德之要道也。世人贪昧隐忍,苟且便安,多由廉耻不立。羞恶之心,人皆有之,其道只扩充。孟子曰:人能充无穿窬之心,无所往而不为义也。不义则不仁不智,无礼无信,孰不可耻,然必谨小慎微,预养此心,苟谓一介无伤,任意取与,则渐不可长矣。近见衿监缙绅不知自重,只思出入衙门,便与舆隶贱役并坐同饮,恬不知怪,良可浩叹,子孙其宜戒焉。

慎言语

盖闻君子欲讷,吉人词寡,一言之玷,贻累终身,东莱曰:前辈尝教少年毋轻议人,毋轻说事,所以养德器也。而最宜戒者,道长说短,品高论下,而谈笑闾阎,攻讦阴私,微讥快意,毒语伤人,我方脱口,彼已刺心,怨恨已深,报复必甚。谚云:打人莫打膝,道人莫道实。纵不顾尚口之讥,可不畏怨毒之祸欤?少年子弟惟当缄默持重,莫轻调谑,莫任激昂,即遇家庙公庭,有不得不言之事,亦须情喻理导,婉曲敷陈,使听者可受,不至有忤,吾愿子孙慎勿以言语取戾。

勤职业

人生两间,仰事父母,俯育妻孥,必身有职业,虽时运难艰,坎坷潦倒,而卒不至于无赖。故耕读技艺随择一术,要不可以不勤,盖勤则有功,懒则无成,理固然也。假如百工技艺专心习学,自然熟极生巧,制作纯良,又如农夫力田,朝夕耘耔,拔其稂莠,驱其畜牧,时其燥湿,收获必至家室盈宁。读书者,勤一日多读几行书,多写几行字,怠一日少读几行书,少写几行字,一日之勤怠有限,终岁计之,相去远矣!苏轼有言曰:天以日运故健,日月以日行故明,水以日流故不竭,人之四股以日动故无疾。世有以悠游怠安为爱惜精神者,不知精本于血,不动则血不行,神本于气,不动则气不舒,精神之坏,疾病之来,往往由此,不可不察也。

惜光阴

孝子爱日,志士趋时,寸阴寸金,不可不惜也。统计一生百年,不过三万六千日,前去一日,则后少一日,一日一日,忽已一月,一月一月,忽已一年,办业未成,岁时已去,言念及此,不胜浩叹。后生子弟,多泄泄自若,不知一转盼而已三十、四十矣,而已五十、六十矣,吾愿子若孙决志并力,勇往直前,精神强,春秋富,自有一番作为,收之桑榆,恐垂暮无成也。

崇节俭

节俭者,清白相承,狷介自守,传家之美德也。盖俭则少营,少营则不役于物,而存心养性之道得矣;节则有制,有制则不滥于费,而量入度出之经举矣。昔张文节为相,自奉甚啬,外人颇有"公孙布被"之讥,公笑曰:吾今日之俸,虽举家锦衣玉食何患不足,顾人之常情,由俭入奢易,由奢入俭难,吾之俸岂能常有,身岂能常存,一旦异于今日,家人为奢已久,不能顿俭,必至失所,岂若居位去位、身存身亡如一日乎?又东坡尝云:自奉只用一爵一肉,有客则三之,可损不可增,召我者预以此告,其人不从,则不赴。一曰安分以养福,二曰宽胃以养气,三曰省费以养财。历考前贤,皆以节俭为美,近世风俗不古,走卒衣绮罗,奴隶蹑丝履,至于会客饮燕,酒非醇醪,肴非珍异,食非嘉旨,则不轻进,而又流连竟夕,率以为常,其不随俗靡者鲜矣!吾族累代纯朴,必谨守礼法以驭群子弟及家众,分职授事,而责其成功。制财用之节,量入为出,称家之有无以给上下之衣食,裁省冗费,禁止奢华,常须存赢余以备不虞,而毋效流俗之侈肆。至于养亲祀祖,则又当竭诚备物,不得借口节俭,过为鄙吝也。

安淡薄

孟子曰:养心莫善于寡欲。寡欲者,安淡薄之谓也。彼琼室瑶台,所居不过容膝;旨酒嘉肴,所食不过适口。世人役役而不知止,其心有未安耳?夫安生于知足,世人狐貂,我衣缊袍不安矣,较之无衣无褐者,我更何如?世人珍馐,我食粝藿不安矣,较之无食无浆者,我更何如?人生福力,本是有限,撙节朴素,自有无穷妙处,昔有以福禄寿三字问予者,予曰:譬之树,禄其花叶,寿其枝干,而福其精液也,有一分精液,自然长得一分枝干,发得一分花叶,故二氏之教多云惜福,又云修福,盖朴素所以惜福,则撙节所以修福也。今人不量精液,只图花叶繁盛,是犹羯鼓催花,纵得开放,必然立仆。此虽臆说,似有至理,其细思之。

通缓急

缓急，人所时有，吾祖宗望烟捐缗，虽异姓犹纾急难，况在同宗一气，而彼此荣枯岂真一己之营谋、时运所致哉？皆缘祖宗积德累仁，克昌厥后，而冲和之气偶集于一枝耳，仁人孝子之心必合一族为一家，联众情为一心，统数世为一代，则相周相庇，所以联宗族、广仁孝也。

息争讼

吾族宗法修明，凡有是非判之宗长，故世无家讼，近则间或有之，虽系本身顽梗，亦由搬弄把持所致。夫讼则终凶，尽人知之，况以本族相争，则赢固吾族，输非他姓，何苦以一门骨肉自相噬啐乎？近见两家相争，旁人帮衬，及两家和合，则有交咎帮衬者。是不足以为德，而适足以取怨也。凡我宗人，念一本之相残，则于理不可，思后日之交怨，则情不可也，戒之，戒之。

扶名教

从来名教之坏，不在田野村夫，而在读书稽古之士，盖以其力足以饰非，言足以文过，几希一差，则假仁假义、假忠假孝，虽阳奉圣经，实阴乱大道也，轻薄之士不庄不重，以礼乐为缘饰之具，以诗酒为放旷之阶，飞扬浮躁，自谓凌今越古，不知荡检逾闲，裂冠毁冕，败坏人心，莫此为甚。山涛谓王衍曰：何物老妪生此宁馨儿，然误天下苍生者必此人也。东晋倡为清言，流毒之今，良可太息，夫忠臣孝子、义侠贞烈必有所偏至，以成其独是，盖至情之发，无回顾也。而今世之士必苟而责之，甚且曲为之说，而非笑其不必，曰：刲股救亲不孝；越职言事不忠；父母在，以身许人非义；有舅姑而殉夫以死非烈。夫以是数者而律以圣人之道，固为未当，然竟以不忠不孝、非义非烈斥之，是使天下贪生苟免，习为乡原，同流合污也。吾愿子若孙以拙朴挽智巧，以迂疏挽放旷，以敦庞诚悫秉礼度义挽佻达轻浮，而厚人心、正风俗，至忠孝义侠贞烈之行，则节取其长，勿谪其短，扬其大醇，勿议其小疵，有厚望焉。

斥异端

异端者，无父无君，异言异服，名教之贼也。而浮屠氏倡为轮回地狱、斋戒超荐之说，左道惑民为尤甚，彼谓前世修则今生受福，前世不修则今生不受福，欲图来世必修今生，似乎有理，然试问庭前草木，或则开花结子，或则枝干凋零，彼从何处修来？此是何时作孽耶？夫人之生也，本乎气，气得其清则为聪明福泽，气得其浊则为庸愚陋劣，在天地且不能自主，何况鬼神。气尽则死，魂升于天，魄降于地，肉烂骨枯，神气消散。魂者，气之精也，气不畏水火刀兵，岂以魂而怕地狱罪累耶？斋戒以交神明，不饮酒不茹荤，所以明洁其心也。佛氏之家，肴丰馔美，搜罗山水，较肉食更甚，而戏谑箕踞，习以为常，成何斋戒耶？吾辈读书，徒知披吟而品行不循典，则圣贤犹麾之门墙之外，岂木鱼椓椓、金磬铛铛，如歌似曲超度亡灵，神佛竟从而呵护耶？旨哉！廉希宪之对元主曰：为臣尽忠，为子尽孝，孔子之戒也。今不务乎忠孝之行，而遵无父无君之教，不大惑欤？至如烧丹炼汞、导气延年之说，非特不能，抑且不必。古帝有言曰：多寿则多辱。以一身而活至一二百年，妻儿故人皆已零落，何处觅人间之乐耶？尝论刘阮遇仙轶事，世为美谈，设以吾辈出门归家，沧桑顿易，室人莫辨，有不悲号大恸耶？是何弗思之甚也。近世白莲教、无为教、天主教、罗祖教，种种左道，国典所禁，今纵不能火其书、庐其居，如昌黎伯之言，而又从而和之，亦可以不必矣。族中先世有舍田二十亩于永庆寺者，今为僧人所侮，两相评讼，费几千金，假以此田而广学校，增祀产，岂不甚善？而适为子孙累，是又殷鉴不远也。

3.2　古代浙东地方重要家法族规选辑

宗族作为一个组织体系，有着独特的运行机制：既需要保持上下等级尊卑贵贱的差别,以尊使卑,以贵凌贱,君君、臣臣、父父、子子;也要求其成员遵守必要的规范体系,以维持秩序,实现公义。在教化类家训谆谆教诲之余,还有一系列强制性规范,要求成员必须做什么,或绝不能做什么,否则就进行处罚,其性质类似于国法中的刑。家法族规在宗族主导的基层社会治理中,以礼乐政刑为基础,构建了一个无所不在的治理网络。

3.2.1 浦江郑氏义门规范[1]

提要:北宋时期,浦江郑氏义门同居始祖郑绮立下遗嘱,要求子孙"孝义立身,肃睦治家",郑氏后人同居、共财、聚食达十五代,宋、元、明三朝屡受旌表,明太祖朱元璋敕封其为"江南第一家"。郑氏在同居第六代时始订有《规范》五十八则,第七代时补作《后录》七十则,第八代时又补作《续录》五十余则。明初,宋濂帮助郑氏子孙将《规范》《后录》和《续录》合并为《郑氏规范》,共有一百六十八条,具有很强的可操作性,堪称中国家族法规历史上的一座里程碑。

浦江郑氏义门规范

一、立祠堂一所,以奉先世神主。出入必告,正至朔望必参,俗节必荐时物。四时祭祀,其仪式并遵文公家礼。然各用仲月望日行事,事毕更行会拜之礼。

一、时祭之外,不得妄祀徼福。凡遇忌辰,孝子当用素衣致祭,不作佛事,象钱寓马亦并绝之。是日,不得饮酒、食肉、听乐。夜则出宿于外。

一、祠堂所以报本,宗子当严洒扫扃钥之事。所有祭器服,不许他用(祭

---

[1] 费成康主编:《中国的家法族规》,上海社会科学院出版社2002年版。

器服,如深衣、席褥、盘盏、碗碟、椅桌、盥盘之类)。

一、祭祀务在孝敬,以尽报本之诚。其或行礼不恭,离席自便,与夫跛倚、欠伸、哕噫、嚏咳,一切失容之事,督过议罚。督过不言,众则罚之。

一、拨常稔之田一百五十亩(世远逐增),别蓄其租,专充祭祀之费。其田券印"义门郑氏祭田"六字。字号步亩,亦当勒石祠堂之左,俾子孙永远保守。有言质鬻者,以不孝论。

一、子孙入祠堂者,当正衣冠,即如祖考在上。不得嬉笑、对语、疾步。晨昏皆当致恭而退。

一、宗子上奉祖考,下壹宗族,家长当竭力教养。若其不肖,当遵横渠张子之说,择次贤者易之。

一、诸处茔冢,岁节及寒食、十月朔,子孙须亲展省(妇人不与)。近茔竹树,不许剪拜。各处庵宇,更当葺治。至于作冢制度,已有家礼可法,不必过奢。

一、坟茔年远,其有平塌浅露者,宗子当择洁土益之。更立石深刻名氏,勿致湮灭难考。

一、四月一日,系初迁之祖遂阳府君降生之朝。宗子当奉神主于有序堂,集家众行一献礼。复击鼓一十五声,令子弟一人,朗诵谱图一过,曰明谱会,圆揖而退。

一、朔望,家长率众参谒祠堂毕,出坐堂上,男女分立堂下。击鼓二十四声,令子弟一人,唱云:"听!听!听!凡为子者,必孝其亲;为妻者,必敬其夫;为兄者,必爱其弟;为弟者,必恭其兄。听!听!听!毋徇私,以妨大义,毋怠惰,以荒厥事;毋纵奢侈,以干天刑;毋用妇言,以间和气;毋为横非,以扰门庭;毋耽曲蘖,以乱厥性。有一于此,既陨尔德,复隳尔胤。眷兹祖训,实系废兴。言之再三,尔宜深戒。听!听!听!"众皆一揖,分东西行而坐。复令子弟敬诵孝弟故实一过,会揖而退。

一、每旦，击钟二十四声，家众俱兴。四声咸盥漱，八声入有序堂。家长中坐，男女分坐左右，令未冠子弟朗诵男女训戒之辞。《男训》云："人家盛衰，皆系乎积善与积恶而已。何谓积善？居家则孝弟，处事则仁恕，凡所以济人者，皆是也。何谓积恶？恃己之势以自强，克人之财以自富，凡所以欺心者，皆是也。是故能爱子孙者，遗之以善；不爱子孙者，遗之以恶。《传》曰：'积善之家，必有余庆；积不善之家，必有余殃。'天理昭然，各宜深省。"《女训》云："家之和与不和，皆系妇人之贤否。何谓贤？事舅姑以孝顺，奉丈夫以恭敬，待姊姒以温和，接子孙以慈爱。如此之类是已。何谓不贤？淫狎妒忌，恃强陵弱，摇鼓是非，纵意徇私。如此之类是已。天道甚近，福善祸淫，为妇人者不可不畏。"诵毕，男女起，向家长一揖。复分左右行，会揖而退。九声，男会膳于同心堂，女会膳于安贞堂。三时并同。其不至者，家长规之。

一、家长总治一家大小之务，凡事令子弟分掌。然须谨守礼法，以制其下。其下有事，亦须咨禀而后行，不得私假，不得私与。

一、家长专以至公无私为本，不得徇偏。如其有失，举家随而谏之。然必起敬起孝，毋妨和气。若其不能任事，次者佐之。

一、为家长者，当以至诚待下。一言不可妄发，一行不可妄为，庶合古人以身教之意。临事之际，毋察察而明，毋昧昧而昏。更须以量容人，常视一家如一身可也。

一、家中产业文券，既印"义门公堂产业，子孙永守"等字，仍书字号。置立砧基簿书，告官印押（续置当如此法）。家长会众封藏，不可擅开。不论长幼，有敢言质鬻者，以不孝论。

一、子孙倘有私置田业，私积货泉，事迹显然彰著，众得言之家长。家长率众告于祠堂，击鼓声罪而榜于壁。更邀其所与亲朋，告语之。所私即便拘纳公堂。有不服者，告官以不孝论。其有立心无私，积劳于家者，优礼遇之，更于劝惩簿上明记其绩，以示于后。

一、子孙赌博无赖,及一应违于礼法之事,家长度其不可容,会众罚拜以愧之。但长一年者,受三十拜。又不悛,则会众而痛棰之。又不悛,则陈于官而放绝之。仍告于祠堂,于宗图上削其名。三年能改者,复之。

一、凡遇凶荒事故,或有阙支,家长预为区画,不使匮乏。

一、朔望二日,家长检点一应大小之务。有不笃行者,议罚。诸簿籍或过日不算结,及失时不具呈者,亦量情议罚。

一、内外屋宇,大小修造工役,家长常加检点。委人用工,毋致损坏。

一、每岁掌事子弟交代,先须谒祠堂,书祝致告。次拜家长,然后领事。

一、设典事二人,以助家长行事。必选刚正公明、材堪治家、为众人之表率者为之。并不论长幼,不限年月,凡一家大小之务,无不预焉。每夜须了诸事,方许就寝。违者,家长议罚。

一、每夜会聚之际,典事对众商榷,何日可行某事,书之于籍。上半月所书,下半月行之;下半月所书,次上半月行之。庶无迁滞之患(事当即行者,弗拘)。

一、择端严公明、可以服众者一人,监视诸事(四十以上方可,然必二年一轮)。有善公言之,有不善亦公言之。如或知而不言,与言而非实,众告祠堂,鸣鼓声罪,而易置之。

一、监视莅事,告祠堂毕,集家众于有序堂。先拜尊长四拜,次受卑幼四拜。然后鸣鼓,细说家规,使肃听之。

一、监视,纠正一家之是非。所以为齐家之则,而家之盛衰系焉,不可顾忌不言。在上者,必当犯颜直谏。谏若不从,悦则复谏。在下者,则教以人伦大义,不从则责,又不从则挞。

一、立劝惩簿,令监视掌之。月书功过,以为善善、恶恶之戒。有沮之者,以不孝论。

一、造二牌,一刻"劝"字,一刻"惩"字。下空一截,用纸写帖。何人有何功,何人有何过,既上劝惩簿,更上牌中。挂会揖处,三日方收,以示赏罚。

一、设主记一人,以会货泉谷粟出纳之数。凡谷匦收满,主记封记,不许擅开。违者量轻重议罚。如遇开支,主记不亲视,罚亦如之。钥匙皆主记收,遇开则渐次付之。支讫,复还主记。

一、选老成有知虑者,通掌门户之事。输纳赋租,皆禀家长而行。至于山林陂池防范之务,与夫增拓田业之勤,计会财息之任,亦并属之。

一、立家之道,不可过刚,不可过柔,须适厥中。凡子弟,当随掌门户者,轮去州邑,练达世故,庶无瞢暗不谙事机之患。若年过七十者,当自葆绥,不宜轻出。

一、增拓产业,长上必须与掌门户者详其物与价等,然后行之。或掌门户者他出,必俟其归,方可交易。然又预使子弟,亲去看视肥瘠,及见在文凭无差。切不可卤莽,以为子孙之害。

一、凡置产业,即时书于受产簿中,不许过于次日。仍用招人佃种,其或失时不行,家长朔望点检议罚。

一、增拓产业,彼则出于不得已,吾则欲为子孙悠久之计。当体究果直几缗,尽数还足。不可与驵侩交谋,潜萌侵人利己之心。否则天道好还,纵得之,必失之矣。交券,务极分明,不可以物货逋负相准。或有欠者,后当索偿。又不可以秋税暗附他人之籍,使人倍输官府,积祸非轻。

一、每年之中,命二人掌管新事,所掌收放钱粟之类。又命二人掌管旧事,所掌冠婚丧祭及饮食之类。然皆以六月而代,务使劳逸适均。

一、新旧管轮当,须视为切己之事。计会经理,自二十五岁止六十岁。过此血气既衰,当优遇之,毋任以事。

一、新旧管皆置日簿,每日计其所入几何,所出几何,总结于后,十日一呈监视。果无私滥,则监视书其下,曰:"体验无私。"后若显露,先责监视,次及新旧管。

一、新管置一总租簿，明写一年逐色谷若干石，总计若干石，又新置田若干石。此是一定之额，却于当年十二月望日，以所收者，与前谷总较之，便知实欠多少，以凭催索。后索到者，别书于畸零簿。至交代时，却入总租簿内通算。

一、新管所收谷麦，每匣收讫，即结总数，报于主记，置租赋簿。令其亲书某号匣，系某人于某年月日，收何等谷麦若干石。量出之时，亦须置簿。书写某匣春磨，自某日支起，至某日用毕，以凭稽考。

一、新管所管谷麦，必当十分用心。及时收晒，免致蒸烂。收支明白，不至亏折。关防勤谨，不至透失，赏则及之。若有前弊，罚本年衣资绵线不给。如遇称收繁冗，则拨子弟分收之。

一、佃人用钱货折租者，新管当逐项收贮，别附于簿，每日纳诸家长。至交代时，通结大数，书于总租簿，云收到佃家钱货若干，总记租谷若干。如以禽畜之类准折者，则付与旧管支钱入账，不可与杂色钱同收。

一、田地有荒芜者，新管逐年招佃。或遇坍江，亦即书簿，以俟开垦。开垦既毕，复入原簿，免致失于照管。

一、田租既有定额，子孙不得别增数目。所有逋租，亦不可起息。以重困里党之人。但务及时勤索，以免亏折。

一、佃家劳苦，不可备陈，试与会计之，所获何尝补其所费。新管当矜怜痛悯，不可纵意过求。设使尔欲既遂，他人谓何。否则贻怒造物，家道弗延。除正租外，所有佃麦、佃鸡之类，断不可取。

一、邻族分岁之饮，旧管于冬至后，排日为之。

一、男女年六十者，礼宜异膳。旧管尽心奉养，务在合宜。违者罚之。

一、新管簿书不分明者，不许交代。一应催督钱谷，须是先时逐项详注已未收索之数，于交代日，分明条说，并承账人交付。虽累更新管，要如出于一手，庶不使人欺隐。旧管簿书不分明者，亦不许交代。

一、所用监视，及新旧管，其有才干优长，不可遽代者，听众人举留。

一、设羞服长一人，专掌男女衣资之事。宜先措置。夏衣之给，须在四月；冬之给，须在九月。不得临时猝办。如或过时不给，家长罚之（凡生男女，周岁则给）。

一、男子衣资，一年一给。十岁已上者半其给，给以布。十六岁已上者全其给，兼以帛。四十岁已上者优其给，给以帛。仍皆给裁制之费。若年至二十者，当给礼衣一袭（巾履则一年一更）。

一、妇人衣资，照依前数，两年一给之。女子及笄者，给银首饰一副。

一、每岁羞服长除给男女衣资外，更于四时祭后一日，俵散诸妇履材，及油泽、脂粉、针花之属。

一、各房染段，羞服长斟酌为之，仍置簿书之，毋使多寡不均。

一、子孙须令饱暖，方能保全义气。当命廉谨有为者，以掌羞服之事。务要合宜，而无不足之叹。

一、设掌膳二人，以供家众膳食之事。务要及时烹爨，不许干预。旧管杂役，亦须一年一轮。

一、择廉谨子弟二人，收掌钱货。所出所入，皆明白附簿。或有折陷者，勒其本房衣资首饰，补还公堂。

一、择廉干子弟二人，以掌营运之事。岁终会算，通计其数，呈于家长监视。严加关防，察其私滥。

一、子孙以理财为务者，若沈迷酒色，妄肆费用，以致亏陷，家长核实，罪之。与私置、私积者同。

一、委人启肆，皆公堂给本与之。一年一度，新管为之结算，具子钱，纳诸公堂。

一、畜牧树艺，当令一人专掌之。须置簿书，写数目，以凭稽考。然须常加点检，务要增益。如或失时不办，本人本年衣资不给。

一、设知宾二人，接奉谈论。提督茶汤，点视床帐被褥，务要合宜。

一、亲宾往来,掌宾客者禀于家长。当以诚意延款,务合其宜。虽至亲亦宜宿于外馆。

一、亲朋会聚,若至十人,旧管不许于夜中设宴。时有小酌,亦不许至一更。昼则不拘。

一、亲姻馈送,一年一度。非常吊庆则不拘。此切不可过奢,又不可视贫而加薄,视富而加厚。

一、子弟未冠者,学业未成,不听食肉,古有是法。非惟有资于勤苦,抑欲其识齑盐之味。

一、子弟未冠者,不许以字行,不许以第称,庶几合于古人责成之意。

一、子弟年十六以上,许行冠礼。须能暗记四书一经正文,讲说大义,方可行之。否则直至二十一岁。弟若先能,则先冠以愧之。

一、子弟当冠,须延有德之宾,庶可责以成人之道。其仪式尽遵文公家礼。

一、子弟已冠而习学者,每月十日一轮,挑背已记之书,及谱图、家范之类。初次不通,去巾一日;再次不通,则倍之;三次不通,则分籴如未冠时。通则复之。

一、女子年及笄者,母为选宾行礼,制辞字之。

一、婚姻乃人道之本。亲迎、醮啐、奠雁、接绥之礼,人多违之。今一袪时俗之习,其仪式并遵文公家礼。

一、婚嫁必须择温良有家法者,不可慕富贵以亏择配之义。其豪强、逆乱、世有恶疾者,毋得与议。

一、立嘉礼庄一所,拨田一千五百亩,世远逐增。别储其租,令廉干子弟掌之,专充婚嫁诸费。男女各以谷一百五十石为则。

一、娶妇须以嗣亲为重,不得享宾,不得用乐。违者罚之。入门四日,婿妇同往妇家,行谒见之礼。

一、娶妇三日，妇则见于祠堂，男则拜于中堂，行受家规之礼。先拜四拜，家长以家规授之，嘱其谨守弗失，复拜四拜而去。又以房扁授之，使其揭于房闼之外，以为出入观省。会茶而退。

一、子孙当娶时，须用同身寸制深衣一袭，巾履各一事。仍令自藏，以备行礼之用。

一、子孙有妻子者，不得更置侧室，以乱上下之分。违者责之。若年四十无子者，许置一人。不得与公堂坐。

一、女子议亲，须谋于众。其或父母于幼年妄自许人者，公堂不与妆奁。

一、女适人者若有外孙，弥月之礼，惟首生者与之。余并不许，但令人以食味慰问之。

一、甥婿初归，除公堂依礼与之，不得别有私与。诸亲并同。

一、姻家初见，当以币帛为贽，不用银弊。他有馈者，此亦不受。

一、丧礼久废，多惑于释老之说，今皆绝之。其仪式并遵文公家礼。

一、子孙临丧，当务尽礼。不得惑于阴阳，非礼拘忌，以乖大义。

一、丧事不得用乐，服未阕者，不得饮酒食肉。违者不孝。

一、子孙器识可以出仕者，颇资勉之。既仕，须奉公勤政，毋蹈贪黩，以忝家法。任满交代，不可过于留恋，亦不宜恃贵自尊，以骄宗族。仍用一遵家范。违者以不孝论。

一、子孙倘有出仕者，当夙夜切切，以报国为务。抚恤下民，实如慈母之保赤子。有申理者，哀矜恳恻，务得其情。毋行苛虐，又不可一毫妄取于民。若在任衣食不能给者，公堂资而勉之。其或廪禄有余，亦当纳之公堂。不可私于妻孥，竞为华丽之饰，以起不平之心。违者天灾临之。

一、子孙出仕，有以赃墨闻者，生则于谱图上削去其名，死则不许入祠堂（如果被诬指者，则不拘此）。

一、宗人实共一气所生，彼病则吾病，彼辱则吾辱，理势然也。子孙当委曲庇覆,勿使失所。切不可恃势陵轹,以忝厥祖。更于缺食之际,揆其贫者,月给谷六斗,直至秋成住给。其不能婚嫁者,助之。

一、为人之道,舍教其何以先。当营义方一区,以教宗族之子弟。免其束脩。

一、宗族之无所归者,量拨房屋以居之。更劝勿用火葬,无地者听埋义冢之中。

一、立义冢一所。乡邻死亡委无子孙者,与给椟棺埋之。其鳏寡孤独果无以自存者,时周给之。

一、宗人无子,实坠厥祀。当择亲近者为继立之,更少资之。

一、宗人若寒深,当悯恻其果无衾与絮者,子孙当量力而资助之。

一、祖父所建义祠,盖奉宗族之无后者。立春祭先祖毕,当令子弟设馔祭之。更为修理,毋致隳坏。

一、立春当行会族之礼。不问亲疏,户延一人。食品以三进为节。

一、里党或有缺食,裁量出谷借之。后催元谷归还,勿收其息。其产子之家,给助粥谷二斗五升。

一、展药市一区,收贮药材。邻族疾病,其证章章可验,如疟痢痈疖之类,施药与之。更须诊察寒热虚实,不可慢易。此外,不可妄与,恐致误人。

一、桥圮路潦,子孙倘有余资,当助修治,以便行客。或遇隆暑,又当于通衢设汤茗一二处,以济渴者。自六月朔至八月朔止。

一、里党之痒疴疾痛,吾子孙当深念之。彼不自给,况望其馈遗我乎。但有一毫相赠,亦不可受。违者必受天殃。

一、拯救宗族里党一应等务,令监视置推仁簿,逐项书之。岁终于家长前会算。其或沽名失实,及执吝不肯支者,天必绝之。此吾拳拳真切之言,不可不谨,不可不慎。

一、子孙须恂恂孝友,实有义家气象。见兄长,坐必起,行必以序,应对必以名，毋以尔我。诸妇并同。

一、子孙之于尊长，咸以正称，不许假名易姓。

一、兄弟相呼，名以其字，冠于兄弟之上。伯叔之命侄亦然。侄之称伯叔，则以行称，继之以父。夫妻亦当以字行。诸妇娣姒相呼，并同。

一、子侄虽年至六十者，亦不许与伯叔连坐。违者家长罚之。会膳不拘。

一、卑幼不得抵抗尊长（一日之长皆是）。其有出言不逊，制行悖戾者，姑诲之。诲之不悛者，则重棰之。

一、子孙受长上诃责，不论是非，但当俯首默受，毋得分理。

一、子孙固当竭力以奉尊长，为尊长者亦不可挟此自尊。攘拳奋袂，忿言秽语，使人无所容身，甚非教养之道。若其有过，反覆谕戒之。甚不得已，会众棰之，以示耻辱。

一、子孙黎明闻钟即起。监视置《夙兴簿》，令各人亲书其名，然后就所业。或有托故不书者，议罚。

一、子孙饮食，幼者必后于长者。言语亦必有伦，应对宾客，不得杂以里俗方言。

一、子孙不得谑浪败度，免巾徒跣。凡诸举动，不宜掉臂跳足，以陷轻儇。见宾客亦当肃行只揖，不可参差错乱。

一、子孙不得目观非礼之书，其涉戏谑淫亵之语者，即焚毁之。妖幻符咒之属并同。

一、子孙不得从事交结，以保助闾里为名，而恣行己意，遂致轻冒刑宪，堕圮家业。故吾再三言之，切宜刻骨。

一、子孙毋习吏胥，毋为僧道，毋狎屠竖，以坏乱心术。当时以"仁义"二字，铭心镂骨，庶或有成。

一、广储书籍，以惠子孙。不许假人，以致散逸。仍识卷首云："义门书籍，子孙是教。鬻及借人，兹为不孝。"

一、延迎礼法之士，庶几有所观感，有所兴起。其于问学，资益非小。若哤词幻学之流，当稍款之，复逊辞以谢绝之。

一、小儿五岁者，每朔望参祠讲书，及忌日奉祭，可令学礼（入小学者，当预四时祭祀）。每日早膳后，亦随众到书斋低揖。须直祠堂者，及斋长举明，否则罚之。其母不容，亦罚之。

一、子孙自八岁入小学，十二岁出就外傅，十六岁入大学。聘致明师训饬，必以孝弟忠信为主，期底于道。若年至二十一岁，其业无所就者，令习治家理财。向学有进者，弗拘。

一、子孙年十二，于正月朔则出就外傅，见灯不许入中门。入者箠之。

一、子孙为学，须以孝义切切为务。若一向偏滞词章，深所不取。此实守家第一事，不可不慎。

一、子孙年未二十五者，除棉衣用绢帛外，余皆衣布。除寒冻用蜡履外，其余遇雨，皆以麻履。从事三十里内，并须徒步。初到亲姻家者，不拘。

一、子孙年未三十者，酒不许入唇。壮者虽许少饮，亦不宜沈酗杯酌，喧呶鼓舞，不顾尊长。违者箠之。若奉延宾客，唯务诚悫，不必强人以酒。

一、子孙当以和待乡曲，宁我容人，毋使人容我，切不可先操忿人之心。若累相陵逼，进退不已者，当理直之。

一、秋成谷价廉平之际，籴五百石，别为储蓄。遇时阙食，依原价粜给乡邻之困乏者。

一、子孙不得惑于邪说，溺于淫祀，以徼福于鬼神。

一、子孙不得修造异端祠宇，装塑土木形像。

一、子孙处事接物，当务诚朴。不可置纤巧之物，务以悦人，以长华丽之习。

一、子孙不得与人眩奇斗胜，两不相下。彼以其奢，我以吾俭，吾何害哉。

一、既称义门，进退皆务尽礼。不得引进倡优讴词，献妓娱宾狎客，上累祖宗之嘉训,下教子孙以不善,甚非小失。违者家长棰之。

一、家业之成,难如升天。当以俭素,是绳是准。唯酒器用银外,子孙不得别造,以败我家。

一、俗乐之设,诲淫长奢。切不可令子孙听,复习肄之。违者家长棰之。

一、棋枰、双陆、词曲、虫鸟之类,皆足以蛊心惑志、废事败家。子孙当一切弃绝之。

一、子孙不得畜养飞鹰猎犬,专事佚游。亦不得恣情取餍,以败家事。违者以不孝论。

一、吾家既以孝弟表门,所习所行,无非积善之事。子孙皆当体此,不得妄肆威福,图胁人财,侵陵人产,以为祖宗植德之累。违者以不孝论。

一、子孙受人贽帛,皆纳之公堂。后与回礼。

一、子孙不得无故设席,以致滥支。唯酒食是议,君子不取。

一、子孙不得私造饮馔,以徇口腹之欲。违者姑诲之。诲之不悛,则责之(产者、病者不拘)。

一、凡遇生朝,父母舅姑存者,酒果三行。亡者则致恭祠堂,终日追慕。

一、寿辰既不设筵,所有袜履,亦不可受。徒蠹女工,无益于事。

一、家中燕飨,男女不得互相献酬,庶几有别(若家长舅姑,则礼宜馈食者)。

一、各房用度杂物,公堂总买而均给之。不可私托邻族,越分竞买鲜巧之物,以起乖争。

一、家众有疾,常痛念之,延良医以救疗之。

一、居室既多,守夜当轮用已娶子弟。终夜鸣磬,以达于旦。仍鸣小磬,周行居室者四次。所过之处,随手启闭门扃。务在谨严,以防偷窃。有故不在家者,次轮当者续之。

一、防虞之事,除守夜及就外傅者,别设一人,谨察风烛,扫拂灶尘。凡可以救灾之具,常须增置(若油篮系索之属),更列水缸于房闼之外(冬月用草结盖,以护寒冻)。复于空地造屋,安置薪炭。所有辟蚊槁烬,亦弃绝之。

一、旱暵之时,子弟不得吝惜陂塘之水,以妨灌注。

一、诸妇必安详恭敬,奉舅姑以孝,事丈夫以礼,待娣姒以和。然无故不出中门,夜行以烛,无烛则止。如其淫狎,即宜屏放。若有妒忌长舌者,姑诲之。诲之不悛,则责之。责之不悛,则出之。

一、诸妇嗫言无耻,及干与阃外事者,当罚拜以愧之。

一、诸妇初来,何可便责以吾家之礼。限半年,皆要通晓家规大意。或有不教者,罚其夫。

一、初来之妇,一月之外,许用便服。

一、诸妇服饰,毋事华靡,但务雅洁。违则罚之。更不许其饮酒。年过五十者,弗拘。

一、诸妇之家,贫富不同。所用器物,或有或无。家长量度给之,庶不致缺用。

一、诸妇主馈,十日一轮,年至六十者免之。新娶之妇,与假三月。三月之外,即当主馈。主馈之时,外则告于祠堂,内则会茶以闻于众。托故不至者,罚其夫。膳堂所有锁钥及器皿之类,主馈者次第交之。

一、诸妇工作,当聚一处。机杼纺绩,各尽所长。非但别其勤惰,且革其私。

一、主母之尊,欲使家众悦服。不可使侧室为之,以乱尊卑。

一、每岁畜蚕,主母分给蚕种与诸妇,使之在房畜饲。待成熟时,却就蚕屋上箔。须令子弟直宿,以防风烛。所得之茧,当聚一处抽缫。更预先抄写各房所畜多寡之数,照什一之法赏之。

一、诸妇每岁所治丝棉之类,羞服长同主母称量,付诸妇共成段匹。羞服长复著其铢两于簿,主母则催督而成之。诸妇能自织造者,羞服长先用什一之法赏之,然后给散于众。

一、诸妇每岁公堂于九月俵散木棉,使成布匹。限以次年八月交收,通卖货物,以给一岁衣资之用。公堂不许侵使。或有故意制造不佳,及不登数者,则准给本房。甚者住其衣资不给(病者不拘)。有能依期而登数者,照什一之法赏之。其事并系羞服长主之。

一、诸妇育子,不得接受邻族鸡子、彘胃之类。旧管日周给之。

一、诸妇育子,苟无大故,必亲乳之。不可置乳母,以饥人之子。

一、诸妇之于母家,二亲存者,礼得归宁。无者不许。其有庆吊势不可已者,但令人往。

一、诸妇亲姻颇多,除本房至亲与相见外,余并不许。可相见者亦须子弟引导,方入中门,见灯不许。违者,会众罚其夫(主母不拘)。

一、妇人亲族有为僧道者,不许往来。

一、朔望后一日,令诸孙聚揖之时,直说古《列女传》,使诸妇听之。

一、世人生女,往往多致淹没。纵曰女子难嫁,荆钗裙布,有何不可。诸妇违者议罚。

一、女子年及八岁者,不许随母到外家。余虽至亲之家,亦不许往。违者重罚其母。

一、少母但可受自己子妇跪拜,其余子弟不过长揖。诸妇并同。有违之者,监视议罚(死后忌日亦同)。

一、男女不共圊溷,不共湢浴,以谨其嫌。春冬则十日一浴,夏秋不拘。

一、男女不亲授受,礼之常也。诸妇不得用刀镊工剃面。

一、庄妇类多无识之人,最能翻斗是非,若匪高明,鲜有不遭其聱謷。切不可纵其来往。岁时展贺,亦不可令入房闼。

3.2.2 余姚江南徐氏宗范[1]

提要： 余姚江南徐氏的始迁祖徐林，北宋末年随宋高宗南渡，率兵屯驻余姚，其后裔繁衍发展为当地望族。这份《宗范》订立于明万历年间，订立者徐子初是始祖徐林的第十一世孙。《徐氏宗范》收录于《余姚江南徐氏宗谱》中。它以朱熹《家礼》为指导，核心目的是建立徐氏宗族的组织体系和规章制度。徐氏宗族设立族长、宗子、家相、房长等，严格维护孝悌之道，对于违反者进行杖责或送官惩治。有学者指出，较之订立于明代初期和中期的家法族规，这一规范的内容较为全面，对于违反规范者的惩罚也较为严厉。

余姚江南徐氏宗范

一、族长齿分居尊，统率一族子姓，评论一族事情，公平正直，遇事辄言，乃其职也。虽亲子弟有犯，亦不得偏枉回护。若委靡不断，依违是非，或私受嘱托，或恃尊偏执，皆不称职，何以服众，族反不睦，纪纲废而讼端起矣。许各房长会集公议。

一、宗子上承宗祀，下表宗族，大家不可不立。但世衰法坏，人各为祭，而于四宗之法懵然不知，将宗子置之无用。岂知宗子不止承祭，古昔盛时皆由此休隆治道，敦睦风族。志古者能家立宗子，使治一家之事，是非曲直，得与家长一体治事。治有不服，然后告之长吏而治之，则宗子之权自重而家齐矣；家睦而户安，无烦长吏纷纷案牍之劳而国治矣。何今人事不禀知宗子，而共诉知里甲父老，岂是非曲直易明于同姓之宗子者，反不如异姓之父老乎？吾观于宗法

---

[1] 费成康主编：《中国的家法族规》，上海社会科学出版社2002年版。

而知治道易也,宗子之立岂其微哉。故凡当立宗子者,族长、家相务要竭力教养,成其德性,俟其才器、德艺足为一族取则,方可使之治事,庶不负所立。或不肖,则姑放之家庙,而时提撕之。待其怨艾自修,然后复立之,若太甲之于桐宫也。则此暂依张横渠之说,旁求次支之贤者为之。庶家众知所统,宗祀有承也。

一、立家相。不拘支庶、贫贱,但优于德行、文艺者立之,辅成统宗之事。其职得与族长、宗子相抗,议辨曲直,若国家之设谏官也。毋得窥避、伴食,庶称斯职,否则更置之。

一、族中支派繁衍,似不可以一二人主之。每房各立房长,以听一房斗殴、争讼之事。其或与外房相论者,应管房长共理之。如两不服,方禀族长、宗子、家相,会族共议曲直而罚之。

一、祭祀。主祭以申追远报本之诚,当如祖考在上,正衣冠,肃瞻视,俨然对越。毋得行礼不恭,嘻笑自若,跛倚哆嚈,嚏咳失容。违者,量过议罪。

一、伏睹太祖圣谕,孝顺父母,尊敬长上,务要子供子职,及时孝养,毋遗风木之悔。至如伯叔,去父母特一间耳。凡言动交接,俱宜循礼,毋得简亵侮慢,以乖长幼之节。怙终故犯者,轻则棰楚,重则呈官究罪。

一、兄弟天合,敬爱本于性真。稍有不合者,皆由见小。或争铢两之利,或听妇人言,致伤孔怀之情。脱有不平,许禀明房长剖断,自有公议。如不服,拘理者许房长竟禀族长,会同宗子、家相、一族之人,不问是非,各笞数十,然后辨其曲直,而罚其曲者。

一、子弟年幼,不得滥与财帛,饰以纨绮;及令习棋枰、博戏之物,与鹰鹘之类,皆足以蛊惑心志,长其非僻之性,以至败家废业,此其渐也。慎之,戒之!

一、谚云:"若要宽,先解官。"其言虽鄙,可以喻俗。有产之家,收租宜即完粮。民以输纳为忠,毋令长吏追迸。

一、讼犹兵也,不得已而应之。今习风日炽、讦告日繁,人多尚气兴词,求以雪耻。而不知辨对之时,受其罗织诬詈之言;跪伏之下,自为卑污苟贱之态。甚则胥隶索钱,遭其凌辱;吏书舞文,蒙其恐吓,日夜焦思,寝食俱废,诚所谓耻未及雪,而为辱反甚矣。凡我宗族,如有不遵家规,兴词好讼;或教唆他人,帮助异姓,以陷宗人、以报私仇者,众数其罪,以杜讼端。若果迫于不得已,方许与人评告;讼后负枉,然后合族出而助之。其或事可含忍,亦须受之。毋得恃力、恃财,取戾以玷宗祊。

一、修谱所以合族。同族者必相待以敬,相孚以恩,相规以德,毋以强凌弱,毋以少犯长,毋以远间亲。务要出入相友,守望相助,疾病相扶持,患难死伤相救护。其懒惰废农堕业、斗狠犯法、结交匪人者,众共治之。

一、宗中生子,宜告知祖宗,请掌谱者备书子生年月日于副谱上,照例取名,毋得擅执己见,故犯宗讳。违者正之。

一、宗男三十以上无子,须娶妾以承宗祧。间有吝财不娶、惧内不娶、惑于女爱不忍娶者,族长须谕以无后为大,矧得子以妾,《易》有垂训,责令取妾然后已。倘家力不能娶者,听之。

一、宗妇不幸少年丧夫,清苦自持,节行凛然,终身无玷者,族长务要会众呈报司府,以闻于朝,旌表其节。或势有不能,亦当征聘名卿硕儒,传于谱,以励奖。

一、本宗冢介之妇,有能修行内政,辅夫教子,足以仪刑闺阃者,族长会从激扬之。

一、宗人无后立继,当会众告祖,务要相应。不得徇私,联疏为亲,紊乱昭穆。应继者,亦不许始利财产,中叛还宗。

一、宗中子侄,或有志趋善,贫不自给,而勉强自守者;或少妇新寡,贫不能存者,族中务要会众量力扶持,以将顺其美。如有强沮公议,不肯成人之美者,众共攻之。

一、婚姻男女必须择温良有家法者,不可慕富贵以污择配之道。其豪强乱逆者,有恶疾者,毋得与议。

一、埋葬当依《家礼》,明其昭穆,依次而葬。毋得贪图风水,以乱世次。仍书立碣,明书人名、山向,以志之。

一、祖宗坟墓栽植树木,所以荫庇风水,妥安灵爽者。子孙如私自斫砍,致伤庇荫者,族长告官治之。

一、祖宗遗立祭田,盖以供祭祀而世守者也。务要轮流收管,营办四时祭品。毋得贪图肥已,以乖祖宗立法美意。

一、古人立谱之法:正月之吉,会族以修谱也;四时孟月,会族以读谱也;十二月之吉,会族以书其行以为劝戒也,非止于饮酒叙情而已。其法诚善,第恐相见既旷,良法日坏。族长于每季孟月之旦,督率各家长率子侄谒祖,令年壮子弟宣《谕族文》一遍,并《宗范》各条。如有犯教令者,备书其过于副谱之上,然后量其犯之大小,而示罚焉。

万历丙子秋七月望日南渡十一世孙子初书。

3.2.3　暨阳次峰俞氏家约十四条[1]

提要: 暨阳次峰俞氏为诸暨次坞俞氏的旧称,本姓于,遭五季之乱,上命抽丁征粮,天下骚然惊骇,后兄弟分荆避乱,改为三姓(于、余、俞)。次峰俞氏始祖孟仁公为避乱保种,从浦江先迁至萧山大坞,不久又转徙至次坞,后裔支分东西二派,分布于诸暨、萧山、富阳三地。暨阳《次峰俞氏家约十四条》载于《暨阳次峰俞氏族谱》(1933年重修本),具有家法族规的性质,其用意在于给子孙行事立规矩,要求子孙们尊敬家长、谨守礼法、谨慎婚姻。

---

[1] 诸暨市档案馆编译:《诸暨谱牒家训文选译注》,南京大学出版社2016年版。

次峰俞氏家约十四条

一、家之有长,所以示尊。苟自处不道,何以训下。要当慎言语,谨德行,非义毋为,非礼毋行。出入起居,动有矩度,允合古人身教之义。及临事时,毋察察而明,毋昧昧而昏。必至公以待众,毋偏纵以徇私。当宽厚以容人,勿褊隘以较计。视九族如一家,视一家如一身。则秉懿好德,知所感发,而敦伦睦族,庶有几矣。

一、冠礼,所以嘉有成也。当子弟及冠,须延有德之宾以导成人之渐,俾有矜式。女子及笄,亦须选有懿德之女宾,教其式礼敬戒。其仪式必遵《文公家礼》。

一、婚姻,人道之本也。六礼之仪,近皆太过。习尚以来,甚至有较财轻重者,去古道远矣。嗣后须仿古,俭朴嫁娶,称家有无,甚勿两强,以乖《家礼》。

一、子孙居父母之丧,尽哀固然。而衣衾棺椁之类,称家有无,毋或失中。然必以尽心为主,不得虚縻,专作佛事,当遵《家礼》为式。

一、先世坟茔,当时加瞻省。勿使竹木近茔,致有翦伐之患。其有远年平塌者,择净土以培益之。至于作冢制度,《家礼》自有成法,不许过奢僭越。

一、凡祖考忌辰,奉神主至于堂上,惟行三献,以尽永思。祭毕,奉主入祠,方许受胙。戒勿酗酒无度,犯者作不孝论。

一、卑幼凡有世务纤小不平者,必须启咨家长,以理直之。不许争哄经官,以伤同气。及至伦理大事,祠长族尊,会而责训。如在十恶,则族黜除谱以警。

一、凡生子,人皆庆幸。何至生女,人多弃溺,大戾天伦。夫豺狼尚不噬其子,岂有人而反忍于豺狼者乎?不过以一惧嫁为累。与其害命逆天,何如全伦薄嫁。上天好生,溺女者每每见报,甚至乏嗣。戒之戒之。

一、交友必择贤良德行之辈，相资相益。不得比昵匪人，甘入下流，恣行己意，堕圮家业。上丧祖先家教，下坏宗族门风，罪莫大焉。戒之戒之。

一、富贵贫贱，数由天定。故人至于富贵，尤当谦恭好礼，去骄绝奢，仁慈积德，子孙常保。不幸至于贫贱，益当勤俭委顺，绝去谄谀，耿介清高，使人不可企及。况勤俭成丰，惰傲致败，理所必然。每见俗贵骄奢之户，子孙决无立锥；孝悌慈让之家，子孙甚多兴发。远鉴古人，近详我族，讵可忽诸。

一、祠堂原以妥先灵而绥蒸祀，宜静肃，不宜秽触。凡草薪之属，概不许入祠堆积。祠长当时加禁饬，如故纵，与犯者同罚。

一、凡祖宗坟山茔墓，决不许子孙无忌侵葬。何也？祖宗择一吉地，定经几许明师，甚非容易，岂容无知子孙轻易傍祖座葬，以致不祥。余见山、会诸名地，每一山惟一穴，所以奕代簪缨不已。岂似吾族之祖山，累累千冢，以至柜谷维艰。因查历代邱茔，计始祖初来十代，每祖一山，所以甲第简出，而丁财获盛。今则日渐傍座，而嗟捉衿、悼乏传者比比，皆由此一事误之也。况阴地一线，何必讹听庸术，以傍祖为肉边菜。殊不知非迎风即脱气，或入界水，致泄祖茔佳气，使一族咸受不祥，悔复何及。此子子孙孙所当切戒也。今虽如仙人反足、螃蟹形、仙人大座、守墓堂、庙后山、庵园、后山堂等处，已经合族请示，演戏永禁，亦时当提防奸险托词偷葬，违禁傍侵，使祖灵安而复危，殆非细故。

一、按四府君第三子行十四公，讳允文，生三子。次子亚二公，讳希闵，生四子。其幼子曾六公，讳周臣。古谱载云："出继长山，母族楼氏。"今上楼宅是其裔也。自明朝至康熙初，彼此历传永不嫁娶。当今世已有之，然多见其不祥，竟至乏传者矣。《礼》云："买妾不知其姓，则卜之。"况谱中了然在目，其敢知过而干犯乎？子孙当重申前戒，永不为婚，勿复效尤，自取其咎。

一、祖宗源流，子孙断不宜紊乱。吾族近有苟图同姓蝇头之贿，竟将族谱私相授受。此固觅利而与之，彼复有假冒而认之者。如萧山后吴（在南门外），以吴姓而伪认吾宗，而吾族数人，私将谱首之记序赠之，于十二府君（允可公)世系之中,以第六世之兴二公名下伪填为吴氏祖,彼亦欣然乐受。又相传前之冯家塘亦如是(近花女桥)。此浑杂祖宗源流,殊非细故。嗣后吾支谱中如有遗失宗派,或出继外姓而欲归族者,入谱必鸣家长,并通族详查确据,始许填入。如复紊乱宗派,虽祖宗在天之灵暗击之,在房长亦当会集通族,追其授受之私,以正宗派,别是非,毋得袖手坐视,以贻外方之消。

康熙岁次丁亥仲春中浣之吉,二十二世孙煌补识。

3.3 浙东地区方志碑刻中的基层社会治理

浙东地方的碑刻资料甚为丰富,对地方基层社会治理的反映也较为充分。本节选取的碑刻资料来源于地方志。因为来自方志,内容上难免受到了一定的限制,其所反映的地方治理内容相对于华北地区的碑刻而言有更多的官方化色彩,其中官方倡议而民间响应的情形较为明显。

3.3.1 诸暨县重建庙学记[1]

提要:据《光绪诸暨县志》记载该碑在学官明伦堂,额篆书"诸暨县重建庙学之记"九个字。该材料反映了诸暨县在官员倡议和带头捐资修建庙学的情况下地方贤士"争先乐助"的情形,再现了地方社会贤士积极参与地方公共事务的真实情况。因为庙学在全县范围内有一定的公共性,故而地方官员的作用较为明显,而地方贤士在此则处于配角的位置。

---

[1] 陈遹声修,蒋鸿藻纂:《光绪诸暨县志》,载《中国地方志集成·浙江府县志辑》(第四十一册),上海书店1993年版。

诸暨县重建庙学记

赐进士及第、通议大夫、兵部左侍郎兼翰林院学士、知制诰、经筵官淳安商辂撰

赐进士出身、资善大夫、吏部尚书桐庐姚夔书

赐进士出身、中顺大夫、钦差浙江按察司提调学校副使安福刘釪篆

诸暨县学在县治西，宋淳熙间由县东迁建于此，元季毁于兵。入国朝，洪武初重建，至是百年矣。虽中间长吏时加缮葺，然岁久材老，倾圮相寻。成化甲申进士满城曹铨秉衡来宰，是□顾瞻叹嗟，始用属意。适董学宪副安福刘釪仗和修学檄至，克符此心。遂谋诸同寅，各捐俸资以倡。邑之贤士□□□事者，咸争先乐助。于是鸠工敛材，卜日就事，首大成殿，次两庑、戟门，次明伦堂、左右二斋，悉撤其旧而新之。栋□□□，檐牙翼飞，规制之盛，藻饰之美，视昔有加。初，生徒号舍迫两庑后，甚隘且亵，乃辟而广之，各构层楼，凡数十间。藏修□所，游息有地，以至庾库庖湢，靡不有次。学之前旧惟直道，自西南经其北，横达于东，兹复筑堤，改道东西，半环于□□是过者兴叹，瞻者起敬，以为庙学一新，士风其益盛矣。是役也，经始于丁亥五月，明年九月毕工，教谕贵溪周祐、训□吉水李永、庐陵李谦，合庠生郦祥、蔡篪辈议曰："学校之兴，尹之力也。非有记述，何以诏后？"乃具颠末，介贡士骆□□□来请。惟天下事，其合也以时，其成也以机。不际其时，不契其机，昔之为邑，固有不伸其志而去者矣。时□而机应，事□由济也。今幸令方注意，而宪檄适临，不谋而同，非其时乎？事与时偶，非其机乎？得其时而乘其机，人用□和，财不民□，此庙学所以不逾年而遂致完美也欤？虽然，诸暨为邑，山川清淑，士生其间，固有伟然秀出，如近代杨□夫诸人者。矧圣天子留心学政，简宪臣以董之，专师儒以教之，蠲徭役、丰廪饩以优养之，而又有贤令如秉衡者，振作而兴起之，则游□之士，其肯自负

于明时,自怠于进修,以愧于前之闻人乎?必相勉以德,相劝以善,相饬以行检,相励以学业,使仁义之道立,孝弟之行著。崇廉耻之节,增科目之重。他日出而为政,必有树勋庸、昭闻誉于天下后世者矣。此建学之功也,亦游学之效也。《记》曰:"君子如欲化民成俗,其必由学乎。"是知人材之盛,风俗之厚,皆原于此。请以是为记,庶观者有所感云。

成化五年龙集己丑正月吉旦,诸暨县儒学建。

3.3.2 诸暨县庙学告成记[1]

提要:据《光绪诸暨县志》记载该碑在学宫明伦堂,额篆书"诸暨县庙学告成记"八个字。该材料同样反映了诸暨县官员倡议和带头捐资修建庙学的情况,所不同的是这次修缮因在灾年之后,带有一定以工代赈的性质,地方官"尽捐岁俸,募饥者赴役",在修缮过程中"悬资一呼,饿夫蚁集",地方上的义士也投身其中。同样因为庙学在全县范围内有一定的公共性,地方官员的捐资募役作用较为明显。

诸暨县庙学告成记

姑苏徐君子旋以进士宰暨,至则悯夫民俗之弗协也,人文之弗振也,夙夜忧思,乃喟然叹曰:"吾欲政,先风化□士,谁与哉?"惟时庙学圮坏,顾岁弗登,役未易兴也。乃先缉紫山精舍,请于学政文谷孔公,抡秀茂廪食之,循其旧学,诱以微旨,而属训导侯崇学、陈颉日夕袭砺之士,乃翕然以兴。明年,岁复大侵,君夙夜忧思,又喟然叹曰:"吾欲修起黉舍,而民病若兹。吾闻岁饥役民可

---

1 陈遹声修,蒋鸿藻纂:《光绪诸暨县志》,载《中国地方志集成·浙江府县志辑》(第四十一册),上海书店1993年版。

佐元元之急,吾将乘兹事事矣。"乃尽捐岁俸,募饥者赴役。于是悬资一呼,饿夫蚁集,邑之向义者又皆朋来相役,君乃属丞李之茂及典史陈仪董率之。于是修庙庭,修两庑、斋堂、廨舍,修六经阁,彻其壅淤,复阁后射圃之没于民者,榜其门曰"观德",徙学门于棂星门左,中辟甬路,建启圣、乡贤、名宦诸祠于甬路左,新敬一亭于诸祠前,亭前疏为方沼,周以曲栏,规芹湖千尺以为泮璧,左平啮蚀为岸,右绝洼水为堤,环植嘉木,石栏亘之,复城北故壕数百丈,导芹湖之水入于浣江。始于嘉靖乙巳三月腓,用土木之工凡若干,饥者奋于得食,义者喜于奏功,不匝月而工遂讫,于是规制中程,丹腹增焕,而庙学大治矣。初暨士以比岁科荐不与昔等,乃病学制不法,议欲迁之,君为相地,卜新弗食,故则食。至是用卜,底于成绩。士皆快睹,翕然颂曰:"何侯之能拓故为新若斯耶?侯于造士之心庶其慰矣。"予曰:"二三子思有以慰侯乎哉?其夙夜自奋,庶几有三代之英者应期而出,以为世用,是足以慰侯矣。"皆再拜曰:"敢弗。祇若兹训。"侯乃大会师生宾幕,召襄役者脯而落之,遣受募之民归使就麦,观射于后圃,张组于前楹,登阁以延山,临湖以瞰流,环堤桥而观者数千人,乃大和会。是月丁未行释□礼,告厥成功。

大明嘉靖二十四年岁在乙巳夏四月望,余姚钱德洪洪甫撰并书。

3.3.3 诸暨县重建城隍庙记[1]

提要: 据《光绪诸暨县志》记载该碑在城隍庙。该材料反映了诸暨县民众在经历灾荒后的丰收之后,请地方官主持修缮城隍庙未得许可的情况下,瞒着地方官员,共聚同商修缮城隍庙之事,"饶者输财,壮者运力,能者主计",其间有"老者曳杖而从事,居者夷灶以通道",表现出民众高度

---

[1] 陈遹声修,蒋鸿藻纂:《光绪诸暨县志》,载《中国地方志集成·浙江府县志辑》第41册,上海书店1993年版。

的积极性。这在一定程度上反映了民众基于地方社会及生活的刚性公共需求,自主且自治地解决地方公共问题的能力。

诸暨县重建城隍庙记

盖自忠信薄而诅盟兴,精诚塞而祷祠繁,识者讳之。暨邑屡岁暵溢不时,灾沴叠见,民愁苦莫控,予来犹目击其艰。己亥秋稍获,明年三农大顺,万汇亨嘉,百姓咸欣欣色喜。每予朔望谒城隍神,辄拥舆而请修庙,予以民困微苏,未即许。乃不告于予,而私聚谋,饶者输财,壮者运力,能者主计,老者曳杖而从事,居者夷灶以通道。未几,复往谒庙,朽蠹尽彻,梁栋克坚,丹藻辉煌,气色一鲜,廊庑堂寝,门屏莹然,石焰张空,湖光镜天,备物取精,丰骨秀严,瞻拜四顾,奄忽重新,而莫知其所以然。召问吾百姓曰:"尔重罹荒厄,今虽稔,犹病起未忘卧,奈何勇兴作于事神?"民曰:"神胡可以不事?惟兹城隍,圣祖立之,太常司之,君侯主之,百姓依之。旱潦非神莫救,疫厉非神无祷,利非神锡不丰,名非神通不达,趋吉避凶,转败为祥,无不祈神之佑,神胡可以不急事?"予曰:"尔言洵然矣。尔试广浚隆筑,高黍低稌,循畔勿越,种胡不收?尔试临深履薄,恬情适意,忿欲弗张,疾胡不瘳?尔试笃志潜修,好古敏求,学能致道,困踬何愁?尔试勤艺勿迁,守愿勿高,务本待生,资用何求?尔惠迪即吉,尔去逆奚忧?积善积庆,尔淫尔休,祸福无门,惟尔自售。"百姓曰:"然则神固可以不事与?"曰:"神乌乎可以不事?神也者,精英灵爽与心通者也。尔以涂金丹垩者为神乎,以聪明昭察无私者为神乎,尔之事之也。事其涂金丹垩而已乎,抑事所谓聪明昭察无私者乎?果能闲尔邪,存尔诚,言无不可闻,行无不可见,肝胆无不如面,尸居而神必鉴之,祝祠而神必馨之,何者?无疚于志,自无恫于神也。倘矫情饰貌,拂众欺愚,口甘腹螫,吮膏舐血,在家而隆隆炎炎,入庙而咒咒咕咕,曾思我之隐微可以告神不,神其曲我宥我而福利我不。尔欲事神,亦惟善事其心而已。吾与尔盍共励一诚,以妥此在庙之灵也。"百姓闻而喜,相告曰:"今而后,乃知所以事神也。"遂书之为记。

万历庚子冬孟辛未朔。赐进士出身、文林郎、知诸暨县事池阳刘光复记。

第四章
近代以来浙东地区基层社会治理制度

提要：中国传统社会有自己的发展轨迹及内在规律，但清末西方列强用大炮轰开了中国大门，改变了中国社会发展的轨道。在与西方列强的接触和冲突中，中国迈步进入了自己的近代阶段，开启了从传统到现代的历史性转变。浙东地处东南沿海，依托亚洲东部的大都市——上海，与西方列强有较多和较深的接触，从传统转变到现代的历史节奏早于其他地方，在基层社会治理上也出现了一系列新的变化。一方面，这些变化与世界一体化历史潮流的影响密切相关，它把浙东地区的发展带入了世界性市场，从而出现了一些与世界性市场经济体系相适应的社会组织，浙东地方的基层社会治理也由此出现了一些新的内容。另一方面，这些变化也与世界社会主义运动、共产主义思潮在中国的传播密不可分。马克思主义传入中国及其中国化在根本上改变了中国历史的进程，深远地影响了中国社会的基层治理。这既体现在广大乡村农民在中国共产党领导下开展的基层民主治理实践，也展现为城市商会组织及工人组织的民主化治理探索，二者都对广大民众进行了民主治理理念的教育，在中国基层社会产生了广泛、深远、持久的重要影响。

4.1　近代以来浙东地区重要家训家规选辑

中国传统社会的基本组织单位就是家族,特别是两宋以后,历代理学家的提倡和示范等带动了家族组织的系统化全面发展,社会基层治理在很大程度上也就变成了家族治理,家训、家范、家规、族规等成为基层社会治理的基本规范。浙东地方的自然村落与家族组织有较高的重合度,不仅单姓村较为普遍,而且若干个单姓村共同隶属于某个宗族的情况也并不少见,家族或宗族共同体远比村落共同体更具有治理的实体意义。进入近代社会以后,浙东地区的广大乡村虽然在经济、文化等方面受到了西方的影响,但在社会治理上并没有很快从传统转换到现代,而是保持着传统时代基层社会治理的家族本位,家训、家范及家约、家规、族规等在实践中仍具有重要的作用。当然,在大量传统家族规范继续有效的情况下,部分家族的家训及家法族规等也出现了一些与时代相关的新变化。

4.1.1　慈东方家堰方氏家规、族约[1]

提要: 慈东方家堰方氏,据称是明初大儒方孝孺的后裔。其中,《家规》是该族二十六世孙方景云于清代光绪十二年(1886)二修族谱时所撰,《族约》则订立于民国二十年(1931)重修宗谱之时。内容上,《家规》记载有要求方家维持独居无杂姓的传统、禁止典当妇女、禁止溺女等条款,兼具保守与开明。《族约》亦是如此,如承认"婚姻自由",但仍强调应

---

[1]　费成康主编:《中国的家法族规》,上海社会科学院出版社2002年版。

"明媒正娶,遵父母之命、媒妁之言",认为"自由婚姻结固速,而离亦多",体现了特殊时代背景下家族规范编纂过程中旧传统与新思想的理念碰撞。

4.1.1.1 家规

一、吾族聚处以来,不准住异姓。今仍其旧,以遵祖训。

一、族内无嗣之人,亲房可以承继。亲房无人,可择远房,不准螟蛉,所以杜争端、明嫡派也。

一、妇人出典,败坏风俗,最为吾乡恶习。族内严禁此风,以正名分,以存廉耻。

一、溺女最为残忍。怜儿之鹿,寸断柔肠。物类尚有爱子之情,今乃初离母腹,即投死所,忍心至此,是禽兽之不如矣。族内如有溺女者,从重议罚。

一、人子所当尽心者,莫大于送终一事。送终以哀为主。族内开灵,但许祭奠时权用鼓笛,禁止歌唱。不但省费,且合礼法。

一、族内如有不肖子弟设烟摊,开赌场,及窝留匪徒,初犯议罚,再犯送官究治。

一、渎伦之人,大违天理。擒诈之人,藐视王章。族内有此等人,立即谱上除名,驱遣出族。

一、串客秽亵万状,淫荡人心,实王法所必禁。族内不准演此。

一、家谱前有笔抄一册,同式六本,分藏各房。今子孙繁盛,捐资重修,采访调查,改印八本为一部,共计廿二部,分给宗长、东、南、西、北四房长,二柱首,各发起人,各慎藏一部。又有方鸥后人一部,因其迁居在慈溪城内。尚余剩四部,暂存藏家榾处。倘后有慷慨贤者,或助公堂田亩者,给发家谱以备查。

一、各房宗谱各有谱箱,宜悬于高洁处。不得慢藏,不得出借,并不得藏于迁居外姓之房长。如有遗失等情,各房长须立追失主,自备资斧,的限两月,照式备录。告成之日,并令其祭祖,邀各房长、柱首、检视、享馂,以示大众。不得徇情,以干不孝之律。

一、宗谱宜二十年一修,庶不荒芜。前此两次修葺,并无资斧。以吾族谱简易,修之不过两月,可以告成。贤子孙宜思创造之难,不可推诿耳。如嫌谱末无抄录地步,可招订工增订,尤为便捷。

一、光绪十八年壬辰正月初二日,宗长率令四房长、柱首,上午在忠恕堂序拜。每丁给碗一只,无丁给灶碗一只。下午率令又至龚家河斗及沈家河湾,拜坟识祖。自三岁至十六岁,两处共给八折香饼八个。倘有余仗归宗房照分派之。

4.1.1.2　族约(新增)

一、国家多难,若遇抵制仇货时代,族人有愿作奸商、暗中活动者,作辱祖论。一经察出,丁簿除名。但罪人不孥,佚其父而存其子,可也。若系有不接,或者本人名下注明"奸商被黜"字样,亦可。

一,吾族族小,宗祠未建,向以忠恕堂(即老祖堂)代之。祖堂为先灵凭依之所,与宗祠无异,理宜修洁。若有堆藏杂物者,由宗房议罚。罚款存为修理祖堂之用。

一、族人有功于族者,不但指修谱助款者言,当忠恕堂春、秋两祭分胙时,应另增胙股,以推尊之。

一、我族族小,读书者不多。如有中学毕业,或与中学有同等程度者,亦另给胙肉一股,以奖励之。

一、婚姻自由,律所不禁。但自由婚姻结固速,而离亦多。本族僻处慈镇边隅,风俗尚从古朴。对于婚姻一节,仍以明媒正娶,遵父母之命、媒妁之言为是。联姻但论家世清白与否,不论富贵与贫贱也。各房长宜随时劝导之。

一、士、农、工、商,中国谓之四民,外国谓之四业。凡我族人务须加意劝谕,使少年子孙各执一业,力谋生计,以免他日误入歧途。

一、族人子女如有出卖为奴仆、出押为娼妓者,非特祖宗之辱,亦社会之羞。宗、房长等宜劝戒之。劝戒不听,将伊谱名删去,以昭炯戒。

一、风水不可不信,亦不可过信。与其因择风水而致迟延不葬,不如但就清爽之地而即葬之。凡我族人,当共喻之。

一、宗谱何等郑重,每当春、秋两次祭祖时,藏谱之家须将全谱汇集祖堂,俾族人检阅一次,以验有无损缺。

一、始祖忠直公像,先人获之非易,后人当珍藏之。每当新正叙拜时,悬诸祖堂中,俾子孙共瞻拜之。时过即晒而藏之,不得轻易与人观看。

4.1.2 余姚朱氏试寓规条[1]

提要:余姚朱氏,祖籍山东琅琊,后随宋王朝南渡,定居于余姚市冠佩村。余姚朱氏在道光五年(1825)、同治十二年(1873)、光绪三十年(1904)三次修撰《余姚朱氏宗谱》。朱氏家族属于资财丰饶的强宗大族,建有义庄,周济族人。朱氏义庄于清朝末年在绍兴府城建立了试寓,专供族中子弟应科举考试时暂住,并订立了专门的试寓规条,对居住资格、义庄可以提供哪些经费资助、哪些经费支出需要自理等做了详细规定,也对居住者的行为做了相应要求,如不许赌博等。

本堂绍郡试寓规条

一、创设是寓,系应试族人驻足之所。各位抵寓后,房间床铺及器具等,

---

[1] 费成康主编:《中国的家法族规》,上海社会科学院出版社2002年版。

宜从容位置，安排勿过占光着，以尽谦和之谊。其前后门户，除进场出场外，每日限辰刻开门，至二更时关锁。逾时不得任意启闭，擅自出入，致疏防闲。

一、应试族人除本庄给发考费外，一切往来盘川，每日火食，应各自出资。住寓时，须息心静气，娴习工夫，不得喧哗、酗酒。庶场中精神充足，易于见长，而士习亦端矣。

一、我族丁口蕃繁，执业不一。或应试甄别，或以懋迁货物，偶尔晋郡，此皆有志正务。倘愿暂憩是寓，亦可通融。惟须由义庄预领照会，方须入寓。川费、火食均出己资，不得擅入，亦不得久住。每遇试期，悉让士子居住外，此无常业者，涉讼事者，挈眷属者，不准寓。

一、赌博一事，为害最烈。倘有寓内族人，及外姓人来寓，偶蹈此辙，族人当面诫饬，外姓人随时斥逐，毋得姑容。

一、每遇考时，本庄派知事同账友到寓，预饬工整理房舍、器具，并照料一切。凡我族人，须念一本体恤之意，恪遵寓规。不得邀外姓人寄寓，致干例禁，惟期自重。

一、各项器皿、物件，无论旧存新置，须立专簿登记，不准出借。除考时应用外，一概收藏封锁，不得糟蹋损坏。倘族人暨管寓人故违例禁，或致遗失，一经察出，视物赔偿，再行议罚。

一、本寓门户，须饬管寓人早晚谨守。灶间及各房舍，火烛务须小心。惟望各自约束，毋得疏忽。

一、寓内爨夫，定由义庄选用。每日午晚便饭，悉归爨夫包办，各位听认价值。初到寓随时便餐，住息后不得先后另餐。下犒随意酌给。

一、义庄经费日后充足，一切应增之事另行集议举办。惟愿应试族人，经明行修，各自振拔，以仰副祖宗栽培之至意。

一、管寓人须常住照料，及门户启闭，前后屋宇、明堂不准堆积杂物。凡有公事差委，自应照令以行，不得迟滞。平日不准聚赌，其住屋亦不准出赁。

倘敢自作主张,故意违拗,随即驱逐,决不宽恕。

光绪二十有四年岁次戊戌复月余姚朱氏义庄敬立

4.1.3 鄞县新河周氏立主规约[1]

提要：鄞县新河周氏，始迁祖周永明，明中叶迁居鄞县新河桥，该宗族几百年间没有出现过高官显贵，不属于地方上的望族，却非常在意礼法的坚守，强调以礼治家，恪守尊卑贵贱、亲疏远近有别的原则。周氏祠堂修建得非常庄严，族人曾就如何在祠堂中设置神主牌位问题订立有专门性规范，即《立主规约》。该规约明显贯彻了男尊女卑及传宗接代的宗法意识，不仅明确规定"未娶而卒"不能单独"立主"，而且重男轻女，男主书写朝代、官爵、几世祖行某、名讳字号，女主只书写某世祖妣、某公德配、某氏。规约中对不得立主的情况也有详细规定，诸如迁居远地、生前被处以出族、忤逆不孝、出家为僧、操业卑鄙不能入试、娶娼妓为妻、随母他去而复归者等。

立主规约十二条

一、主中第一字先表明本朝国号，有官爵者书其衔，次书几世祖行某，次书讳、书字、书号。无字与号者，但书讳。女主书某世祖妣、某公德配、某氏。

一、男主职衔、封荫，女主封赠，无大小皆书。

一、主阴详其生卒，载其茔墓，书其子息，勿使遗漏。

一、凡迁居远地者，其本人立主，子孙则否。若虽已迁徙，而仍来奉承祀事者，概行立主。鸟公已迁慈溪，而其派下复立殿相公主者，仍祖堂之旧也。

---

1 费成康主编：《中国的家法族规》，上海社会科学院出版社2002年版。

一、生前既经出族,与忤逆不孝者,不得立主;出家为僧者,不得立主。

一、凡操业卑鄙,有干功令,不得与试者,不得立主。

一、有娶娼妓为妻者,男女均不立主。

一、凡随母他适,年长而归宗者,已经宗长认确,身后准其立主。

一、妇人已经改适而复来者,不立主;不守闺范,行污秽者,不立主。

一、凡侧室之主,依其正室行此而列于末位,《礼》所谓附于女君者也。

一、未娶而卒者,从俗称"处士",其主在门房之左,设立总牌,有附入者依次书之。如有忠孝两全,德行可嘉,文誉早著,幼年成名者,奉入中室;已立后者,亦入中室。

谨案:娶与未娶年远失考者,已在处士牌位中间填写供奉。而六世讳应乾,未娶而入中室者,以国武为之后也。

一、凡进主毋得擅专,必于十日前禀明宗长暨各房长,审其可否立主。允后,方行标红,以杜混杂之弊。

4.2 近代以来浙东地方社会组织自治章程选辑

中国传统时代的同乡会及行会无疑属于社会组织的范畴,在传统时代扮演着一定的治理角色。它们或进行同乡关系的组织治理,或进行行业关系的组织治理,既与官府对社会的治理实现对接,承接官方管理社会领域的任务,又进行内部的自治,有一套自治的运行规范。进入近代社会以后,传统时代的社会组织治理体系及理念等也发生了明显变化。一方面,旅居大都市的同乡在同乡会馆的基础上组织起更加严密的公所,制定了明确的章程,建构了完善的组织,形成了内部自治的一系列规范,在很大程度上接受了西方社会组织自治的有关理念,突出了民主治理和法制治理的精神。另一方面,传统的行会通过接受西方同业组织的治理理念,实现了组织体系上的更加完备和行业自治上的更高自觉,制定了内容结构严密的章程,明显体现了近代以来社会行业组织自治所应有的民主精神和法治精神。与此同时,浙东地区社会组织章程还表现出了与时俱进的特点:晚清时期,较多地受到了西方同业组织治理的影响;民国时期,社会组织治理自觉地接受政府相关部门的领导,特别是1927年以后较多地受到了南京国民政府治理理念的影响;新中国成立后,宁波地区商会还主动接受了新民主主义的影响,自觉贯彻了民主集中制的原则。

4.2.1　上海四明公所章程[1]

提要:四明公所,创建于1802年,是近代旅沪甬籍人士的同乡组织。它与上海"宁波帮"的关系十分密切,是由旅沪宁波籍人组成的、带有慈善性质的同乡团体,主要职能是掩埋逝者、停厝及运送客死异地的同乡灵柩回籍。1919年修订的《四明公所章程》第一条中,更明确了公所以"建丙舍、置义冢、归旅榇等诸善举为宗旨",除了设立四明医院和数所义学之外,公所的主要职责就是为客死上海的同乡及其遗属提供慈善性服务:"建丙舍"以停厝同乡棺柩;"置义冢"以掩埋同乡死者;赊售棺材以助贫困同乡遗属;定期舟送寄柩归籍以圆同乡叶落归根的遗愿。它反映了近现代口岸城市中浙东同乡组织的特定自治事项及自治形式。

上海四明公所章程

第一章　宗旨

第一条　本公所以建丙舍、置义冢、归旅榇等诸善举为宗旨。

---

[1] 彭泽益主编:《中国工商行会史料集》,中华书局1995年版。

第二章　定名

第二条　本公所由四明旅沪同乡组合而成,因定名曰上海四明公所。

第三章　组合

第三条　本公所设同乡董事会,以创办人后裔及原有董事组合之。额定九人,缺额时以董事会推补之。

第四条　本公所设公义联合会,以同乡各团体、社会各业行号之捐助经费者组合,设董事六人,由公义联合会年会选举,缺额时以次多数补选之。

第四章　职员

第五条　本公所设司年董事一人,由董事会按年轮流更替,系义务职。

第六条　本公所设经理一人,司账二人,司事人役工匠无定额,由经理酌用。经理、司账等员,职务重要,须董事会、公义联合会董事赞成为合格。

第七条　本公所设查账员,由公义联合会中之各会各业推定每月一人,多至十人,至公所稽查账目。

第五章　职务

第八条　司年董事担负本公所内外一切事务之责任。

第九条　司月董事担负轮值一月中一切事务之责任。

第十条　经理人担负本公所照章应办职务,听司年司月董事之指挥,司账以下之职员,由经理人任用,各任其本分之职务,听经理人之指挥。

第十一条　本公所经理等各员,须有荐保,按月开支辛俸,不准私行挂宕,倘有兜收影射等事,向荐保人如数赔偿。

第六章　会议

第十二条　本公所一切事务,均由董事会及公义联合会董事协议决定之。

第十三条　每年开联合会年会一次,以四月内定期举行。

第十四条　会议时期每季一次,于三、六、九、十二月之第一星期日举行。由经理人通函邀集之。

第十五条　会议时由到会董事公推一人为主席。

第十六条　会议以董事三分之二以上到会,方得开议,到会者过半数之同意,方可议决。

第十七条　议决事项须记载于议事录,照议实行。

第十八条　如有紧急事件,得召集临时会议。

第七章　产业银钱

第十九条　本公所产业由董事会中选举一人,公义联合会董事中选举一人,会同掌管一年,期满,重行选举,续选连任。

第二十条　本公所产业契据,由掌管董事检点后,存入本公所库中铁箱内。其钥匙由掌管董事各执其一,库门钥匙由经理人掌管。

第廿一条　本公所出租房屋所收入之小租,一半作为办事人酬劳,由经理人酌量分给。

第廿二条　本公所银钱由董事会中选举一人,公义联合会董事中选举一人,会同掌管一年,期满重行选举,续举连任。

第廿三条　本公所银钱账目,每月由司月董事及查账员稽查一次,至年终由司年董事查阅签字,刻刊账略,以供众览。其查账日期,向例以阴历每月十八日行之。

第廿四条　本公所遇有捐助善举、赈济及变更田产、营业股票契约等事,均须董事会、公义联合会全体公决施行。

第廿五条　各会公款助入公所者,仿照存款生息之法,以六厘周年计息,应付各会中元设醮之费用,惟捐助之数不满五百元者,不在此例。

第八章　寄柩

第廿六条　本公所寄停灵柩,须认有捐款之团体、店号或董事担保。

第廿七条　本公所停柩,以一年为期,期满不来领取,即由本公所运至甬厂,再停一年,若仍不领取,则移至义山安葬,不得徇留。

第廿八条　本公所运柩至甬,每年分清明、冬至两期,搬运或用轮船、或用帆船,由经理人随时酌行。

第廿九条　灵柩进厂扛力之多寡,视柩之大小、路之远近,另以专章规定之。进厂时应收封口费、开门费,亦于另章规定之。

第三十条　申厂寄停之柩,其家属实在贫寒无力领运回籍者,觅人担保至本公所报明住址,代为运送。惟运送到埠,无人接受,须由担保人负其责任。

第卅一条　已葬之柩,如该家属愿起掘领回,一切费用须该家属自行预备。

第卅二条　凡入堂另寄之柩,特等每具纳捐念四元,甲等每具纳捐念元。乙等每具纳捐十二元,丙等每具纳捐五元,均以一年为期,期满展缓,得再纳捐转票,仍以一年为期,如不转期,即照本章程第念七条普通停柩,一律办理。

第卅三条　外埠四明公所有助永远葬费者,视市镇之大小,灵柩之多寡,酌定捐款之数目,准其将灵柩运入甬厂,惟一切费用,须该埠公所自行理涉,入厂之后,均照本公所章程办理。

第卅四条　该棺另有小厂寄柩,每一具至厂须交埋葬费二百文,每逢清明、冬至二期埋葬,不准留限。

第九章　赊材售材

第卅五条　本公所赊材,专为甬籍同乡无力收殓者而设,须有捐款人来票领取,如日后该家属有力偿还材价时,准其照数偿还,收销赊欠之账。

第卅六条　凡捐助赊材洋一百元者,每年可以出票来领赊材一具,捐助至一千元者,每年可以出票来领十具,捐款多寡,以此类推。惟一年之中未领足额,不得于次年接续计算之。

第卅七条　材厂购买木材、管理工作,以及赊材、售材各事,皆由经理人担负专责,司年司月董事监督之。

第卅八条　发售之材,分等定价,别以专章规定。

第十章　附则

第卅九条　本章程经董事会、公义联合会公决施行,如有变更时,仍须经大会公议。

丙辰年上海四明公所启

4.2.2　中国济生会诸暨分会修正章程[1]

提要：中国济生会成立于1916年,与民间的济公传说及济公崇拜、济公信仰有一定的渊源关系,当时著名慈善家、佛教居士王震,皈依济公,在上海邀约政界和工商界的信徒,成立了中国济生会。该会以赈灾济生为主旨,通过自筹和以济公临坛扶乩的形式募捐钱物、施医舍药,为各地灾民提供人道援助。中国济生会诸暨分会系上海济生总会的分支机构,地址在诸暨县县衙后面的"觉云轩",是由各区慈善团体及慈善家组成的。其修正章程内容主要包括会员资格、分会组织机构、表决程序、执行机构等。

中国济生会诸暨分会修正章程

第一条　本分会由各区慈善团体暨慈善家组织而成。

第二条　本分会依据上海济生总会定章,以救济民生,增进地方公益为宗旨,政治时事,概不预闻。

第三条　本分会会址在诸暨县城内,县后觉云轩。

第四条　本分会得享受上海中国济生总会同一之保护,与各分会均互相

---

[1] 沈睿等编：《觉云轩云霄玄谱志》卷四,载高小健等辑：《中国道观志丛刊》（第二十二册）,江苏古籍出版社2000年版。

联络。

第五条　本分会应办事项如左[1]：

第一种

一、施医舍药及其他防疫事项；

二、舍棺助殓及其他掩埋事项；

三、施种牛痘事项；

四、酌量贫苦施米施粥施衣事项；

五、惜字送书及演讲事项；

六、其他普通之慈善事项。

第二种

一、义振事项；

二、救护灾黎事项；

三、其他临时紧要义举。

办理前项第二种义举，得与上海济生总会及其他慈善团体共同行之。

第六条　本分会会员分别如左：

一、凡各区慈善团体暨慈善家，愿在本分会认纳经费者；

二、对于本分会志愿出力赞助，由审议会认其入会者；

三、凡各区商号每年纳费三元至十元者，得为商号会员；

四、每年纳常费一元者，即为普通会员。

第七条　赞助本分会宗旨，慨助经费，一次在国币百元以上者，或征集新会员在五十名以上者，无论曾经入会与否，概为名誉会员。其有慨助药品或其他物品，价值在国币百元以上者，亦同。

本会会员入会时，曾纳入会经费在十元以上者，得为永久会员。以后可免

---

[1] 编者按：原文为竖排，下同。

纳常年费。

第八条　本分会置主席一人，总理会务。常务委员五人，协助主席整理会务。遇主席有事故时，得代理之。又置执行委员十五人、候补执行委员五人、监察委员七人、候补监察委员三人。

第九条　本分会置审议会，一切应行事项均由审议会议决行之。

第十条　审议会议员定为二十一人。

本分会主席与常务委员、执行委员均兼任审议员。

第十一条　有审议会议员二人以上之建议，或本分会会员四人以上联名请求，得开审议会。开会时如主席因事缺席，可由常务委员代之。审议会之议决，以出席议员之过半数定之。但非有十一人以上之出席，不得开议。

第十二条　本分会为执行应行事项，置左列各科：

　　一、总务科；

　　二、经济科；

　　三、文牍科；

　　四、庶务科；

　　五、交际科；

　　六、振务科。

前项各科，每科置主任一人，科员五人至十余人。

第十三条　本分会为审查一切收支款项，置稽查员六人。

第十四条　本分会之职员，均于常年大会时就会员中选举之。

第十五条　本分会各职员，概尽义务，以一年为任期。如再被选时，得连任之。

其有特别慨助，在国币千元以上，或助振品值千元以上者，本会应开会审议，认为名誉会员，遵从国民政府褒扬条例，由本会呈请给奖。

本分会各会员入会时须纳入会费洋一元。

第十六条　本分会经费除由会员自行筹措,或慈善家自愿乐助外,不得向外勒捐。

第十七条　本分会于每年阴历十一月十五日开常年大会。

各会员于开常年会时须缴纳常年费洋一元。

第十八条　本分会佩章分左列各种:

　　一、普通佩章;

　　二、办事员佩章;

　　三、永久员佩章;

　　四、名誉员佩章。

第十九条　本章程如有未尽事宜,得于常年大会时议决修改之。

4.2.3　宁波商会组织章程[1]

提要: 宁波商会诞生于1905年,结束于1949年年底,有着四十多年发展历史。作为一个商事自治的地域性社会组织,宁波商会尽管在社团组织上还有不完善的地方,但与传统的商人社团已有了根本的不同,对于维护商事自治和推动宁波商业健康发展,有着十分重要的作用。宁波商会的组织章程经历了多次变化,本则材料是其1948年的章程,主要依据当时修正后的商法及商法实施细则修订,表明宁波商会的宗旨是谋求工商业及对外贸易的发展,增进工商业公共福利。该章程将商会的职能归结为九项,详细呈现了商会自治的组织、程序及运行方式等。

---

[1]　胡新建:《宁波商会组织发展变迁史研究》,浙江大学出版社2016年版。1948年2月25日宁波商会第一届第二次会员代表大会修正通过。标点为编者所加。

宁波商会组织章程

第一章　总纲

第一条　本章程根据修正商会法及修正商会法施行细则制定之。

第二条　本会定名为宁波商会。

第三条　本会以图谋工商业及对外贸易之发展、增进工商业公共之福利为宗旨。

第四条　本会以鄞县行政区域为区域事务所设于苍水街一八九七号。

第二章　任务

第五条　本会之职务如左（原文为竖排，下同。编者注）[1]

一、筹议工商业之改良及发展事项。

二、关于工商业之征调及通报事项。

三、关于国际贸易之介绍及指导事项。

四、关于工商业之调处及公断事项。

五、关于工商业之证明事项。

六、关于统计之调查编纂事项。

七、得设办商品陈列所工商补习学校或其他关于工商业之公共事业，但须经该管官署之核准。

八、遇有市面恐慌等事有维持及请求地方政府维持之责任。

九、办理合于第三条所揭示宗旨之其他事业。

第六条　本会举办之事业应由理事会计划办理，但其重要者须经会员大会决定之。

第七条　本会得就有关工商业之事项建议于中央或地方行政官署。

---

[1] 原文如此。

第八条　本会应答复政府及自治机关之咨询并接受其委托。

第三章　会员

第九条　本会会员左列两种

　　一、同业公会会员

　　凡本区域内工商业及输出业各同业公会依法加入本会为会员者属之。

　　二、非公会会员

　　凡本区域内无同业公会之工商业输出业公司行号或他区域之工厂所设售买场所,经依法登记者,单独加入本会为会员者属之。

第十条　公会会员及非公会会员均得举派代表出席本会,称为会员代表,会员代表以中华民国人民年在二十岁以上者为限。

第十一条　会员应遵守本会章程,服从本会议决案并按时缴纳各种会费。

第十二条　会员非公会解散或公司行号迁移其他区域或废业或受永久停业之处分者,不得退会。

第十三条　公会会员代表由各该业同业公会就理监事中举派之,至多不得逾五人,非公会会员代表每公司行号一人,以主体人或经理人为限。

第十四条　有左列各款情事之一者不得充本会会员代表

　　一、褫夺公权者、背叛国民政府经判决确定或在通缉中者。

　　二、曾服务公务而有贪污行为经判决确定或在通缉中者。

　　三、受破产之宣告尚未复权者。

　　四、无行为能力者。

　　五、吸食鸦片或其他代用品者。

第十五条　会员代表经会员举派后应给委托书并附具履历,送经本会审查合格后,方得出席,代表有表决权、选举权及被选举权。

第十六条　会员代表之表决权、选举权比例于其缴纳会费单位额,由所派之代表单独或共同行使之,每一单位为一权。

公会会员代表之表决权、选举权,以其所缴会费比照单位计算权数。

会员代表因事不能出席会员大会时,得以书面委托其他会员代表代理之。

第十七条　会员代表得由原举派之公会会员或非公会会员随时撤换之,并应书面通知本会,但当选为本会职员者,非由依法应解任之事由,不能将其撤换。

第十八条　会员代表丧失国籍或发生第十四条所列各款情事之一者,原举派之代表应撤换之。

第十九条　会员代表有不正当之行为致妨害本会之名誉信用者,得以会员大会之议决通知原推派之会员撤换之。

前项撤换之代表自除名日起三年以内不得充任会员代表。

第四章　组织及职权

第二十条　本会设理事二十一人、监事七人,由会员大会就代表中用无记名连举法选任之,以得票最多数者为当选。

候补理事七人、候补监事三人,以前项选举理事、监事票之得票次多数者为当选,遇有缺额依次递补,以补足前任任期为限,未递补前不得列席会议。

第二十一条　本会设常务理事七人,由理事会就理事中用无记名连举法互选之,以得票最多数者为当选。

第二十二条　本会理事长一人,由理事会就当选之常务理事中用无记名单记法选任之,以得票满投票人半数者为当选,若一次不能选出,应就得票最多数之二人决选之。

第二十三条　理事、监事均为名誉职。

第二十四条　理事及监事任期均为四年,每二年改选半数,不得连任,前项第一次之改选以抽签定之,但理事人数为奇数时,留任者之人数得较改选者多一人。

第二十五条　理事长及常务理事缺额时由理事会补选之,其任期以补足前任任期为限。

第二十六条　本会理监事有左列各款情事之一者即应解任。

一、会员代表资格丧失者。

二、因不得已事故经会员大会议决准其辞职者。

三、旷废职务经会员大会议决令其辞职者。

四、于职务上违背法令、营私舞弊或有其他重大之不正当行为,经会员大会议决,令其退职,或由经济部、或由地方最高行政官署令其退职者。

第二十七条　本会事务所设秘书一人,科主任三人,干事若干人,得分科办事,其办事规则另定之。

第二十八条　理事会依本章程之规定及会员大会之议决行使职权。

第二十九条　监事会之职权如左:

一、监察理事会执行会员大会之议决。

二、审查理事会处理之会务。

三、稽核理事会之财政出入。

第五章　会议

第三十条　会员大会分定期会议及临时会议两种,均由理事会召集之,定期会议每年开会一次,临时会议于理事会认为必要,或经会员代表十分之一以上之请求,或监事会函请召集时召集之。

第三十一条　会员大会之决议以会员代表表决权过半数之出席、出席权数过半数之同意行之,出席权数不满过半数者得行假决议,在三日内将其结果通告各代表,于一星期后、二星期内重行召集会员大会,以出席权数过半数之同意,对假决议行其决议。

第三十二条　左列各款事项之决议,以会员代表表决权三分之二以上之出席、出席权数三分之二以上之同意行之,出席权数不满三分之二者得以出席权数三分之二以上之同意行假决议，在三日内将其结果通告各代表于一星期后、二星期内重行召集会员大会，以出席权数三分之二以上之同意，对假决议行其决议。

一、变更章程。

二、会员代表之处分。

三、理监事之解职。

四、清算人之选任及关于清算事项之决议。

第三十三条　理事会每月至少开会一次，监事会每二月至少开会一次，理事或监事开会时不得委托代表出席。

第三十四条　理事会开会时须有理事过半数之出席，出席理事过半数之同意，方能决议可否，同数时取决于主席。

第三十五条　监事会开会时须有过半数之出席，临时互推一人为主席，以出席监事过半数之同意，决议一切事项。

第六章　经费及会计

第三十六条　本会经费分左列两种：

一、事务费

　　甲，公会会员以其公会所收入会费总额十分之二充之。

　　乙，非公会会员比例于其资本额缴纳之每单位壹万元。

二、事业费由会员大会议决，经地方主管官署核准筹集之。

第三十七条　本会会计年度以每年一月一日始至同年十二月三十一日止。

第三十八条　本会预算决算须经会员大会之议决。

第三十九条　本会之预算决算及其事业之成绩，每年须编辑报告刊布，并呈由地方主管官署，转呈省政府转报经济部备案。

第七章　附则

第四十条　本章程未规定事项，悉依修正商会法及修正商会法施行细则之规定办理之。

第四十一条 本章程如有未尽事宜,经会员大会之决议,呈准鄞县县政府修改之,并逐级转报中央社会部及经济部备案。

第四十二条 本章程呈准鄞县县政府备案施行,并逐级转报中央社会部及经济部备案。

4.2.4 宁波市工商业联合会章程[1]

提要:1953年1月宁波市工商业联合会在旧宁波商会和同业工会的基础上,经过三年筹备正式成立,成为爱国统一战线中的人民团体。本则材料就是宁波市工商业联合会第一届第一次会员代表大会上获得通过的章程。该章程显示宁波市工商业联合会在精神上已经受到了中国共产党政治文化的影响,一方面性质上作为人民团体,属于爱国统一战线的组成部分,具有爱国统一战线所要求的一些新功能,与旧日的商会完全不同;另一方面在组织体制、运行规范及宗旨目的上体现了更多的人民民主的特质,其民主性比旧日的商会有了明显的增加。

宁波市工商业联合会章程(1953年)

第一章 总则

第一条 本会遵照中央人民政府政务院公布之工商业联合会组织通则的规定组织之,定名为宁波市工商业联合会(以下简称本会)。

第二条 本会是在宁波市人民政府监督与指导下,并接受浙江省工商业

---

[1] 胡新建:《宁波商会组织发展变迁史研究》,浙江大学出版社2016年版。1953年1月24日宁波市工商业联合会第一届第一次会员代表大会通过。

联合会的领导,以团结并指导本市工商业者贯彻共同纲领,建设新民主主义经济为目的的人民团体。

第三条 本会会址设于宁波市苍水街。

第二章 任务

第四条 本会的任务如左(原文为竖排,下同。编者注)[1]

(一)领导工商业者遵守共同纲领及人民政府的政策法令。

(二)指导私营工商业者在国家总的经济计划下发展生产,改善经营。

(三)代表私营工商业者的合法利益,向人民政府或有关机关反映意见,提出建议,并与工会协商有关劳资关系等问题。

(四)组织工商业者进行学习,改造思想和参加各种爱国运动。

(五)推动健全区工商业联合会与同业公会或同业委员会等组织,并指导其工作。

第三章 会员及会员代表

第五条 本会会员单位为

(一)本市的国营,私营,及公私合营之工商企业,合作社,或合作社联合社,为本会会员。

(二)本市的手工业者,行商,摊商,得个别或集体参加本会为会员。

(三)凡在本市居住对工商业有密切联系,或有贡献的人士,得邀请参加为本会会员。

第六条 会员的权利

(一)会员有发言权,表决权,选举权和被选举权。

(二)会员有享受会内各种辅助及福利事业之权。

---

[1] 原文如此。

第七条　会员的义务

（一）遵守会章。

（二）执行决议。

（三）缴纳会费。

第八条　会员代表均以中华人民共和国人民年满 18 岁者为限。

第九条　代表之任期为一年,经原产生单位之连选得连任。

第十条　有下列情事之一者,不得为会员代表。

（一）有违反共同纲领之行为经确认者。

（二）犯罪经判决确定或在通缉中者。

（三）褫夺公权尚未复权者。

（四）有不正当行为,妨害本会名誉信用,经调查属实者。

（五）丧失行为能力者。

会员有上项情事之一而丧失资格者,经本会发觉或由原产生单位报经本会同意后,撤销其代表资格,并由原产生单位另行补推之,补推代表之任期以补足前任任期为限。

第四章　组织

第十一条　本会之组织原则,为民主集中制。

第十二条　本会之最高权力机关,为会员代表会议,其职权如下：

（一）制定及修改本会章程。

（二）决定本会工作方针和计划。

（三）听取审查通过本会工作报告及预决算。

（四）选举或罢免主任委员、副主任委员和执监委员。

（五）议决其他有关重要事项。

第十三条　会员代表会议休会期内,设执行委员会,监察委员会。

第十四条　执行委员会设主任委员一人,副主任委员四人,委员三十二人。由会员代表会议选举组成之执行委员会为本会最高执行机关,对会员代表会议的决议负责执行,办理本会会务,并向会员代表会议报告工作。

第十五条　监察委员会。设主任委员一人,副主任委员一人,监察委员五人,由会员代表会议选举组成之。监察委员会为本会之监察机关,负责监察执行委员会执行会员代表会议之决议,审查一般会务之处理稽核收支账目,检查工作作风,并向会员代表会议提出报告。

第十六条　执行委员会。得设常务委员会,委员十三人,除正副主任委员为当然委员外,并由全体执行委员中,互选足额组成之,常务委员会对执行委员会负责,处理日常事务。

第十七条　主任委员对外代表本会,对内领导会务,副主任委员协助之。

第十八条　主任委员、副主任委员、执行委员,及监察委员,任期均为一年,连选得连任。

第十九条　会员代表会议,另选候补执行委员九人,候补监察委员二人,遇有缺额,依次递补,其任期以补足前任任期为限。

第二十条　本会为适应工作上之需要,得设立各种专门委员会,其组织规程,由常务委员会另订之。

第二十一条　执监委员会主任委员、副主任委员、执行委员、监察委员,及各种委员会委员,均为义务职,但经推定并经市人民政府批准经常驻会办公之委员,得支取供给。

第二十二条　本会设秘书长一人,副秘书长若干人,在主任委员及常务委员会领导下,指挥所属处理日常事务,其下设(处)(科)(股)等之编制,由常务委员会另订之。

第二十三条　秘书长、副秘书长由主任委员提经执行委员会通过任免之,其他职员由主任委员任免之。

第二十四条　各种会议如下：

（一）会员代表会议例会每年二次，由执行委员会主任委员召集之，必要时经执行委员或监察委员会之决议或三分之一会员代表之提议经主管机关批准，得召开临时会。

（二）执行委员会例会，每月举行一次，由主任委员或副主任委员召集之，但经主任委员或三分之一以上委员之提议，得提前或延期，必要时并得召开临时会议。

（三）常务委员会例会，每半月举行一次，由主任委员或副主任委员召集之，但经主任委员或三分之一以上委员之提议，得提前或延期，必要时并得召开临时会议。

（四）监察委员会例会，每二月举行一次，由主任委员或副主任委员召集之，但经主任委员或三分之一以上委员之提议，得提前或延期，必要时并得召开临时会议。

第二十五条　执行委员会开会时，监察委员得列席会议，常务委员会开会时，监察委员会正副主任委员得列席会议。

第二十六条　各种会议，均须有过半数之出席方得开会，有出席人数过半数之同意，方得决议。

第二十七条　委员因事不能出席会议时，得委托该会议之其他委员为代表，但每一委员以代表一人为限。

第五章　经费

第二十八条　本会经费在精简节约的原则下，统收统支，以全市工商业户缴纳之会费为主要来源，按照工商业户实际营业情况及负担能力为缴纳标准，其缴纳办法另行订立，经会员代表会议通过后施行之。

第二十九条　本会因特种需要，经执行委员会决议，监察委员会同意，得征收临时费。

第三十条 本会因举办事业,经执行委员会决议,监察委员会同意,提经会员代表会议通过,呈请主管机关核准后,得征募事业费。

第三十一条 本会经费收支账目,按月由监察委员会负责审核,召开会员代表会议时报告之,并将收支情况报请主管机关备查。

第三十二条 本会会计年度,依照政府统一规定,在会计年度届满,新预算未经会员代表会议通过前,常务委员会得照上年度预算执行。

第六章 附则

第三十三条 本章程经本会会员代表会议通过,呈请主管机关核准施行,并报请浙江省工商业联合会备案,修正时同。

4.3 浙东地方的红色文化传统与基层社会治理

浙东是马克思主义较早传播的地区之一,也是中国共产党最早领导农民展开革命运动的地区,萧山、上虞等地早在1921年就开展了轰轰烈烈的衙前农民运动,发表宣言,成立农民协会,展开革命斗争,产生了重要的政治影响。大革命失败后,浙江虽然是国民党政府控制的重点省份,浙东地区的国民党势力也较为强大,但中国共产党在浙东广大地区组织了武装暴动,制定了行动纲领,建构了基层社会治理的组织体系,在广大群众中播下了红色革命的火种。抗日战争时期,中国共产党领导的浙东抗日根据地建立的民主政权,不仅构建了革命人民当家作主的政权体系,保障了人民群众在社会治理中的民主权利,还建构起系统完整的群众工作体系,使浙东地方的人民群众普遍受到民主主义的熏陶,学会了以民主方法解决人民内部矛盾的方式。

4.3.1　衙前农民协会宣言[1]

提要：衙前镇位于浙江省杭州市萧山区。1921年9月27日，中国共产党党员沈定一、宣中华等人倡导发起的衙前农民协会在衙前东岳庙宣告成立。本则材料就是中国共产党领导的全国第一个农民革命团体发表的农民协会宣言。宣言对农民生活中的痛苦做了深彻揭示，展示了农民所受剥削、压迫的严重性，并基于马克思主义对农民本应享有的尊重进行了强调，号召农民们要觉悟起来和团结起来，掌握自己的命运，担起自己的责任。

<h3 style="text-align:center">衙前农民协会宣言</h3>

农民在中国历史上是被尊敬的人民，可惜精神上的尊敬，被第三阶级资本主义底毒水淹死了。

农民出了养活全中国人最大多数的气力，所有一切政费，兵费，教育费，以及社会上种种正当和不正当的消费，十有八九靠农民底血汗作源泉，而这许多血汗所换来的，只是贫贱，困顿，呆笨，苦痛。积了许多人的贫贱，困顿，呆笨，苦痛，才造成田主地主做官经商聪明的威福。

我们农民，从小没有受教育的机会，长大时做了田主地主不用负担维持生存条件的牛马奴隶，老来收不回自己从来所努力的一米半谷来维持生活。人生少，壮，老，三个时代这样过度，这还好算是人的生活么？

天年丰收，丰收的还是田主地主，我们农民没有分；天年歉收，田主地主在收租簿上就记上一笔第二年该还的欠账；农民今年正不知道怎样图明年的活，

---

[1]《新青年》1921年第9卷第4号。

却叫农民今年预欠明年的债。乡镇上所有一切典当,杂货,米,布等铺户,又没一家不敲剥农民流剩的一点汗血。

一般第三阶级主政的世界,已经支持不住我们所需要的生活了。他们所崇拜的经济制度,发展我们底贫困,比发展他们底私有财产还要快。关于这种不良的经济制度所给的苦痛,农民和工人是一样受着的。照这样看来,他们第三阶级正不配做主权者。

我们底觉悟,才是我们底命运。我们有组织的团结,才是我们离开恶运交好运的途径。决定我们底命运,正是决定全中国人底命运。

大地敞着胸襟,欢迎我们下锄头铁耙造成锦绣,人人生活在这锦绣堆中,全仗农民底气力。农民在锄头柄上传播气力,才用得着土地,所以我们该认定"土地是农民传播气力来养活人类的工具"。

那么,这种工具不该归农民所组织的团体保管分配么?在目下似乎这句话还很远的。

我们因为处在"这样,叫我怎样活得过去呵!"的叹声中,权且定了一个眼前救急的章程出来。

我们总不忘记世界上农作生产事业是我们底责任。我们不要忘记世界上的土地是应该归农民使用。我们不要忘记土地该归农民所组织的团体保管分配。

4.3.2 衙前农民协会章程[1]

提要: 1921年9月27日,中国共产党党员沈定一、宣中华等人倡导发起的衙前农民协会在衙前东岳庙宣告成立,李成虎、陈晋生、单夏兰、金如

---

[1] 《新青年》1921年第9卷第4号。

涛、朱梅云、汪瑞张六位农民当选为农协委员,制定了《衙前农民协会章程》。本章程规定了农民协会参加者的条件,宣告了农民与地主处于对抗地位,并就协会的组织体系、运行原则及宗旨等进行了较为详细的规定。作为中国共产党领导下制定的第一个农民协会章程,在民主性上有较为充分的表现。

衙前农民协会章程

第一条 本村农民,基于本村农业生产者还租的利害关系,求得勤朴的生存条件。

第二条 凡本村亲自下气力耕种土地的,都得加入本会,为本会会员。

第三条 本会与田主地主立于对抗地位。

第四条 凡生产工人及社会主义运动者,本会都认为极良好的朋友;遇必要时,本会对于佢们底团体或个人,应当尽本会能力所及,加以扶助。

第五条 本会底组织,基于会员全体:由大会选举委员六人,为本会委员。又由委员六人中互选,选出议事委员三人,执行委员三人。

委员一年一任,只得连任一次。

执行委员,掌管本会名册及登记簿,执行由大会及议事会议决事件;并连络别村与本村同性质的团体。

议事委员会,议决关于大会所交议及会员三人以上所提议的事件。凡有利益于本会的事项,议事委员有考查提议的责任。凡本会会员有私人是非底争执,双方得报告议事委员,由议事委员调处和解;倘有过于严重的争执,由全部委员,开会审议解决。

大会召集,由会员五分之一或议事委员会之主张召集大会。

第六条 本会会员,月纳会费铜元　枚。每月一号,交由执行委员存贮应用。

第七条 本会会员,将每年农作所得成数,分春华,秋收两期,报告执行委员会登记。

第八条 本会会员,每年完纳租息的成数,由大会议决公布。租息成数,以收成及会员平均的消费所剩余的作标准。

第九条 本会会员,有因依照本会大会议决的纳租成数被田主地主起佃者,本会有维持失业会员的责任。如有因上项情事被田主地主送租者,本会全体会员皆为被告人。

第十条 会员不得违反本会底决议案。

第十一条 会员有违反本会决议案及有不利益于本会的行为者,除名。

第十二条 两村以上的农民协会,得组织农民协会联合会。

第十三条 凡是关于两村以上的农民利害关系发生时,随时可由联合会协议,议决执行。

第十四条 本章程由大会议决,大会能随时以多数同意修正。

这宣言和章程已经由衙前全村农民,于一九二一,九,二七,在本村议决,并举出委员六人。附近三四百里内的农民,也正在酝酿同性质的团结。

玄庐附记。

4.3.3 浙东地区施政纲领[1]

提要:1945 年 1 月,浙东敌后临时各界代表大会在余姚市梁弄镇召开,选举产生了以谭启龙为议长的浙东敌后临时参议会和以连柏生为主任的浙东行政公署,全体成员通过了《浙东地区施政纲领》。这一纲领是

---

1 宁波市新四军暨华中敌后抗日根据地研究会编:《统战与政权建设》,中共党史出版社 2001 年版。1945 年 1 月 24 日发表。

中国共产党对浙东人民的政治宣言和政治承诺,"凡我浙东行政机关内之共产党员,应遵照此纲领坚决实施之,并号召全浙东共产党员为此一纲领的实现而奋斗",为根据地建设打下坚实的法治基础,并为最终赢得抗战胜利提供了坚实的民主法治保障。

浙东地区施政纲领

为进一步巩固发展浙东抗日民主根据地,发展抗日民主的政治军事经济文化建设,以达成坚持浙东抗战,准备反攻力量,配合盟军,驱逐日本帝国主义,解放数千万同胞之目的,中共浙东区党委乘浙东敌后临时行政委员会召开浙东各界临时代表会之际,特根据孙中山先生手创革命三民主义及中共中央抗日民族统一战线政策与"十大政策"之原则,向我浙东各界同胞,提出如下的施政纲领。凡我浙东行政机关内之共产党员,应遵照此纲领坚决实施之,并号召全浙东共产党员为此一纲领的实现而奋斗。

1. 团结浙东各社会阶级、各抗日党派、各抗日团体,动员并发挥一切人力、财力、物力、智力,共同为坚持浙东抗战保卫浙东抗日民主根据地,准备反攻力量,配合盟军驱逐日本帝国主义,解放数千万同胞,建设三民主义即新民主主义的新浙东新中国而战。

2. 反对法西斯主义的政令与失败主义者的军令,以及一切投降主义者背叛民族投降敌寇的阴谋活动。并动员人民的力量,促成由国民党、共产党、其他抗日党派及无党无派人士,在民主基础上,召集国事会议,组织联合政府、联合统帅部,以便团结并统一全中国一切抗日力量,停止敌寇进攻,为争取抗战最后胜利而奋斗。

3. 巩固与扩大新四军及各地区人民抗日武装力量,并提高其战斗力,保障其物质供给,改善兵役制度,实行参军拥军运动与拥政爱民运动,以增进军政民之亲密团结。同时,加强地方人民抗日自卫军及民兵之组织与训练,广泛开展群众性的游击战争,粉碎敌寇"扫荡",破坏敌人吸收我国人力、物力、财力,实行"以战养战"的阴谋计划;摧毁伪组织,扩大解放区,使被敌奴役的同胞,迅速回到祖国怀抱。

4. 切实执行抗日军人家属优待条例,务使新四军及其他一切抗日军队与机关人员在根据地内之家属,得到物质上的保障与精神上的安慰。

5. 改造各级旧有行政机构,实行民选,组织各级参议会,建立各阶级、各党派及无党无派人士联合抗日的民主政府。确定共产党员在政府机关中只占三分之一,以便各党派及无党无派人士,均能参加各级民意机关之活动与行政之管理。在共产党员被选为某一行政机关主管人员时,应保证有该机关之职员三分之二为党外人士充任。共产党员应与党外人士实行民主合作,不得一意孤行擅权包办。

6. 励[厉]行廉洁政治,严惩公务人员之贪污行为。同时改善公务人员之待遇,禁止任何公务人员假公济私之行为。共产党员有犯法者,从重治罪。同时实行棒[俸]以养廉原则,保障一切公务人员及其家属必需之物质生活。

7. 保证一切抗日人民(地主、资本家、工人、农民等)的人权、政权、财权、地权,保障人民言论、出版、集会、结社、信仰、居住、迁移之自由权。除政府机关,或政府委托军队政治机关,依法执行其职务外,任何机关、部队、团体,不得对任何人加以逮捕、审问或处罚。而人民则有用法律程序与手续以及其他方式控告任何公务人员非法行为之权利。

8. 建立司法制度及各县、区、乡(镇)调解委员会,正确处理各地民刑案件,肃清汉奸及破坏抗战反共反人民反民主的特工活动。提倡坦白运动,坚决废除肉刑,重证据不重口供。对汉奸分子除绝对坚决不愿改悔、死心助敌者,给予必要制裁外,其他不问其过去行为如何,一律实施宽大政策,争取感化转变,并给予政治上与生活上之出路,不得任意加以杀害、侮辱、强迫自首,或强迫其写悔过书。对于一切阴谋破坏我抗日民主根据地之分子,例如革命[的]叛徒、反共分子等,其处置办法仿此。

9. 遵照中共中央土地政策,彻底实行减租减息政策,保障农民的人权、政权、财权、地权,以改善农民生活,提高农民抗日与生产的积极性。同时在实行减租减息之后,必须实行交租交息,保障地主的人权、政权、地权、财权,以联合地主一致抗日。政府对佃业关系及债务关系,均应本抗日民主之原则,合理调整。

10. 发展农业生产,动员广大群众开展春耕秋收运动,开垦荒地,兴筑水利,改善与提高农业技术,解决贫苦农民农具、肥料、种子的困难,协助山民解除兽患,爱护与调节劳动力,提倡各种劳动互助组织,奖励劳动英雄,增加土地生产的收获量,保护与培植森林,发展畜牧业及其他农村副业。严禁食粮资敌,调节根据地粮食,以保证根据地内全体军民之粮食供给。

11. 建立并发展根据地之工业生产,保障私有生产,欢迎并奖励私人开设工厂投资各种工业,并建设公营事业;提倡部队机关人员的农工业生产运动,实行各种民办公助、公私兼顾之办法,发展人民合作事业。反对敌伪统制政策。协助盐、海产品运销,改善盐、渔民生活。发展手工业及纺织业,向着根据地自给自足经济方向发展。

12. 实行商业自由流通,保障私人商业之发展,反对统制、堕[垄]断、操纵、抬高物质[价];严禁敌区毒品及奢侈品之输入,奖励必需品之输入;协助山货及土产运销,开拓对外贸易路线,以繁荣根据地之商业。

13. 调节劳资关系,保障工人雇工生活必需的改善。工作时间以不超出十小时为原则,工资按生活程度酌量增加;救济失业工人;同时工人必须遵守劳动纪律提高劳动生产率,使资方有利可图,以发展根据地生产增强抗战力量。

14. 废除一切苛捐杂税,实行合理的收税制度,征收统一的公粮田赋及统一的进出口货物税,务使居民中除极贫困者应予免税外,均须按照财产等级或所得多寡,实行程度不同的累进税制度,使百分之八十以上人民均能担负到抗日经费。实行统一收支,建立预决算制度,厉行节约运动,反对贪污浪费,保证财政收支平衡。同时健全财政经济机构,加强对敌经济斗争的领导,打破敌伪及反动派之经济封锁,调剂金融,抵制伪币,发行地方抗币,以利根据地经济之发展与财政之充裕,保证抗战经费之供给。

15. 实行抗战与民主的普及教育,创办各种学校及各种短期训练班,吸收抗日青年、知识分子及失学失业与流亡青年,训练培养抗战人才,编制抗战民主教材,务使学习与抗战实践生活相联系。给与在学学生及教职员有参加各种抗战工作及课外正当活动的自由。同时改善各级学校教师的生活,提高其政治文化水准。推广抗日书报,奖励自由研究科学知识,尊重知识分子,提倡科学与文艺运动,欢迎各地科学艺术人才来根据地工作。推行卫生行政,建立医药设备,欢迎医务人才参加地方卫生事业,以达减少人民疾病痛苦之目的。

16. 依据男女平等之原则,从政治上经济上提高妇女在社会上的地位。开展妇女教育,发扬妇女在政治上经济上的积极性。爱护女工、童工及产妇,实行基于男女双方自愿原则的一夫一妻婚姻制。

17. 切实救济本地区及外来之灾民难民,发扬人民互助精神协助灾民难民进行生产工作。欢迎沦陷区及大后方各界人士来根据地居住,或参加各项抗战工作及建设事业。

18. 展开对敌伪军、伪警、伪组织的政治攻势,向其指出德日必败,中华民族抗日战争与民主运动一定胜利的光明前途,宣传我之宽大政策,促其早日回头觉悟,回到抗战道路。欢迎与优待伪军、伪警、伪组织之反正人员,并给予物质上精神上之奖励。援助沦陷区、游击区遭受敌人摧残压迫渴望解放的同胞,帮助他们组织起来,准备在时机成熟时举行武装起义,配合军队的进攻,里应外合,驱逐日本侵略者,解放沦陷区的兄弟姊妹。

19. 对于在战斗中被俘之敌军及伪军、伪警、官兵,不问其情况如何,一律实行宽大政策,其愿参加抗战者,收容并优待之,不愿者释放之,一律不得加以杀害、侮辱、强迫自首或强迫其写悔过书。其有在释放后,又连续被俘者,不问被俘之次数多少,一律照此办理。对于其他进攻新四军及各地方抗日部队时之被俘者,处理办法仿此。

20. 安定根据地内社会秩序,团结根据地内外各会门组织,启发其民族意识与抗战情绪,使其走向抗日民主的正轨道路。

21. 在尊重中国主权及我根据地政府的法令原则下,允许任何外国人到我根据地游历,参加抗日工作,或在根据地进行各项抗日与文化宗教的活动,并给予其便利与保护。

4.3.4 浙东各界临时代表会宣言[1]

提要:1945年1月,浙东敌后各界临时代表大会在余姚市梁弄镇五桂楼村正蒙学堂召开,浙东各地、各界、各党派、各阶层代表一百零八人,冲破敌人的封锁,聚集梁弄,参加会议。大会上,谭启龙、何克希、连柏生分别做了政治、军事和行政工作报告。会议讨论并通过了谭启龙的施政纲领,选举产生了浙东行政委员会,通过了《浙东各界临时代表会宣言》。宣言表示要把"民主政治的机构很快地建设好",并提出了以"三三制"为建立抗日民族统一战线政权的原则,表达了"为彻底消灭一切法西斯、建立新民主主义的新浙东、新中国、新世界而奋斗到底"的信心和决心。

---

[1] 宁波市新四军暨华中敌后抗日根据地研究会编:《统战与政权建设》,中共党史出版社2001年版。1945年1月31日发表。

浙东各界临时代表会宣言

浙东历史上第一次真正的人民代表会议——浙东各界临时代表会,从一月二十一日至三十日开了十天会议,今天当大会隆重闭幕的时候,我们特向浙东全体人民,并向全国同胞与全世界反法西斯人士,慎重宣告我们的决定与意愿。

这次大会实到浙东各地、各界、各党派、各阶层代表一百另[零]八人,新四军浙东游击纵队何司令与浙东敌后临时行政委员会连主席委员向大会做了详细的工作报告,大会代表畅快的提出了各种质疑与批评,党政军各部门主管人做了认真的解答与自我批评。对浙东新四军与行委会坚持浙东抗战、解除人民痛苦的艰苦业绩,大会表示深厚的感谢与敬意。大会仔细研究了浙东抗日民主事业的已有基础与当前任务之后,一致决议正式成立浙东临时参议会与浙东行政公署,当场选举了参议会的参议员,驻会委员与正副议长,及行政公署委员会的委员。大会代表全浙东人民,以负责的精神,把管理政权的责任与权力担负了起来,并责成临参会与行政公署,按照当前浙东的环境与需要,把浙东民主政治的机构很快地建设好。大会号召全浙东各阶层、各党派、各界人民,一致团结在临参会与行政公署的领导下面,并很好地监督它、帮助它,认真负起国家主人翁的责任,使这个新生的浙东人民政权得能日益坚强壮大。

大会听取了中国共产党浙东区委员会的代表谭启龙先生的演讲之后,对区党委提出的浙东地区施政纲领的精神,一致决议拥护,并接受这一施政纲领作为今后浙东一切施政方针的依据。当四年前敌寇侵入、人民深陷水火之时,浙东共产党毅然挺身而出,领导人民进行武装自卫,建立了浙东人民的子弟兵——浙东新四军。四年来流血牺牲,不辞艰险,乃能造成现在浙东解放区的光明景象。今天环境稍稍安定,中共浙东区党委就及时推动召开这次人民代表会议,提出了抗日民族统一战线的三三制政权的施政纲领,诚恳地号召与帮助其他党派及无党无派的抗日人士来共同参加政府工作,这种大公无私的民主精神,与反动派祸国殃民的独裁政治适成明显的对照。大会认为中共浙东区委员会所提出的这个施政纲领是团结与发动全浙东人民抗日力量、坚持浙东抗战、解放浙东人民的唯一正确道路,大会号召我浙东各党各派各阶层人民,彻底改变一切做客与旁观的想法,积极地参加浙东抗日民主政权的建设工作,加强各党各派间与广大人民间的亲密合作,共同为了实现这一施政纲领而奋斗。

大会经过热烈的讨论,一致通过了三十四年度施政方向,临时参议会与各级政府组织法,惩治汉奸条例,惩治贪污条例,扩大主力军与地方军,广泛建立自卫队与民兵,发行抗币,实施新民主主义的教育新方向……等等重要提案。这些提案决议都是当前浙东迫切而重要的任务,大会责成临参会与行政公署,必须负责很好完成,并号召我浙东全体人民,经常加以检查督促,务使防止一切可能残存的"决而不行"的官僚作风。

这次浙东历史上第一次人民代表大会的胜利结束、临参会与行政公署的正式民选建立、施政纲领与各种重要提案的通过,已使新民主主义的新浙东的建设前进了一步。然而摆在我们面前的仍然是万分艰苦而伟大的斗争。大会号召我浙东解放区全体军民,要根据毛泽东先生指示的今年解放区的十五个任务,以及此次大会的各项决议,来大大加强各项抗日工作,进一步巩固与扩大浙东解放区,解放区的人民比大后方与沦陷区的人民都要幸福得多,我们的责任也更加艰巨,我们必须更好地负起这个责任。大会号召浙东反动派统治地区的青年们与其他各界,一致起来,响应大后方各地的民主爱国运动,你们并应到敌人占领的地方去打游击,及准备在一切敌人可能到的地方就地抵抗。大会向浙东沦陷区同胞致以深切的慰问,你们应该加紧组织起来,准备在时机成熟时举行武装起义,里应外合来争取你们自己与祖国的自由解放。大会特别宣告一切伪军伪组织人员,中国的抗日民主事业一定胜利,日寇一定灭亡,中国新专制主义者一切反共反人民的罪恶政策也一定要失败,愿你们及早回头觉悟,参加抗日民主事业,我们一本宽大政策,不咎既往,如有执迷不悟、死心塌地做汉奸者,不但抗战胜利之日,国法不容,本大会已通过惩治汉奸条例,并责成行政公署进行调查登记,宣告国人,严予制裁。

当此大会闭幕之时,苏联红军离柏林已只有杭州到上海这一段短短的路程,西线盟军的行动也在加强起来,美军收复吕宋岛的战事正在顺利进行,世界反法西斯民主阵线日益巩固扩大,新民主主义的新世界的出现,已为时不远,我们感到无限的兴奋。但中国国内国民党腐败无能的一党专政尚未结束,正面战场与大后方的危机更为严重,解放区军民的责任是日益加重了。我浙东全体抗日军民,誓必追随我国与世界一切反法西斯人士之后,再接再厉,为促成全国民主的联合政府的成立,为坚持浙东抗战,准备反攻力量,配合盟军,驱逐日寇,收复宁波、杭州、上海、南京各大城市,为彻底消灭一切法西斯、建立新民主主义的新浙东新中国新世界而奋斗到底。

谨此宣言。

第五章
中国古代治理文化精粹及其传承创新

提要: 中国古代绵延数千年的治理历史积累了丰富的经验,孕育和产生了丰富的治理思想及制度性遗产。虽然它在整体上并没有孵化出一个完整的现代治理体系,但在中国治理体系的现代建构中仍然具有重要的参考价值。一方面,中国传统社会的治理思想及治理制度尽管总体上是面对和解决已经过去的社会问题的,但它体现了民族性的共同智慧;另一方面,中国现代治理体系在建构过程中也自觉不自觉地延续了优秀的传统,从而将过去一些行之有效且能矫正西学之缺失的优秀内容再次启动,使其在实践中发挥积极的作用。中国现代治理体系根植于中国大地,直面中国问题,只有充分发掘、消化、吸纳优秀传统治理文化,才能真正形成有中国特色的治理体系。

中国现代治理体系对优秀传统治理文化的消化和吸纳,必须建立在批判分析的基础上,不能对过去的治理文化照单全收,只有这样,才能取其精华去其糟粕。本章在内容上还不能完整地呈现和分析传统优秀治理文化的全部,而只能先对中国传统治理文化的核心内容进行必要的辩证性分析,凸显其注重伦理的精神主旨,并给出如何对待中国传统治理文化的基本原则。

5.1 中国传统政治话语中的国家起源及其政治伦理

中国在国家起源的路径上既迥然不同于西方古典的古希腊、古罗马,也有别于其他非西方文明古国,更与现代西方诸多理论视域下的国家起源假说相去甚远。这种不同,首先表现在结果上,即作为各自历史上国家起源结果的最早国家,在国家的形态、结构、功能及目的等方面,中国最早国家均与上述地区的最早国家完全不同。[1] 其次,在关于国家起源的话语中,不同路径的国家起源通常具有区别极为明显的政治伦理话语,即在不同的国家起源话语中,其需要遵循的伦理原则及服务的伦理目的各不相同,而中国在其国家起源的早期话语中充分地呈现出自身独特的以"德"为代表的政治伦理观念。"德"最早出现在殷商时代的话语中。[2] 这种独特的政治伦理观念,不仅伴随并塑造了中国上古时期国家的诞生过程及具体形态,而且在根本上决定了中国传统时代国家形态的核心部分,决定了中国传统时代理论家论证国家存在之政治伦理正当性及合理性的基本逻辑。中国传统文明国家形态及国家政治伦理层面的独特性,在国家孕育及形成的过程中,就已经在内容完整的意义上展现了它的雏形。

5.1.1 圣人、圣王及国家的诞生

国家的诞生虽然在任何一个文明的发展中都是一个划时代的巨变,但国家诞生的原因及其诞生的历史过程早已湮没无闻,而只留下了一些模糊的说法。这些说法大多残留在上古英雄神话及史诗中,既残缺不全,又朦胧模糊,

---

[1] 刘泽华、汪茂和、王兰仲:《专制权力与中国社会》,天津古籍出版社2005年版,第4页。
[2] 刘泽华:《中国政治思想通史》(先秦卷),中国人民大学出版社2014年版,第30—31页。

其具体内容情节，犹如一个半睡半醒的梦，既不是完全的真实，又并非完全的不真实。[1]实际上，人类不同的文明在进入国家状态之前的过程中，社会秩序、社会权威及公共品供给的方式经历了一系列长期且复杂的变化，并达到了一种可以给国家的诞生提供充分条件的状态。国家诞生的充分条件中就包含着国家何以必须的伦理理由及社会权威转化为政治权威的伦理条件等。不同的国家形成路径及所形成的国家的具体形态等，都与上述充分条件密不可分。中国大地上的古老人类群体在经历了漫长的改造世界及改造自我的过程后，形成了独特的促使国家诞生的充分条件。一方面，中国上古社会的人们在应对内外危机的时候，迫切地需要加强内部团结及外部合作，以克服一定地域范围内的共同危机，谋取更好的发展；另一方面，内部的团结及外部的合作都要求维护、巩固、完善和发展既有的组织、制度及规则等，而既有的组织、制度及规则的维护、巩固、完善和发展又要求以伦理的理由，加强社会中既有的权威，确立以爱为基础的治与被治的政治关系。

圣人在人群中的脱颖而出 人类如何从氏族组织成员平等的起点发展到彼此间形成统治与被统治的政治状态，实在是一个既有吸引力又复杂难解的问题。中国的上古神话在内容上保存了相对完整的走向国家状态的历程，既有反映一系列重要发明的神话故事，如有巢氏、燧人氏、神农氏、轩辕氏等，记载了人类走在文明大道上的一系列重大创造及创新，而这些重大的创造及创新在上古神话中又都与传说中的上古圣人密不可分；也有反映宇宙产生、人类出现及人类社会关系发生重大变化的神话故事，如盘古开天辟地，女娲抟土造人，人类从普遍"知其母，不知其父"到逐步形成婚姻而知男女、上下、夫妇等，其中的每一个重大变化，都与圣人的贡献不可分割。在史前时代，不同区域的人类社会都产生了自己的神话传说，这些神话传说充分地反映出各自特定的

---

[1] 赫胥黎：《类人猿的自然史》，转引自林剑鸣：《秦史稿》，上海人民出版社1981年版，第11页。

民族精神。古希腊的神话传说较为关注完整地解释世界,从而表现为神话的体系化聚集,形成了"神谱"。[1]中国史前时期也产生了极为丰富的神话传说。但与古希腊神话传说着重呈现一个关于对象世界的解释不同,中国史前时期的神话传说在其发展中被施加了精神上的历史化改造,神话传说中的绝大多数都被进行了历史化的加工,变成了历史故事。中国上古时期的历史故事明显不同于其他文明的地方,就是历史故事的内容相当伦理化,越是接近国家诞生时期的历史故事,就越是具有强烈的伦理化倾向,并带有较多的神秘性。历史故事逐渐地聚焦于特定的家族,从而使得国家诞生所需要的圣人,在实质上即为特定家族的始祖,如商人子姓始祖契及周人姬姓始祖弃。二者的出生都带有神秘性情景,似乎在昭示各自所担负的不平凡使命,两人也都获得了不凡的历史成就,极大地改善了民生,成了卓尔不群的圣人。圣人赋有天命,博爱施仁而又能力突出,成就非凡,改善了民生,赢得了威望,并由此在人群中突显出来。

圣人权威地位的渐渐确立 圣人作为一个社会个体,尽管在日常的生产生活中已明显不同于大众,但是他的权威地位又是如何确立起来的呢?这在理论上显然不是一个不言而喻的浅显问题。圣人的权威地位,首先,来自他在世人面前所立的战功,战功凸显了传说中圣人的卓越能力,其中尤以"勇健能理决斗讼相侵犯者"能获得权威,从而被推戴为"大人"。以传说中的尧、舜、禹为例,"从炎、黄两部族登上历史舞台开始,一直到颛顼、尧、舜、禹时期,中国的文明形成史简直就是一部战争史",在从仰韶时代到龙山时代的历史时期,"战争连绵不绝,有时候规模还很大","史前社会出现的军功贵族及部落中的军事酋长和族群中最高军事酋长都与此有关"。[2]"轩辕之时,神农氏世衰。诸侯相侵伐,暴虐百姓,而神农氏弗能征。于是轩辕乃习用干戈,以征不享,诸侯

---

1 弗兰克·梯利:《西方哲学史》,葛力译,商务印书馆1975年版,第20页。
2 王震中:《中国古代的国家起源与王权的形成》,中国社会科学出版社2013年版,第273、275页。

咸来宾从。……炎帝欲侵陵诸侯,诸侯咸归轩辕。……蚩尤作乱,不用帝命。于是黄帝乃征师诸侯,与蚩尤战于涿鹿之野,遂禽杀蚩尤。而诸侯咸尊轩辕为天子,代神农氏,是为黄帝。"(《史记·五帝本纪》)其次,圣人获得权威还因为他在解决突出公共问题的过程中树立了威信,立下了卓越功勋,广泛受到了人们的拥戴。有关中国远古时期的水患的记忆普遍存在于后世历史典籍中,"当尧之时,天下犹未平,洪水横流,泛滥于天下,草木畅茂,禽兽繁殖,五谷不登,禽兽逼人,兽蹄鸟迹之道交于中国"(《孟子·滕文公上》),上古传说"把治水作为禹一人的事,那一定是因为禹已经神化了","禹原来是不是神,且不具论,但他被认为有功,而受到祀奉,则是事实"。[1] 在中国上古的政治传说中,英雄人物因功因德而在历史故事中被神化,乃是一种惯性思维,创造了中国历史上最早国家的英雄人物无疑也被神化了,并以神的形式获得更加普遍持久的德行推戴。

至善圣人转化为至尊圣王 伦理意义上的圣人与政治意义上的至尊二者本不是一回事,前者是伦理层面的,后者是政治层面的。西方政治传统中二者始终是分离的,所谓"上帝的归上帝,恺撒的归恺撒",就是指这种政教分离的二元化格局。有的政治传统将至善的伦理置于至尊的政治之上,甚至以神学的至善权威来兼领政治上的至尊权力,形成政权依附于神权或被融化在神权之中的格局。中国上古的至善圣人与至尊王者的关系,则是在至善的基础上确立至尊权力,由至尊权力来兑现至善伦理,而此至善伦理等虽然不能与神权完全脱钩,但在内容上又主要是日常之世俗伦理,不以信仰至上神为目的,而以在实践中行得正为准则。至善圣人转化为圣王的第一个前提是至上神,即至上神在赋予其伦理上至善内容的同时,也就赋予了他政治上至尊的圣王地位,赋予了至尊圣王以代天治理的重任,"把天之瑞令"(《墨子·非攻下》),

---

[1] 周谷城:《中国通史》(上册),上海人民出版社1957年版,第35页。

"用天之罚"(《墨子·兼爱下》)。其次,至善圣人或因功或因德获得了人们的普遍拥戴,人们因大功而歌颂感谢圣人,因大德而争相归于圣人,"天下之民皆引领而望之",形成一个"天下仕者皆欲立于王之朝,耕者皆欲耕于王之野,商贾皆欲藏于王之市,行旅皆欲出于王之涂"(《孟子·梁惠王上》)的局面,至善的圣人"得乎丘民而为天子"(《孟子·尽心下》),从而完成了从至善圣人到至尊圣王的转变。中国上古政治传统在前国家时期就已经有明显的任贤使能倾向,而最为贤能的人往往获得至尊政治地位,成为至尊圣王。在传说中的三代,天下人的贤能程度以圣人为最高,因圣成王,乃是上古时期最早国家得以形成的关键。大禹治水"有大功于民人,人类皆有一种心理:敬其父而及其子的心理,所以大禹崩后,诸侯皆朝启曰吾君帝禹之子也"。[1]

5.1.2 养民、通理与国家的职能

每个国家都诞生在特定的环境条件下,为着应对和解决特定的公共问题。不同国家的诞生背景,不论是在环境等具体内容,还是在国家要面对和应对的具体公共问题,抑或国家应对和解决公共问题的方式上,都存在着极为明显的不同。与社会日益分割为不同的政治利益集团并彼此进行激烈斗争的西方古典国家的诞生背景不同,中国上古国家诞生时期的环境与背景比较侧重于面对和解决共同的问题,其核心职能在于凝聚、团结和带领国家的成员,解决集体性公共难题,并在解决集体性公共难题的过程中形成一种特定的范式和方法。因为中国上古的国家,不是在社会生产力较为发达及生产关系较为复杂的情况下产生的,而是在生产力较低的水平上产生的;在结果或功能上也主要不是进行各阶级之间比较公正的利益分配,而是将其职能的大部分内容都放

---

[1] 萨孟武:《中国社会政治史》(先秦秦汉卷),生活·读书·新知三联书店2021年版,第14页。

在了协调关系、巩固秩序,以实现较大限度地应对共同的公共难题及普遍地改善民生上。

从国家诞生过程的有关伦理话语来看,中国上古时期国家诞生的角色伦理主要就是养民、教民,其宗旨一言以蔽之就是国家为人民而存在,具有民本价值。

立天子以为天下人 国家的诞生虽然不能排除战争及暴力因素,但也并不完全是暴力争夺的结果,而必须要有充分的公共伦理基础,以赢得广大范围内的拥戴与支持。西方古典时期的城邦国家之所以诞生就是因为氏族内部的矛盾及冲突再也不能以既有的方式解决,而解决氏族内部日益普遍且激烈的矛盾与冲突的核心办法,就是公正地立法,以良法来实现善治,社会各阶层对良法善治的广泛需求给城邦国家的诞生提供了充分的公共伦理基础及合法性支撑。在中国的远古阶段,国家还未诞生之前,虽然氏族及部落的组织网络比较健全,能够满足其内部治理的诸多需求,但氏族及部落之间的战争也此起彼伏,十分频繁,广大范围内的人群迫切需要氏族及部落彼此之间的团结、和谐与稳定。在这个情况下,国家的诞生必须首先解决广大范围内不同氏族及部落之间的重大矛盾、激烈冲突与尖锐斗争,而解决这个问题的抓手就是以结盟的方式建立由天下共主统治的统一政治共同体,其基本的践行方式就是盟誓,最著名的盟誓是《牧誓》。直到春秋时期,盟誓仍然是一种控制社会的方式。[1] 天下共主即元后或天子,它们所以存在或被拥立的公共伦理基础,就是天下人的需要,"天下无一贵,则理无由通,通理以为天下"(《慎子·威德》),天子虽然在法理上是独治天下,但他又必然也必须"立天子以为天下",其"殚精竭虑以为天下"。[2] 从这个意义上说,国家的诞生及政治的运作在中国上古话语中,并不是为了建构一个公正的利益分配平台,更不是统治者或参与者为了谋取相应的利益,而只是为了建构一套"为天下"的见义勇为机制,其中的见义勇

---

[1] 李娟:《通过盟誓的社会控制——春秋邦国盟誓的法人类学考察》,《社会中的法理》2017年第1期。
[2] 沈善洪主编,吴光执行主编:《黄宗羲全集》(第一册),浙江古籍出版社2005年版,第2页。

为者就是殚精竭虑以为天下的天子及国家机器。

得乎丘民而为天子 中国上古时期国家的宗旨集中地体现为"立天子以为天下",但宗旨能否实现却又取决于天子能否立起来。天子要立得起来,固然需要天生的圣人,但圣人能否转化为圣王在根本上却取决于他能否得到民的认可与拥戴。圣人得民的首要条件,就是爱民,并深知民在政治中的目的性地位。即圣人成为圣王在上古时期需要至上神——天的授予及许可,而天之所以需要圣人成为圣王就是寄希望于圣王能代天而治民。考察圣人到底有没有治民的能力及善待民的动机,关键就在于圣人所治的民的状况是否良好,此即"天视自我民视,天听自我民听""民之所欲,天必从之"。圣人得民的第二个条件,就是圣人不但需要深知养民、保民的重要性,而且也须在实践中有卓越能力施行养民、保民的政策,推行养民之政,在结果上使民无饥寒交迫之苦,使民在其的管辖之下,获得生产的技术及技巧,拥有自己的恒产,生活中确立必要的规范礼仪,"仰足以事父母,俯足以畜妻子"(《孟子·梁惠王上》)。在这个意义上,中国上古国家在经济层面上的职能范围要远大于价值的公正分配,将经济职能深入财富的创造中,即立足于生产出丰富的价值财富,来满足民生对财富等提出的要求。国家在很大程度上要为民之财富创造提供一定的便利条件,使民依靠自己的有效生产来解决自己的物质需求,而不是通过在民之间进行价值分配来解决民生对物质的需求。统治者得民之举的核心,就是创造民自己以劳动致富的充分条件,所谓"耕者皆欲耕于王之野,商贾皆欲藏于王之市,行旅皆欲出于王之涂",并以国家之力"使老有所终,壮有所用,幼有所长,鳏、寡、孤、独、废疾者皆有所养"(《礼记·礼运》)。

教民而通理于天下 人们在日常的生产生活中不可能没有矛盾与冲突,而矛盾与冲突又不可能仅仅停留在暴力斗争均衡的层面上,故而必须使冲突及斗争各方面都获得一个公正的结果,务使各得其所获得一种伦理上正当合理的依据。这就是慎到所谓"通理"。"通理"要求矛盾、冲突及斗争的各方都要在规范的层面上讲理,理通了,气顺了,才能事了人和,否则彼此暂时的妥协孕育着将来更大的冲突。在人们的互动过程中,如果彼此发生了纠纷,很容易陷入各自只讲自己的理的情况,似乎各自都有理,但各自的理又无法沟通及通融,以至于矛盾越来越深,冲突愈演愈烈。在这种情况下,中国上古时期国家机器注重内部秩序维护及矛盾协调的特征,就是将为天下人"通理"作为它的一个常规职能。国家的"通理"职能,首先在伦理上为每个行为者都确立一套角色化了的行为准则,不同的社会角色遵循不同的行为准则,君君、臣臣、父父、子子即是它的具体呈现。礼则是这套行为准则的概括性称谓,并且也是判断它们各自行为是否正当合理的直接依据。个人行为的正当以"合礼"为原则,只要个人自觉地"非礼勿视,非礼勿听,非礼勿言,非礼勿动"(《论语·颜渊》),人们之间的通理就可以通过"礼"来实现。国家的"通理"职能,其次还以权威的理性来判断行为的正当合理与否,即在人们没有遵循礼方面的道德自觉,并造成实际冲突与斗争的情况时,国家的权威就会以法来准确衡量行为的正当性、合理性,并以强制的方式矫正人们行为上的不正当、不合理。

5.1.3 作为国家目的的止于至善

人类某个区域内的国家的诞生在总体上提升了人类的生存状况,使内部的矛盾有所缓和,彼此的合作稳定进行,社会交往及交易的成本下降,收获提高,人与人之间的生产、生活及社会等方面关系获得了较为全面的改善。值得注意的是,国家的诞生乃是为了解决此前人类社会已经积累起来的问题,而不同的史前人类社会在长期发展中所积累起来亟待解决的问题,并不相同;不仅如此,亟待国家解决的问题各自所遵循的伦理尺度也很不相同。这就在很大程度上造成了国家诞生的过程及其所遵循的伦理尺度或标准等多种多样,在每一个独立诞生了国家的社会里,国家都只能按照长期以来积累起来的共同伦理标准或尺度行事,做在伦理上正确的事情,而不做伦理上不正确的事情。"如果没有正义,王国和大的抢劫集团有什么分别。"[1]不论伦理的尺度或标准是何等的不同,国家的诞生及其运行,都必然也必须遵循特定的伦理原则,并服务于特定的伦理目的。中国上古的最初国家,并不以公正地分配利益作为核心职能,从而它的伦理尺度或标准,也就不是用于公平分配的正义,而是保持国家在整体上和谐有序以应对外来急难险重事务的"爱"。即国家内部要保持和强化成员之间彼此的有差别的爱,而彼此之间的爱既要有爱人的真心,又要有爱人的礼制,爱人以德,爱人以礼。这就要求国家行为的合理正当不能不在伦理层次上立足,以伦理上的至善作为爱人的普遍基础,不仅伦理的觉悟是最后的觉悟,[2]而且伦理也是解决问题的根本手段。[3]

血亲间的礼法伦常之爱 中国政治从其起源的时候起就具有浓厚的血缘色彩。因为在史前时期的外在环境适应中更多地依赖集体性的力量,中国得以在生产工具还比较落后及生产方式还没有突出个体力量的情况下,就进入政治上较为发达的状态,所以血缘关系网络中的权威及人伦关系就很自然地保留在了人们的政治生活中,并在人们的政治生活中产生了决定性影响。在这个政治传统中,人们彼此之间的政治关系,虽然不能排除利益方面的内容,但整体上必然是建立在根基于血缘的亲爱之上,包裹在血缘之中的。[4]既然政治上的上级同时还是血亲关系中的尊者,反之,血亲关系中的尊者也总是政治上的上级,那么,政治上的权威也就必然立足并根基于伦理上的尊贵,而政治上的服从在很大程度上也建立在血亲关系中的卑的地位。血亲关系中的伦常之爱及礼法规范,不仅在政治关系中较为完整地保留了下来,而且还因为获得政治权威的保障而变得高度自觉化,即"国家成立以后很久的时期,氏族纽带

---

1 里普森:《政治学的重大问题:政治学导论》(第十版),刘晓等译,华夏出版社2001年版,第51页。
2 陈独秀:《吾人最后之觉悟》,《新青年》1916年第1卷第6号。
3 金观涛、刘青峰:《中国思想史十讲》(上卷),法律出版社2015年版,第14页。
4 李泽厚:《中国古代思想史论》,人民出版社1985年版,第8页。

还很强韧地起着作用"。[1]政治在根本上就是做伦理上正确的事情,并必须合乎伦理以确保其正常存在与运作。而所谓伦理上正确,在中国上古时期的内容要求,就是礼法上的尊卑贵贱及伦常上的爱有等差,人们彼此之间在伦常上的爱因角色不同而内容不同,并由此形成礼法上的尊卑贵贱。

爱人是国家的伦理尺度 中国上古时期的政治关系以血亲为主,并广泛地存在着拟制血亲的关系,因而政治在社会中的作用主要不是公平地分配,而是维持人与人之间的礼法伦常之爱。从中国古代政治思想家论述的国家起源来看,不能否认国家作为一个权威性的分配价值体系的重要性,即如果没有国家权威的有效作用,人们在如何处理分配问题上就很难达成一个共享的礼的结果。但这个共享的结果又不同于西方政治传统所强调的公正分配,即彼此之间在价值的分配问题上并不是以权利为内容,也并不形成合乎正义的权利义务关系。不论是权利,还是义务,在实质上都是由政治权威决定和分配的,任何个体都不能以权利的分享或义务的分摊为动机来进行政治参与,而只能听候国家权威的裁断。而国家权威分配价值的标准或尺度只能是伦理的爱人,即价值的权威性分配要合乎爱人的伦理目的,既不会置人的基本生存需求于不顾而单纯地追求公正的分配,也不会平等地对待一切人,而必须要在价值的权威性分配上合乎伦理意义上的尊卑贵贱有等原则。实际上,国家存在的第一伦理目的就是爱人,贯彻以人为本的基本原则,既强调要维护人的自然生命,也强调要让民的行为在价值上合目的。而人或者是以至上神的意志为目的,如商周时期人存在的目的性来自帝或天;或者是以某种伦理的原则为目的,如荀子等认定人的存在目的即来源于普遍的礼。

国家以成人为伦理目的 国家的出现虽然必定是为了满足社会生活的某种需要,而且也必然存在着各个不同类型的国家都需要满足的共同需求,如权

---

[1] 傅衣凌:《明清社会经济变迁论》,人民出版社1989年版,第4页。

威的供给、秩序的保障、冲突的缓解、纠纷的解决等,但是每个国家都有自己的目的伦理,都追求实现或达成一定目的的伦理功能。这种功能的实现,在一定程度上衡量着国家存在的价值合理性,只有在价值上合理的国家,才可能去做价值上合理的事情,并由此而获得国家所需要的正当性及合理性基础,否则国家就会因失去存在的必要价值基础而成为一种纯粹的暴力系统,与强盗无异。[1]中国上古时期的社会之所以迫切需要国家,就是要在内外挑战面前继续强化内部权威、巩固内部团结。因此它需要在共同体内部寻找共性纽带,进而以维系纽带的要求为内容来规范共同体成员的行为,达成行为的规范性及彼此的协调性。中国早期国家的出现就内部职能而言,在很大程度上,就是为了共同体整体的协调性、秩序性及必要的权威性,并根据整体需要来差异性地安排个体。人在价值上的善恶以此为标准来进行判别,合乎这个需求的人,就是善人;不合乎这个需求的人,就是恶人。国家目的伦理在内容上落实下来就是实现伦理至善的"成人",[2]即培养伦理上至善的善人。赏善罚恶,这个伦理目的,实际上在国家存在之前就已经存在,只不过那个时候它是作为氏族或部落共同体的伦理目的,而当这个伦理目的在氏族或部落的层面上得不到很好满足时,它就在客观上提出了建立一个更大的共同体——国家的伦理需求,而国家也首先是这个伦理需求在目的上得到满足后的产物。

5.2 礼、法、俗的规范融通与伦理善性
——中国古代制度文明的基本特点论略

在世界主要的古代文明国家中,中国古代的制度文明不仅源远流长,其起

---

1 里普森:《政治学的重大问题:政治学导论》(第十版),刘晓等译,华夏出版社2001年版,第51页。
2 张师伟:《中国传统政治哲学的基本问题及其命题归类》,《政治思想史》2011年第1期。

点可以溯源至有考古材料证明的新石器时代;而且自成一体,其形态完整,特征突出,不存在对于其他制度文明的明显借鉴或继承;甚至绵延不绝,不但比较独立地延续了数千年,而且直到遭遇西方近代制度文明,她都始终保持着一个成熟的制度文明的强劲活力。实际上,中国古代制度文明在清代中期达到了她的"过度成熟"阶段。[1]这既表现为清代的制度体系维持着一个广土众民的多民族统一大国,也表现为清代的制度体系基本解决了历朝历代制度难以解决的许多痼疾,更表现为她的制度文明与精神文明有着很强的互联互通性,从而成为一种虽然在世界上形态已经落后但仍然享有充分合法性且极其稳定有效的制度文明体系,达到了古代政治制度的"最完善"阶段,[2]直到晚清政治改革时仍然有不少士大夫钟情于她。中国古代制度文明的活力、效力及影响力在西方殖民者来到东方以前,一直具有强势的地区辐射力,并以整体性的形态及指导思想上的优势,深深地影响并塑造着东亚区域的制度文明,即"儒家学术思想长期影响古代政治制度"。[3]东亚地区古代的制度文明在整体上具有明显的儒家特质,在制度的层面上形成了具有明显儒家形态特征及价值倾向的文明共性。

中国古代的制度文明之所以能绵延不绝,并产生广泛深远的历史影响,还在一定的区域范围内起到了重要的形态塑造和价值引领作用,关键就在于她具有一系列独特的基本特点。这些基本特点,既表现在她的制度内容上,也表现在她的存在形态上,还表现在她的运行方式上,更表现在她的目的、宗旨及价值导引上等,所在多多,不一而足。如果从各项制度执行的机制上看,中国古代制度文明存在着很强的道德色彩,即所有领域的制度既负有不可推卸的道德义务,也都有着强烈的道德驱动,还会导致违反制度者背负很强的道德愧

---

[1] 陈旭麓:《近代中国社会的新陈代谢》,上海人民出版社1992年版,第3页。
[2] 白钢主编:《中国政治制度史》(下卷),天津人民出版社2002年版,第792页。
[3] 韦庆远、柏桦编著:《中国政治制度史》(第二版),中国人民大学出版社2005年版,第13页。

疚。如果从政治制度在制度体系中的影响和地位来看,中国古代的制度文明又具有很强的政治色彩。这一方面表现为政治制度在塑造和形成社会制度体系的过程中具有举足轻重的决定性地位,一个时代的社会制度体系往往是政治制度影响的结果;另一方面违反社会制度必然会遭到来自政治制度的强力制裁,社会制度的执行及修复除了依赖道德,就是依赖政治强制力。[1]所以即使只是论述中国古代制度文明的基本特点,也要面临内容选择方面的诸多难点。本节拟从中国古代制度文明的独特社会基础、特别形态、指导思想、运行程序及社会效果等方面,简述中国古代制度文明的几个宏观基本特点。

5.2.1 血缘宗法的社会基础与制度结构的尊长集权主义特点

中国古代的制度文明拥有十分独特的社会基础,而这种独特性正来自中国上古进入文明国家的特别路径。实际上,不论是从考古发掘所获取的材料来分析,还是从上古神话传说系统所提供的材料来分析,中国在上古时代进入文明国家并不是一个制度建构的自觉过程,而是一种渐进维新式的制度渐变过程,从而在从原始阶段进入阶级社会的时候保持了社会制度体系整体的稳定性及连续性,"早期国家机器的各个环节是由氏族公社内部的各级家长演变而来的"。[2]这就意味着在政治国家出现并开始自觉地维护社会制度体系及其权威运行的问题上,上古时期的中国国家政治制度体系不仅并未建立在原始社会制度体系解体的基础上,还运用政治制度体系自觉地维系和巩固了原始时期的主要社会制度体系。原始阶段的社会制度体系在经过政治制度体系的系统整理加工后更加巩固,而政治制度体系也就自然而然地建立在了社会组织制度体系比较原始的基础之上,在"国家成立以后很久的时期,氏族纽带还

---

[1] 张师伟:《民本的极限:黄宗羲政治思想新论》,中国人民大学出版社2004年版,第173—176页。
[2] 韦庆远、柏桦编著:《中国政治制度史》(第二版),中国人民大学出版社2005年版,第15页。

很强韧地起着作用"。[1]这就是中国上古史研究者曾经热议过的中国上古文明国家的早熟特征。所谓早熟,就是指相对于西方古代希腊等以先进生产工具、生产关系及社会制度等为前提进入政治国家阶段而言,中国上古时期是在生产工具主要为石器及生产关系、社会制度体系等并未发生重大变化的基础上进入政治国家阶段的。这就在制度结果上造成了中国的社会制度体系及政治制度体系等都包裹在了层层血缘关系之中,并以维护和巩固整个社会制度体系的血缘关系特征为其自觉的制度使命。

5.2.1.1 中国古代制度文明的血缘宗法社会结构

中国古代的制度文明是在一个相对完整的历史环境中独立地生发出来和发展起来的独特体系。实际上,每个古代的制度文明如果是在相对完整的历史环境中自发形成和发展起来的,就一定是一个独特的体系。但如果其制度文明的发生显然接受了外来制度文明的强势影响,该国古代制度文明的独特性就会在实践中大打折扣,因为强势的外来制度文明总会在该国的制度文明结构及发展历程中产生重要的制度结果,并留下浓厚深远的历史影响。中国的古代制度文明是在一个相对完整的环境中发生和发展起来的,不论是在制度的孕育、生成阶段,还是在制度的发展各阶段,始终难觅外来制度文明产生明显制度结果及历史影响的实例。在无外来制度文明强有力影响的条件下,中国古代的制度文明不仅具有自己完整的逻辑框架,使得各项制度的功能在逻辑上相互衔接,构成了一个完整的制度体系,而且也具有从社会基础中产生出相应制度体系的完整机制,充分展现了社会结构对制度形态等的基础性决定作用。[2]

---

1 傅衣凌:《明清社会经济变迁论》,人民出版社1989年版,第4页。
2 韦庆远、柏桦编著:《中国政治制度史》(第二版),中国人民大学出版社2005年版,第10—11页。

中国古代的制度体系既然具有自身的独立且独特的形成机制,并且比较完整地展现了社会结构对制度体系的基础性决定作用,那么从中国古代社会结构的主要特征就可以合乎逻辑地推导出中国古代制度文明的核心内容及根本特点。从文献中可知的历史阶段开始,中国社会的结构就表现出了血缘氏族的宗法特征,从殷商到西周,血缘氏族结构的宗法特征得到了来自政治的强化,从而成为整个制度体系的决定性结构特征。[1]西周时期的宗法制与分封制的结合,不仅在共同体层面形成了一个立体的血缘关系网络,更在共同体内部构成了一种普遍的血缘宗法组织及相应制度体系,从而使得整个共同体的一切生活都被完完全全地纳入宗法血缘的网络之中,并按照宗法血缘的制度体系来完成运作,"殷周体制,仍然包裹在氏族血缘的层层衣装之中"[2]。在中国古代的制度体系中,宗法血缘组织及制度具有基础性地位,其他方面的组织及制度体系只能是它的衍生和发展。不仅国是扩大了的家,而且家也是一个微缩的国,家国一体、家国同构,化家为国、化国为家。社会组织只是宗法血缘组织的仿照物,其组织内的关系及规矩完全参照宗法血缘组织的制度模式,如商行或帮会里的师父与徒弟,彼此之间奉行着"一日为师终身为父"的关系法则,或地下社会里的兄弟结义,彼此之间奉行着"长兄如父"的关系法则。

在中国古代的社会组织网络中,血缘宗法组织既然具有基础性的地位,那么它在制度上的需求就会优先得到满足。一方面,这是因为国家机器以政治手段推广和维护宗法血缘的组织网络及内部运行方式,当宗法血缘的组织网络表现出制度需求的时候,国家机器会及时主动地进行制度供给,以满足血缘宗法生活网络里的制度刚需。另一方面,宗法血缘组织在制度规范等方面也有自己的自主创造性,它们在自己的日常运作中会在实践需求急迫的情况下,进行一些重要的组织及制度方面的创新,比如宋代的义田、义塾等。这些日常

---

[1] 李泽厚:《中国古代思想史论》,人民出版社 1985 年版,第 8—10 页。
[2] 李泽厚:《中国古代思想史论》,人民出版社 1985 年版,第 8 页。

生活里的组织及制度创新既可以满足自身生活的制度需求,也具有一定的示范性,对其他类型的拟制血缘宗法组织产生重要的影响。在中国古代的历史发展中,作为社会生活体系最基本单位的血缘宗法关系及组织网络一直具有基础性的重要地位。作为一个人的完整一生,不仅完全可以只在一个这样的基层组织网络里完成,即他从生到死的一切制度需求都可以在血缘宗法组织的层面上得到满足;而且就算他走出了自己土生土长的基层血缘宗法网络,也还是会遇到一个以基层血缘宗法网络为样板的国家层面或行业层面的拟制血缘宗法组织,或是遇到一个拟制宗法关系的帮会组织等。

中国古代的制度体系以血缘宗法的社会结构为基础,并以满足血缘宗法社会生活的制度需求为导向,形成了一个由社会结构所决定的完整的制度文明体系。只要中国古代的社会结构没有发生根本性的变化,中国古代制度文明的基本形态、结构特征及具体内容等也就不会发生根本性的变化,而社会结构一旦开始改变或发生大的变化,中国古代的制度文明体系将再难维持其完整形态及基本特点。

5.2.1.2　中国古代制度文明核心细胞与基本形态

中国古代的制度文明存在着由社会结构所决定的基本形态,而这个基本形态的存在则又以一定的核心细胞为前提,正是这个核心细胞层面上的制度形态构成了中国古代制度文明体系的基本类型,也可以说是构成了中国古代制度文明的基本形态。这里所谓核心细胞和基本形态,具有一定的对应性。中国古代制度体系中的核心细胞在制度形态上具有一定的完整性,因此对一个核心细胞的制度体系进行深入系统剖析,不仅可以获得关于中国古代制度文明的整体性形态特征及基本功能的基础知识,还可以从结构上进一步明确中国古代的制度文明体系就是由一系列核心细胞所确定的制度体系和仿照核心细胞所确定的制度体系结合而成的。在中国古代的制度体系中,如果从内容的丰富性及形态的复杂性上进行比较,当然要数国家层面的政治制度在内容上最为丰富、在形态上最为复杂,但内容如此丰富、形态如此复杂的政治制度在制度的基本内容及形态的核心特征上却与典型的血缘宗法大家族极为类似。从古代大家族制度体系的内容等来看,累世同居的大家族在制度建构上俨然就是一个具体而微的国家。即使是比邻而居的非同居大家族也在制度的诸多方面上具备相当强的政治特征:内容全面,层次分明,且具有相当程度的政治强制性。[1]实际上,贵族家庭虽然是典型的血缘宗法组织,但也无可置疑地包含着比较明显的政治方面的组织与制度内容。在家与国的转换过程中,后来的君臣或者拟制家长与成员的关系,或者拟制兄弟的关系,而后再在家庭或拟制家庭的制度基础上建构国家的制度框架及体系。

中国古代的家庭、家族、宗族等,并不仅仅是血缘亲族组织体系,也不仅仅是一个满足人们家庭亲情需要的社会组织,还是一个具有广泛功能、涵盖了生活诸多方面的事业单位。[2]这个事业单位具有相当完整的形态和相当完善的功能,个人生活的一切功能性需求均可在其中得到满足,而个人生活所需要的诸多制度等也基本可以从中得到供给。首先,家庭、家族或宗族作为典型的血缘宗族组织,具有一套严整的内部秩序,其秩序的要点就是上下尊卑、亲疏远近有序,而身处其中的个体只有对血缘宗法组织的无限义务,并无一丝一毫的个人权利。这就决定了家庭、家族及宗族的制度在功能上主要就是维系血缘宗法组织内部的等级尊卑秩序,并实现个体人对宗法血缘组织的无限义务。其次,个体在家庭、家族及宗族内部的生活,不论是经济领域的生产、分配和消费,还是个人的生老病死,抑或个体的文化、婚姻、信仰等生活内容,无一不可在家庭、家族及宗族的范围内得到满足,并且绝大多数人也只能在这个范围内得到满足。关于个人生活范围及领域的绝大多数制度规范在家庭、家族及宗

---

[1] 徐扬杰:《中国家族制度史》,人民出版社 1992 年版,第 271 页。
[2] 费孝通:《乡土中国》,北京出版社 2005 年版,第 57—58 页。

族的层面上,构成了一张覆盖范围广泛及功能齐全的完整网络。作为血缘宗法基层组织的家庭、家族和宗族,构成了中国古代制度文明体系的最基本单位,其中家族制度"成了封建制度的重要组成部分,由血缘关系产生的族权成了仅次于政权的一种有系统的权力,在人们的政治生活中起着十分重要的作用"。[1]

中国古代在制度文明形态上不同于西方等社会的地方,在其最核心的组织细胞上,可以明显地看出来。因为中国古代的基层血缘宗法组织是一个功能未加分化的综合性社会细胞,它能够为个人生活的一切领域提供充分的制度供给,而个人的生活几乎无一例外地被包容在了血缘宗法之中,并都染上了血缘宗法的色彩。这就在形态上形成了中国古代制度文明的框架综合性与内容包容性的特点。中国古代各种制度都可以从家族中诞生,还可以毫无障碍地在家族内部存在、运行和发展,并且通过家族制度的框架达到各项制度的融通。中国古代制度文明的这个特点上升到国家层次,就是作为国家体系的政治制度具有了类似于家族制度的特点,表现为形态上的综合性及内容上的极大包容性。中国古代政治制度之外的一切制度,都可以而且也必须被包容在政治制度之中,在其必要的时候接受政治组织的制度约束,概莫能外。

5.2.1.3　中国古代制度文明尊长集权的组织结构

中国古代的社会生活内容及其组织形式,具有十分突出的血缘宗法特质及家族本位特征,个人在组织网络及社会生活中的地位极其卑微,只不过是宗法血缘组织网络上的一个绳结,或者血缘宗法家族池塘里的一丝涟漪。[2]家族本位的生活内容及其组织形式,很早就在制度体系上形成了一个尊长集权的组织结构。在父权宗族内,"父祖是统治的首脑,一切权力都集中在他手中,在

---

[1] 徐扬杰:《中国家族制度史》,人民出版社1992年版,第9页。
[2] 费孝通:《乡土中国》,北京出版社2005年版,第32页。

家庭中拥有至高无上的权力"。[1]这就意味着个体在社会生活中,既不具备选择自己生活内容的权利,比如对于个人而言极其重要的婚姻也不能不依附于家族,而成为家族间通好及为家族繁衍后代的纯粹工具,个人能否接受教育以及接受什么样的教育等也是由家族来决定的;也没有自己独立的生活空间,这在财产上集中表现为同居共财的大家庭或家族经济,个人无私财,而在观念形态上则表现为普遍理想人格中的无我、无私、无欲等。[2]个人在这样的组织网络及制度规范里只不过是一个奉献自己的一切给大家庭、家族及宗族的工具,而他奉献自己的动力则或者来自其内在的道德,或者迫于外在的强力,又或者二者兼而有之。不论个人的道德动机何等高尚,他在大家庭、家族及宗族中也只能是一个纯粹的义务载体,不仅无权参与管辖大家庭、家族及宗族的一切事务,就连自己的一切也绝不能不交给家长或族长掌控,就算是争取正常的权利也必然会被归类为争权夺利,而争权夺利却总是一种不合道德的恶劣行为。

中国古代社会的生活内容及组织形式既然采取了血缘宗法的组织体系及制度规范,既然在制度规范上强化了普通成员的纯粹义务,那就不能不在生活的组织及运行管理上采取个人集权式结构,而在血缘宗法的组织体系中适合进行集权的个体只能是父家长及族长。这就决定了血缘宗法组织在结构上必须要突出地树立父家长及族长在家庭、家族及宗族中的至高权威。古代所谓"天无二日,士无二王,国无二君,家无二尊"(《礼记·丧服四制》),就典型地突出了在家的层面树立父家长至高无上权威的重要性。这种至高无上的权威通常都会表现出家族或宗族内部事务决策上的尊长集权,即尊长在家族或宗族内部事务的决策中具有独断专行的强势性及强迫性,而尊长之独断专行乃是由组织结构所决定的尊长集权式的特点。有关这个特点的准确描述最早可

---

[1] 刘泽华、汪茂和、王兰仲:《专制权力与中国社会》,天津古籍出版社2005年版,第5页。
[2] 刘泽华、李冬君:《论理学的圣人无我及其向圣王专制的转化》,《复旦学报》(社会科学版)1990年第3期。

以上溯到《尚书》中的《盘庚》,其典型性首先集中在国家的君主身上,在家的层面上也有相当强烈的表现,"君主在当时国家中拥有说一不二的绝对权威","中国古代的国家机器从文明刚刚到来之初,就走上了一条君主专制的道路"。[1]

尊长集权的结构特点在家族或宗族中表现为父家长或宗族长集权,而在国家层面上则表现为君主集权。实际上,君主集权和父家长集权之间具有历史及法理上的连带关系。一方面,君主集权的体制本身就是从父家长集权的体制中衍生和发展出来的,中国上古王朝政治之起源往往追溯至一个父家长集权的家族始祖;另一方面,君主集权往往还要通过父家长集权的社会网络落实其主张及意志,没有父家长集权的社会网络来承接,君主集权的决策结果等就无从在社会中落实下来。尊长集权不论在家族层面,还是在国家层面,都并不意味决策没有其他人的参与,甚至也不意味尊长会在实践中没有任何制约,而只是意味着尊长在实际的决策中具有最后决定和坚决执行的权能。即便尊长在决策中一意孤行,他也不用担心决策的执行会被正式的制度搁浅以及在事后会受到任何惩处。在决策及推行决策方面,尊长具有不可被分权、不可被制约及不能被追究的权能。刘泽华先生将以君主为主要代表的尊长所享有的权能的不可分割、不受制约及不被追究等概括为"五独"。[2] "五独"的说法虽然主要是针对君主集权而言,但放在家族的层面来形容父家长也基本适用。

5.2.2　礼、法、俗的规范融通与制度思维中的尊卑贵贱亲疏

中国古代的制度文明在起源及形成路径上有特别不同于西方的方面,且它的社会结构基础又具有典型的血缘宗法特点,再加上制度在结构范式上还

---

[1] 刘泽华、汪茂和、王兰仲:《专制权力与中国社会》,天津古籍出版社2005年版,第4页。
[2] 刘泽华主编:《中国传统政治哲学与社会整合》,中国社会科学出版社2000年版,第159页。

表现出尊长集权的明显特征,这些要素连同其历史环境共同决定了中国古代制度文明在制度的实质内容与形式特征上表现出十分明显的民族性。所谓制度规范的民族性最突出的方面就是礼在中国古代的制度文明中占据着核心地位,发挥着决定性甚至是支配性的绝对影响。各个国家的制度文明因为产生的路径及历史条件、社会基础条件的不同,从而导致其在核心性制度的形式、程序及内容上也各不相同。在中国古代制度文明发展和成熟起来以后,她的核心性制度是礼,而原始时代的"礼"则是中国古代制度文明中最早的制度系统,可以称得上是中国古代制度文明的母亲。作为各种制度形式的孕育之母,原始时代的"礼"虽然还未脱离蒙昧状态,却无可置疑地融入了早期国家生成的历史过程,还决定性地影响了早期国家阶段各项社会制度形成的政治过程,并成为各项制度的基本精神指导、主要内容规范和核心程序规则。从礼在中国古代制度文明中的核心作用来说,礼上通于天地万物,并在国家制度层面与君主所立之王法水乳交融,还在社会生活中如水银泻地一般融化于民俗之中,全面、立体、始终、坚决地体现和维系着各项制度规范的核心价值——尊卑贵贱亲疏。[1]

5.2.2.1 君主集权国家体系及制度文明中的礼法融通

中国早期的国家体系及其制度系统是在此前原始血缘氏族组织的基础上,以渐进的方式形成的,早期国家的出现在中国并不是摧毁原始氏族本身,甚至也不是动摇原始氏族的基础,而只是以国家的形式对原始时期的血缘氏族组织进行了政治化的加工,并使得到规范的原始血缘组织获得了政治组织的外观。这样,中国早期国家就通过政治上维新的方式,在社会生产工具及生产关系未发生重大变化的情况下,在继承血缘氏族组织的权威和制度遗产的

---

[1] 刘泽华:《中国的王权主义:传统社会与思想特点考察》,上海人民出版社2000年版,第244—252页。

基础上，出现在了中国远古的历史舞台上。与希腊及罗马的早期国家形成路径不同，中国早期国家的形成既没有遇到权威方面的危机，因为中国早期国家出现时血缘氏族组织并未被经济关系解体，氏族内部的分化也没有产生债务奴隶等，所以血缘氏族内部的亲族权威就没有遭遇到挑战；也没有经历制度方面的再造，血缘氏族的制度遗产完全被继承了下来，而无须通过国家立法来大量地替代血缘氏族时期的法。在中国的远古时代，当国家成为需要并成为可能的时候，血缘氏族组织所面对的问题乃是政治如何巩固血缘氏族组织的体系，维系血缘氏族组织内部的和睦及彼此间的和谐，加强血缘氏族组织的活力，并以赋予血缘氏族组织以政治属性与特质的方式来解决血缘氏族组织政治化，等等。既要形成领导血缘氏族组织的政治角色、政治权威，又要形成血缘氏族组织内部的政治化规矩、法令等，以推动早期国家的跨越性历史进步。在中国远古阶段，早期国家的产生确实起到了让血缘氏族组织发生政治化、国家化等重大历史性转变的作用，并形成了中国早期国家血缘氏族宗法特征浓郁的结果。[1]

中国上古时期的国家均以血缘氏族为基础，不论是传说中正在形成早期国家的尧舜时期，还是早期国家刚刚形成的夏商时期，抑或早期国家趋于成熟的西周时期，国家的各种政治关系、政治角色、政治规范等都包裹在层层血缘之中，具有强烈的血缘氏族特征。[2]这就在制度资源上造成了一种历史性的路径依赖，即从血缘氏族组织的内部继承而来的制度资源，大多属于巫史之礼这一类。不仅血缘氏族组织的公共生活及其内部成员之间的规范关系，都通过代代流传的礼来规范，而且血缘氏族组织的领导者也要以礼来引领、规范成员日常的角色、关系及行为等。刑之起源于中国固然也很早，也可以追述至部落时期的血缘氏族组织，但其使用对象一般仅限于身份卑贱者或者危害性极大

---

1 刘泽华、汪茂和、王兰仲：《专制权力与中国社会》，吉林文史出版社1988年版，第2页。
2 李泽厚：《中国古代思想史论》，人民出版社1985年版，第8页。

者,它的使用带有侮辱性,而绝不仅仅是惩罚性。血缘氏族组织在政治国家中得到了强化,也得到了规范,并逐步成熟地转变为血缘宗法组织,以宗法关系自觉地强化和巩固了血缘关系中的政治特质。当早期国家在西周时期趋于成熟的时候,君主集权国家体系及制度体系中的礼法结合特征,就已经特别明显,无礼无以立规矩,无法无以惩恶徒。不仅角色、关系及行为等要合乎礼,天地万物也都要合乎礼,这就达到了在礼的层面上沟通人与天地万物的结果,并将礼作为了"天地之序",而法之刑在这个时期就只能是礼的补充,礼法结合即礼刑结合。虽然礼与法曾短暂地对立,但在秦汉以后即日渐走向融合,并且再次回到了西周时期确立的礼主法辅格局,以礼导法,以法护礼,礼法结合,以礼为主。

中国古代国家体系及国家制度层面上的礼与法,虽然在一些理论家的观点中及个别的历史阶段上处在对立状态,如在先秦时期,儒家与法家在礼法关系上的看法就根本对立,儒家推崇礼治而法家推崇法治,一些诸侯国重视礼的作用,一些诸侯国重视法的作用,礼法之争在理论和实践中都比较激烈。但自西汉奉行王霸道杂之的统治术以后,礼法的对立就逐渐消融,在国家制度层面则从礼法结合逐步地发展到礼法融合的高度。礼法融合的前提是礼在制度领域占据了至高无上的地位,并以制度之母的方式对国家层面的整个制度体系施加整体的决定性影响。首先,这种整体的决定性影响是世界观和方法论层面的。礼作为一种有着系统的理论支撑的制度规范,以其背后的系统理论向各项制度提供了一种类似于普遍规律的东西,以决定制度的内容体系及其中的重要关系法则。它实质上代表了儒家的世界观与方法论,体现了儒家思想对国家整个制度体系的范式性影响。其次,这种整体的决定性影响还体现在内容输入上,即礼试图将自身的内容比较完整而强势地输入到有关的制度规范中,对有关的制度规范进行着儒家所确信的尊卑贵贱、亲疏远近等内容上的改造，使其最大程度地儒家化，其中法的儒家化尤其具有代表性。[1]最后，这种整体的决定性影响也体现在礼所发挥的制度价值导引作用上。这就是将礼的精神原则贯彻深入各项具体制度中，并确立了以礼来评判制度优劣好坏的价值尺度。国家体系及制度的诸多内容都具有了法的外观，而法的指导精神及价值理念则完全出自礼，中国古代君主集权国家体系及制度文明中的礼法融通由此形成，并日趋于巩固，直到中国传统制度体系崩溃，都未曾动摇礼的这种地位。

5.2.2.2 乡土社会治理体系及其制度规范的礼俗融通

中国自古就是一个广土众民的大国，虽然这个大国在政治上保持着大一统的主导结构，并保持了一种政治、伦理、价值等层面的高度同一性及统一性，全国各地在核心价值及主要统治制度上保持着高度一致，追求着秩序的大一统，形成一种"宪制秩序"；[2]但是作为一个广土众民的国家，各地具体的物产情况及风土人情存在着极大的差异，从而不可避免地存在着各不相同的乡土基层社会。不同的乡土基层社会之间在具体的制度规范上也存在着明显的差异，比较常见的差异就是在制度内容上存在着彼有此无与彼无此有的情况。尽管存在着具体制度层面上的内容差异，但不同地域的乡土社会之间在制度规范及核心价值等方面还是存在着根本的共同之处，从而不同乡土社会在制度比较上的结论就自然只能是大同而小异。所以如此，当然首先是有强大统一的中央集权国家机构，其次也离不开儒家为国家提供的广为流传的核心价值及作为其制度规范集中体现者的礼。自从儒家在国家政治意识形态领域占据了主导地位的西汉以来，儒家之礼学就相当兴盛。伴随着儒家经学地位的

---

[1] 瞿同祖：《中国法律与中国社会》，中华书局1981年版，第328—345页。
[2] 张强：《作为宪制的"大一统"思想——论古代中国一统思想下的宪制秩序》，《南海学刊》2015年第1期。

日益尊崇,礼作为一种规范的制度价值也得到了相当的体现。中国古代重要的王朝如隋、唐及宋、元、明、清等都曾颁行礼典,为社会广大阶层的生活提供一种应然秩序指导,并强化国家颁行之礼对各个地域基层社会之俗的教化、濡染和改造。一方面是循吏们以礼化俗的移风易俗,另一方面就是礼入于俗,礼俗融通,并由此形成一套乡土社会治理的制度规范体系。

在乡土社会治理的制度体系中,礼俗融通的一个重要表现就是礼化为俗,成为日常风俗、民俗的重要组成部分。这在很大程度上既要归功于国家政治体系广泛推广儒学和儒家教化的政治努力,也要归功于孜孜以求永不懈怠地在民间社会传播儒学和推广礼教的士大夫们,还要归功于古代社会里那些将儒家教化融入剧本、戏曲、通俗小说、评书等的艺术家们,上述诸方面的共同努力促进了儒家之礼融于俗、转化为俗的历史进程。中国古代的国家并不仅仅是一个统治与管理的系统,还是一个教化的系统,她在解决常规秩序及公正等问题之外,还要解决人所以为人的伦理问题。这就在根本上决定了中国古代的国家体系并不是一个分层分级的分权体系,而只能是一个大一统的集权体系。虽然因为地域广大及事项复杂繁多而不能事事尽如集权君主之意,但是君主既然作为国家的集权者,理所当然地要为广大的多元化地域社会提供一套核心的共同行为规范。这个共同的行为规范就是与社会核心价值体系相匹配的礼。集权之君主通过广兴教育、颁行礼典、派员教化等诸多手段,将作为共同行为规范的礼融入各地之俗,务必使得地域社会范围里个人的角色、彼此关系及行为范式等都遵循着礼的正式规范。久而久之,这些原本是礼的内容也就融入各地之俗中,并成为俗之中有强制性影响的核心方面。礼融于俗,并渐渐地以礼为俗,其结果就是礼所强调的核心要素,如尊卑贵贱、亲疏远近有等成为俗的本质特征。而将各地之俗纳入君臣父子夫妇的纲常网络之中,即既将君臣父子夫妇等嵌入地方社会,又以纲常伦理裁断和净化地方社会。

礼俗融通在乡土基层社会里的另一个重要表现就是礼改造了俗,使得俗的内容连同其指导思想都发生了根本的变化,并在人们的行为层面明显地形成了儒家化特征加强的结果,强化了乡土基层社会的儒家化特征。[1]这种变化在两宋以后的乡土社会制度体系里特别明显。儒家以礼改造了俗,使得乡土基层社会之俗按照礼的要求,发生了诸多重要变化。不但俗之制度规范变化的范围极为广泛,涉及社会生活的方方面面,而且礼在根本上改变了俗的价值导向,特别强化了俗的向善功能,而明显地降低了俗的娱乐功能。两宋以来,儒家之学在社会广为流传,在儒学之中又以儒家之礼学对社会制度影响较大,而通过礼影响和改造俗的发起者与主持者往往就是熟读儒家礼学典籍且深有体会的士大夫。乡土社会里的基层读书人,或以流行的儒家礼学著作为典范,在日常的生活领域推广礼学,以礼学之内容及精神改造社会之俗的规范,如《朱子家礼》就在对人们日常生活之俗的规范方面产生了决定性影响,黄宗羲在《明夷待访录》中就曾表明要一遵《朱子家礼》;[2]或以自己对礼学的研究为基础,创立一套被礼改造过的社会生活日常之俗规范,这种俗规范因与地方社会的儒家化契合而深入人心,如《吕氏乡约》就是这样一套被儒家之礼深彻改造过的日常生活之俗规范,[3]而在宋元明清时期类似这样被礼改造过的乡土社会治理制度规范中的俗规范,几乎可以说是数不胜数。

5.2.2.3 中国古代制度思维以礼为纲的尊卑贵贱亲疏

在中国古代的制度文明体系中,西周礼制和儒家礼学具有十分重要的核心统帅作用。不论是在国家制度建构层面,还是在早期乡土自治制度建构层面;也不论是在家庭范围之内,还是在村落、州县范围之内,抑或在行业范围之内,但凡制度的建构都与礼制及礼学有着密不可分的联系。西周礼制的内容

---

[1] 瞿同祖:《中国法律与中国社会》,中华书局1981年版,第328—345页。
[2] 张师伟:《民本的极限:黄宗羲政治思想新论》,中国人民大学出版社2004年版,第202页。
[3] 杨亮军:《宋代基层社会治理体系中的乡约——以蓝田〈吕氏乡约〉为中心》,《甘肃社会科学》2015年第4期。

丰富细致，涉及社会各领域及个人各方面，具有内容上的丰富性及程序上的完整性，以至于人们的视听言动皆可以纳入礼的规范之内，而孔子儒家之礼教也旨在使人"非礼勿视""非礼勿听""非礼勿言""非礼勿动"。"礼之用，和为贵"，这个基本精神被贯彻到了中国古代制度规范的各个层级与各个方面，但是"礼"之"和"却并非一味地和睦与和谐，而是要与非礼之视听言动等展开斗争。这在一定意义上也表明了礼之用的"和"实际上有着特定的条件，只有满足这个条件，才能做到制度规范意义上的"和"，否则就不能实现"和"。礼在制度规范中的"和"，实际上乃是一个整体性的价值，既强调了整体内部的不冲突，也要求了内部各部分之间的有秩序，还要求了发生秩序关系的要素彼此之间在关系中应处于不平等的地位。这就是上古哲学理念中所谓的"和实生物，同则不继"（《国语·郑语》），而各种制度规范的指导思想恰恰也就在一个"生"字。天地万物就是一个生生不息的秩序体系，生生不息而有规律规则。人世间生生不息的规则就是各项制度规范。

人世间各项制度规范所追求的"和"，必须见之于礼，即必须要在制度规范的建构过程中遵循着礼的精神，才能实现秩序层面的和之价值。礼在制度规范里的应用具体来说就是两个方面：第一，礼首先以"分"的精神，将制度规范里所涉及的人与事，分成不同的等级，以便使不同等级的人能对应不同等级的事情。这实际上就是在制度约束的范围之内给人与事划出一个贵贱尊卑的等级秩序来。人要区分高低贵贱，适用不同的生活内容，从而建构起一个以尊凌卑和以贵使贱的关系体制，并进而建构起一个君君臣臣父父子子的秩序网络。第二，礼还要落实"合"的原则，将按照尊卑贵贱、亲疏远近等严格区别开来的人与事，再组合起来，形成上呼下应的命令服从关系，完成以尊贵使卑贱、以卑贱承尊贵的制度秩序。韩愈对这个制度规范中的命令与服从关系，做过比较精辟的描述。他用出令者、出粟米桑麻者等等来区别尊贵者与卑贱者，并以双方无条件的合作来建构双方的合的关系，尊贵者能无条件地统治卑贱者，卑贱者则无条件地供奉尊贵者。中国古代的制度规范在内容上首先将规范对象分为尊卑贵贱的不同等级，然后再通过尊贵凌驾并驾驭卑贱的合作关系，将人们组成一个完整的命令服从网络，尊贵者的命令是绝对的，卑贱者的服从也是绝对的。一个制度规范里的尊贵者和卑贱者，彼此之间既没有契约性的约定作为前提，也不存在以权利制约权力的制度逻辑。这是纯粹至善的最高权力拥有者得以尽职尽责地履行天所托付的教养万民的基本前提。[1]

中国古代的各项制度几乎无不以礼为基本的指导精神，并以贯彻和落实礼之用为重要的目标。这个目标的刚性既是伦理化的血缘宗法社会结构之要求，也是政治强权出于伦理诉求对社会各项制度规范的要求，从而使得但凡有制度规范的地方就必须要在客观上体现礼所要求的尊卑贵贱、亲疏远近的划分，不划分就无以形成必要的制度规范。从这个意义上说，中国古代的各项制度规范实际上都在遵循着以礼为纲的思想。第一，以礼为纲意味着各项制度规范都遵循着尊卑贵贱、亲疏远近的等级化划分准则。任何制度规范首先都要完成规范对象的身份等级划分，务必将人与事的尊卑贵贱等级区别清楚，否则就难以形成一项正式的制度。尊卑贵贱等级关系的设定，在制度规范里，或者是师徒如父子，或者是长兄如父，就算君臣关系也不过是一种特殊的父子关系。第二，以礼为纲还意味着各项制度规范都在强调着单向度的强制行为与单向度的义务行为，构成了一个完整的主宰与被主宰的关系。尊贵者具有单向度进行强制行为的全部正当理由，而被强制人则对这种强制行为无置喙之余地，只能恭敬地接受之；卑贱者必须单向度地履行自己的义务，而不能向尊贵者提出任何反馈于卑贱者的权利要求。[2]第三，以礼为纲还意味着任何制度规范，不论涉及什么内容，不论是何等层级，都必须要以是否合乎礼来进行正

---

[1] 张师伟：《民本的极限：黄宗羲政治思想新论》，中国人民大学出版社2004年版，第188—190页。
[2] 刘泽华、李冬君：《论理学的圣人无我及其向圣王专制的转化》，《复旦学报》（社会科学版）1990年第3期。

当性的判断,合于礼就有正当性,不合于礼则没有正当性。礼作为制度规范之纲,既是内容方面的,如果制度在内容上不合于礼,那么它显然是没有正当性的,只有内容合于礼,才有正当性可言;也是形式及程序方面的,即制度规范在运行程序及实现形式上也必须符合礼的要求,以尊使卑,以贵凌贱,如此才具有形式及程序上的合礼性,如果在运行程序及实现形式上存在违礼的规定,那么它的正当性也难以成立。

5.2.3 制度规范的伦理善性及政治权威在其中的主宰性地位

中国古代制度文明的制度规范在功能上远远超越了其他制度文明的相应制度规范。在其他文明中,制度规范或者是解决秩序的维持问题,或者是解决分配的正义问题,只要可以有效地供给秩序,或只要可以提供一种合乎正义的分配结果,其正当性问题就基本解决了。在这种情况下,制度规范本身的正当性,只是在一个有限的规范范围内,根据自身实现有限目的之程度及结果,来衡量和判定,即某个制度只是服务于人的生活的一部分,它并不需要为人在整体上成为什么样伦理的人而负责。但中国古代的制度体系构成了一个无缝隙的整体,具体某项制度并不能仅仅从其规范的结果是否有效与是否公平来判断其是否正当,因为某项制度的正当性在根本上源于它有利于或促进了人在伦理道德上的完善。一个制度规范只有能实质上促进人的道德优化、伦理进化,才能具有必要的正当性。在这种情况下,任何制度都不能仅仅依据它们在规范结果上的有效性及公正性,来进行它的正当性评判。因为每一项制度规范都还担负着伦理道德方面的职能,只有那些有利于人的伦理道德完善的制度规范才具有充足的正当性,而那些不能在人的伦理道德领域产生积极的促进作用甚至还有损伦理道德的制度规范,则只能被划作恶的而屡被鞭挞,黄宗羲对现实君主制度的批判即是如此。[1]因为政治权威在制度供给方面具有特别的责任,并拥有特别的优势,所以制度体系优良与否的关键就在于是否有一个伦理上至善的政治权威。

5.2.3.1　中国古代制度规范的伦理至善属性及其法理依据

中国古代的制度规范虽然在实际的历史起源上多有不同,特别是在多民族政治融合的历史过程中,许多历史上的少数民族的制度规范融入了主流的汉民族制度规范中,成为汉民族制度规范中的地域性存在;但在关于制度规范的政治起源叙事中又都被归之于古圣先王。在中国古代主流的制度规范理论中,不论是国家建构的主要制度体系,还是百姓日用的俗规范,无一例外都被认为是由古圣先王自觉地创制出来的,即古圣先王不仅仅被认为是制度规范的创建者,还被认为是许多百姓日用重大事项的发明者。古圣先王们建构诸多制度规范的直接目的,一方面是要规范国家的重大事项,并由此而更好地服务于百姓;另一方面是要直接规范百姓生活,使其衣食足、知荣辱和止于至善。中国传统制度规范的正当性须从天和民两个维度论证。从民的角度来论证,制度规范的正当性就是要突出其民本的目的,即一切制度规范都只有在有益于民的前提下才有正当性,而所谓有益于民则既要满足在具体领域保障民生及实施教化的要求,更要无损于民在道德领域的止于至善,或者说在判断制度规范是否正当的时候必须要优先考虑其在道德领域的正面价值,即制度之正当与否优先要考虑天下之公的价值属性是否具备。[2]从天的角度来论证,制度规范的正当性实际上也要求制度在功能内容上要回应万民之需要,要实践"从民所欲"的民本价值,即"天矜于民,民之所欲,天必从之"。当然"从民所欲"的前提,是要强调民之所欲必备的道德内涵,而天的正当性源头实际上也更强

---

[1] 张师伟:《民本的极限:黄宗羲政治思想新论》,中国人民大学出版社2004年版,第195—198页。
[2] 沈善洪主编,吴光执行主编:《黄宗羲全集》(第一册),浙江古籍出版社2005年版,第6—7页。

调制度规范必须具备的纯粹至善的道德价值。在中国古代的制度文明中,制度规范的正当性严格来说只能是它间接源于天而直接源于圣王的纯粹至善属性,她的功能则无外乎是"存天理而灭人欲",正如黄宗羲所说"天理人欲,正是相反……故寡之又寡,至于无欲,而后纯乎天理"。[1]

中国古代的制度规范,按照制度规范的诞生理论来说,都是古圣先王体现天教养民的至善之意的必要媒介,在根本上是天意在人间的体现,而体现在制度规范里的天意实质上就是它在道德上的伦理至善属性。这个伦理至善的属性,一方面是源于天之爱民,从民所欲,为民计长远,从而使得古圣先王在创制相应的制度规范时,就将天的纯粹至善爱民之意贯彻在制度之中,并使得制度的有效运转有益于民至于至善和止于至善;另一方面则是体现了古圣先王爱民、为民的纯粹至善,古圣先王制定和颁布一定的制度规范,并非单纯是为了某种秩序,而是要通过制度规范的颁布来爱民,务必使民至于至善和止于至善。一个制度规范并不因为其在相应的领域有效率,就享有充分的正当性,因为如果它的效率是不利于民众的道德完善,或者存在着引诱民众背离伦理善性的结果,那么它就几乎没有什么正当性而必须结束其作为制度规范的存在。因此中国古代的制度规范并不能仅仅因为在一个领域有秩序或在分配正义方面有效果,就拥有正当性而能被积极评价。实际上在中国古代,一项制度规范具有的道德属性比它的规范作用更加重要,更能为自己带来正当性的坚实基础,即道德上的伦理善性是制度规范具有正当性的必要条件。黄宗羲对中国古代理想制度的描述和对现实制度的批评,不仅比较典型地代表了传统制度理论的价值取向,而且集中地体现了中国古代评价制度是否正当的伦理道德标准。

中国古代制度规范的构成要素是比较复杂的,既有上古传下来的礼,也有

---

[1] 沈善洪主编,吴光执行主编:《黄宗羲全集》(第十册),浙江古籍出版社2005年版,第159页。

王朝制定的法,还有存在于乡土社会基层的大量的俗,但不论构成要素如何复杂,制度规范的合法性来源及其法理依据却一直在于天道圣贤。天道是一切事物正当性的根本源头,制度规范的正当性自然也不在其外;而圣贤,特别是古圣先贤历来被认为是天道传播到人间的重要中间人,他们承天道、受天托,教养人间万民,制度规范如果不经他们之手,显然很难以另外路径获得正当性依据。出自圣王是制度规范正当的重要保证。[1]这就决定了中国古代的一切制度规范都拥有一个共同的法理依据,这个共同的法理依据就是古圣先贤的制定颁行。而古圣先贤制定颁行一切制度规范的正当依据,却是他们在纯粹至善方面远远优越于众人的得天独厚的伦理优势。在中国古代的制度体系中,古圣先贤的伦理优势既是一切制度规范产生的前提,也是一切制度规范所要达到的终极目的的样板,还是一切制度规范伦理正当与否的检验标准。[2]一切制度规范由古圣先贤创制颁布体现了制度规范诞生的路径正当性,不由古圣先王产生的制度规范或不以古圣先王之标准制定的制度规范,都不具有伦理之正当性,黄宗羲称之为"非法之法"。[3]一切制度规范在内容上必须符合古圣先王的标准,既要避免立法者的自私,还要保证制度规范之制定必须以苍生幸福为根本目的。一切制度规范都还必须要符合"天理"之标准,以服务于人类"存天理灭人欲"的伦理目的。古圣先王作为制度规范的共同法理源头,客观上使得制度规范的正当性只能以它所具有的道德上的伦理善性来衡量。在中国古代,一个制度不论其多么有效,如果它不具有道德所要求的伦理善性,那么它就不可能具有正当性。

5.2.3.2　中国古代制度规范的伦理裁断及其道义责任归属

中国古代的制度规范在历史起源上具有地域多样性,但在其历史发展的

1　沈善洪主编,吴光执行主编:《黄宗羲全集》(第一册),浙江古籍出版社2005年版,第6页。
2　张师伟:《民本的极限:黄宗羲政治思想新论》,中国人民大学出版社2004年版,第245—253页。
3　沈善洪主编,吴光执行主编:《黄宗羲全集》(第十册),浙江古籍出版社2005年版,第6—7页。

过程中又明显地存在着一种统一性日益加强的趋势,特别是秦汉以后,中央集权的国家权威常常成为制度规范统一性加强的重要驱动力。虽然各个地方因民情风俗及历史等方面的差异总是存在着制度规范上的地域个性,从而在全国存在着制度规范的地域多样性。但是中央集权所驱动的制度规范统一性却毫无疑问地在加强着,并逐步控制了各地制度规范的核心内容、主要关系及价值取向等,形成了中央集权的国家不断以礼及法濡染、改造地方制度规范,并最终将地方制度规范完全儒家化,确立了统一性在多样性制度规范中的决定性支配地位,使制度规范为社会的核心价值服务。这就涉及一个中央集权的国家机构以什么为标准来评价地方制度规范,以及以礼与法改造地方制度规范到什么程度的具体尺度问题。实际上,当中央集权的国家机构派出官僚对地方制度规范进行儒家化的改造时,官僚们首先展开的工作就是用儒家的经义及国家的礼法,批评和批判地方制度规范的伦理不当性,且以其伦理上的不当性否认其作为制度规范存在的价值,并最终以经义礼法的精神及具体条款取代地方原先的具体规范性制度内容。[1]地方上的制度规范不能躲避中央派员的道义批判,其中,一些制度规范被判定为伦理正当而继续存在,另一些制度规范则因被判伦理不当,或被改造,或被放弃。

中国古代制度规范的发展,在一些方面是基于国家治理体系优化的需要而做出的精益求精,但在另外一些方面则是整个国家治理体系在制度规范上越来越突出儒家的特征,在发展的走向上表现出日益儒家化的趋势。这意味着在国家层面的制度规范发展上,儒家政治意识形态掌握了越来越多的话语权,并逐步地掌握了对既有制度规范进行道义评价与批判的舆论力量。当皇帝也在政治意识形态上越来越儒家化的时候,整个国家制度体系内的制度发展及变革就都受到了儒家化伦理标准的裁判,合于儒家伦理标准的制度规范

---

[1] 廖荣谦:《循吏与教化:明代流官与贵州儒学建构——以方志为考察对象》,《湖北民族学院学报》(哲学社会科学版)2014年第5期。

是好的，违反或不符合儒家伦理标准的制度规范就是坏的。这种面向整个国家制度体系进行的伦理裁断，主要表现为两种路径：第一种路径就是政治批判的路径，这种路径一般发生在王朝政治进入中后期乃至晚期时，而伦理批判的着眼点主要是推进政治制度的改革。[1]因此，主张改革的官僚或士大夫会以先王古制、祖宗家法及儒家思想为标准，对他们认为伦理不良的制度规范进行激烈的批评。在这个情况下，实际上是国家的整个制度都碰到了不可避免的伦理裁断，合乎伦理标准的制度规范就继续存在，不符合伦理标准的制度规范就被要求改掉。第二种路径是政治建构的路径，它通常发生在王朝建立的初期，这个时候的统治者及儒家代表人物通常以对新建构的国家制度进行伦理裁断的方式，宣扬和巩固新建王朝国家制度在伦理上的正当性，儒家人物对新建制度规范进行的伦理裁断有利于新王朝政治制度的强化。

中国古代的制度规范具有十分强烈的伦理属性及道德使命，它的生命力及正当性也主要取决于伦理属性及道德使命。一个制度规范，如果既有效率，又有道德使命，那当然是正当无疑的；即使效率不佳，但只要有道德使命的担当就仍然不影响其拥有稳固的正当性；但如果只有效率而没有道德使命的担当，就会缺乏起码的正当性。这就在理论和实践上提出了一个十分重要的问题，既然中国古代制度规范的伦理裁断是必不可少的，那么谁来对制度规范进行伦理裁断才是适合的呢？[2]在理论上，这个问题的答案十分明确，那就是只有古圣先王才因为其具有伦理上的纯粹至善与制度上的诸多发明权而拥有判断制度规范是否具有伦理正当性的资格，但尴尬的是古圣先王毕竟不能长生不老，因此他们并不能亲自来对制度规范进行伦理裁断。于是，在实践中，那些以继承古圣先王之道自居的人就试图以古圣先王的言论及古制来对具体的制度规范进行伦理裁断。在这种情况下，那些以弘道为己任的儒生，就以通晓记

1　张师伟：《中国传统政治哲学的逻辑演绎》（上），天津人民出版社2016年版，第282—283页。
2　张师伟：《民本的极限：黄宗羲政治思想新论》，中国人民大学出版社2004年版，第229—231页。

载古圣先王之言的儒家经书和记录古圣先王事迹的古事为依托,取得了对制度规范进行伦理裁决方面的话语优势,黄宗羲《明夷待访录》就是这方面的重要代表,其中的《原君》《原法》等更是主要论及骨架型重要制度的评判及重构,提出了以天下之法、先王之法为法的基本主张,即以先王天下之法作为评判制度正当与否的基本尺度。[1]他们谈天说地,谈古论今,将王法儒家化,以儒家之礼变革各地民俗,俨然掌握了对制度规范进行伦理裁决的决定性权力,并由此自觉地承担起了制度规范伦理裁断者的角色。

5.2.3.3 君主政治权威对制度规范是否正当的决定性作用

中国古代的制度规范在使命及目的上具有十分强烈的道德色彩,而在维护和运行方面则又依靠合法的强制力,从而总是展示出制度规范的道德与政治属性。与政治相比,道德更具有本源性,一切事物的属性、功能及目的都必须合乎道德要求,不合乎道德要求就没有存在的正当性,而如果任何事物都天然地保持着道德上的纯洁性,那么道德以外的其他手段,包括制度规范,就都失去了产生的必要及存在的意义。因为如果每个人都严格地合乎道德的高要求,那么他们之间所发生的一切,就都是既合乎伦理至善的道德目的,也合乎万物纲纪之礼的规律的,从而任何外在的规范、导引和约束都是不必要的。但人世间万有不齐,人在道德的纯粹性上也千差万别,绝大多数人都存在道德上的瑕疵乃至缺陷,而只有极少数天生的圣贤才可能在道德上纯洁无瑕,他们就是黄宗羲所谓"宇宙一团生气聚于一人"的结果。[2]政治乃至由政治权威所产生的制度规范都是道德上纯洁无瑕的圣贤用以达成道德教化目标的手段,一切制度规范概莫能外。中国古代政治的实质,在理论逻辑中,就是从一个圣贤为王开始到一切人都成为圣贤的道德净化过程,政治上所创制发明的诸多制度

---

[1] 沈善洪主编,吴光执行主编:《黄宗羲全集》(第一册),浙江古籍出版社2005年版,第2—6页。
[2] 沈善洪主编,吴光执行主编:《黄宗羲全集》(第一册),浙江古籍出版社2005年版,第45页。

规范也都具有强烈的道德使命及道德目的,一切指向道德完善的制度规范也都难以摆脱政治强制的有效作用,而且在制度规范存在的政治空间里,政治上的高势位同时就是道德上的大权威。[1]在这个意义上,各项制度规范所要求的道德属性及执行力都要溯之于政治权力,而政治权力反过来也就具有了对制度规范的决定性作用,既决定制度规范是否具有及具有多少道德上的正当性,也据此决定着制度规范的存亡兴废。

政治权力及政治权威在制度规范里的决定性影响主要集中在君主身上。这当然首先是因为现实的君主在他同时代的人看来,就是那个时代的在世圣贤。不论君主的实际道德品行如何,在人们的日常言论及制度规范层面,他的圣贤地位都是不容置疑的,质疑在世君主的道德品行显然是一个十分严重的犯罪行为。这种犯罪之后果几乎是人们承担不起的,所以人们不仅很少在正式的文书中质疑君主,还堂而皇之地在其中大大歌颂与自己同时代的君主。刘泽华先生以韩愈、柳宗元的表奏为例,分析了士大夫的颂圣文化,指出传统文化的核心内容就是君尊臣卑。[2]实际上,古人往往在这一点上十分自觉,他们特别强调君主在制度建构及维系方面的决定性作用。首先,社会各项制度规范在源流上都归之于古圣先王,古圣先王为了教养万民而创制出了体现天意之大公的各项制度规范,颁行于人间,流传于后世,凭借着君父之尊贵,以贵凌贱,以尊使卑,以政治的威权,贯彻服务于道德的制度规范。一切制度规范皆起源于古圣先王,这很好地体现了最高政治权力及政治权威在制度规范形成及维系方面的决定性影响。古圣先王在制度规范里的决定性影响在汉代以后转化成了经学权威。经学权威则是一种充分政治化了的理论权威,它在内容上是古圣先王的言论及事迹记录,而在现实中又往往有政治权力与政治权威的充分护佑,经学在制度规范方面的权威性影响力甚至在一定程度上超越了

---

[1] 张师伟:《民本的极限:黄宗羲政治思想新论》,中国人民大学出版社2004年版,第59—62页。
[2] 刘泽华:《中国的王权主义:传统社会与思想特点考察》,上海人民出版社2000年版,第263—280页。

现实的帝王,但它终究还不能不是一种政治权力及权威的集中体现。

古圣先王的政治权力与政治权威主要决定了各项制度规范的基本框架、基本精神和终极目的等,并通过经学提供了一套判断制度规范是非对错及正当与否的客观标准,如黄宗羲所说"六经皆先王之法也",后世帝王"不以三代之治为治者,皆苟焉而已"。[1]但在现实的制度规范体系里,王朝的历代统治者也都发挥了决定性作用,每一个王朝的初始统治者都试图架构起一套完整的制度规范体系,既是为了解决国家治理及社会稳定等方面的诸多问题,特别是克服导致前朝政治衰亡及陷入动荡的制度弊端;也是为了更好地实现各项制度规范在养民和教民方面的作用,高效地解决民生问题和民众的道德教化问题。历代王朝的初始统治者一方面都相当注意社会组织系统及制度规范系统的建构,试图塑造比较健全高效的乡土社会治理规范及运行规范,纳民轨物,务使民谨守儒道,非礼勿视、非礼勿听、非礼勿言、非礼勿动,衣食住行、举手投足都合乎礼。另一方面,历代王朝的初始统治者也都特别注意自己所颁行的制度规范的正当性,自觉地加强制度规范的儒家特征,自觉地以儒家经学正统的价值裁断已经存在或即将推广的制度规范体系,促进礼法结合,加深礼俗融合。君主集权的政治体制在判断制度规范的合道德性、提供合道德性的制度规范、矫正或根除不合道德的制度规范方面,既有明显的政治强制的便利优势,也拥有足够的道德权威,并在根本上以是否合乎道德来裁断一切制度规范的生死存亡。

5.3 中国传统贤能政治的民本价值——兼论黄宗羲的君主论

中国传统的政治形态就其政治话语的阐述来看,不论是盛世政治,还是衰

---

[1] 沈善洪主编,吴光执行主编:《黄宗羲全集》(第一册),浙江古籍出版社2005年版,第87页。

世甚至是乱世政治,在理论上都莫不热衷于贤能政治,这在先秦诸子那里就表现为对圣王的渴望,从而近乎集体性地呼唤着圣王救世。[1]贤能政治的议题,既是传统政治话语讨论理想政治时的归宿,也是诸多政治批判者借以批判现实的标准尺度,更是现实的君主进行政治合法化宣传的瑰宝。黄宗羲对君主政治的经验批评就是以三代圣王那样的贤能君主政治为标准的。[2]实际上,不论是先秦法家那样的国家本位论者,还是儒家那样的民本论者,都在建构一个贤能政治的理想模式,其中的关键就是君主在政治中的贤能地位独一无二。虽然他们在贤与能的标准及贤与能的关系上的看法截然不同,但其贤能政治的理想模式却无一不是君主专制的。"先秦诸子在君主理论上尽管有不少分歧,但在君主独一、至尊、拥有一切、独操权柄和决事独断五个方面,没有大的原则区分。"[3]自从西汉确立起儒家经学的权威理论形态后,中国传统政治理论的建构逻辑就基本由儒家来承担,而中国传统政治的理论也就随着儒家学术形态的发展逐渐发展到了相当成熟的阶段;但其理论形态的核心议题不仅仍聚焦在贤能政治上,而且并未突破贤能政治理论框架,出现趋于民主的萌芽。民主等在中国的出现是在鸦片战争之后。[4]从传统政治理论达到成熟阶段的话语体系来看,贤能政治一方面始终将政治上的贤能之人,分作受命于天的圣王与由圣王教育和选拔出的贤能之士,并无一例外地将圣王作为一切人当中最善良、最有爱心、智力最高、能力最强者,他们是芸芸众生通过政治达到纯粹至善的唯一依赖,也是政治之所以能够产生和之所以能够被依赖的前提条件。另一方面,贤能政治热衷于崇尚高智商、高情商及高执行力的贤能,而拒绝赋予贤能人士之外的人以参政、议政及监督、决定等的机会。这就必然在理论上形成

---

1 刘泽华主编:《中国政治思想史》(先秦卷),浙江人民出版社1996年版,第637—655页。
2 张师伟:《民本的极限:黄宗羲政治思想新论》,中国人民大学出版社2004年版,第190—193页。
3 刘泽华:《战国百家争鸣与君主专制主义理论的发展》,《学术月刊》1986年第12期。
4 陈旭麓:《民主思想的长卷——为〈中国近代民主思想史〉作序》,载《陈旭麓文集》(第四卷),华东师范大学出版社1997年版,第209页。

一个依照贤能递减顺序以贤能治愚笨的专制链条,链条的一端是最贤能的天子,链条的另一端则是贤能值近乎零因而没有任何政治权利的庸俗众庶。天子与平庸众庶的支配关系同天与万物的支配关系一样,都遵循着阴阳尊卑的关系范式。[1]当政治关系表现以贤能值的差异而形成这种单向度的以贤能治愚笨的链条时,贤能值最高的天子就取得了独治天下的专制权能,"予一人""以一人治天下"的君主专制逻辑顺乎自然地在理论上建立起来了。因为君主专制权能的基础是贤能,所以虽然"以一人治天下",却奉行"不以天下奉一人"的民本价值。

本节以明末清初黄宗羲的著作为依托,分析黄宗羲理想政治设计中的君主论观点,依托原始的思想材料及理论问题,完整准确呈现黄宗羲关于君主起源、君主职责、君主权限与君主的价值目的和控制手段等方面的观点以及关于君主论的理论逻辑,从而在理论上梳理黄宗羲君主论所承载的中国传统贤能政治的价值基础与专制逻辑,并通过比较来观察黄宗羲君主论在中国传统时代的典型代表性,虽则不免管中窥豹,但依然有一叶知秋的理论把握。我之所以选择黄宗羲的君主论作为分析的典型对象,一方面是因为学术界有不少人仅仅依托黄宗羲《明夷待访录》的部分资料,或者强调黄宗羲是一个早期民主主义启蒙思想家,[2]或者强调黄宗羲已经开始了从民本到民主的探索,[3]或者认为黄宗羲形成了新民本思想,从而衔接了现代民主思想。[4]如此等等的结论几乎都是仅仅依据《明夷待访录》的几则典型材料得出的,材料的偏狭制约了结论的可靠性,本节将在广泛的范围内搜集有关材料,以避免这种偏狭。另一方

---

[1] 张师伟:《中国传统政治哲学的逻辑演绎》(上),天津人民出版社2016年版,第196—197页。
[2] 李锦全:《论黄宗羲民主启蒙思想的历史地位》,《求索》1987年第5期。
[3] 李存山:《从民本走向民主的开端——兼评所谓"民本的极限"》,《华东师范大学学报》(哲学社会科学版)2006年第6期。
[4] 冯天瑜:《文明近代进路的共通性与特异性——从〈明夷待访录〉"新民本"诉求说开去》,《武汉大学学报》(人文科学版)2015年第1期。

面则是因为黄宗羲的君主论在传统贤能政治的价值基础与君主专制逻辑方面确实具有相当的代表性。他从人与政治的关系入手,将人性最先止于至善的圣人作为政治的起点,将一切人止于至善作为政治的终点,因为人性至于至善和止于至善是一个不能松懈的过程,所以政治也就伴随着一切人的所有时刻,人绝然达不到不需要政治的状态。站在黄宗羲的角度来看,政治就是第一个达到纯粹至善的贤能之最者,将纯粹至善推广和普及、落实到每一个人身上的教养过程,在这个过程中,政治表现为以贤能治理愚笨的单向性,而在结果上则要达到一切人的内圣之仁与外王之礼的和谐统一。"人的本质只是纯粹至善;纯粹至善就是人心喜怒哀乐之中和;喜怒哀乐之中和表现为一系列社会角色的一系列行为和感情、态度规范;这些规范组合起来就是各种社会角色的行为规范。"[1] 仁与礼和谐统一的政治状态是一切人都止于至善的理想状态,这个状态不仅仍然在顺畅地贯彻着以圣人之君主来教养万民的专制逻辑,而且贤能导向的治理目标也始终与倡导平等、自由的政治价值与政治秩序相冲突。

5.3.1 "受命于天":中国传统贤能政治的逻辑起点

不论是在中国,还是在古代希腊、罗马,政治来到人世间都是要面对集体生活的困境或难题,并力求有所为的,从这个意义上说,贤能是人类社会对政治的一种功能要求。所以政治的关键问题并不在于是否贤能,因为贤能是政治的基本功能,如果政治不贤能则大可不必产生。政治的关键问题在于如何让政治的贤能值保持在高水平。在西方政治传统中,贤能的产生方式也有多种,民主选举只是一种方式,但在近代以来民主选举逐步成为西方政治体制获得贤能的主要方式,并且形成了自己的体系,很好地满足了西方国家工业化过

---

[1] 张师伟:《民本的极限:黄宗羲政治思想新论》,中国人民大学出版社2004年版,第152—153页。

程所需要的复杂治理及正义供给,并因而成为现代国家建构与国家治理体系和治理能力现代化的主要模式。分权与制衡的治理体系普遍流行于各个领域。[1]中国传统政治自其孕育形成之时起,就特别注重对统治者德和能的要求,而在自身的政治理论中也充斥着重视贤能的言论,从重视政治必备的贤能来说,中国传统与西方古典的要求并无实质性差异,但中国传统对政治贤能如何产生的论述逻辑却颇不同于西方主流的观点。虽然西方的民主在古希腊及古罗马时代还很朴素,但在那个时代,民主选举的路径仍然提供了一个贤能值很高的政治体系。伯里克利在演说中对民主政治的效率颇为自豪。[2]即使在漫长的中世纪,民主选举的路径几乎被湮没,但民主要素高的政治体系必然具有较高且持续较久的政治贤能值,并对现代民主政治产生了奠基性作用。"近现代西方的民主政治不是起源于古代希腊和罗马的民主政治,而是起源于西欧中世纪的封建政治。宪法政治是从中世纪制约王权的法律发展而来,议会政治是从中世纪的等级会议演变而来,现代社会的选举制度也是起源于中世纪的有限议会选举制。因而,近现代西方的民主政治有很深厚的中世纪历史基础。"[3]伴随着近代以来的工业化进程,民主选举的路径更是提供了一个廉洁度高且颇有绩效的高贤能政治体系。

中国传统政治的贤能在根本上依赖于天生圣王,由圣王按照自设标准在民间遴选贤能者以为圣王治理天下的手足,圣王为心腹,臣下为手足,以心腹使手足,以手足卫心腹。这样就需要一个规范化了的君臣关系来确保圣王之贤能通过手足充分表现出来。这个规范化的君臣关系的核心就是君为臣纲。[4]不论是法家,还是儒家,不仅都颇为推崇贤能,还都特别强调民众对贤能的绝

---

1 徐国平:《试论权力的分工与制衡——西方民主国家与公司治理机制的同构性》,《芜湖联合大学学报》1998年第1期。
2 修昔底德:《伯罗奔尼撒战争史》,谢德风译,商务印书馆1978年版,第127—137页。
3 陈文滨:《西方近现代民主政治的中世纪基础》,《江西社会科学》2006年第5期。
4 张师伟:《中国传统政治哲学的逻辑演绎》(上),天津人民出版社2016年版,第252—255页。

对服从，更强调贤能因智慧、德行、能力等卓尔不群而不受民众制约的单向度强制特征。贤能政治所推崇的贤能，可以上溯到宇宙间的至上神，至上神的伦理化由来已久，但其在贤能政治逻辑中的地位和作用却在传统时代始终一贯。一方面，宇宙间的至上神，不论是殷商的上帝，还是西周以来的天，实际上都是一个伦理化了的至善存在，它是宇宙间万事万物拥有和保持伦理善性的终极监护者和责任担当者。所谓终极，就是指伦理化了的宇宙间至上神对天地万物的伦理善性负不可推卸的根本责任，而至上神对根本责任的担当，则是既无同盟军，也无监督者的，她以一己之力独自承担起让天地万物普遍实现并确保伦理至善的责任，并相应地行使着宰制万物的无上权力。[1]另一方面，宇宙间的至上神特别钟爱具有伦理善性自觉的人类，从而至上神对待人类的方式也就迥然有别于她对待其他事物的顺其自然，主要通过发挥人类的主体能动性，依靠人类群体中卓尔不群的贤能之最者，让人类社会中的贤能之最者在至上神与人群之间承上启下，承神命而治万民，从而确立了贤能之最者在人类群体中类似于至上神在宇宙万物中的治理角色。伦理善性上最接近至上神而成为人世间伦理至善者的贤能之最者，也因至善者的特质而独自承担起治天下的责任，独揽治天下的大权，至高无上，不必受制约，也不可能受他者制约。[2]

黄宗羲的政治逻辑始于他的世界观。在黄宗羲的世界观里，宇宙间存在着一个伦理化了的至上神，这个至上神同时也是宇宙间的最高主宰，她不仅决定了天地万物的伦理善性特质，也决定了万事万物止于至善的伦理目的。[3]黄宗羲把宇宙间的最高主宰称为昊天上帝或天。昊天上帝或天的伦理善性不仅是最高的，还是不可怀疑的。昊天上帝单向度且不受制约地影响、控制、主宰、支配着宇宙万物。[4]人作为宇宙万物之一类，自然也要在伦理上受恩，并受制约

---

1 刘泽华主编：《中国政治思想史》（先秦卷），浙江人民出版社1996年版，第3页。
2 刘泽华：《中国政治思想史》（先秦卷），浙江人民出版社1996年版，第9—11页。
3 张师伟：《民本的极限：黄宗羲政治思想新论》，中国人民大学出版社2004年版，第55—56页。
4 沈善洪主编，吴光执行主编：《黄宗羲全集》（第一册），浙江古籍出版社2005年版，第194页。

于昊天上帝或天。昊天上帝或天对人类的恩,首先是使人所禀赋的气区别于物,昊天上帝或天以精气生人、以粗气生物,其中人因获得精气而普遍具有了伦理善性及德行自觉;其次,昊天上帝或天对人类的恩,还表现在她授命人间已然实现伦理至善者,委托其履行教养万民的重任,而重任的内容归结起来就是"兴公利""除公害"的政治。[1]昊天上帝或天将政治重任全权托之于人间的伦理至善者,实际上就是托之于人世间的贤能之最者。天依托贤能之最者完成政治诸多的教养功能,实现"兴公利""除公害"的政治根本目的。赋予贤能之最者以不受人世间制约的伦理资质、智慧禀赋及能力条件,也就赋予了贤能之最者以不可分割、不受制约的神圣责任及至高权力,并由此确立了贤能之最者对天下单向度主宰、控制及支配、处分的全权。贤能之最者的全权不可分割,因为没有其他人能与他同样贤能。贤能之最者的全权也不能且不需要被监督和制约,因为一方面贤能政治的逻辑不允许以不贤能来监督和制约贤能,否则将会在目的上消解政治的伦理至善属性;另一方面贤能政治的逻辑本身就设定了贤能之最者的能力最卓越,不会因为能力不足而犯错,德行最超群,不会因为德行不足而有邪恶之行,爱心最广大,不会因为遗漏谁从而需要被遗漏者反馈。[2]

  黄宗羲政治逻辑所确定的人间政治的起点就是天子的出现。那么,作为政治起点的天子是如何出现的呢?黄宗羲从三个方面进行了论述:(1)天子是宇宙间"一团生气聚于一人"的结果。[3]黄宗羲认为宇宙气化流行生人生物,以精气生人,以粗气生物。但气化流行在结果上总是存在过或不及,从而既导致了自然界出现反常现象,也导致了绝大多数精气构成的人都因过或不及而沾染了粗气,于是纯粹至善的人性被粗气所生的人欲所遮蔽。当然气化流行在

---

[1] 沈善洪主编,吴光执行主编:《黄宗羲全集》(第一册),浙江古籍出版社2005年版,第2页。
[2] 张师伟:《民本的极限:黄宗羲政治思想新论》,中国人民大学出版社2004年版,第188—190页。
[3] 沈善洪主编,吴光执行主编:《黄宗羲全集》(第一册),浙江古籍出版社2005年版,第90页。

人身上也会有中正状态,这就产生了黄宗羲所谓宇宙间一团生气的结果,一个由纯粹的气之精者所构成的人,即没有沾染一丝一毫的气之粗者,他将成为唯一一个将自身的纯粹至善完整展现出来的圣贤。这个圣贤就是黄宗羲所期待的五百年一遇的王者。[1](2)五百年一遇的王者,在黄宗羲另一种关于圣王的叙事中对应的角色,就是所谓"有人者出"的人者。[2]在《明夷待访录》的《原君》篇中,黄宗羲展示了天子出现的另一种叙事,凸显了天子的出现与民意选择无关的理论设定。黄宗羲认为绝大多数人都是气化流行过或不及的产物,因而在其气禀中就会精气粗气兼备,既有纯粹至善的天理之功,也有人欲之私,且人欲遮蔽了天理。而普遍常见的人欲之私在实践中就表现为人各得自私,各得自利,有公利莫或兴之,有公害莫或除之。[3]这是黄宗羲在理论上设定的非政治状态,而由此进入政治状态的转折点就是"有人者出",为天下"兴公利""除公害",换言之就是"存天理而灭人欲"。(3)黄宗羲在论述天子职权的时候,不但将其溯源于天,强调了"人主受命于天",[4]而且强调天将教养民的责任及权力等托之于君。这种形象的说法不仅强调了天子必须以天下人之心为心,殚精竭虑以为天下,而不能有一丝一毫以利己,而且突出了天子对天下人的教养之责源于昊天上帝或天的授权,强调了天子不过是代天而为,在教民养民的内容上,天子不得行其私,而天在教民养民的权力运行上则赋予天子独断专行之权。"天工,人其代之"(《尚书·皋陶谟》),是君主专制政治逻辑的一个精当概括,而"人主受命于天"则显然就成了君主专制政治逻辑的起点,君主专制政治在逻辑上形成的一个基本标志就是"天下归之"。[5]

---

[1] 沈善洪主编,吴光执行主编:《黄宗羲全集》(第一册),浙江古籍出版社2005年版,第165页。
[2] 沈善洪主编,吴光执行主编:《黄宗羲全集》(第一册),浙江古籍出版社2005年版,第2页。
[3] 沈善洪主编,吴光执行主编:《黄宗羲全集》(第一册),浙江古籍出版社2005年版,第2页。
[4] 沈善洪主编,吴光执行主编:《黄宗羲全集》(第一册),浙江古籍出版社2005年版,第45页。
[5] 沈善洪主编,吴光执行主编:《黄宗羲全集》(第一册),浙江古籍出版社2005年版,第90页。

5.3.2 "教养斯民"：中国传统贤能政治的治理内容

人类为了解决共同生产生活面临的公共问题而建构了政治系统，从这个层面上看，任何历史阶段的任何政治系统都不能不追求贤能。所谓贤能之贤，就是表示政治系统的运行要服务于人类社会某群体的公共目的，违背公共目的的任何能力在政治系统中都是不值得称道的；所谓贤能之能，就是指政治系统必须具有实现良善公共目的的必要能力，没有能力支撑的良善公共目的也没有任何政治价值。人类既然建构了服务于公共目的的政治系统，就不仅不能回避解决公共难题的良善动机和必要能力，而且还要想尽办法充分证明其行事目的的公共性和良善性，更要竭力提高政治系统解决公共难题的能力。贤与能对于政治系统的功能实现来说缺一不可。伯奈尔认为"对奥古斯丁而言，公民国家是实现正义的主要自然手段"。[1]西方自古希腊以来就创造出了服务于实现良善公共目的的贤能政治，虽然民主的因素或强或弱、若明若暗，但无可置疑的事实是近现代的西方社会发展出了一种以民主方式形成政治所必需的贤能的机制。这个机制在近现代西方既体现了平等和权利的现代政治价值，也展现出了专业分工和科层组织的理性原则，满足了近现代复杂工业社会对政治系统的贤能要求。现代化工业社会的发展结果显示了近现代西方民主政治在贤能上的优越性，行政学科在西方近现代的萌芽和兴起即是对这个时期政治贤能的理论反映。[2]西方工业化社会的政治贤能在总体上取决于民主体系的健全及成熟程度。民主体系健全、成熟程度高就可以确保贤能的有效实现，而民主体系不够健全、成熟就可能会在贤能的实现上有明显偏颇，甚至造

---

[1] 吴飞：《奥古斯丁与尘世政治的价值——关于第三座城的争论》，《北京大学学报》（哲学社会科学版）2012 年第 2 期。

[2] 丁煌：《威尔逊的行政学思想》，《政治学研究》1998 年第 3 期。

成能而不贤的不良结果。

中国传统政治的贤能不仅在形成的机制上迥然不同于西方,而且在内容上也颇具农业宗法血缘社会的特色。中国传统的贤能政治扎根于宗法血缘社会,具有悠久的历史传统,政治的贤能在形成机制上依赖于至高无上权威的选拔任用。中国传统贤能政治在一开始就诉诸至上神的授命,而贤能政治在人世间的展开则一刻也离不开至高无上君权的选贤用能,君权选贤任能的结果就是设立作为"分身之君"的官,[1]而民众在贤能政治形成的任何一个环节都无法施加有效的影响。[2]因为中国传统贤能政治的社会基础及形成机制不同,所以中国传统贤能政治在贤能内容的确定上也迥然不同于西方。西方贤能政治的内容从近现代工业社会的需求来看,主要就是确保个体权利、实现分配正义及司法正义。西方民主途径实现的政治贤能,贤与能是政治的两个并列特质,贤是能的条件,不贤的能不正当,不能的贤无效益,贤能并举才正当有效。中国传统贤能政治的内容则几乎与权利、分配正义及司法正义等毫不相关,其内容在中国传统政治话语及主流政治理想国设计中主要就是教民和养民。从贤能之贤的含义来看,中国传统贤能政治的贤在内容上要求具有宗教性。这既是对贤能之最者的要求,这个要求强调政治上的贤要达到纯粹至善,不如此,传统的贤能政治即无从开始;也是对芸芸众生的要求,不达到止于至善的贤,贤能之最者即不能停止能的使用。[3]中国传统贤能政治之能并不用于贤能之最者回应社会需要并满足社会需要,而是用于贤能之最者代天养民、教民,并使民至于至善、止于至善。中国传统政治中的贤与能也不是并列关系,而是偏正关系。其中,贤既是能的前提,也是能的目的,而能则不过是达到贤的必要手段,能的全部手段的应用只为达到贤这一目的。

---

1 沈善洪主编,吴光执行主编:《黄宗羲全集》(第一册),浙江古籍出版社2005年版,第8页。
2 张师伟:《民本的极限:黄宗羲政治思想新论》,中国人民大学出版社2004年版,第339—343页。
3 张师伟:《民本的极限:黄宗羲政治思想新论》,中国人民大学出版社2004年版,第159—166页。

黄宗羲贤能政治的内容，就其目的性的方面来看，就是从一个人至于至善开始，到一切人止于至善结束。因为一切人止于至善并没有一个确切的结束时间，所以贤能政治的内容就其目的的实现来说就不会有一个确切的结束点，而贤能政治也就由此而变成了一个永远的过程。黄宗羲的贤能政治在起点上要求一个殚精竭虑以为天下的圣贤，非如此，贤能政治就不能发生。因为在黄宗羲看来，政治只能是一个纯粹至善从圣贤天子逐步扩展到芸芸众生的过程，如果天子没有圣贤的纯粹至善的质，君主政治就变成了谋求一家一姓之大私的祸害了。天子的纯粹至善一则表现为"不忍人之心"，[1]二则表现为"不忍人之政"，[2]两者合在一起将黄宗羲的贤能政治变成了一个成人之美的爱人的政治，其殚精竭虑都不过是为了一个"人皆为尧舜"的理想结果。人只有"皆为尧舜"，才能算是人，尧舜一般的人就只表现天理之公，而无一丝一毫的人欲之私了。贤能政治对于芸芸众生的必要性，正在于芸芸众生必须借助圣贤的帮助，才能去尽自己的人欲之私，而天理之公也只有在去尽了人欲之私后才能呈现其完整的形态。[3]黄宗羲认为人欲之私是天下之公害，天理之公是天下之公利，为天下兴公利就是为天下人存"天理之公"，为天下除公害就是为天下人灭"人欲之私"。黄宗羲的贤能政治，从这个意义上说，就是在人各得自私、各得自利，而莫或兴公利、莫或除公害的情况下，"有人者"出来后用以存天理之公和灭人欲之私的功能性过程。这个过程的唯一目的就是纯粹至善普遍及于每个人，在至于至善和止于至善的成人道路之上，芸芸众生在结果上必须是人皆为尧舜，一个都不能少，而贤能政治则刚好落实为在成人道路上"先知觉后知"和"先进携后进"的政治机制。先知对后知及先进对后进的教化之觉和帮扶之携，既是自觉自愿的，也是武断强制的。黄宗羲贤能政治赋予贤之最者以

---

[1] 沈善洪主编，吴光执行主编：《黄宗羲全集》（第一册），浙江古籍出版社2005年版，第92页。
[2] 沈善洪主编，吴光执行主编：《黄宗羲全集》（第一册），浙江古籍出版社2005年版，第92页。
[3] 沈善洪主编，吴光执行主编：《黄宗羲全集》（第十册），浙江古籍出版社2005年版，第153页。

武断和强制的能之最,以实现人"皆为尧舜"的纯粹至善的贤这一目的,从而实现贤能在功能上的偏正搭配——因贤授能,因能成贤——这是黄宗羲贤能政治的基本理论逻辑。

黄宗羲贤能政治的核心目的在贤,而能不过是贤达到其伦理目的的必要条件。从贤能之能的角度看,黄宗羲所谓的能就表现为一系列养民和教民的制度设计及行为举措。天子作为贤能之最者,在确定能的内容、形式、目的等方面具有完全的决定权,因为他有天所赋予的教养全权;民作为能的作用对象,在君主政治之能的内容、形式及目的的确定上却并无任何参与可能,因为民在远比自己贤的天子及分身之君面前完全没有贤上的对等性,从而只能作为君主政治之能的作用客体而绝无成为政治参与之主体的条件。这就意味着黄宗羲的君主政治只能是为民的民本政治,而不可能是民参与政治治理的民主政治,他的贤能政治之能的内容也不是回应和满足社会的需要,而只是作为贤之最者的天子施予斯民的无限爱意与深厚恩泽。[1] 这个深恩厚泽的起点就是贤能之最者对万民的满满的爱,因为他对万民爱得如此深厚真诚,故而其作为莫不是为了天下万民,以万民之忧乐为心,并将爱民之仁心落实为仁政。所谓仁政,作为贤能政治的内容,主要就是从教民和养民的需要出发,建章立制,确立法度,其中最重要的就是为民众的生产生活设立婚姻、井田、学校等,别男女,辨尊卑,一方面使民众获得土地等以事父母与畜妻子,另一方面则让民众普遍得以承受圣贤的教化,知是非,守礼仪,使他们的视听言动都合于礼。[2]

黄宗羲在《明夷待访录》里描绘了一个比较完整的贤能之能的制度框架,这个框架虽然主要是经验主义性质的制度描述,但也清楚地展示了黄宗羲对于贤能之能的制度形式设计及其制度设计的宗旨和基本思路。黄宗羲关于贤能之能的制度设计方案,首先肯定了公天下的根本宗旨,而能够真正以天下之

---

[1] 沈善洪主编,吴光执行主编:《黄宗羲全集》(第一册),浙江古籍出版社2005年版,第2页。
[2] 沈善洪主编,吴光执行主编:《黄宗羲全集》(第一册),浙江古籍出版社2005年版,第6页。

心为心的公天下的标准样本就是三代圣王给出的一套治法。[1]黄宗羲所谓治法的法并不是以法治国的法,[2]而是三代圣王用以教民、养民的制度,如君臣、婚姻及井田、学校等,体系粗疏,内容简单,并不足以回应复杂社会的治理需求,但只因为贯彻了民本价值,就被看作制度中的贤之最者。黄宗羲批评三代以后君主政治之能的价值异化背离了"为天下"的政治目的,但是他也并不奢望后世之君能达到三代圣王的贤能水平,他只是希望后世之君能悉心学习三代圣王,以三代圣王为天下之法为法,废弃谋一家一姓之私的非法之法。天下之法不仅是民众得到天子教养的先王之王法,先王之王法使民止于至善,各得其所,永为后世君王所遵照谨守;也是天子行使政治权力、驱动政治机器的"不忍人"的心法。二者相辅相成,且都载在六经,因此黄宗羲贤能政治之能未超出六经。尽管时代已经今非昔比,但"六经皆先王之法","不以三代之治为治者,皆苟焉而已",[3]后世君主师法六经,以不变应万变。在黄宗羲的六经之法中,三代圣王之法的仁心尤为关键,没有不忍人之心的仁心,就不可能有不忍人之政的仁政,这种治道即使从外观看上去像施仁政的王道,实际也不过是似是而非的霸道。黄宗羲认为"王霸之分,不在事功而在心术,事功本之于心术者,所谓'由仁义行',王道也;只从迹上模仿,虽件件是王者之事,所谓'行仁义者',霸也"。[4]

5.3.3 "止于至善":中国传统贤能政治的终极目标

在不同的社会条件下,贤能作为政治系统的必备要素,它所承载的目的诉

---

1 沈善洪主编,吴光执行主编:《黄宗羲全集》(第一册),浙江古籍出版社2005年版,第6—7页。
2 俞荣根:《黄宗羲的"治法"思想再研究》,《重庆社会科学》2006年第4期。
3 沈善洪主编,吴光执行主编:《黄宗羲全集》(第一册),浙江古籍出版社2005年版,第87页。
4 沈善洪主编,吴光执行主编:《黄宗羲全集》(第十册),浙江古籍出版社2005年版,第51页。

求存在着很大的差异。一般来说,在近现代民主主义的政治系统中,政治生态正常的情况下,贤能所追求的功能目标总是有限的,它的存在仅仅是为了解决社会存在和社会发展必须要解决的重大或基础性公共问题,其目标在于实现社会存在的健康有序和社会发展的强劲平稳。西方社会工业化、城市化、现代化的前提和结果,在速度、效率及公平性等方面,均与其现代民主主义的政治贤能不可分割。西方近现代社会的工业化、城市化及现代化,客观上呈现了相对独立于政治的社会自身的逻辑、动力及趋势,而政治之能只是在工业化、城市化、现代化遭遇自身不能克服的重大困难或难以解决的公共性问题,不得不依赖和借助于政治系统的时候,才有针对性地施展有限的功能。不论是英国在工业化、城市化、现代化进程中的"最小政府",还是德国在统一后四十多年里赶超性发展中的强力政府,它们在政治之能上,都只承担有限的世俗功能。[1] 所以如此的关键就在于西方工业化、城市化、现代化中的政治系统不仅多多少少都确立起了政治国家与市民社会的相对二分,还确立了市民社会通过选举和代议制控制政治国家的民主体制,从而使得政治之能在内容范围及力度上受到市民社会的制约。[2] 即使在西方的社会环境及语境中,政治体系民主化的健全及成熟程度也在根本上决定着政治之贤的程度,并通过政治之贤影响着政治之能的功能范围。英国及美国等在政治民主化方面比较健全、成熟,其政治之能基本局限在满足工业化社会常规公共需求的层面上,客观上促进了工业化、城市化、现代化进程,呈现出政治系统对社会及个人的积极作用。德、日、意等国则因为在政治民主化层面的似是而非,强政府的行政集权虽然快速地推动了社会的工业化、城市化、现代化,但终究因为政治系统缺乏基于健全、成熟的民主化体制的贤而在政治的能上越出了常规公共需求范围,走上了极

---

[1] 王春英、庞明:《从守夜人到管理者——西方国家政府职能的演变》,《中国公务员》1996年第8期。
[2] 杨巧蓉:《西方市民社会理论模式论析——以政治国家与市民社会关系为主线》,《齐鲁学刊》2011年第2期。

权化的政治道路,并因此将自身连同人类社会,一并带入一种艰难困苦的战争绝境中。德、日、意等国的法西斯主义都体现了极权政治不满足于政治的常规功能,试图在政治之能上超越工业化、城市化、现代化的常规公共需求,谋求无所不能、无所不及的权能,由此陷入了极权政治的泥淖。

中国传统的贤能政治并无民主的体制性约束,因而也不存在一个功能上的明确范围,从某种程度上说,中国传统政治在功能上并没有范围界限,不存在政治不能问津的禁区。自古希腊以来,西方政治不论贤能与否,除了个别极权政治之外,大都存在着功能上的禁区。在近现代西方政治的常态中,政治的功能禁区一方面表现在信仰及道德领域,这主要是受到政教分离体制及宗教宽容的根本制约;另一方面,还表现在受到公民政治、经济、文化、社会等方面的权利的制约上,所谓"风能进,雨能进,国王不能进",就是划出了政治之能的权利禁区。[1] 此外,还有国王在法之下的观念及体制也对政治之能进行了诸多内容限制,从而确立了政治之能不可在法之外的原则。但是西方近现代政治在政治功能上的诸多限制,在传统中国并不存在。中国传统的政治权力一向是无所不能、无所不管的。这首先是因为中国自古以来不仅没有政教分离的传统来限制政治概念,还在政治观念及政治体制上确立了君师合一、政教合一的传统,黄宗羲所谓教民和养民就是君师、政教合一理念下的体制设计。在这种政治观念及政治体制中,贤能的贤体现为教,而贤能之能体现为政,教是政的目的,政是教的手段。二者的结合是体现教的理与体现政的权的合一,其中的逻辑关系就"理是权的因"而论,乃是有理者有权、理大者权大、理最大者权也最大,而就现实的理与权的关系逻辑来看,则是有权者有理、权大者理大、权最大者理也最大,即"帝国是暴力竞争的产物"[2]。其次是因为中国传统政治系统中不存在与权力相对抗的权利,没有以权利制约权力的政治基因,从而不

---

1 刘巧红:《西方的公民权利制约国家权力论及其启示》,《理论探索》2004 年第 6 期。
2 吴思:《血酬定律:中国历史中的生存游戏》,中国工人出版社 2003 年版,第 269 页。

仅缺乏制衡君权的公民不服从传统,而且还具有牢固的臣民意识。[1]在中国传统的政治逻辑及政治体制中,君主作为权力的终极拥有者,同时也担当着救世主的角色。人世间一切让人成为人的东西莫不出自天子,凡人所有的一切皆为君主所恩赐,即使君主剥夺臣民的一切,臣民也并无抗争的资格,反而仍必须对君主的惩罚或剥夺感恩戴德,所谓"君叫臣死,臣不得不死,父让子亡,子不得不亡",正好表达出了权利观念缺失的现实结果。最后还因为政治权力没有受到法律的制约。不论是在中国传统的政治观念中,还是在历朝历代的政治制度中,法律在法理上都是君主创造并为君主所用的。法律可以用来治民,也可以用来治吏,但君主却在法律之上,[2]法不治君的结果就是法律也不能有效制约君主政治的权能,不能为君主政治设置功能禁区。

黄宗羲关于君主政治的设计并未在功能上超越传统儒家,他为君主政治所设定的权能仍然是无所不能、无所不管的。[3]这当然首先表现为黄宗羲就君主政治的法理缘起做出的"天子受命于天"及代天行使"教养斯民"全权的论断。这一论断,一方面,很清晰地点出了天子对斯民的权是无所不管的全权,既包括民之养生送死的民生,也包含着让民的言行举止、视听言动"一循于礼";[4]另一方面,还从天子全权的来源上叙说了天子作为天在人间的代理而天然代表着天的资格,这个资格决定了天子的视听言动莫不代表着天,正如天是宇宙万物的总主宰一样,天子也是人世间的总主宰。既然是总主宰,天子政治上的全权在法理上就是不可置疑的。尽管黄宗羲在经验层面对天子进行了诸多激烈的批评,但在法理层面,他所激烈呼吁并寄予厚望者仍然只能是代天教养斯民的圣天子。在黄宗羲的理论框架下,圣天子的政教全权也未有任何削

---

[1] 刘泽华:《中国臣民的罪感意识》,载侯建新主编:《经济—社会史评论》(第一辑),生活·读书·新知三联书店2008年版。
[2] 萧公权:《中国政治思想史》,辽宁教育出版社1998年版,第193页。
[3] 张师伟:《民本的极限:黄宗羲政治思想新论》,中国人民大学出版社2004年版,第316—320页。
[4] 沈善洪主编,吴光执行主编:《黄宗羲全集》(第一册),浙江古籍出版社2005年版,第41页。

弱。这就意味着黄宗羲赋予了政治以无限的可行使功能的范围,从而使其不止解决社会发展及民生所遭遇到并不得不借助于政治来解决的公共问题或公共难题,还要主动干预、影响甚至是支配、控制社会过程及人的一切,从柴米油盐、衣食住行到举手投足、视听言动,从养生送死、婚姻礼俗到信仰舆论、是非善恶,君主政治莫不主动地施展其主宰功能。黄宗羲在法理上赋予天子无限权能,并不是为了成全君主的权力欲望,而是要天子承担起使人成为人的根本职责。圣天子恰恰是因为要细致入微地观察、评估和帮助个人成为人,才获得了至高无上且无所不能、无所不管的绝对权力。绝对权力的作用就在于全面干预个人的一切,以便能清楚明白地分别出个体人身上的天理与人欲,并通过政治权力精确地在个人生活里"存天理而灭人欲"。在这个问题上,黄宗羲赋予圣天子以绝对的信任。他并不相信圣天子会"滥用权力",更不相信圣天子的绝对权力会导致绝对腐败,因为圣天子的纯粹至善已经从根本上杜绝了腐败,人世间的恶只存在于还隐秘性地存有"人欲之私"的普通人那里。在黄宗羲的理想政治里,清除人世间普遍存在于芸芸众生中体现着人欲之私的道德上的恶,就必须假手于无所不能、无所不管、无所不善的绝对政治权力。

黄宗羲的理想政治状态就是人皆至于至善、止于至善,并且时刻处在为止于至善而与自身"人欲之私"血战的状态之中。从这个意义上说,人之所以为人就在于人具备并呈现了"天理之公",而当"天理之公"被"人欲之私"遮蔽而未能呈现出来时,人就还不是真正的人,而只是具有人之可能性。当人实现了自身的"天理之公"时,他就处在了纯粹至善状态,而这种状态对于普通人而言呈现为三个面相的存在:其一,意味着人的主体心理世界被道德良知充斥,社会共同体对个体的义务要求变成了社会个体的义务自觉,不仅无条件地舍弃个性小我的一切,而且随时自觉地以对社会共同体的义务担当来消灭自身的个性,这个过程在个人的德行修炼上就被概括为无我、无欲,人必"至于无欲,而后纯乎天理"。[1]个人不过是以自己的一切自觉践行集体伦理的媒介。个人若甘于做个纯粹的媒介,没有任何个性化的内容进入德行自觉领域,个人就是体现了"天理之公";若不甘于做个纯粹的媒介,试图在媒介中填充个人的独特需求,就会僭越礼对个人的约束,从而沦落为"人欲之私"的俘虏。[2]其二,还意味着人的现实生活,不仅要被共同体伦理道德的标准权衡、评判和裁量,还要被伦理道德强制规范,生活的一切都在劫难逃地被纳入伦理道德领域,即使学校、风俗、工商等也概莫能外。站在黄宗羲的角度来看,学校并非传授知识及培养人才之所,而不过是道德性是非的生成及传递之所,而学校教授的道德是非则完全合乎三代圣王的标准。[3]虽然后世之君主由于资质限制而需要仰仗所谓大儒,但是如三代圣王那样的君主则必定站在学校之上,一旦如此,学校不过是圣王颁布并传播其伦理是非的场所;信仰佛、道者必须还俗,佛、道的场所改造为传播圣王颁布之伦理是非的学校;学校所辖范围内,民不得有违三代圣王之是非的视听言动,否则追究学官责任,[4]而学官为了免于责罚就只有奋力以学校教化民众,使其视听言动合于圣王之是非。其三,人皆至于至善、止于至善虽然是种纯粹道德化的存在,但并不只依赖道德手段。虽然黄宗羲相当积极地提倡个体的道德努力,但他所信赖的可靠手段却是政治的,只有像三代圣王那样的后世君主才能完成普天之下"存天理灭人欲"的伟业。这一方面是因为只有如三代圣王那样的君主才具有在纯粹至善上的完全优势,从而具有教化天下人的德行、智慧及能力;另一方面也因为只有这样的君主才会因为爱心无限而得以使用无限的权力手段,该权力手段的总目的就是干预、评判、控制个体人生的一切,以便实现人皆至于至善、止于至善的普遍道德目的。

中国传统政治的贤能,推崇和追慕的是宗教性道德的贤,它在范围上无所

---

1 沈善洪主编,吴光执行主编:《黄宗羲全集》(第十册),浙江古籍出版社2005年版,第153页。
2 张师伟:《民本的极限:黄宗羲政治思想新论》,中国人民大学出版社2004年版,第155页。
3 沈善洪主编,吴光执行主编:《黄宗羲全集》(第一册),浙江古籍出版社2005年版,第13—14页。
4 沈善洪主编,吴光执行主编:《黄宗羲全集》(第一册),浙江古籍出版社2005年版,第13页。

不包,在标准上超凡脱俗;中国传统政治的能服务于宗教性道德的能,在范围上无所不及,在手段上无不可用。黄宗羲的君主论表明,贤能政治的形态在中国传统时代,展现为一种君主专制的政治逻辑。

5.4 中国传统行善治理想及其在现代的影响
——以黄宗羲的善治理论为例

虽然善治作为成熟的理论话题还只有很短的历史,[1]但作为一个理论命题却早就出现在了思想家的讨论中。尽管不同背景下的思想家们对善治的理解和解释各不相同,不过仍然不能否认其理论成果在实践及理论上的影响与价值。本节在题材上超越了二十年来的善治话语,试图从治理与伦理的关系上来考察善治,并从伦理追求的角度呈现中国治理的独特内容。在这个意义上,善治作为一种体现了伦理善性的治理,在古代希腊的城邦政治中就已经得到了肯定,即城邦政治被亚里士多德看作实现人类集体之善的载体;[2]即便是中世纪的治理也要在伦理上体现来自神的善意,君权神授为中世纪的西方提供了君主行政的普遍正当性依据。[3]但是自西方现代治理理论开始自觉酝酿以来,它的伦理善性就受到了限制政府权力相关理论的明显遏制,从而导致现代治理淡化了伦理善性而着重强调问题导向,追求科学有效地解决特定公共问题。[4]中国传统行政理论从其萌芽的时候开始就非常注重自身的伦理善性前提和道德教化使命,先秦儒家更是在理论上自觉地表达了治理在伦理善性方面

---

1 沈荣华、周义程:《善治理论与我国政府改革的有限性导向》,《理论探讨》2003 年第 5 期。
2 亚里士多德:《政治学》,吴寿彭译,商务印书馆 1997 年版,第 73 页。
3 蒋承勇:《从上帝拯救转向人的自我拯救——古典主义文学"王权崇拜"的人性意蕴》,《浙江社会科学》2004 年第 4 期。
4 丁煌:《西方行政学说史》(修订版),武汉大学出版社 2004 年版,第 50—52 页。

的要求，既强调了圣王作为治理者必须要具备的伦理善性优势，也强调了圣王治理必须要担负的伦理善性职责。孟子所谓有"不忍人之心"(《孟子·公孙丑上》)就是圣王的伦理善性优势，"不忍人之政"(《孟子·公孙丑上》)就是圣王所要担负的伦理善性职责。"一方面，他向君主提出了极高的伦理要求，君主应该成为道德的楷模和天下的表率"；"另一方面，在向君主提出道德要求的同时，又把天下的命运系在了君主身上"。[1]秦汉以后，中国行政理论在内容上确立了以儒家为主的框架，着力于确立和巩固行政的伦理善性，突出和强化了行政的伦理内容，特别是在行政善治理想方面更是渐趋于完善，并在明清之际的黄宗羲思想中达到顶峰，产生了一个关于行政善治理想的典型文本。

黄宗羲作为一个经验论意义上的政治批评者，提出了许多有针对性的批判性意见，并提出了一系列矫正性建议，他的追求是"补天"而非"掘墓"。[2]在一些研究者看来，黄宗羲在经验层面上的政治批判及政治建议已经具有了面向现代的萌芽，或已经站在了从传统到现代的起点上，并开始了从民本走向民主的历史进程。[3]但如果仔细阅读黄宗羲关于治理的论述，就会发现黄宗羲用以批评或批判现实治理的理想仍然立足于三代圣王，他的批评和批判只不过是以传统时代的理想来抨击传统时代的现实，他针对现实弊端提出来的建议内容也不过是在现实治理的框架中进行的纠偏矫正，并不涉及治理体系所必备的基础法理。从基础法理的角度来分析，黄宗羲所提倡的行政不仅必须要追求和落实善治，而且也只能以善治的理想为标准来评价现实的治理，引导现实治理达到他所期待的理想境地。就黄宗羲的善治理想来看，其主要内容及基本框架仍然停留在孟子的阶段，既强调善治必须基于圣王的"不忍人之心"，也强调善治的指导精神是"不忍人之政"，更强调善治的基本内容就是养

---

[1] 刘泽华：《中国政治思想史》(先秦卷)，浙江人民出版社2019年版，第180—181页。
[2] 张师伟：《民本的极限：黄宗羲政治思想新论》，中国人民大学出版社2004年版，第242—243页。
[3] 李存山：《从民本走向民主的开端——兼评所谓"民本的极限"》，《华东师范大学学报》(哲学社会科学版)2006年第6期。

民和教民,最后还突出强调了善治的终极目的是使民皆"止于至善"。行政善治的必要性,在黄宗羲看来,就是民不能自善,必须借助于圣王行政的善治才能"至于无欲,而后纯乎天理",[1]如果人人都能自然而然其天理的话,圣王及其行政就无从谈起了。

5.4.1　圣王以"不忍人之心"行"不忍人之政"

从中西方关于国家治理的理想来看,双方在早期都曾将善治的实现寄希望于社会成员中出类拔萃的极端少数,古希腊柏拉图寄希望于哲学王,中国的先秦诸子等则寄希望于圣王。但二者所给予希望的具体内容却又有明显的差别,哲学王在国家治理中赖以扮演王者角色的基本依据是他的智,而圣王依据的则是他的德。当然,柏拉图也并不是不重视美德在国家治理中的作用,因为国家中不同地位的人恪守各自的职责及安于各自的地位,本身就是一种合乎公民道德的选择,而哲学王的美德之所在也正是他用以治国的智,即理性在国家中成为主宰乃是行政善治的必要条件,"受过哲学训练的人代表理性,应当作统治阶级"。[2] 人类社会的成员所以要生活在国家里,在亚里士多德看来,就是要实现集体的善,并由此而呈现出自己作为一个人必不可少的公民形态。国家内部的行政善治,也正在于公民理性的恰当运用。虽然柏拉图与亚里士多德在国家善治的具体主张上明显不同,但二者都将理性主宰国家治理看作善治的必要条件,所谓善治不过是公民理性在国家治理中处在主宰位置的状态。在柏拉图看来,公民理性的最佳表现者就是其中的哲学王,哲学王虽然是国家的统治者,但他的基本身份仍然是公民;而在亚里士多德看来,公民理性的最佳实施方式必须要借助于公民的集体行为,并通过一定的民主政体表现

---

[1] 沈善洪主编,吴光执行主编:《黄宗羲全集》(第十册),浙江古籍出版社2005年版,第153页。
[2] 弗兰克·梯利:《西方哲学史》(上册),葛力译,商务印书馆1975年版,第86页。

出来。所谓善治,在古希腊理论家看来,主要就是一种优良的政体。在亚里士多德的时代,他认为"这样一种城邦是最好的国家,其中只有生活地位和教育程度使其有资格参政的人才是公民"。[1]但在中国传统时代,善治的判断标准却始终聚焦于德,即善治只能是使人类社会成员普遍实现了伦理至善的治理。虽然中国传统的行政理论也有倾向于工具理性的学派,或主张以治理的策略来评价治理之善否,比如黄老道家即以是否在治理策略上体现简政无为等来判断国家治理之善否;[2]或主张以治理的结果来评价治理之善否,比如法家以是否实现了富国强兵为标准判断国家治理之善否。[3]但就数千年来主流的善治观念来看,以是否普遍实现了伦理至善作为判断国家治理善否的儒家善治理性,无疑是传统时代最有代表性的中国传统善治理想。

中国行政理论在其尚处在孕育阶段的时候就已经在观念上确立了王政理念,即王是国家治理的第一行政责任人。早在西周初期,周王就因获得了天命而成为国家行政的第一人,王所任命的官僚只是他治理国家的辅助者,王分封的诸侯也只是王在地方上的代理人。虽然王是国家治理的第一行政责任人,但他也必须遵循德治的原则。这一方面是因为王的第一行政责任人地位的取得就是仰仗他的道德优越性。王具有优越于他人的德行,因而被重民、爱民的至上神——天选定为国家行政的第一人,赋予其最高统治者的地位,授予他最高的统治权。王一旦失去他在道德上的优势,就会失去至上神——天的眷顾,天就会由此而另行选择有德的人做王。[4]另一方面是因为王的德在人世间具有重要的地位,在国家治理中可以发挥重要作用。王的德行优越于他人,客观上使他能够普遍地爱他的民,并由此以天下之财养天下之人,以圣王之学教育天下之人,从而在结果上有利于获得民在政治上的衷心拥护。王的德行优越于

---

1 弗兰克·梯利:《西方哲学史》(上册),葛力译,商务印书馆1975年版,第109页。
2 张师伟:《黄老道家无为而治思想及其治理智慧》,《南京师大学报》(社会科学版)2015年第3期。
3 张师伟:《民本的极限:黄宗羲政治思想新论》,中国人民大学出版社2004年版,第175页。
4 刘泽华:《中国政治思想史》(先秦卷),浙江人民出版社2019年版,第17—18页。

他人,还能够在教化民众的过程中发挥身教的作用,以身作则,率先垂范,以上率下。春秋晚期,孔子等思想家对善治的思考仍然强调王者的身正及身教,所谓"政者,正也,子帅以正,孰敢不正"(《论语·颜渊》),就是要发挥统治者的身教作用,"其身正,不令而行;其身不正,虽令不从"(《论语·子路》),则又从善治的德行教化角度强调了王者身正的极端重要性,倡导人治。[1]虽然孔子已经意识到了"爱人"在道德修养及政治关系中的重要性,既强调以"爱人"来修自己的"仁",又强调以"复礼"来体现人与人之间的"爱",但他并没有在国家治理的层面上阐述他关于"爱人"的行政观念。孟子对孔子"爱人"的观点进行了人性层面的深入挖掘,不仅提出伦理至善的话题,更将伦理至善作为解释国家善治的核心概念。他一方面认为只有已经实现了伦理至善的圣人作王,才能实现国家的善治,国家的善治只能寄希望于尧舜那样的圣王;另一方面又强调国家治理的目的在于实现普遍的伦理善性,即要达到使人"皆为尧舜"的善治目标。[2]

孟子关于行政善治的理想主张在中国传统时代具有压倒性的影响力,虽然荀子并不认可孟子的性善理论,但在善治的目的上也接受了伦理至善的有关内容。从孟子的理论逻辑来看,行政上的治理与被治理不过是人类社会成员之间的分工。在人类社会的成员中,有些人属于劳心者的君子,有些人则属于劳力者的野人;劳心者的君子处在治理者的位置上,劳力者的野人则处在被治理的位置上;劳力者为劳心者提供衣食,劳心者则为劳力者提供必要的治理,彼此之间密不可分,即"无君子,莫治野人,无野人,莫养君子"(《孟子·滕文公上》)。在这一点上,孟子很有点像柏拉图,将国家治理的出现归于社会成员的禀赋不同。但是二者在细节上又明显不同,柏拉图所说的社会成员的禀赋不同具有稳定性,终其一生都难以发生变化,孟子所说的社会成员的禀赋

---

[1] 刘泽华:《中国政治思想史》(先秦卷),浙江人民出版社 2019 年版,第 130 页。
[2] 沈善洪主编,吴光执行主编:《黄宗羲全集》(第一册),浙江古籍出版社 2005 年版,第 144 页。

不同则具有可变性,即劳力者的野人也可以经过自省或治理变成君子。实际上,孟子认为国家治理的根本目标就是要让野人变成君子,使人"皆为尧舜"。孟子视域下的善治,就是由尧舜那样的圣人进行治理,并务求使人都达到尧舜那样的状态,它意味着国家善治的起点是圣人为王,而国家善治的终点则是人人都成为尧舜那样的圣人,此即所谓成人。[1]在孟子看来,圣人与一般人,具有人性善方面的根本共同点,即与生俱来地具有恻隐、羞恶、辞让及是非之心,具有仁义礼智的普遍先验秉性,具有四端的核心——"不忍人之心"的仁爱;两者的区别仅仅在于圣人在经验的世界中守护住了自己的人性之善,"能勿丧耳"(《孟子·告子上》),从而能够在经验的世界中也保持着仁爱的"不忍人之心",而一般人的人性之善则被经验世界的习俗、欲望等遮蔽住了,导致人们在自己经验的世界中表现不出仁爱的"不忍人之心",而陷入欲望的泥潭。孟子的行政善治理想强调圣人不自满于自己守住了伦理善性,而是具有"不忍人之心",本着自己"不忍人之心"的仁爱,责无旁贷地进行管理,毫不利己地将自己的"不忍人之心"加诸其他人身上,帮助他们去除遮蔽其伦理善性的东西,将他们也提升到圣人的境界,孟子将这类表达"不忍人之心"于普通民众的行政称为"不忍人之政",圣人以"不忍人之心"行"不忍人之政"就是孟子视域中的善治理想,它在性质上迥然不同于桀纣等所施行的恶政,而属于善治。

黄宗羲是孟子之后将这种善治理想表达得最为充分的思想家之一,他在学术界备受关注的原因之一就是他将传统的民本思想发展到了极限状态,[2]以至于近些年仍有学者认为黄宗羲跨过了民本的门槛,而进入了民主思想家的行列。[3]虽然黄宗羲在行政的经验层面上提出了许多批判性的观点及补救性的主张,但在行政的理想层面上,他的善治理想仍然与孟子同类,其核心主张也

---

[1] 张师伟:《中国传统政治哲学的基本问题及其命题归类》,《政治思想史》2011年第1期。
[2] 张师伟:《民本的极限:黄宗羲政治思想新论》,中国人民大学出版社2004年版,第17页。
[3] 黄忠晶:《再论黄宗羲的民主思想——兼答杜何琪先生》,《学术研究》2014年第7期。

与孟子相同,即将以"不忍人之心"行"不忍人之政"作为行政善治的理想。"不忍人之心人皆有之,但不能扩充耳。'行先王之道',正教以扩充之法。"[1] 站在黄宗羲的理论视角来看,一切人都是宇宙气化流行的产物,因为宇宙气化流行的过程受到"昊天上帝"的支配或控制,使得人与其他自然物在气的禀赋上产生了根本差异,即人禀赋气之精者而物禀赋气之粗者,虽然人人在气化流行中都禀赋了气之精者,但在实践中个体所禀赋之气的纯度存在差异。只有极少数人才能在气化流行的过程中只禀赋精气而丝毫不掺杂粗气,从而只有天理之公而毫无人欲之私。绝大多数人则在气化流行的过程中禀赋了掺杂粗气的精气,使得他们的天理之公被各自的人欲之私所遮蔽,并由此导致人们自私自利而不顾公利。[2] 这就在客观上提供了行政善治的可能性与必要性。所谓行政善治的可能性,就是出现了只禀赋精气的圣人,他们已经在自己身上实现了存天理而灭人欲,有了实行善治所必须的"不忍人之心";所谓行政善治的必要性,就是存在着大量具有伦理善性,但是在经验中却未能自己存天理灭人欲的个人,他们在存在的目的上需要实现存天理灭人欲,但又不能依靠自己而必须依靠圣人的"不忍人之政"来实现。黄宗羲在现实中虽然对君主有诸多的批评甚至是批判,但他所批评和批判的内容,无非指向君主在以"不忍人之心"行"不忍人之政"方面的不足。他或批评君主在德行上存在瑕疵,批判他们在行政的过程及结果上过于自私自利,"视天下为莫大产业",[3] 以一家之法代替天下之法;[4] 或批评君主的行政能力不足,不能合理地解决如建都何处等制度问题。[5] 黄宗羲政治批评的焦点集中在制度上,《明夷待访录》就是这方面的一个集中表达,它的目的就是要塑造一个以三代圣王为榜样的公天下的行政善治。

---

1 沈善洪主编,吴光执行主编:《黄宗羲全集》(第一册),浙江古籍出版社 2005 年版,第 89 页。
2 沈善洪主编,吴光执行主编:《黄宗羲全集》(第一册),浙江古籍出版社 2005 年版,第 2 页。
3 沈善洪主编,吴光执行主编:《黄宗羲全集》(第一册),浙江古籍出版社 2005 年版,第 2 页。
4 沈善洪主编,吴光执行主编:《黄宗羲全集》(第一册),浙江古籍出版社 2005 年版,第 6—7 页。
5 沈善洪主编,吴光执行主编:《黄宗羲全集》(第一册),浙江古籍出版社 2005 年版,第 20—21 页。

5.4.2　圣王"受命于天""殚精竭虑""以为天下"

中国传统行政在其孕育形成的阶段,就非常注重将行政建立在仁爱的基础上,西周初年的观念体系更是逐步确立起了以至上神——天对民的仁爱为基础的行政模式。西周初年,统治者在吸取殷商灭亡教训的基础上,凸显了行政的人文色彩,虽然仍将行政合法性建立在至上神授命的基础上,但又提出了至上神授命于王乃是因他的德。该德在内容上凸显了统治者对民的仁爱,即周王的保民善德合乎天因爱民而为民择主的要求。一方面,周王得以行政的资格源于至上神的授命,受命于天是周王行政正当性的终极保证,而其所以能受命于天,并不是因为天特别垂爱于他,而是因为他具有保民的善德,具有承担起"人代天工"养民教民的职责。[1]另一方面,天作为至上神,无条件且无限制地爱民,不仅"民之所欲,天必从之",既为民选择了具有善德的统治者,又及时更换那些在德行上不合格的统治者,而且即使在授命于王以后也还时时通过民观察和评判着王的行政,"天视自我民视,天听自我民听",以民之生存发展状况判断王是否有过失、不足或是否具有继续行政的资格。如果周王行政的目的发生了变异,以一己私利为目的,专天下之利而不顾民生,那么他行政的正当性就会广受质疑,甚至如周厉王那样引发国人暴动。[2]虽然王受命于天的思想在西周后期至战国时期受到了现实主义理论的挑战,并由此在行政中较多地强调了现实性因素的决定性影响,但自西汉以后,王受命于天的理念还是一直强势地延续到了清朝末年。在这个理念的指导下,王始终是行政主体,官僚不过是王者行政的辅助者或代理人,因王产生,为王所用,受王制约,由王摆布,权力上的支配具有从上到下的单向性,王者除了接受道义的监督制约之

---

[1] 梁启超:《先秦政治思想史》,东方出版社1996年版,第25—26页。
[2] 吴晔、马亮:《垄断资源:周厉王身死国灭》,《国土资源导刊》2009年第12期。

外,不再接受其他的现实制约,现实中王"天下独占、地位独尊、势位独一、权力独操,决事独断"。¹在王"受命于天"的前提之下,普天之下道义力量的操作终端即在王的手中,与受命于天的王相比,士大夫在道义上并不具有足以制约王的优势。²民在王的行政环节中虽然是终极目的,并特别受天的垂爱,但始终被排斥在行政过程之外,即民只能作为行政的操作对象和服务对象而存在。

　　黄宗羲作为明清之际的反思性思想家,针对现实中明朝的行政弊端,进行了颇有针对性的批判,并在经验层面上提出了诸多补救性或矫正性措施,为士大夫在行政治理中应发挥更重要的作用进行了大胆的呼吁。³但在理想的层面,黄宗羲在行政理论上仍然坚持了圣王行政的儒家传统,并对圣王获得垄断性行政资格进行了系统的论证。虽然黄宗羲强烈批评了君主行政谋求一己之私利的现象,但他也没有把人们的自利当作追求的理想,所以他并不是主张人各得自私和各得自利的无政府论者。黄宗羲也并不否定人类社会需要在追求公利的基础上进行必要的行政治理,只是认为只有圣王才能够在人类社会中进行以实现公利为目的的行政治理。他在《明夷待访录》中所提到的"有人者出",就是指出现了"不以一己之利为利"而专为天下兴公利的圣王。⁴一般人因为各自在宇宙气化流行中所禀赋的精气中杂有粗气,所以各人的天理之公都被自己的人欲之私给遮蔽住了,由此造成人们在生活中只知道在个人利益的层面上追逐私利、躲避私害,而不能在公共的层面上趋利避害,以至于出现了"有公利而莫或兴之,有公害而莫或除之"。⁵只有圣王因为在宇宙的气化流行中禀赋了纯粹的精气,从而在德行的层面上得以天然地"存天理而灭人欲",并由此而能够表现出对民众的"不忍人之心",公而无私,不以一己之利

1　刘泽华主编:《中国传统政治哲学与社会整合》,中国社会科学出版社2000年版,第159页。
2　张师伟:《民本的极限:黄宗羲政治思想新论》,中国人民大学出版社2004年版,第231页。
3　张师伟:《民本的极限:黄宗羲政治思想新论》,中国人民大学出版社2004年版,第228—229页。
4　沈善洪主编,吴光执行主编:《黄宗羲全集》(第一册),浙江古籍出版社2005年版,第2页。
5　沈善洪主编,吴光执行主编:《黄宗羲全集》(第一册),浙江古籍出版社2005年版,第2页。

为利,而以天下之公利为利,不以一己之害为害,而以天下公害为害,因而能够在现实中殚精竭虑以为天下人兴公利而除公害。[1] 从宇宙气化流行角度来看,圣王作为气化流行的中正结果,实际上极为稀有,绝大多数人都是过或不及,人们在德行上的常态是天理被人欲遮蔽起来。因为行政的终极目的是在人间实现"存天理而灭人欲",所以圣王行政的实质也就成了圣王单向度地在人世间开展"存天理而灭人欲",并由此而使人们普遍地至于至善和止于至善,成为如同尧舜那样的圣人。[2] "人皆为尧舜"在传统行政的善治理想中具有终极目的意义上的普遍性,从孟子到黄宗羲,这个行政善治的终极理想并未发生明显的变化。

黄宗羲虽然在理想的层面上高度肯定了圣王在行政治理中的地位,并认为最理想的王只能是三代圣王那样的王,但他也并不否认经验世界中的王绝大多数都没有达到理想的要求,从而在德行上未能达到三代圣王的标准,其中最明显的表现就是他们在行政中谋求一己之利,而忘记了天下之公利。[3] 与理想的三代圣王相比,黄宗羲尤其盼望经验中的王能够为天下万民之安乐而行政。从黄宗羲评价三代以后王者的行政实践来看,他所批评的主要内容集中在王的行政德行上,即认为三代以后的王在行政过程中只注重谋求和实现自己的利益,既有王公开宣称以天下为其产业,也有王在实际上把自己的私利凌驾于公利之上,甚至还有王还不惜荼毒天下万民来谋求自己的私利。[4] 黄宗羲认为,因为王只顾自己的私利,导致他们在治理制度的设计过程中产生了明显的偏颇。一方面,三代以后的王普遍没有从为天下万民考虑的角度进行基本的制度设计,以至于不仅三代圣王以天下万民安乐为目的而设计的制度体系渐行荒废,而且连同其设计理念也在实践中失落了。与此相对应,三代以后的

---

[1] 沈善洪主编,吴光执行主编:《黄宗羲全集》(第一册),浙江古籍出版社2005年版,第2页。
[2] 张师伟:《中国传统政治哲学的基本问题及其命题归类》,《政治思想史》2011年第1期。
[3] 沈善洪主编,吴光执行主编:《黄宗羲全集》(第一册),浙江古籍出版社2005年版,第2页。
[4] 沈善洪主编,吴光执行主编:《黄宗羲全集》(第一册),浙江古籍出版社2005年版,第2页。

王主要从满足和实现一己私利的角度来设计治理制度体系,并在结果上以自己的"一家之法"取代了三代圣王的"天下之法"。[1]另一方面,三代以后的王在制度上不能正确地处理王与臣的关系。依据黄宗羲对官的理想论述,他强调官在实质上是"分身之君"。[2]黄宗羲认为即便是圣王在世也难免精力和体力不济,从而需要作为分身之君的官来辅助王行政,而圣王在择贤为官的过程中就已经确保了他们具有相应的伦理德行,他们既在个体层面上做到了"存天理而灭人欲",也能够自觉按照"天理之公"的要求进行治理,并由此而获得了圣王的充分授权,使他们得以尽可能充分地"以不忍人之心"行"不忍人之政"。[3]三代以后的王在官制的设计上备受黄宗羲批评,就是因为王因一己之利,在制度上层层限制、掣肘官员,使其作为完全局限在王允许的范围内,而未能在法外充分施展其"不忍人之心"。[4]中国在三代以后行政上的无善治,在黄宗羲看来,主要就是因为缺少殚精竭虑以为天下的圣王,王的行政仅以实现王的一己之私利为现实目标。

黄宗羲认为三代圣王之所以能殚精竭虑以为天下,就是因为他们在德行上达到了天所要求的纯粹至善,在自己的存在状态上实现了只有"天理之公"而毫无"人欲之私",他们一言一行莫不合乎"天理之公"。正是因为如此,他们才成为完全实现了天意的圣人,获得了代天教民养民的资格,而天也将教民养民的事务托付给了圣王。[5]三代圣王作为受命于天的君主,既无一丝一毫利己之心,也无一点一滴利己之行,全身心地投入教民养民的事业中,以"不忍人之心"行"不忍人之政",所思所想、所作所为,无非利民。"三王知天下之不可无养也,为之授田以耕之;知天下之不可无衣也,为之授地以桑麻之;知天下之

---

1 沈善洪主编,吴光执行主编:《黄宗羲全集》(第一册),浙江古籍出版社2005年版,第6—7页。
2 沈善洪主编,吴光执行主编:《黄宗羲全集》(第一册),浙江古籍出版社2005年版,第8页。
3 沈善洪主编,吴光执行主编:《黄宗羲全集》(第一册),浙江古籍出版社2005年版,第92页。
4 沈善洪主编,吴光执行主编:《黄宗羲全集》(第一册),浙江古籍出版社2005年版,第7页。
5 沈善洪主编,吴光执行主编:《黄宗羲全集》(第一册),浙江古籍出版社2005年版,第11页。

不可无教也,为之学校以兴之,为之婚姻之礼以防其淫,为之卒乘之赋以防其乱。"[1]黄宗羲认为作为圣王行政之前提的殚精竭虑以为天下,虽然是行政善治的理想,却又是一个不太容易实现的理想,因为人们普遍地好逸恶劳,趋己利避己害;圣王"不以一己之利为利,不以一己之害为害"乃是一个"非天下之人情所欲居"的选择。[2]作为善治理想的三代圣王之治非常稀有,三代以后的君主中完全没有出现过三代圣王那样的王,也没有进行过殚精竭虑以为天下的行政善治。即便如此,圣王殚精竭虑以为天下而毫无利己之心的行政,不仅仍然是黄宗羲所推崇的善治理想,而且他也始终以此作为衡量行政是否为善治的基本标准,即行政善治理想的实现只能寄希望于三代圣王那样的王,官在其中不具有决定性的地位。黄宗羲虽然认为作为分身之君的官在传统治理中不可或缺,但这只是因为圣王精力有所不足,不得不以官作为自己的辅助者或代理人。他们在行政治理中的作用发挥得如何,固然取决于他们在德行上是否达到了"存天理而灭人欲"的状态,即官只有具备了"不忍人之心"才能在行政治理中发挥积极作用,在天下之法之外"有所设施",[3]做到"以不忍人之心"行"不忍人之政";但官是否具备了"不忍人之心"却又在根本上取决于王的教化和遴选。官并不能天然地实现其纯粹至善,也不能天然地获得官位。他们首先是通过王的教化达到"存天理灭人欲"状态的士人,而后又经过王的遴选才获得了官位,成为王行政治理的辅助者或代理人。官能否在治理中发挥善治的作用,关键即在于王的教化和遴选。所以黄宗羲非常重视取士环节,不厌其烦地加以论述。[4]王如果是三代圣王那样的王,能够殚精竭虑以为天下,自然就能教化和遴选出可以进行善治的合格官员。与王本源性的"天理之公"相比,

---

[1] 沈善洪主编,吴光执行主编:《黄宗羲全集》(第一册),浙江古籍出版社2005年版,第6页。
[2] 沈善洪主编,吴光执行主编:《黄宗羲全集》(第一册),浙江古籍出版社2005年版,第2页。
[3] 沈善洪主编,吴光执行主编:《黄宗羲全集》(第一册),浙江古籍出版社2005年版,第7页。
[4] 沈善洪主编,吴光执行主编:《黄宗羲全集》(第一册),浙江古籍出版社2005年版,第14—20页。

官的"天理之公"始终是由王派生出来的,[1]前者对后者的支配性在根本上决定了彼此在行政善治理想中的地位、关系及作用等。

5.4.3 君主的养民教民职责及积极作为的行政理念

中国传统主流行政理论的善治理想无不主张重民,不仅强调行政治理要以万民的安乐为直接目的,还主张行政治理要积极地作用于民,既使民在物质生活方面得到满足,也使民在精神生活方面有所寄托,达到伦理善性。当然,传统行政理论的重民思想也并非完全立足于爱民,虽然爱民的内容在重民思想中具有压倒性优势,特别是在秦汉以后的历朝历代,统治者的重民思想中都体现出了爱民的内容。但有的政治家或思想家的重民思想倾向于从现实功利的角度来强调重民。他们一方面看到了民在政权的兴亡中具有决定性的作用,得民而存,失民而亡。为了求得政权的长期稳定存在,统治者在行政上必须贯彻行政为民的宗旨。它首先要求统治者要"听于民",倾听民的声音;其次还要求统治者要满足民的需求,表现出对民的吸引力,"得乎丘民而为天子"。另一方面,民在政治实践中是统治者不得不面对的一股强大力量,具有支持统治或颠覆统治的强大作用,而其作用究竟表现为支持统治,还是颠覆统治,关键取决于统治者是否能贯彻重民的思想。如果统治者能贯彻重民的思想,就会看到民的强大力量,并通过爱民而获得民的拥护,使自己的统治得以巩固,否则就会因罔顾民的强大力量、站在民的对立面,从而最终遭到强大民力的反对而灭亡,"与民为敌者,民必胜之"(《新书·大政上》)。早在先秦时期,荀子就将民与统治者的关系比喻为水和舟,借用"水可载舟,亦可覆舟"的道理,说明民既可以支持统治,也可以推翻统治,提醒统治者在行政过程中要

---

[1] 张师伟:《民本的极限:黄宗羲政治思想新论》,中国人民大学出版社2004年版,第231页。

处理好与民的关系。[1]西汉的贾谊也在政论中提醒统治者要正视民的强大力量,切勿与民为敌,因为民具有强大的力量,凡与民为敌的人,没有不陨灭的,区别只在于陨灭的早晚。[2]当然,中国传统主流的行政理论在重民思想上更强调统治者对民的爱,即因爱民而重民,并将重民落实在爱民的具体举措上。比如明太祖朱元璋在强调重民的时候就是如此,他将战乱之后的民比作新生之雏鸟、初植之小树,提醒各级官吏善待其民,切勿拔雏鸟之羽,切勿摇动小树之根。[3]统治者在行政过程中务必爱民的观念,逻辑上,可以溯及授命于君的天,因为天无条件地爱着民,听于民,从其所欲,并以爱民作为标准选择受命的人。王作为天意在人间的最初体现,他的爱民既是他获得天命的内在依据,也是他体现天意的重要表现。在这个意义上,统治者如果不爱民,就失去了受命于天的内在依据,并由此而成为一个背离了天意、远离了天命的人,其统治或行政的正当性就会遭遇极大挑战;如果死不改悔,始终与民为敌,则终将众叛亲离而归于陨灭。

作为宇宙的主宰,天虽然钟爱于民,但仍然不能不面对民在能力方面的不足,并不得不把民置于统治者的治理之下。虽然统治者在理论上也是由天按照民之需求遴选出来的,但民毕竟因此而失去了自治的机会及资格,只能被动地接受统治者的治理。孟子在先秦时期特别强调重民,并坚决主张统治者要与民同忧乐,忧民之忧,乐民之乐,从民所欲,得民之心,但是即便如孟子也并不否认民只能作为被治理者存在,而不具有进行治理的能力。孟子根据各自的禀赋及能力差异,将人世间的人分成了劳心者和劳力者两类,劳心者擅长治理,劳力者擅长提供衣食等物质供给,劳心者在物质供给上不能自食其力,劳力者缺乏自己解决公共问题的治理能力,二者必须进行合作,形成生产者与消

---

1 刘泽华:《中国政治思想史》(先秦卷),浙江人民出版社2019年版,第207页。
2 张师伟:《中国传统政治哲学的逻辑演绎》(上),天津人民出版社2016年版,第223页。
3 南炳文、汤纲:《明史》,上海人民出版社2014年版,第111页。

费者、统治者与被统治者的角色分工,其中劳力者食人,劳心者食于人,"劳心者治人,劳力者治于人"(《孟子·滕文公上》)。当劳心者被安放在治人者的位置上之后,劳力者的物质生产条件及财产占有情况也就受到了劳心者的支配,而劳心者获得他的那部分财产之余,也就要履行治人的职能。一方面,治人者要让治于人者有恒产,使他们获得必要的物质保障,仰足以事父母,俯足以畜妻子,不仅要使民养生送死无憾,更要使民在物质生活上丰裕,所谓"五亩之宅,树之以桑,五十者可以衣帛矣。鸡豚狗彘之畜,无失其时,七十者可以食肉矣。百亩之田,勿夺其时,数口之家可以无饥矣"(《孟子·梁惠王上》)。另一方面,治人者还要让治于人者有恒心,即要对民进行"庠序之教,申之以孝弟之义"(《孟子·梁惠王上》),将民的"放心"收回来,实现万民的伦理善性,使他们皆至于至善和止于至善,臻于尧舜之境,成为圣人。在孟子的行政理论视域之中,治人者与治于人者的关系具有单向性,即只有治人者主动给予治于人者的治理行为,而无治于人者在治理过程中对治人者的反作用。既不存在治于人者向治人者提出治理需求的情况,也不存在治于人者对治人者施加监督举措的情况,一切行政的发生,都只是治人者主动对治于人者施加的单方面治理行为,此种积极作为的行政理念在中国传统行政理论中居于主流,体现了中国传统君主专制行政的贵独特点。[1]

黄宗羲在行政价值理念上极为重视"为天下万民",强调行政的关注点应该是"万民",[2]而不应该是君主的一姓之私利,认为不论君主,还是官员,在行政中都应该秉持这种信念。"天下为主,君为客",[3]并不是在主权归属的意义上纠结于人民主权抑或是君权神授,而只是在何者为目的和何者为手段的意义上强调了天下万民是行政治理的价值目的,君权不过是行政治理必不可少

---

1 刘泽华主编:《中国传统政治哲学与社会整合》,中国社会科学出版社 2000 年版,第 159 页。
2 沈善洪主编,吴光执行主编:《黄宗羲全集》(第一册),浙江古籍出版社 2005 年版,第 4—5 页。
3 沈善洪主编,吴光执行主编:《黄宗羲全集》(第一册),浙江古籍出版社 2005 年版,第 2 页。

的手段。目的决定手段,手段服务于目的,天下万民需要君主的行政治理,君主的行政治理要服务于天下万民。[1]虽然天下万民的需求是君主行政治理的目的,但天下万民并未因此而获得关于自身需求内容的表达权,君主行政治理服务于天下万民也并不以"听于民"为必要条件。这一方面是因为民在气化流行过程中所禀赋的气比较驳杂,精气中杂有粗气,天理之知被人欲之私所遮蔽,从而根本就没有表达自己需求的价值正当性,也就是说,即使他们有所表达,也因为缺少内在天理的支持而没有充分的法理基础。统治者在行政的过程中,如果一味听从民的意见与建议,很可能在治理的结果上背离天理的正当价值。另一方面则因为作为治人者的圣王在气化流行中禀赋了纯粹的精气,由此得以保持自己的天理之知,使其免于人欲的遮蔽或污染,从而使得圣王本着自己的天赋秉性就足以完全正确地形成相关认识,以此认识为基础,就能正确地进行天下之民所需要的正当治理,既可在内容上满足天下之民"皆可为尧舜"的治理需求,又能保证治理的结果始终恪守价值正当性的要求。天下万民虽然是黄宗羲所确定的行政治理的目的,但他们并不能在行政的程序及环节上发挥作用,因为在黄宗羲理想的行政治理程序及环节上,既没有给天下之民发挥作用留下必要的政治空间,更没有给天下万民提供发挥作用的必要制度平台。在这里,一切行政程序及环节都在支撑君主与官员的治理功能,而官员的治理功能又是君主治理功能的衍生物。黄宗羲理想的行政治理在模式上仍然沿袭了传统的单向度特色,即治理不过是君主借助官员的帮助而单向度地积极作用于天下万民。

君主通过行政治理面向天下之民所施展的积极作用,概括起来不过是养民和教民两件事情。这两件事情都是天下之民不可或缺而又不能自给的,从而不能不仰仗君主的行政善治。从圣王所以为圣王的资质来看,他们因为禀

---

[1] 沈善洪主编,吴光执行主编:《黄宗羲全集》(第一册),浙江古籍出版社2005年版,第2页。

赋了纯粹的精气,具有纯粹的天理之知,无一丝一毫人欲杂入其中,从而其所思、所想、所行皆体现了对天下之民的仁爱,无一丝一毫利己之心及利己之行,而能够殚精竭虑以为天下万民。[1]他们一方面看到天下万民存在衣食住行等物质方面的要求,因而以此为目的,主动地制定了井田等有关制度,使天下之民能够免于饥寒之苦;[2]另一方面又看到天下之民还存在着男女、长幼、尊卑等方面的秩序性要求,因而为此制定了婚姻、学校等制度使他们懂得孝悌,进一步激发天下之民的普遍"不忍人之心",以使天下之民在有恒产的基础上产生相应的恒心。[3]三代圣王养民的主要措施之一就是孟子所说的"制民之产"(《孟子·梁惠王上》),而在黄宗羲的理想行政治理中主要就是"复井田"。这既是因为"先王之制井田,所以遂民之生,使其繁庶也";[4]也是因为井田具有恢复的现实条件,黄宗羲以明代"屯田之行"而断定"井田之必可复也"。[5]实际上,黄宗羲所谓的养民并不是要极大地提升天下之民的物质生活水平,而只是将其提升到足以为生的程度,既养生送死无憾,又不能超越天理的限制,超越了天理限制的部分理所当然要受到行政的制约,对其实行"崇本抑末"的政策。[6]这是因为养民不过是为教民提供基础性条件,教民才是圣王使天下之民至于至善和止于至善的重要保障。虽然民不养即无以教,但民不教却会使得天下之民不能"存天理而灭人欲",不能由此达成圣贤的成人结果。天下之民因为各自禀赋之气的限制,不能只靠自己的道德修行就达到圣贤的成人结果,而必须经过圣王的积极教化。作为圣贤之路上的先知先行者,圣王在道德上对天下之民成为圣贤负有不可推卸的责任,并必须为此而积极地履行使命,主动施展

---

1 沈善洪主编,吴光执行主编:《黄宗羲全集》(第一册),浙江古籍出版社2005年版,第2页。
2 沈善洪主编,吴光执行主编:《黄宗羲全集》(第一册),浙江古籍出版社2005年版,第6页。
3 沈善洪主编,吴光执行主编:《黄宗羲全集》(第一册),浙江古籍出版社2005年版,第6页。
4 沈善洪主编,吴光执行主编:《黄宗羲全集》(第一册),浙江古籍出版社2005年版,第25页。
5 沈善洪主编,吴光执行主编:《黄宗羲全集》(第一册),浙江古籍出版社2005年版,第26页。
6 沈善洪主编,吴光执行主编:《黄宗羲全集》(第一册),浙江古籍出版社2005年版,第40—41页。

教化的职能。

5.4.4 中国传统行政善治理想的现代转换及实践结果

中国传统行政理论的内容尽管异常丰富，形态也相当完整，能够满足传统行政实践的需求，但在西方各国行政实践及理论的影响下，特别是在救亡图存心理的驱动之下，中国传统的行政理论在1840年以后也不得不进行西学影响下的现代转换。当然，它的现代转换首先是因为鸦片战争后西学进入了中国官员及学者的视域。林则徐、魏源在"开眼看世界"的时候，[1] 已经注意到了西方在政治及行政方面的一定优势，提出"师夷之长技以制夷"（《海国图志·原叙》），其所推崇的西学虽然以坚船利炮为主，但也不排除如"野无遗贤"等政治及行政方面的内容。在有些官员及学者的视域中，西方国家的政治及行政也存在符合儒家善治理想的内容，如徐继畬即对其合乎儒家理想的层面予以了高度肯定。[2] 这种肯定在当时虽然违逆主流社会意识，提倡者也因此遭受了不公正的待遇，但西学中积极的东西需要得到中国传统理论的价值承认才能推动传统行政理论的现代转换。[3] 不过，需要指出的是，一方面，在徐继畬的著作刊行时，中国传统行政理论对西学的价值承认得相当少，西学的积极成分在那个阶段还不能有效地影响中国传统行政理论的现代转换，中国传统行政理论基本还保持着它完整的形态；另一方面，即使西学在中国社会有了较广的流行度之后，它的内容实际也早已经过了中国传统行政理论的过滤，从而才得到了价值承认，因此中国传统行政理论仍然在思维方式、理论逻辑等方面发挥着架构作用。即使在概念、范畴、命题、判断等方面明显接受了西学的情况下，中

---

[1] 林庆元：《林则徐评传》，南京大学出版社2000年版，第264页。
[2] 熊月之：《中国近代民主思想史》（修订本），上海社会科学院出版社2002年版，第83页。
[3] 张师伟：《濡染与改造：现代民主思想中国化过程中的民本观念》，《文史哲》2016年第3期。

国传统的行政理论仍然在概念阐释及理论逻辑上保留着浓郁的传统色彩,从而使得它在精神实质上保持了传统性,即以传统精神驾驭着现代工具。黄宗羲作为中国传统行政理论发展至顶峰时期的重要代表,他在善治方面的表述,既是传统善治理想的典型代表,又在中国现代行政的价值理论层面产生了明显的影响。中国传统行政理论中的善治理想在现代行政建立的过程中经过了历史的洗礼,在实践中实现了从传统到现代的转换,并集中表现为中国现代行政的独特精神。

中国现代行政在思维方式上受到的深层次传统影响之一是积极主动的行政观,并由此而与西方消极被动的行政观形成鲜明对照。作为现代工业社会及现代化的后来者,中国在理论上长期向西方学习,系统引入西方的行政理论,并按照西方行政理论的指导来建立现代行政系统,以至于在行政制度的外观上形成了一个西学化的形态,其最明显的表现就是工具性的制度及理论大多来自西方。但如果仔细分析中国行政制度的细节就会发现,它明显存在着与西方行政制度的不同之处,特别是在善治的理想内容方面。虽然在工业化的过程中,西方行政制度在社会科学治理需求的推动下大规模地发展起来,并形成了复杂的体系,它所追求的目标首先是科学有效地进行治理,不论是治理的不科学还是无效率,都不能实现行政的目的。[1]当西方行政在促进社会高速高质量发展过程中出现价值性的诉求时,它的核心也不过是强调了在前科学管理时代就已经被提出的权利保障目的,凸显了行政的民主原则及公平价值。[2]但西方行政理论在行政与社会的关系上却一直强调行政相对于社会的从属性,即不仅行政需要社会通过法律进行授权才能有所行为,而且行政的行为要在法律授权的限度内。中国行政理论界受西方行政学说的影响,坚持行政相对于社会的消极定位,以满足社会向行政提出的需求为存在目的。但是在

---

[1] 丁煌:《西方行政学说史》(修订版),武汉大学出版社2004年版,第2—5页。
[2] 丁煌:《西方行政学说史》(修订版),武汉大学出版社2004年版,第306—312页。

实践领域,中国传统行政理论所强调的主动行政显然有着更大的影响力。比如黄宗羲在善治理想中高调主张的圣王行政,即只建立在圣王"不忍人之心"及其对民之需求的认识基础上,因民之需求而主动地进行行政供给,既不因为民未曾主动提出需求而放弃自己的行政职责,也不因为民情会受到行政抑制而不履行自己的行政职责,由此形成了管理者知民之不可无而主动供给的行政理念。[1]中国现代行政在实践中坚持了这种积极行政的理念,并不会消极等待来自社会通过民主或法律的授权,而是充分发挥行政部门的主动作用,积极认识和研判,及时行动起来,在民众还没有意识到的领域中进行规划、引导及促进等工作,充分发挥行政在社会中的积极引领作用。

中国现代行政在思维方式上受到的深层次传统影响之二是具有强烈伦理导向,强调行政道德的作用。虽然西方行政理论也关注行政道德及伦理问题,但总体上看它更关注行政科学及技术问题,与行政道德相比,行政科学更是其关键所在。一方面,西方行政理论认为行政科学及技术问题必须依赖科学主义的管理来解决,不论是制度的设计,还是管理方法的选择,科学管理都被放在了重要位置,并为此积极地发展科学管理的理论、方法及工具等。另一方面,西方行政理论在行政道德上注重要求公务人员遵守必要的职业伦理,但并不以职业伦理的遵守作为规范公务行为的根本所在,公务行为规范根本还是依赖于法律,即行政法治。[2]中国行政在实践中非常强调行政道德,并由此而表现出强烈的伦理导向。黄宗羲在善治理想中表述的"不忍人之心",在中国现代行政实践中有充分体现,即要求行政者要先具有"不忍人之心",而后才能进行"不忍人之政"。它不仅强调作为行政主体的公务人员要遵守必要的行政伦理,更要求行政人员在个人道德上也要堪为楷模,做到公而无私,[3]否则他

---

1 沈善洪主编,吴光执行主编:《黄宗羲全集》(第一册),浙江古籍出版社2005年版,第6页。
2 叶必丰:《20世纪的西方行政法治理论》,《行政法学研究》1998年第3期。
3 沈善洪主编,吴光执行主编:《黄宗羲全集》(第一册),浙江古籍出版社2005年版,第2页。

的行政正当性就成了问题。一个在道德伦理上有瑕疵的人通常也会被认为具有行政伦理上的恶意,并由此而对他进行了资格排除。如圣王那样公而无私的人具有行政上的价值正当性,而如三代以后的君主那样只知道自己的大私之人则完全没有行政的价值正当性。[1]黄宗羲视域中的善治,实际上就是一个集体行善的组织,它的成员均具有高尚的道德,并以道德上的善而获得了充分的行政授权,可以在法外进行善治。它强调作为行政主体的官僚组织,也要具有行政道德上的优势,在各类社会组织中构成道德上的明显优越性。只有具有明显道德优越性的行政组织才具备行政的道德资格,道德上的优势越明显,它在行政上就越能受到社会信任,并被赋予更多的行政合法性。这种注重行政主体道德优势的行政精神完全来自中国传统的善治理想,黄宗羲所提供的关于善治的理想内容在中国现代行政的实践中仍具有强大的影响力,处在重要的理论位置上。

中国现代行政在思维方式上受到的深层次传统影响之三是行政在根本上表现出的以人为本精神,强调要把人作为它的终极目的,而不仅仅限于以人的权利为目的。虽然西方行政学的直接目的是以科学手段解决社会发展中产生的问题,但在根本上也存在着终极性的目的,即普遍的人权。这种终极目的在西方现代国家开始建立的时候,就在美国的《独立宣言》及法国的《人权宣言》中得到了强调。尽管行政学的兴起强调科学手段等在解决社会问题中的重要性,却并未动摇人权已经获得的行政根本目的的地位。[2]古德诺的政治与行政二分法,把公共意志的形成职能赋予政治,而仅把公共意志的执行职能赋予行政,也体现着以科学武装起来的行政服务于民主所确定的行政目的之逻辑。不论行政的科学手段如何提高效率,它所针对的问题及提供的内容都只能在普遍人权的目的约束下发挥作用,既需要来自人权的政治授

---

1 沈善洪主编,吴光执行主编:《黄宗羲全集》(第一册),浙江古籍出版社 2005 年版,第 2—3 页。
2 马啸原:《西方政治思想史纲》,高等教育出版社 1997 年版,第 277—280 页。

权,也以人权所需要的限度为界。但中国现代行政在形成的过程中受中国传统行政精神的影响,表现出较多的使命意识和建构功能,即它在目的上固然要保障普遍的权利,但其目的又不限于普遍权利的保障,而可以积极地作用于社会及民众的广泛生活领域,主动地在理想生活内容及发展愿景上进行建构性引导,并全方位作用于社会,将社会及民众带入行政所提供的发展计划,带往行政所描绘的发展佳境。黄宗羲善治理想以个体的成人作为终极目的,追求在存养万民基础上,进一步教化万民,使民皆"存天理灭人欲",成为如尧舜那样过上美好生活的道德完人。[1]中国现代行政不仅将人民群众对美好生活的需求作为根本目标,而且在内容上给出了美好生活的基本方面,从而在实践中践行了以美好生活目标来指导甚至是指挥行政的运行逻辑,并由此而在目的上贯彻了以人为本的精神,体现了中国传统善治理想在当代的重要影响。

---

[1] 张师伟:《民本的极限:黄宗羲政治思想新论》,中国人民大学出版社2004年版,第88—190页。

参考文献

一、古籍

《十三经注疏》整理委员会整理,李学勤主编:《十三经注疏·尚书正义》,北京大学出版社1999年版。

李隆基注、邢昺疏:《孝经注疏》,金良年整理,上海古籍出版社2009年版。

杨伯峻译注:《论语译注》,中华书局2017年版。

陈遹声修,蒋鸿藻纂:《光绪诸暨县志》,载《中国地方志集成·浙江府县志辑》（第四十一册）,上海书店1993年。

吴兢:《贞观政要集校》,谢保成集校,中华书局2003年版。

丘浚:《大学衍义补》,林冠群、周济夫校点,京华出版社1999年版。

夏家善主编:《袁氏世范》,贺恒祯、杨柳注释,天津古籍出版社2016年版。

夏家善主编:《颜氏家训》,夏家善、夏春田注释,天津古籍出版社2016年版。

王充:《校注论衡》,张宗祥校注,浙江古籍出版社2017年版。

龚自珍:《龚自珍全集》,上海人民出版社1975年版。

张载:《张载集》,章锡琛点校,中华书局1978年版。

王弼:《王弼集校释》,楼宇烈校释,中华书局1980年版。

程颐、程颢:《二程集》,王孝鱼点校,中华书局1981年版。

钱伯城、魏同贤、马樟根主编:《全明文》（第一册）,上海古籍出版社1992

年版。

朱熹:《朱熹集》,郭齐、尹波点校,四川教育出版社1996年版。

方孝孺:《逊志斋集》,徐光大校点,宁波出版社2000年版。

洪亮吉:《洪亮吉集》,刘德权点校,中华书局2001年版。

汤斌:《汤斌集》,范志亭等辑校,中州古籍出版社2003年版。

沈善洪主编,吴光执行主编:《黄宗羲全集》,浙江古籍出版社2005年版。

范仲淹:《范仲淹全集》,李勇先、王蓉贵校点,四川大学出版社2007年版。

吕坤:《吕坤全集》,王国轩、王秀梅整理,中华书局2008年版。

王守仁:《王阳明全集》,吴光等编校,上海古籍出版社2011年版。

刘宗周著,吴光主编:《刘宗周全集》(第六册),丁晓强点校,浙江古籍出版社2012年版。

陆陇其:《陆陇其集》,王群栗点校,浙江古籍出版社2018年版。

李光地:《榕村全集》,黄立一、吴亿燊点校,商务印书馆2023年版。

陈梦雷编纂:《古今图书集成》,广陵书社2011年版。

二、著译作

陈顾远:《中国法制史》,商务印书馆民国二十三年(1934)版。

周谷城:《中国通史》(上册),上海人民出版社1957年版。

弗兰克·梯利:《西方哲学史》(上册),葛力译,商务印书馆1975年版。

修昔底德:《伯罗奔尼撒战争史》,谢德风译,商务印书馆1978年版。

林剑鸣:《秦史稿》,上海人民出版社1981年版。

瞿同祖:《中国法律与中国社会》,中华书局1981年版。

李泽厚:《中国古代思想史论》,人民出版社1985年版。

傅衣凌:《明清社会经济变迁论》,人民出版社1989年版。

陈旭麓:《近代中国社会的新陈代谢》,上海人民出版社1992年版。

彭泽益主编:《中国工商行会史料集》,中华书局1995年版。

梁启超:《先秦政治思想史》,东方出版社1996年版。

陈旭麓:《陈旭麓文集》(第四卷),华东师范大学出版社1997年版。

马啸原:《西方政治思想史纲》,高等教育出版社1997年版。

萧公权:《中国政治思想史》,辽宁教育出版社1998年版。

高小健等辑:《中国道观志丛刊》(第二十二册),江苏古籍出版社2000年版。

刘泽华:《中国的王权主义:传统社会与思想特点考察》,上海人民出版社2000年版。

刘泽华主编:《中国传统政治哲学与社会整合》,中国社会科学出版社2000年版。

里普森:《政治学的重大问题:政治学导论》(第十版),刘晓等译,华夏出版社2001年版。

宁波市新四军暨华中敌后抗日根据地研究会编:《统战与政权建设》,中共党史出版社2001年版。

白钢主编:《中国政治制度史》(下卷),天津人民出版社2002年版。

费成康主编:《中国的家法族规》,上海社会科学院出版社2002年版。

吴思:《血酬定律:中国历史中的生存游戏》,中国工人出版社2003年版。

张师伟:《民本的极限:黄宗羲政治思想新论》,中国人民大学出版社2004年版。

刘泽华、汪茂和、王兰仲:《专制权力与中国社会》,天津古籍出版社2005年版。

王志邦:《浙江通史》(秦汉六朝卷),浙江人民出版社2005年版。

韦庆远、柏桦编著:《中国政治制度史》(第二版),中国人民大学出版社2005年版。

侯建新主编:《经济—社会史评论》(第一辑),生活·读书·新知三联书店

2008年版。

萨孟武:《中国政治思想史》,东方出版社2008年版。

孟文镛:《越国史稿》,中国社会科学出版社2010年版。

王震中:《中国古代的国家起源与王权的形成》,中国社会科学出版社2013年版。

姚春敏:《清代华北乡村庙宇与社会组织》,人民出版社2013年版。

陈君慧编:《中华家训大全》,北方文艺出版社2014年版。

刘进田主编:《西北人文科学评论》(第七卷),陕西人民出版社2014年版。

刘泽华:《中国政治思想通史》(先秦卷),中国人民大学出版社2014年版。

南炳文、汤纲:《明史》,上海人民出版社2014年版。

金观涛、刘青峰:《中国思想史十讲》(上卷),法律出版社2015年版。

胡新建:《宁波商会组织发展变迁史研究》,浙江大学出版社2016年版。

张师伟:《中国传统政治哲学的逻辑演绎》(上),天津人民出版社2016年版。

诸暨市档案馆编译:《诸暨谱牒家训文选译注》,南京大学出版社2016年版。

杨一凡、刘笃才编:《中国古代民间规约》(第一册),社会科学文献出版社2017年版。

曼瑟·奥尔森:《权力与繁荣》,苏长和、嵇飞译,上海人民出版社2018年版。

萨孟武:《中国社会政治史》(先秦秦汉卷),生活·读书·新知三联书店2021年版。

习近平:《高举中国特色社会主义伟大旗帜　为全面建设社会主义现代化国家而团结奋斗——在中国共产党第二十次全国代表大会上的报告》,人民出版社2022年版。

三、论文

刘泽华:《战国百家争鸣与君主专制主义理论的发展》,《学术月刊》1986 年第 12 期。

李锦全:《论黄宗羲民主启蒙思想的历史地位》,《求索》1987 年第 5 期。

刘泽华、李冬君:《论理学的圣人无我及其向圣王专制的转化》,《复旦学报》(社会科学版)1990 年第 3 期。

柳明晔:《南宋的"浙东学派"》,《杭州师范学院学报》1992 年第 1 期。

方同义:《陈亮义利观辨析——简论陈亮与朱熹道德价值观的分歧》,《中国哲学史》1993 年第 1 期。

王春英、庞明:《从守夜人到管理者——西方国家政府职能的演变》,《中国公务员》1996 年第 8 期。

徐国平:《试论权力的分工与制衡——西方民主国家与公司治理机制的同构性》,《芜湖联合大学学报》1998 年第 1 期。

丁煌:《威尔逊的行政学思想》,《政治学研究》1998 年第 3 期。

叶必丰:《20 世纪的西方行政法治理论》,《行政法学研究》1998 年第 3 期。

沈荣华、周义程:《善治理论与我国政府改革的有限性导向》,《理论探讨》2003 年第 5 期。

蒋承勇:《从上帝拯救转向人的自我拯救——古典主义文学"王权崇拜"的人性意蕴》,《浙江社会科学》2004 年第 4 期。

刘巧红:《西方的公民权利制约国家权力论及其启示》,《理论探索》2004 年第 6 期。

方如金、赵瑶丹:《论南宋浙东事功学派的富民强国思想》,《文史哲》2005 年第 6 期。

俞荣根:《黄宗羲的"治法"思想再研究》,《重庆社会科学》2006 年第 4 期。

陈文滨:《西方近现代民主政治的中世纪基础》,《江西社会科学》2006 年第

5 期。

李存山:《从民本走向民主的开端——兼评所谓"民本的极限"》,《华东师范大学学报》(哲学社会科学版)2006 年第 6 期。

吴晔、马亮:《垄断资源:周厉王身死国灭》,《国土资源导刊》2009 年第 12 期。

张师伟:《中国传统政治哲学的基本问题及其命题归类》,《政治思想史》2011 年第 1 期。

杨巧蓉:《西方市民社会理论模式论析——以政治国家与市民社会关系为主线》,《齐鲁学刊》2011 年第 2 期。

吴飞:《奥古斯丁与尘世政治的价值——关于第三座城的争论》,《北京大学学报》(哲学社会科学版)2012 年第 2 期。

顾志兴、吴昊:《试论浙东学术与浙东藏书关系》,《浙江学刊》2012 年第 3 期。

赵霞、张宏璞:《魏晋时期以经学传家的余姚虞翻家族》,《兰台世界》2012 年第 6 期。

张师伟:《中国传统政治哲学的逻辑进程》,《政治学研究》2013 年第 4 期。

姚中秋:《重建中国政治思想史范式》,《学术月刊》2013 年第 7 期。

廖荣谦:《循吏与教化:明代流官与贵州儒学建构——以方志为考察对象》,《湖北民族学院学报》(哲学社会科学版)2014 年第 5 期。

黄忠晶:《再论黄宗羲的民主思想——兼答杜何琪先生》,《学术研究》2014 年第 7 期。

张师伟:《中国传统政治思想:多元与一统共存》,《中国社会科学报》2014 年 7 月 25 日,第 B4 版。

冯天瑜:《文明近代进路的共通性与特异性——从〈明夷待访录〉"新民本"诉求说开去》,《武汉大学学报》(人文科学版)2015 年第 1 期。

张强:《作为宪制的"大一统"思想——论古代中国一统思想下的宪制秩序》,《南海学刊》2015 年第 1 期。

张师伟:《黄老道家无为而治思想及其治理智慧》,《南京师大学报》(社会科学版)2015年第3期。

杨亮军:《宋代基层社会治理体系中的乡约——以蓝田〈吕氏乡约〉为中心》,《甘肃社会科学》2015年第4期。

葛荃:《立场、方法与禁忌:中国政治思想与文化研究断想》,《政治思想史》2016年第3期。

张师伟:《濡染与改造:现代民主思想中国化过程中的民本观念》,《文史哲》2016年第3期。

李娟:《通过盟誓的社会控制——春秋邦国盟誓的法人类学考察》,《社会中的法理》2017年第1期。

张晋藩:《中国古代国家治理的重心——"民惟邦本,本固邦宁"》,《国家行政学院学报》2017年第4期。

张师伟:《政治发展不平衡不充分论析》,《广西师范大学学报》(哲学社会科学版)2019年第5期。

张宏敏:《王充思想与浙江精神》,《观察与思考》2019年第11期。

周延东:《中国共产党调查研究优良传统与"枫桥经验"的生成延续》,《公安学研究》2020年第3期。

张师伟:《汇通与杂糅:中国现代自由主义的"亦中亦西"理论特质》,《新视野》2020年第4期。

张师伟:《中国现代先进知识分子的马克思主义化与中国共产党的成立》,《学术界》2020年第4期。

张师伟、薄萧:《从传说到历史:中国上古国家诞生进程中政治伦理观念的阶段性发展》,《岭南学刊》2023年第4期。

张师伟、曹姣:《文化不适应视域下晚清中国的国家文化安全问题》,《学术界》2023年第4期。

贾向云:《中国共产党对中国式现代化道路的百年探索和理论贡献》,《党史文苑》2023年第5期。

编写说明

本辑史料辑录的目的,主要是搜集、梳理"枫桥经验"的观念渊源与地方基层社会治理的制度传统,带有较强的服务于特定研究的理论目的。一般来说,档案史料辑录的用途及读者面向对辑录原则与编辑方法有决定性的影响,那些带有考证特定事实或文献源流变迁的资料辑录工作较为注重原始资料的搜集、辨别、整理及释读等,而那些服务于特定理论研究工作的资料辑录则主要是利用文献学研究的既有成果。本辑档案史料的辑录工作就属于后一种,其主要的工作内容是编选既有的文献成果,以服务于人们深入了解和进一步发展"枫桥经验"的理论和实践需要。

本辑史料辑录遵循的基本原则主要有以下三条:第一,聚焦主题,选择典型内容的理论文献材料,呈现"枫桥经验"的文化源流,呈现地方性基层社会治理的特色化制度资源。本辑档案史料的辑录范围在时间维度上极为广泛,不同历史阶段的相应文化内容及制度资源也十分丰富,全面地在本辑中呈现出来,既不可能,也不可行,聚焦主题、选择典型也就由此成了一个必要且可行的基本原则。第二,点面结合,重点辑录浙东地区的理论文献,呈现浙东学术史为"枫桥经验"提供的具体理论支撑作用,尤其注重搜集整理具有全国性影响的浙东学派的有关理论表述。浙东地区的学术发展,汲取了全国范围内的学术思想精华,以地域个性呈现了古代理论的深刻性和丰富性,既有着鲜明的地方特色，也有着全国范围内的广泛深远影响。第三，古籍为主，兼及其他文献，如地方志、族谱、碑刻等，尽可能充分呈现"枫桥经验"产生的具体文化内容。因为"枫桥经验"的产生以劳动人民中蕴藏的传统优秀文化内容为基础，而劳动人民中蕴藏的传统优秀文化既源于典籍传承，也包含地方实践与俗文化积淀，唯有梳理与涵盖这两方面的文化渊源，才能较为完整地呈现"枫桥经验"产生的文化源流。

  本辑文献史料辑录工作得到了诸多学界好友的鼎力支持。西北政法大学汪世荣教授、朱继萍教授，浙江大学胡铭教授，杭州师范大学余钊飞教授，曲阜师范大学姚春敏教授，中共诸暨市委党校田胡杰主任，西安工业大学窦欢博士等提供了宝贵的文献支持；西北政法大学吕润平、我的研究生王凤丽、西安财经大学张宇等参与了部分文献的录入及校对工作。作为本书编者，我非常感谢上述好友的热情帮助和辛苦工作！

张师伟
2023 年 7 月 30 日

图书在版编目(CIP)数据

"枫桥经验"文化源流及浙东基层社会治理史料与研究/张师伟编著.——北京：商务印书馆，2025
（"枫桥经验"史料整理与研究）
ISBN 978-7-100-23116-9

Ⅰ.①枫…　Ⅱ.①张…　Ⅲ.①社会管理—史料—研究—诸暨　Ⅳ.① D675.54

中国国家版本馆 CIP 数据核字（2023）第 188418 号

权利保留，侵权必究。

"枫桥经验"史料整理与研究
第二卷
"枫桥经验"文化源流及浙东基层
社会治理史料与研究
张师伟　编著

商务印书馆出版
（北京王府井大街36号　邮政编码100710）
商务印书馆发行
南京爱德印刷有限公司印刷
ISBN 978-7-100-23116-9

2025年8月第1版　　开本 720×1000　1/16
2025年8月第1次印刷　印张 26¾
定价：148.00 元